Para todos los domingos y fiestas del año

Ciclo dominical C

2016

Cristóbal Orellana González, S.J.

Buena Prensa

Obra de los jesuitas de México al servicio de la misión de la Iglesia

Misal

Para todos los domingos y fiestas del año 2016. Ciclo dominical C
Director general: Jaime Porras, S.J. Editor responsable: Cristóbal Orellana, S.J.

Portada: "La Misericordia del Padre / Hijo pródigo".
Contraportada: "Príncipe de la paz".
Diseño: Fray Gabriel Chávez de la Mora, O.S.B.
Realización: Arq. Jaime Domínguez Montes.

Dibujos en la apertura de cada Misa y de los comentarios a los evangelios:
P. Antonio Serrano Pérez, S.J.
Comentarios a los evangelios:
† Rafael Moya García

Imprimatur: ✠ Víctor Sánchez Espinosa, Arzobispo de Puebla,
Presidente de la Comisión Episcopal para la Pastoral Litúrgica

Certificados de Licitud de Título y Contenido, nos. 6283 y 4953 respectivamente, otorgados por la Comisión Calificadora de Publicaciones y Revistas Ilustradas. Certificado de Reserva de Derechos de Autor no. 04-2006-021413092800-102.

Hecho en México

Obra Nacional de la Buena Prensa, A.C.
Orozco y Berra 180, Col. Sta. María la Ribera, 06400 México, D.F.
Apartado M-2181, 06000 México, D.F.
www.buenaprensa.com
Ventas y suscripciones: Tel. (55) 5546 4500, exts. 511 a 517 y 525 a 527.
Fax (55) 5535 5589 • ventas@buenaprensa.com

Edita y distribuye OBRA NACIONAL DE LA BUENA PRENSA, A.C.
Orozco y Berra 180, Col. Sta. María la Ribera, 06400 México, D.F.

Se terminó de imprimir el 31 de julio de 2015, festividad de san Ignacio de Loyola, en los talleres de Offset Multicolor, S.A. de C.V., Calz. de la Viga 1332, Col. El Triunfo, 09430 México, D.F. Tel. 5633 1182.

ÍNDICE

ORDINARIO DE LA MISA

RITOS INICIALES

Terminado el canto de entrada, todos, de pie, se santiguan con la señal de la cruz, mientras el sacerdote dice:

En el nombre del Padre, y del Hijo, y del Espíritu Santo.

El pueblo responde:

Amén.

SALUDO

Después el sacerdote saluda al pueblo, diciendo:

La gracia de nuestro Señor Jesucristo,
el amor del Padre
y la comunión del Espíritu Santo
estén con todos ustedes.

O bien:

La gracia y la paz de parte de Dios, nuestro Padre,
y de Jesucristo, el Señor,
estén con todos ustedes.

O bien:

El Señor esté con ustedes.

El sacerdote puede utilizar otro saludo de los que se encuentran en el misal de altar.

RESPUESTA

El pueblo responde:

Y con tu espíritu.

ACTO PENITENCIAL

(El domingo, especialmente en el Tiempo Pascual, puede ser sustituido por la bendición y aspersión del agua en memoria del Bautismo).

El sacerdote invita al acto penitencial, diciendo:

Hermanos:
para celebrar dignamente estos sagrados misterios,
reconozcamos nuestros pecados.

El sacerdote puede usar otra invitación de las que se encuentran en el misal de altar. Al final se hace una breve pausa en silencio.

Después, todos dicen en común la fórmula de la confesión general:

Yo confieso ante Dios todopoderoso
y ante ustedes, hermanos,
que he pecado mucho
de pensamiento, palabra, obra y omisión.

* Y, golpeándose el pecho, dicen:

Por mi culpa, por mi culpa, por mi gran culpa.

Luego prosiguen:

Por eso ruego a santa María, siempre Virgen,
a los ángeles, a los santos
y a ustedes, hermanos,
que intercedan por mí ante Dios, nuestro Señor.

El sacerdote concluye:

Dios todopoderoso
tenga misericordia de nosotros,
perdone nuestros pecados
y nos lleve a la vida eterna.

El pueblo responde:

Amén.

El sacerdote puede emplear otra fórmula, para el acto penitencial, de las que se encuentran en el misal de altar.

Siguen las invocaciones Señor, ten piedad (Kýrie eléison), si no se han dicho ya en alguna de la fórmulas del acto penitencial.

℣. Señor, ten piedad. ℟. **Señor, ten piedad.**
℣. Cristo, ten piedad. ℟. **Cristo, ten piedad.**
℣. Señor, ten piedad. ℟. **Señor, ten piedad.**

GLORIA

A continuación, cuando está prescrito, se canta o se dice el himno:

Gloria a Dios en el cielo,
y en la tierra paz a los hombres
que ama el Señor.
Por tu inmensa gloria te alabamos,
te bendecimos,
te adoramos,
te glorificamos,

**te damos gracias,
Señor Dios, Rey celestial,
Dios Padre todopoderoso.
Señor, Hijo único, Jesucristo;
Señor Dios, Cordero de Dios,
Hijo del Padre;
tú que quitas el pecado del mundo,
ten piedad de nosotros;
tú que quitas el pecado del mundo,
atiende nuestra súplica;
tú que estás sentado a la derecha del Padre,
ten piedad de nosotros;
porque sólo tú eres Santo,
sólo tú Señor,
sólo tú Altísimo, Jesucristo,
con el Espíritu Santo
en la gloria de Dios Padre.
Amén.**

ORACIÓN COLECTA

Terminado el himno, el sacerdote, con las manos juntas, dice:

Oremos.

Y todos, junto con el sacerdote, oran en silencio durante un breve espacio de tiempo.

Después el sacerdote, con las manos extendidas, dice la oración colecta.

La colecta termina siempre con la conclusión larga:

… por los siglos de los siglos.

Al final de la oración el pueblo aclama:

Amén.

LITURGIA DE LA PALABRA

PRIMERA LECTURA

El lector va al ambón y proclama la primera lectura, que todos escuchan sentados.

Para indicar el final de la lectura, el lector dice:

Palabra de Dios.

Todos responden:

Te alabamos, Señor.

SALMO

El salmista, o el cantor, canta o recita el salmo, y el pueblo pronuncia la respuesta.

SEGUNDA LECTURA

El lector lee la segunda lectura desde el ambón, como la primera.

Para indicar el final de la lectura, el lector dice:

Palabra de Dios.

Todos responden:

Te alabamos, Señor.

ACLAMACIÓN ANTES DEL EVANGELIO

Sigue el Aleluya, u otro canto, según lo requiera el tiempo litúrgico.

EVANGELIO

Después el diácono, o el sacerdote, va al ambón, y dice:

El Señor esté con ustedes.

El pueblo responde:

Y con tu espíritu.

El diácono, o el sacerdote:

Del santo Evangelio según san N.

El pueblo aclama:

Gloria a ti, Señor.

Luego el diácono, o el sacerdote, proclama el Evangelio.

Acabado el Evangelio, el diácono, o el sacerdote, aclama:

Palabra del Señor.

Todos responden:

Gloria a ti, Señor Jesús.

HOMILÍA

Luego se hace la homilía.

PROFESIÓN DE FE

Terminada la homilía, si corresponde, se canta o se dice el Símbolo o Profesión de fe:

Creo en un solo Dios,
Padre todopoderoso,
Creador del cielo y de la tierra,
de todo lo visible y lo invisible.

Creo en un solo Señor, Jesucristo,
Hijo único de Dios,
nacido del Padre antes de todos los siglos:
Dios de Dios, Luz de Luz,
Dios verdadero de Dios verdadero,
engendrado, no creado,
de la misma naturaleza del Padre,
por quien todo fue hecho;
que por nosotros, los hombres,
y por nuestra salvación bajó del cielo,

En las palabras que siguen, hasta se hizo hombre, todos se inclinan.

y por obra del Espíritu Santo
se encarnó de María, la Virgen, y se hizo hombre;
y por nuestra causa fue crucificado
en tiempos de Poncio Pilato;
padeció y fue sepultado,
y resucitó al tercer día, según las Escrituras,
y subió al cielo,
y está sentado a la derecha del Padre;
y de nuevo vendrá con gloria
para juzgar a vivos y muertos,
y su reino no tendrá fin.

Creo en el Espíritu Santo,
Señor y dador de vida,
que procede del Padre y del Hijo,
que con el Padre y el Hijo
recibe una misma adoración y gloria,
y que habló por los profetas.

Creo en la Iglesia,
que es una, santa, católica y apostólica.
Confieso que hay un solo bautismo
para el perdón de los pecados.
Espero la resurrección de los muertos
y la vida del mundo futuro.
Amén.

En lugar del Símbolo Niceno-constantinopolitano, sobre todo en el Tiempo de Cuaresma y en el Tiempo Pascual, se puede emplear el Símbolo bautismal de la Iglesia de Roma, también llamado "de los Apóstoles".

Creo en Dios, Padre todopoderoso,
Creador del cielo y de la tierra.

Creo en Jesucristo, su único Hijo, nuestro Señor,

En las palabras que siguen, hasta María Virgen, todos se inclinan.

que fue concebido por obra y gracia del Espíritu Santo,
nació de santa María Virgen,
padeció bajo el poder de Poncio Pilato,
fue crucificado, muerto y sepultado,
descendió a los infiernos,
al tercer día resucitó de entre los muertos,
subió a los cielos
y está sentado a la derecha de Dios, Padre todopoderoso.
Desde allí ha de venir a juzgar a vivos y muertos.

Creo en el Espíritu Santo,
la santa Iglesia católica,
la comunión de los santos,
el perdón de los pecados,
la resurrección de la carne
y la vida eterna.
Amén.

ORACIÓN UNIVERSAL

La plegaria universal u oración de los fieles se desarrolla de la siguiente manera:

1. Invitatorio

El sacerdote invita a los fieles a orar, por medio de una breve monición.

2. Intenciones

Las intenciones son propuestas por un diácono o, en su defecto, por un lector o por otra persona idónea.

El pueblo manifiesta su participación con una invocación u orando en silencio.

3. Conclusión

El sacerdote termina la plegaria universal con una oración conclusiva.

LITURGIA EUCARÍSTICA

PREPARACIÓN DE LOS DONES

Terminado lo anterior, comienza el canto para el ofertorio.

Conviene que los fieles expresen su participación en la ofrenda, bien sea llevando el pan y el vino para la celebración de la Eucaristía, bien presentando otros dones para las necesidades de la Iglesia o de los pobres.

El sacerdote, de pie junto al altar, toma la patena con el pan y, teniéndola con ambas manos un poco elevada sobre el altar, dice en voz baja:

Bendito seas, Señor, Dios del universo,
por este pan, fruto de la tierra y del trabajo del hombre,
que recibimos de tu generosidad y ahora te presentamos;
él será para nosotros pan de vida.

Si no se hace el canto para el ofertorio, el sacerdote puede decir estas palabras en voz alta; al final, el pueblo puede aclamar:

Bendito seas por siempre, Señor.

Después, el sacerdote toma el cáliz y, teniéndolo con ambas manos un poco elevado sobre el altar, dice en voz baja:

Bendito seas, Señor, Dios del universo,
por este vino, fruto de la vid y del trabajo del hombre,
que recibimos de tu generosidad y ahora te presentamos;
él será para nosotros bebida de salvación.

Si no se hace el canto para el ofertorio, el sacerdote puede decir estas palabras en voz alta; al final, el pueblo puede aclamar:

Bendito seas por siempre, Señor.

LAVABO

Luego el sacerdote, de pie a un lado del altar, se lava las manos.

ORACIÓN SOBRE LAS OFRENDAS

Invitación

El sacerdote, de pie en el centro del altar, dice:

Oren, hermanos,
para que este sacrificio, mío y de ustedes,
sea agradable a Dios, Padre todopoderoso.

El sacerdote puede emplear alguna otra de las fórmulas que se encuentran en el misal de altar.

El pueblo se pone de pie y responde:

El Señor reciba de tus manos este sacrificio,
para alabanza y gloria de su nombre,
para nuestro bien
y el de toda su santa Iglesia.

Oración

P Luego el sacerdote, con las manos extendidas, dice la oración sobre las ofrendas.

La oración sobre las ofrendas termina siempre con la conclusión breve:

Por Jesucristo, nuestro Señor.

O bien:

... por los siglos de los siglos.

Concluida la oración sobre las ofrendas, el pueblo aclama:

Amén.

PLEGARIA EUCARÍSTICA

DIÁLOGO INTRODUCTORIO AL PREFACIO

El sacerdote empieza la Plegaria eucarística con el prefacio. Dice:

El Señor esté con ustedes.

El pueblo responde:

Y con tu espíritu.

El sacerdote prosigue:

Levantemos el corazón.

El pueblo:

Lo tenemos levantado hacia el Señor.

El sacerdote dice:

Demos gracias al Señor, nuestro Dios.

El pueblo:

Es justo y necesario.

El sacerdote prosigue el prefacio.

PREFACIO II DE ADVIENTO

En verdad es justo y necesario, es nuestro deber y salvación darte gracias siempre y en todo lugar, Señor, Padre santo, Dios todopoderoso y eterno, por Cristo, Señor nuestro.

A quien todos los profetas anunciaron y la Virgen esperó con inefable amor de madre; Juan el Bautista anunció su próxima venida y lo señaló después ya presente.

Él mismo es quien nos concede ahora prepararnos con alegría al misterio de su nacimiento, para encontrarnos así cuando llegue, velando en oración y cantando gozosos su alabanza.

Por eso, con los ángeles y los arcángeles, con los tronos y dominaciones y con todos los coros celestiales, cantamos sin cesar el himno de tu gloria: **Santo, Santo, Santo...**

PREFACIO II DE NAVIDAD

En verdad es justo y necesario, es nuestro deber y salvación darte gracias siempre y en todo lugar, Señor, Padre santo, Dios todopoderoso y eterno, por Cristo, Señor nuestro.

Quien, en el misterio santo que hoy celebramos, siendo invisible en su naturaleza divina, se hizo visible al asumir la nuestra y, engendrado antes de todo tiempo, comenzó a existir en el tiempo para devolver su perfección a la creación entera, reconstruyendo en su persona cuanto en el mundo yacía derrumbado y para llamar de nuevo al hombre caído al Reino de los cielos.

Por eso, también nosotros, unidos a todos los ángeles, te alabamos llenos de alegría, diciendo: **Santo, Santo, Santo...**

PREFACIO V DE CUARESMA

En verdad es justo bendecir tu nombre, Padre rico en misericordia, ahora que, en nuestro itinerario hacia la luz pascual, seguimos los pasos de Cristo, maestro y modelo de la humanidad reconciliada en el amor.

Tú abres a la Iglesia el camino de un nuevo éxodo a través del desierto cuaresmal, para que, llegados a la montaña santa, con el corazón contrito y humillado, reavivemos nuestra vocación de pueblo de la alianza, convocado para bendecir tu nombre, escuchar tu palabra, y experimentar con gozo tus maravillas.

Por estos signos de salvación, unidos a los ángeles, ministros de tu gloria, proclamamos el canto de tu alabanza: **Santo, Santo, Santo...**

PREFACIO I DE PASCUA

En verdad es justo y necesario, es nuestro deber y salvación glorificarte siempre, Señor, pero más que nunca (en esta noche) (en este día) (en este tiempo), en que Cristo, nuestra Pascua, fue inmolado.

Porque él es el verdadero Cordero que quitó el pecado del mundo: muriendo, destruyó nuestra muerte, y resucitando, restauró la vida.

Por eso, con esta efusión del gozo pascual, el mundo entero se desborda de alegría y también los coros celestiales, los ángeles y los arcángeles, cantan sin cesar el himno de tu gloria: **Santo, Santo, Santo...**

P

PREFACIO I PARA LOS DOMINGOS DEL TIEMPO ORDINARIO

En verdad es justo y necesario, es nuestro deber y salvación darte gracias siempre y en todo lugar, Señor, Padre santo, Dios todopoderoso y eterno, por Cristo, Señor nuestro.

Quien, por su Misterio Pascual, realizó la obra maravillosa de llamarnos de la esclavitud del pecado y de la muerte al honor de ser estirpe elegida, sacerdocio real, nación consagrada, pueblo de tu propiedad, para que, trasladados por ti de las tinieblas a tu luz admirable, proclamemos ante el mundo tus maravillas.

Por eso, con los ángeles y los arcángeles, con los tronos y dominaciones y con todos los coros celestiales, cantamos sin cesar el himno de tu gloria: **Santo, Santo, Santo...**

PREFACIO VII PARA LOS DOMINGOS DEL TIEMPO ORDINARIO

En verdad es justo y necesario, es nuestro deber y salvación darte gracias siempre y en todo lugar, Señor, Padre santo, Dios todopoderoso y eterno.

Porque tu amor al mundo fue tan misericordioso, que no sólo nos enviaste como Redentor a tu propio Hijo, sino que lo quisiste en todo semejante a nosotros, menos en el pecado, para poder así amar en nosotros lo que en él amabas.

Y con su obediencia nos devolviste aquellos dones que por la desobediencia del pecado habíamos perdido.

Por eso, ahora nosotros, llenos de alegría, te aclamamos con los ángeles y los santos, diciendo: **Santo, Santo, Santo...**

SANTO

En unión con el pueblo, concluye el prefacio, cantando o diciendo con voz clara:

Santo, Santo, Santo es el Señor, Dios del universo.
Llenos están el cielo y la tierra de tu gloria.
Hosanna en el cielo.
Bendito el que viene en nombre del Señor.
Hosanna en el cielo.

PLEGARIA EUCARÍSTICA II

℣. El Señor esté con ustedes.
℟. **Y con tu espíritu.**
℣. Levantemos el corazón.
℟. **Lo tenemos levantado hacia el Señor.**
℣. Demos gracias al Señor, nuestro Dios.
℟. **Es justo y necesario.**

En verdad es justo y necesario,
es nuestro deber y salvación
darte gracias, Padre santo,
siempre y en todo lugar,
por Jesucristo, tu Hijo amado.

Por él, que es tu Palabra,
hiciste todas las cosas;
tú nos lo enviaste
para que, hecho hombre por obra del Espíritu Santo
y nacido de María, la Virgen,
fuera nuestro Salvador y Redentor.

Él, en cumplimiento de tu voluntad,
para destruir la muerte
y manifestar la resurrección,
extendió sus brazos en la cruz,
y así adquirió para ti un pueblo santo.

Por eso,
con los ángeles y los santos,
proclamamos tu gloria, diciendo:
Santo, Santo, Santo...

El sacerdote dice:

Santo eres en verdad, Señor,
fuente de toda santidad;
por eso te pedimos que santifiques estos dones
con la efusión de tu Espíritu,
de manera que se conviertan para nosotros
en el Cuerpo y ✠ la Sangre
de Jesucristo, nuestro Señor.

El cual,
cuando iba a ser entregado a su Pasión,
voluntariamente aceptada,
tomó pan, dándote gracias, lo partió
y lo dio a sus discípulos, diciendo:

II

**Tomen y coman todos de él,
porque esto es mi Cuerpo,
que será entregado por ustedes.**

Muestra el pan consagrado al pueblo, lo deposita luego sobre la patena y lo adora haciendo genuflexión.

Después prosigue:

Del mismo modo, acabada la cena,
tomó el cáliz,
y, dándote gracias de nuevo,
lo pasó a sus discípulos, diciendo:

**Tomen y beban todos de él,
porque éste es el cáliz de mi Sangre,
Sangre de la alianza nueva y eterna,
que será derramada
por ustedes y por muchos
para el perdón de los pecados.**

Hagan esto en conmemoración mía.

Muestra el cáliz al pueblo, lo deposita luego sobre el corporal y lo adora haciendo genuflexión.

Luego dice una de las siguientes fórmulas:

1 Éste es el Misterio de la fe.

O bien:

Éste es el Sacramento de nuestra fe.

Y el pueblo prosigue, aclamando:

Anunciamos tu muerte,
proclamamos tu resurrección.
¡Ven, Señor Jesús!

2 Éste es el Misterio de la fe.
Cristo nos redimió.

Y el pueblo prosigue, aclamando:

Cada vez que comemos de este pan
y bebemos de este cáliz,
anunciamos tu muerte, Señor,
hasta que vuelvas.

3 Éste es el Misterio de la fe.
Cristo se entregó por nosotros.

Y el pueblo prosigue, aclamando:

Salvador del mundo, sálvanos,
tú que nos has liberado por tu cruz
y resurrección.

Después el sacerdote dice:

Así, pues, Padre,
al celebrar ahora el memorial
de la muerte y resurrección de tu Hijo,
te ofrecemos
el pan de vida y el cáliz de salvación,
y te damos gracias
porque nos haces dignos de servirte en tu presencia.

Te pedimos humildemente
que el Espíritu Santo congregue en la unidad
a cuantos participamos
del Cuerpo y la Sangre de Cristo.

Acuérdate, Señor,
de tu Iglesia extendida por toda la tierra;

En los domingos, cuando no hay otro Acuérdate, Señor propio, puede decirse:

Acuérdate, Señor,
de tu Iglesia extendida por toda la tierra
y reunida aquí en el domingo,
día en que Cristo ha vencido a la muerte
y nos ha hecho partícipes de su vida inmortal;

y con el Papa N.,
con nuestro Obispo N.,
y todos los pastores que cuidan de tu pueblo,
llévala a su perfección por la caridad.

Acuérdate también de nuestros hermanos
que se durmieron en la esperanza
de la resurrección,
y de todos los que han muerto en tu misericordia;
admítelos a contemplar la luz de tu rostro.
Ten misericordia de todos nosotros,
y así, con María, la Virgen Madre de Dios,
su esposo san José, los apóstoles
y cuantos vivieron en tu amistad
a través de los tiempos,
merezcamos, por tu Hijo Jesucristo,
compartir la vida eterna
y cantar tus alabanzas.

Toma la patena con el pan consagrado y el cáliz, los eleva y dice:

Por Cristo, con él y en él,
a ti, Dios Padre omnipotente,
en la unidad del Espíritu Santo,
todo honor y toda gloria
por los siglos de los siglos.

El pueblo aclama:

Amén.

Después sigue el rito de la Comunión, pág. 23.

PLEGARIA EUCARÍSTICA III

Después del prefacio, el sacerdote dice:

Santo eres en verdad, Padre,
y con razón te alaban todas tus creaturas,
ya que por Jesucristo, tu Hijo, Señor nuestro,
con la fuerza del Espíritu Santo,
das vida y santificas todo,
y congregas a tu pueblo sin cesar,
para que ofrezca en tu honor
un sacrificio sin mancha
desde donde sale el sol hasta el ocaso.

Por eso, Padre, te suplicamos
que santifiques por el mismo Espíritu
estos dones que hemos separado para ti,
de manera que se conviertan
en el Cuerpo y ✠ la Sangre de Jesucristo,
Hijo tuyo y Señor nuestro,
que nos mandó celebrar estos misterios.

Porque él mismo,
la noche en que iba a ser entregado,
tomó pan,
y dando gracias te bendijo,
lo partió
y lo dio a sus discípulos, diciendo:

**Tomen y coman todos de él,
porque esto es mi Cuerpo,
que será entregado por ustedes.**

Muestra el pan consagrado al pueblo, lo deposita luego sobre la patena y lo adora haciendo genuflexión.

Después prosigue:

Del mismo modo, acabada la cena,
tomó el cáliz,
dando gracias te bendijo,
y lo pasó a sus discípulos, diciendo:

Tomen y beban todos de él,
porque éste es el cáliz de mi Sangre,
Sangre de la alianza nueva y eterna,
que será derramada
por ustedes y por muchos
para el perdón de los pecados.
Hagan esto en conmemoración mía.

Muestra el cáliz al pueblo, lo deposita luego sobre el corporal y lo adora haciendo genuflexión.

Luego dice una de las siguientes fórmulas:

1 Éste es el Misterio de la fe.

O bien:

Éste es el Sacramento de nuestra fe.

Y el pueblo prosigue, aclamando:

Anunciamos tu muerte,
proclamamos tu resurrección.
¡Ven, Señor Jesús!

III

2 Éste es el Misterio de la fe.
Cristo nos redimió.

Y el pueblo prosigue, aclamando:

Cada vez que comemos de este pan
y bebemos de este cáliz,
anunciamos tu muerte, Señor,
hasta que vuelvas.

3 Éste es el Misterio de la fe.
Cristo se entregó por nosotros.

Y el pueblo prosigue, aclamando:

Salvador del mundo, sálvanos,
tú que nos has liberado por tu cruz
y resurrección.

Después el sacerdote dice:

Así, pues, Padre, al celebrar ahora el memorial
de la pasión salvadora de tu Hijo,
de su admirable resurrección y ascensión al cielo,
mientras esperamos su venida gloriosa, te ofrecemos,
en esta acción de gracias, el sacrificio vivo y santo.

Dirige tu mirada sobre la ofrenda de tu Iglesia,
y reconoce en ella la Víctima por cuya inmolación
quisiste devolvernos tu amistad,
para que, fortalecidos
con el Cuerpo y la Sangre de tu Hijo
y llenos de su Espíritu Santo,
formemos en Cristo
un solo cuerpo y un solo espíritu.

Que él nos transforme en ofrenda permanente,
para que gocemos de tu heredad
junto con tus elegidos:
con María, la Virgen Madre de Dios,
su esposo san José, los apóstoles y los mártires,
(san N.: santo del día o patrono)
y todos los santos, por cuya intercesión
confiamos obtener siempre tu ayuda.

Te pedimos, Padre,
que esta Víctima de reconciliación
traiga la paz y la salvación al mundo entero.
Confirma en la fe y en la caridad
a tu Iglesia, peregrina en la tierra:
a tu servidor, el Papa N., a nuestro Obispo N.,
al orden episcopal, a los presbíteros y diáconos,
y a todo el pueblo redimido por ti.

Atiende los deseos y súplicas de esta familia
que has congregado en tu presencia.

En los domingos, cuando no hay otro Atiende propio, puede decirse:

Atiende los deseos y súplicas de esta familia
que has congregado en tu presencia
en el domingo, día en que Cristo
ha vencido a la muerte
y nos ha hecho partícipes de su vida inmortal.

Reúne en torno a ti, Padre misericordioso,
a todos tus hijos dispersos por el mundo.

† A nuestros hermanos difuntos
y a cuantos murieron en tu amistad
recíbelos en tu reino,
donde esperamos gozar todos juntos
de la plenitud eterna de tu gloria,
por Cristo, Señor nuestro,
por quien concedes al mundo todos los bienes. †

Cuando esta Plegaria eucarística se utiliza en las Misas de difuntos, puede decirse:

† Recuerda a tu hijo (hija) N.,
a quien llamaste (hoy)
de este mundo a tu presencia:
concédele que, así como ha compartido ya
la muerte de Jesucristo,
comparta también con él
la gloria de la resurrección,
cuando Cristo haga resurgir de la tierra a los muertos,
y transforme nuestro cuerpo frágil
en cuerpo glorioso como el suyo.
Y a todos nuestros hermanos difuntos
y a cuantos murieron en tu amistad
recíbelos en tu reino,
donde esperamos gozar todos juntos
de la plenitud eterna de tu gloria;
allí enjugarás las lágrimas de nuestros ojos,
porque, al contemplarte como tú eres, Dios nuestro,
seremos para siempre semejantes a ti
y cantaremos eternamente tus alabanzas,
por Cristo, Señor nuestro,
por quien concedes al mundo todos los bienes. †

Por Cristo, con él y en él,
a ti, Dios Padre omnipotente,
en la unidad del Espíritu Santo,
todo honor y toda gloria
por los siglos de los siglos.

El pueblo aclama:

Amén.

RITO DE LA COMUNIÓN

Una vez depositados el cáliz y la patena sobre el altar, el sacerdote, con las manos juntas, dice:

Fieles a la recomendación del Salvador
y siguiendo su divina enseñanza,
nos atrevemos a decir:

O bien:

Llenos de alegría por ser hijos de Dios,
digamos confiadamente
la oración que Cristo nos enseñó:

O bien:

El amor de Dios ha sido derramado en nuestros corazones
con el Espíritu Santo que se nos ha dado;
digamos con fe y esperanza:

O bien:

Antes de participar en el banquete de la Eucaristía,
signo de reconciliación
y vínculo de unión fraterna,
oremos juntos como el Señor nos ha enseñado:

Junto con el pueblo, continúa:

**Padre nuestro, que estás en el cielo,
santificado sea tu nombre;
venga a nosotros tu reino;
hágase tu voluntad en la tierra como en el cielo.
Danos hoy nuestro pan de cada día;
perdona nuestras ofensas,
como también nosotros perdonamos
a los que nos ofenden;
no nos dejes caer en la tentación,
y líbranos del mal.**

Solo el sacerdote prosigue diciendo:

Líbranos de todos los males, Señor,
y concédenos la paz en nuestros días,
para que, ayudados por tu misericordia,
vivamos siempre libres de pecado
y protegidos de toda perturbación,
mientras esperamos la gloriosa venida
de nuestro Salvador Jesucristo.

El pueblo concluye la oración, aclamando:

**Tuyo es el reino,
tuyo el poder y la gloria, por siempre, Señor.**

Después el sacerdote dice en voz alta:

Señor Jesucristo, que dijiste a tus apóstoles:
"La paz les dejo, mi paz les doy",
no tengas en cuenta nuestros pecados, sino la fe de tu Iglesia
y, conforme a tu palabra, concédele la paz y la unidad.
Tú que vives y reinas por los siglos de los siglos.

El pueblo responde:

Amén.

El sacerdote añade:

La paz del Señor esté siempre con ustedes.

El pueblo responde:

Y con tu espíritu.

Luego el diácono, o el sacerdote, añade:

Dense fraternalmente la paz.

O bien:

Como hijos de Dios, intercambien ahora
un signo de comunión fraterna.

O bien:

En Cristo, que nos ha hecho hermanos con su cruz,
dense la paz como signo de reconciliación.

O bien:

En el Espíritu de Cristo resucitado,
dense fraternalmente la paz.

Y todos, según las costumbres del lugar, se intercambian un signo de paz.

Después el sacerdote toma el pan consagrado, lo parte sobre la patena y pone una partícula dentro del cáliz. Mientras tanto, se canta o se dice:

Cordero de Dios, que quitas el pecado del mundo,
ten piedad de nosotros.
Cordero de Dios, que quitas el pecado del mundo,
ten piedad de nosotros.
Cordero de Dios, que quitas el pecado del mundo,
danos la paz.

El sacerdote hace genuflexión, toma el pan consagrado y, sosteniéndolo un poco elevado sobre la patena o sobre el cáliz, dice:

Éste es el Cordero de Dios, que quita el pecado del mundo.
Dichosos los invitados a la cena del Señor.

Y, juntamente con el pueblo, añade:

Señor, no soy digno de que entres en mi casa,
pero una palabra tuya bastará para sanarme.

Después de haber comulgado, el sacerdote se acerca a los que van a comulgar. Muestra el pan consagrado a cada uno y le dice:

El Cuerpo de Cristo.

El que va a comulgar responde:

Amén.

Y comulga.

Si se comulga bajo las dos especies, se observa el rito descrito en el misal de altar.

Cuando el sacerdote ha comulgado el Cuerpo de Cristo, comienza el canto de Comunión.

Finalizada la Comunión, el sacerdote puede volver a la sede. Si se considera oportuno, se puede dejar un breve espacio de silencio sagrado o entonar un salmo o algún cántico de alabanza.

Luego, de pie en el altar o en la sede, el sacerdote dice:

Oremos.

Todos oran en silencio durante unos momentos, a no ser que este silencio ya se haya hecho antes. Después el sacerdote dice la oración después de la Comunión.

La oración después de la Comunión termina con la conclusión breve:

Por Jesucristo, nuestro Señor.

O bien:

… por los siglos de los siglos.

El pueblo aclama:

Amén.

RITO DE CONCLUSIÓN

Siguen, si es necesario, breves avisos para el pueblo.

BENDICIÓN FINAL

Después tiene lugar la despedida. El sacerdote dice:

El Señor esté con ustedes.

El pueblo responde:

Y con tu espíritu.

El sacerdote bendice al pueblo, diciendo:

La bendición de Dios todopoderoso,
Padre, Hijo ✠, y Espíritu Santo,
descienda sobre ustedes.

El pueblo responde:

Amén.

En algunos días u ocasiones, a esta fórmula de bendición precede otra fórmula de bendición más solemne, o una oración sobre el pueblo.

Luego el diácono, o el mismo sacerdote, dice:

Pueden ir en paz.

O bien:

La alegría del Señor sea nuestra fuerza. Pueden ir en paz.

O bien:

Glorifiquen al Señor con su vida. Pueden ir en paz.

O bien:

En el nombre del Señor, pueden ir en paz.

O bien:

En la paz de Cristo,
vayan a servir a Dios y a sus hermanos.

O bien, especialmente en los domingos de Pascua:

Anuncien a todos la alegría del Señor resucitado.
Pueden ir en paz.

El pueblo responde:

Demos gracias a Dios.

Después el sacerdote se retira.

Misas dominicales y festivas de 2016

1 de enero — Santa María, Madre de Dios

Viernes *(Blanco)*

ANTÍFONA DE ENTRADA **Cfr. Is 9, 1. 5; Lc 1, 33**

Hoy brillará una luz sobre nosotros, porque nos ha nacido el Señor; y se llamará Admirable, Dios, Príncipe de la paz, Padre del mundo futuro, y su Reino no tendrá fin.

Se dice Gloria.

ORACIÓN COLECTA

Señor Dios, que por la fecunda virginidad de María diste al género humano el don de la salvación eterna, concédenos sentir la intercesión de aquella por quien recibimos al autor de la vida, Jesucristo, tu Hijo, Señor nuestro. Él, que vive y reina contigo…

Ocho días después de su nacimiento (EVANGELIO), el Niño Dios fue circuncidado de acuerdo con la ley de Moisés y recibió el nombre de Jesús. Eso es lo que nos relata san Lucas; pero antes hace alusión a la visita de los pastores al establo de Belén y, al mismo tiempo, hace una evocación de María, la Madre de Dios, completamente recogida en oración. También san Pablo la recuerda (SEGUNDA LECTURA), cuando dice que Dios envió a su Hijo "nacido de una mujer", como si quisiera subrayar el papel que desempeñó María en el desarrollo del misterio de la salvación. El pasaje del Antiguo Testamento, por su parte (PRIMERA LECTURA), invoca el nombre del Señor sobre el nuevo año y le pide la paz.

PRIMERA LECTURA

Invocarán mi nombre y yo los bendeciré.

Del libro de los Números
6, 22-27

En aquel tiempo, el Señor habló a Moisés y le dijo:
"Di a Aarón y a sus hijos:
'De esta manera bendecirán a los israelitas:
El Señor te bendiga y te proteja,
haga resplandecer su rostro sobre ti y te conceda su favor.
Que el Señor te mire con benevolencia
y te conceda la paz'.
Así invocarán mi nombre sobre los israelitas
y yo los bendeciré".

Palabra de Dios. ℟. **Te alabamos, Señor.**

SALMO RESPONSORIAL

Del salmo 66

B. Carrillo B.P. 1671

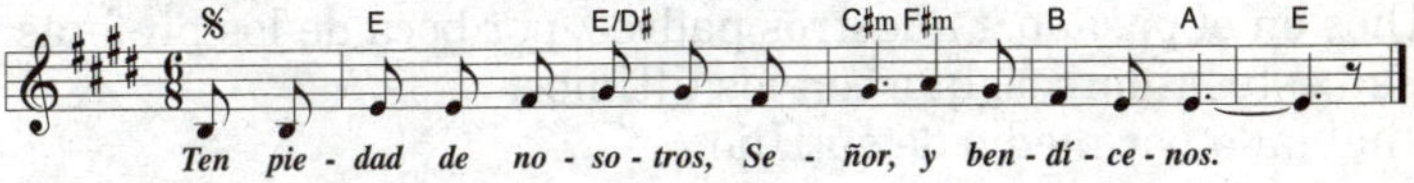

℟. Ten piedad de nosotros, Señor, y bendícenos.

Ten piedad de nosotros y bendícenos;
vuelve, Señor, tus ojos a nosotros.
Que conozca la tierra tu bondad
y los pueblos tu obra salvadora. ℟.
Las naciones con júbilo te canten,
porque juzgas al mundo con justicia;
con equidad tú juzgas a los pueblos
y riges en la tierra a las naciones. ℟.
Que te alaben, Señor, todos los pueblos,
que los pueblos te aclamen todos juntos.
Que nos bendiga Dios
y que le rinda honor el mundo entero. ℟.

SEGUNDA LECTURA

Dios envió a su Hijo, nacido de una mujer.

De la carta del apóstol san Pablo a los gálatas
4, 4-7

Hermanos: Al llegar la plenitud de los tiempos, envió Dios a su Hijo, nacido de una mujer, nacido bajo la ley, para rescatar a los que estábamos bajo la ley, a fin de hacernos hijos suyos.

Puesto que ya son ustedes hijos, Dios envió a sus corazones el Espíritu de su Hijo, que clama "¡Abbá!", es decir, ¡Padre! Así que ya no eres siervo, sino hijo; y siendo hijo, eres también heredero por voluntad de Dios.

Palabra de Dios. ℟. **Te alabamos, Señor.**

ACLAMACIÓN ANTES DEL EVANGELIO
Heb 1, 1-2

B.P. 1258 Sosa

℟. Aleluya, aleluya.
En distintas ocasiones y de muchas maneras
habló Dios en el pasado a nuestros padres, por boca de los profetas.
Ahora, en estos tiempos, que son los últimos,
nos ha hablado por medio de su Hijo.
℟. Aleluya, aleluya.

EVANGELIO
Encontraron a María, a José y al niño. Al cumplirse los ocho días, le pusieron por nombre Jesús.

✠ Del santo Evangelio según san Lucas
2, 16-21

En aquel tiempo, los pastores fueron a toda prisa hacia Belén y encontraron a María, a José y al niño, recostado en el pesebre. Después de verlo, contaron lo que se les había dicho de aquel niño, y cuantos los oían quedaban maravillados. María, por su parte, guardaba todas estas cosas y las meditaba en su corazón.

Los pastores se volvieron a sus campos, alabando y glorificando a Dios por todo cuanto habían visto y oído, según lo que se les había anunciado.

Cumplidos los ocho días, circuncidaron al niño y le pusieron el nombre de Jesús, aquel mismo que había dicho el ángel, antes de que el niño fuera concebido.

Palabra del Señor. ℟. **Gloria a ti, Señor Jesús.**

ORACIÓN SOBRE LAS OFRENDAS

Señor Dios, que das origen y plenitud a todo bien, concédenos que, al celebrar, llenos de gozo, la solemnidad de la Santa Madre de Dios, así como nos gloriamos de las primicias de su gracia, podamos gozar también de su plenitud. Por Jesucristo, nuestro Señor.

ANTÍFONA DE LA COMUNIÓN Heb 13, 8

Jesucristo es el mismo ayer, hoy y por todos los siglos.

ORACIÓN DESPUÉS DE LA COMUNIÓN

Señor, que estos sacramentos celestiales que hemos recibido con alegría, sean fuente de vida eterna para nosotros, que nos gloriamos de proclamar a la siempre Virgen María como Madre de tu Hijo y Madre de la Iglesia. Por Jesucristo, nuestro Señor.

AÑO NUEVO, CUADERNO NUEVO

* Hoy, Dios nos ha regalado a cada uno de nosotros un **cuaderno nuevo** de 366 páginas, sin manchas, sin borrones, sin tareas mal hechas, sin respuestas equivocadas, sin quejas de los profesores que haya que llevar firmadas por nuestros papás.
* Un cuaderno para que hagamos muchos ejercicios con la primera persona del verbo **amar,** porque segurito que eso es lo que nos van a preguntar en el examen final.
* Un cuaderno para que practiquemos, hasta que nos salga sin ningún error, la transformación de la voz pasiva en voz activa; aquello de pasar del ser servido a servir, que tanto nos recomendó el Maestro.
* Un cuaderno para esas tareas de aritmética que se nos hacen a veces tan difíciles... **sumar** todas esas cosas que Cristo nos dijo que son las que van a valer en el cielo: delicadezas, servicialidades, obras de misericordia... **restar**, como aquella pobre mujer del evangelio, no de lo que nos sobra sino de lo necesario, para ayudar a los más necesitados... **multiplicar** perdones no por siete sino por 70 veces siete, y **dividir** entre los pobres, si no todo, por lo menos algo de nuestro sueldo...
* Un cuaderno, en fin, para hacer esa tarea que Dios nos ha dejado y que, sin duda alguna, María, que es su Madre y nuestra Madre, si se lo pedimos hoy nos ayudará a cumplir y a revisar.
* Un cuaderno nuevecito para escribir hoy, en la primera página: "Con todo cariño, a mi Madre del cielo".

3 de enero — La Epifanía del Señor

Domingo

(Blanco)

ANTÍFONA DE ENTRADA — **Cfr. Mal 3, 1; 1 Crón 29, 12**

Miren que ya viene el Señor todopoderoso; en su mano están el reino, la potestad y el imperio.

Se dice Gloria.

ORACIÓN COLECTA

Señor Dios, que en este día manifestaste a tu Unigénito a las naciones, guiándolas por la estrella, concede a los que ya te conocemos por la fe, que lleguemos a contemplar la hermosura de tu excelsa gloria. Por nuestro Señor Jesucristo…

Todos los hombres estamos llamados a formar un solo cuerpo con Cristo y a vivir juntos cerca de Dios. En esto consiste, según san Pablo (SEGUNDA LECTURA), el misterio oculto desde siempre. Sólo algunos profetas, como Isaías (PRIMERA LECTURA), alcanzaron a presentarlo. Luego pasaron los siglos. Y he aquí que el nacimiento de Cristo transforma la esperanza en realidad. Con la llegada de los magos a Belén, el misterio comienza a revelarse: los pueblos paganos se ponen en camino hacia Cristo (EVANGELIO).

PRIMERA LECTURA

La gloria del Señor alborea sobre ti.

Del libro del profeta Isaías
60, 1-6

Levántate y resplandece, Jerusalén,
porque ha llegado tu luz
y la gloria del Señor alborea sobre ti.
Mira: las tinieblas cubren la tierra
y espesa niebla envuelve a los pueblos;
pero sobre ti resplandece el Señor
y en ti se manifiesta su gloria.
Caminarán los pueblos a tu luz
y los reyes, al resplandor de tu aurora.
Levanta los ojos y mira alrededor:
todos se reúnen y vienen a ti;
tus hijos llegan de lejos, a tus hijas las traen en brazos.
Entonces verás esto radiante de alegría;
tu corazón se alegrará, y se ensanchará,
cuando se vuelquen sobre ti los tesoros del mar
y te traigan las riquezas de los pueblos.
Te inundará una multitud de camellos y dromedarios,
procedentes de Madián y de Efá.
Vendrán todos los de Sabá
trayendo incienso y oro
y proclamando las alabanzas del Señor.

Palabra de Dios. ℟. **Te alabamos, Señor.**

SALMO RESPONSORIAL
Del salmo 71

B. Carrillo B.P. 1673

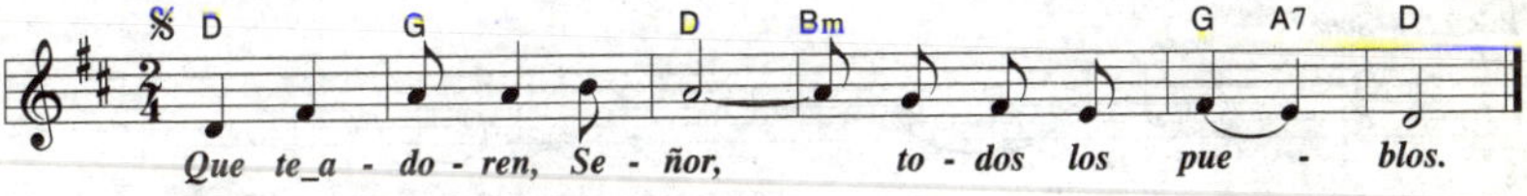

℟. Que te adoren, Señor, todos los pueblos.

Comunica, Señor, al rey tu juicio,
y tu justicia al que es hijo de reyes;
así tu siervo saldrá en defensa de tus pobres
y regirá a tu pueblo justamente. ℟.
Florecerá en sus días la justicia
y reinará la paz, era tras era.
De mar a mar se extenderá su reino
y de un extremo al otro de la tierra. ℟.

[℟. Que te adoren, Señor, todos los pueblos.]

Los reyes de occidente y de las islas
le ofrecerán sus dones.
Ante él se postrarán todos los reyes
y todas las naciones. ℟.

Al débil librará del poderoso
y ayudará al que se encuentra sin amparo;
se apiadará del desvalido y pobre
y salvará la vida al desdichado. ℟.

SEGUNDA LECTURA

También los paganos participan de la misma herencia que nosotros.

De la carta del apóstol san Pablo a los efesios
3, 2-3. 5-6

Hermanos: Han oído hablar de la distribución de la gracia de Dios, que se me ha confiado en favor de ustedes. Por revelación se me dio a conocer este designio secreto, que no había sido manifestado a los hombres en otros tiempos, pero que ha sido revelado ahora por el Espíritu a sus santos apóstoles y profetas: es decir, que por el Evangelio, también los paganos son coherederos de la misma herencia, miembros del mismo cuerpo y partícipes de la misma promesa en Jesucristo.

Palabra de Dios. ℟. **Te alabamos, Señor.**

ACLAMACIÓN ANTES DEL EVANGELIO

Mt 2, 2

B.P. 1258 Sosa

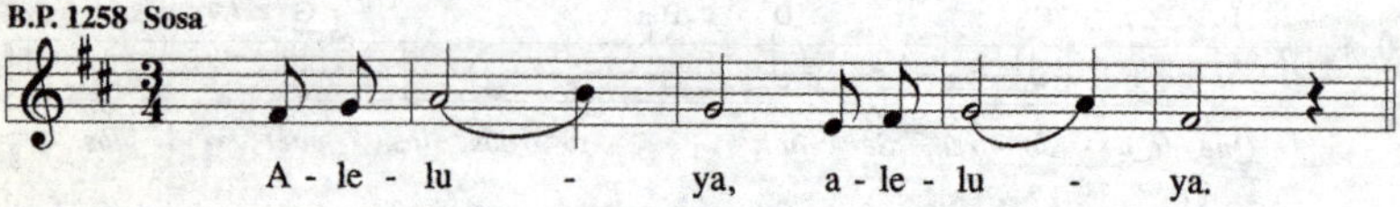

℟. Aleluya, aleluya.
Hemos visto su estrella en el oriente
y hemos venido a adorar al Señor.
℟. Aleluya, aleluya.

EVANGELIO

Hemos venido de oriente para adorar al rey de los judíos.

Del santo Evangelio según san Mateo
2, 1-12

Jesús nació en Belén de Judá, en tiempos del rey Herodes. Unos magos de oriente llegaron entonces a Jerusalén y preguntaron: "¿Dónde está el rey de los judíos que acaba de nacer? Porque vimos surgir su estrella y hemos venido a adorarlo".

Al enterarse de esto, el rey Herodes se sobresaltó y toda Jerusalén con él. Convocó entonces a los sumos sacerdotes y a los escribas del pueblo y les preguntó dónde tenía que nacer el Mesías. Ellos le contestaron: "En Belén de Judá, porque así lo ha escrito el profeta: *Y tú, Belén, tierra de Judá, no eres en manera alguna la menor entre las ciudades ilustres de Judá, pues de ti saldrá un jefe, que será el pastor de mi pueblo, Israel"*.

Entonces Herodes llamó en secreto a los magos, para que le precisaran el tiempo en que se les había aparecido la estrella y los mandó a Belén, diciéndoles: "Vayan a averiguar cuidadosamente qué hay de ese niño, y cuando lo encuentren, avísenme para que yo también vaya a adorarlo".

Después de oír al rey, los magos se pusieron en camino, y de pronto la estrella que habían visto surgir, comenzó a guiarlos, hasta que se detuvo encima de donde estaba el niño. Al ver de nuevo la estrella, se llenaron de inmensa alegría. Entraron en la casa y vieron al niño con María, su madre, y postrándose, lo adoraron. Después, abriendo sus cofres, le ofrecieron regalos: oro, incienso y mirra. Advertidos durante el sueño de que no volvieran a Herodes, regresaron a su tierra por otro camino.

Palabra del Señor. ℟. **Gloria a ti, Señor Jesús.**

Se dice Credo.

ORACIÓN SOBRE LAS OFRENDAS

Mira con bondad, Señor, los dones de tu Iglesia, que no consisten ya en oro, incienso y mirra, sino en lo que por esos dones se representa, se inmola y se recibe como alimento, Jesucristo, Señor nuestro. Él, que vive y reina por los siglos de los siglos.

ANTÍFONA DE LA COMUNIÓN Cfr. Mt 2, 2

Hemos visto su estrella en el oriente y venimos con regalos a adorar al Señor.

ORACIÓN DESPUÉS DE LA COMUNIÓN

Te pedimos, Señor, que tu luz celestial siempre y en todas partes vaya guiándonos, para que contemplemos con ojos puros y recibamos con amor sincero el misterio del que quisiste hacernos partícipes. Por Jesucristo, nuestro Señor.

EL REGALO DEL REY HERODES

✣ En estos días, especialmente al leer el evangelio de hoy, casi siempre nos fijamos en los regalos que los “Reyes Magos” (que ya sabemos que no eran reyes ni tampoco magos, en el sentido que hoy le damos a esas palabras) le llevaron al Niño Dios, y casi nunca nos fijamos en el regalazo que el rey Herodes les hizo a los mismísimos Reyes Magos al darles este consejo: **“Vayan a averiguar cuidadosamente qué hay de ese niño”.**

✣ Siguiendo este consejo, ellos fueron y descubrieron al Niño con María –doble regalo– y, postrándose, lo adoraron, es decir, lo reconocieron como Dios.

✣ Pero el regalo del rey Herodes no sólo fue para los sabios que en aquel entonces llegaron de oriente, sino para todos los que hoy leemos el evangelio y seguimos su consejo: **“Vayan a averiguar… qué hay de ese niño”.**

✣ Si logramos averiguarlo, simple y sencillamente habremos conseguido la vida eterna, pues como el mismo Jesús nos dijo más adelante: “La vida eterna consiste en que te conozcan a ti, Padre, y al que tú has enviado”.

✣ Y no es difícil la averiguación, sólo es cuestión de hacernos el propósito de principio de año de leernos con calma, pero integramente, los evangelios.

No hay nada más importante en la vida que conocer bien a Jesucristo, pues sólo así lo podremos amar.

10 de enero — El Bautismo del Señor

Domingo *(Blanco)*

ANTÍFONA DE ENTRADA — Cfr. Mt 3, 16-17

Inmediatamente después de que Jesús recibió el bautismo, se abrieron los cielos y el Espíritu Santo se posó sobre él en forma de paloma, y resonó la voz del Padre que decía: "Éste es mi Hijo amado, en quien he puesto todo mi amor".

Se dice Gloria.

ORACIÓN COLECTA

Señor Dios, cuyo Unigénito se manifestó en la realidad de nuestra carne, concédenos, por aquel que hemos conocido semejante a nosotros en lo exterior, que merezcamos quedar interiormente renovados. Él, que vive y reina contigo…

Jesús es bautizado, y el Padre y el Espíritu Santo manifiestan su aprobación y su agrado (EVANGELIO). Somos llamados a preparar el camino del Señor, que llega a apacentar a su rebaño (PRIMERA LECTURA). Él vino a salvarnos por su misericordia, por medio del bautismo, y nos hizo herederos de la vida eterna (SEGUNDA LECTURA).

PRIMERA LECTURA

Se revelará la gloria del Señor y todos los hombres la verán.

Del libro del profeta Isaías
40, 1-5. 9-11

"Consuelen, consuelen a mi pueblo,
dice nuestro Dios.
Hablen al corazón de Jerusalén
y díganle a gritos que ya terminó el tiempo de su servidumbre
y que ya ha satisfecho por sus iniquidades,
porque ya ha recibido de manos del Señor
castigo doble por todos sus pecados".
Una voz clama:
"Preparen el camino del Señor en el desierto,
construyan en el páramo
una calzada para nuestro Dios.
Que todo valle se eleve,
que todo monte y colina se rebajen;
que lo torcido se enderece y lo escabroso se allane.
Entonces se revelará la gloria del Señor
y todos los hombres la verán".
Así ha hablado la boca del Señor.
Sube a lo alto del monte,
mensajero de buenas nuevas para Sión;
alza con fuerza la voz,
tú que anuncias noticias alegres a Jerusalén.
Alza la voz y no temas;
anuncia a los ciudadanos de Judá:
"Aquí está su Dios.
Aquí llega el Señor, lleno de poder,
el que con su brazo lo domina todo.
El premio de su victoria lo acompaña
y sus trofeos lo anteceden.
Como pastor apacentará su rebaño;
llevará en sus brazos a los corderitos recién nacidos
y atenderá solícito a sus madres".

Palabra de Dios. ℟. **Te alabamos, Señor.**

SALMO RESPONSORIAL
Del salmo 103

M. Íñiguez B.P. 1684

℟. Bendice al Señor, alma mía.

Bendice al Señor, alma mía;
Señor y Dios mío, inmensa es tu grandeza.
Te vistes de belleza y majestad,
la luz te envuelve como un manto. ℟.
Por encima de las aguas construyes tu morada.
Las nubes son tu carro;
los vientos, tus alas y mensajeros;
y tus servidoras, las ardientes llamas. ℟.
¡Qué numerosas son tus obras, Señor,
y todas las hiciste con maestría!
La tierra está llena de tus creaturas,
y tu mar, enorme a lo largo y a lo ancho,
está lleno de animales pequeños y grandes. ℟.
Todos los vivientes aguardan
que les des de comer a su tiempo;
les das el alimento y lo recogen,
abres tu mano y se sacian de bienes. ℟.
Si retiras tu aliento,
toda creatura muere y vuelve al polvo.
Pero envías tu espíritu, que da vida,
y renuevas el aspecto de la tierra. ℟.

SEGUNDA LECTURA

Él nos salvó mediante el bautismo, que nos regenera y nos renueva, por la acción del Espíritu Santo.

De la carta del apóstol san Pablo a Tito
2, 11-14; 3, 4-7

Querido hermano: La gracia de Dios se ha manifestado para salvar a todos los hombres y nos ha enseñado a renunciar a la vida sin religión y a los deseos mundanos, para que vivamos, ya desde ahora, de una manera sobria, justa y fiel a Dios, en espera de la gloriosa venida del gran Dios y Salvador, Cristo Jesús, nuestra esperanza. Él se entregó por nosotros para redimirnos de todo pecado y purificarnos, a fin de convertirnos en pueblo suyo, fervorosamente entregado a practicar el bien.

Al manifestarse la bondad de Dios, nuestro Salvador, y su amor a los hombres, él nos salvó, no porque nosotros hubiéramos hecho algo digno de merecerlo, sino por su misericordia. Lo hizo mediante el bautismo, que nos regenera y nos renueva, por la acción del Espíritu Santo, a quien Dios derramó abundantemente sobre nosotros, por Cristo, nuestro Salvador. Así, justificados por su gracia, nos convertiremos en herederos, cuando se realice la esperanza de la vida eterna.

Palabra de Dios. ℟. **Te alabamos, Señor.**

ACLAMACIÓN ANTES DEL EVANGELIO

Cfr. Lc 3, 16

B.P. 1258 Sosa

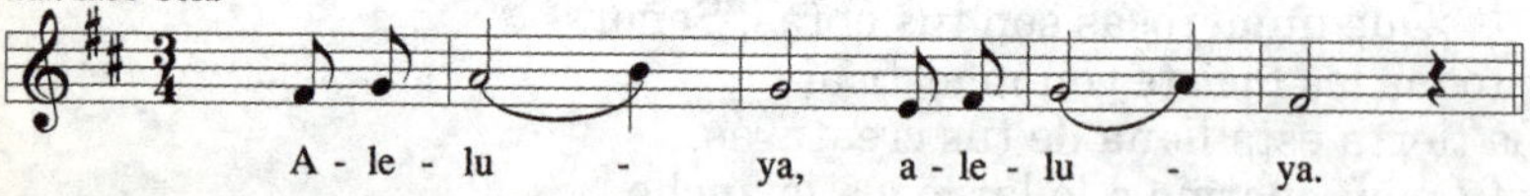

℟. Aleluya, aleluya.
Ya viene otro más poderoso que yo, dijo Juan el Bautista;
él los bautizará con el Espíritu Santo y con fuego.
℟. Aleluya, aleluya.

EVANGELIO

Después del bautismo de Jesús, el cielo se abrió.

✠ Del santo Evangelio según san Lucas
3, 15-16. 21-22

En aquel tiempo, como el pueblo estaba en expectación y todos pensaban que quizá Juan el Bautista era el Mesías, Juan los sacó de dudas, diciéndoles: "Es cierto que yo bautizo con agua, pero ya viene otro más poderoso que yo, a quien no merezco desatarle las correas de sus sandalias. Él los bautizará con el Espíritu Santo y con fuego".

Sucedió que entre la gente que se bautizaba, también Jesús fue bautizado. Mientras éste oraba, se abrió el cielo y el Espíritu Santo bajó sobre él en forma sensible, como de una paloma, y del cielo llegó una voz que decía: "Tú eres mi Hijo, el predilecto; en ti me complazco".

Palabra del Señor. ℟. **Gloria a ti, Señor Jesús.**

Se dice Credo.

ORACIÓN SOBRE LAS OFRENDAS

Acepta, Señor, los dones que te presentamos en la manifestación de tu Hijo muy amado, para que la oblación de tus hijos se convierta en el mismo sacrificio de aquel que quiso en su misericordia lavar los pecados del mundo. Él, que vive y reina por los siglos de los siglos.

ANTÍFONA DE LA COMUNIÓN Cfr. Jn 1, 32. 34

Éste es aquel de quien Juan decía: Yo lo he visto y doy testimonio de que él es el Hijo de Dios.

ORACIÓN DESPUÉS DE LA COMUNIÓN

Saciados con estos sagrados dones, imploramos, Señor, tu clemencia, para que, escuchando fielmente a tu Unigénito, nos llamemos y seamos de verdad hijos tuyos. Por Jesucristo, nuestro Señor.

SOMOS HIJOS EN EL HIJO PREDILECTO...

✻ El día del bautismo de Jesús:
- se vio que el cielo se abría;
- se vio que el Espíritu Santo bajaba en forma como de paloma;
- se oyó una voz del cielo que decía: "Tú eres mi Hijo, el predilecto; en ti me complazco".

✻ El día de nuestro bautismo no se vio ni se oyó nada extraordinario, pero es absolutamente cierto (al grado de que es de fe):
- que el cielo se abrió para cada uno de nosotros;
- que el Espíritu Santo descendió sobre nosotros;
- y que el Padre eterno hizo de nosotros hijos suyos en Cristo.

✻ Por su parte, san Pablo nos recuerda hoy que:
- Cristo "se entregó por nosotros para redimirnos de todo pecado y purificarnos, a fin de convertirnos en pueblo suyo, fervorosamente entregado a practicar el bien"; que "él nos salvó, no porque nosotros hubiéramos hecho algo digno de merecerlo, sino por su misericordia";
- a nosotros nos corresponde ser agradecidos y entregarnos fervorosamente "a practicar el bien". Contamos para eso con la ayuda del Espíritu Santo, si se lo pedimos en nuestra oración.

Tiempo Ordinario

El año litúrgico es el desarrollo de los diversos aspectos del único Misterio Pascual. Esto vale muy particularmente para el ciclo de las fiestas en torno al misterio de la Encarnación (Anunciación, Navidad, Epifanía) que conmemoran el comienzo de nuestra salvación y nos comunican las primicias del misterio de Pascua (CCE 1171).

A partir del "Triduo Pascual", como de su fuente de luz, el tiempo nuevo de la Resurrección llena todo el año litúrgico con su resplandor. De esta fuente, por todas partes, el año entero queda transfigurado por la liturgia. Es realmente "año de gracia del Señor" (cfr. Lc 4, 19). La Economía de la salvación actúa en el marco del tiempo, pero desde su cumplimiento en la Pascua de Jesús y la efusión del Espíritu Santo, el fin de la historia es anticipado, como pregustado, y el Reino de Dios irrumpe en el tiempo de la humanidad (CCE 1168).

El Tiempo Ordinario, que es el más amplio del año (33 o 34 semanas), se celebra en una primera etapa antes de la Cuaresma, y otra, más larga, después del Tiempo Pascual. La primera etapa la celebramos entre Navidad y Cuaresma, en un número variable de semanas, que depende de si la Pascua coincide con los primeros o con los últimos días de su margen astronómico (del 23 de marzo al 25 de abril). Y la segunda etapa, la más larga, va del lunes después del domingo de Pentecostés hasta la solemnidad de Cristo Rey.

Este año 2016 la primera etapa va del lunes 11 de enero hasta el martes 9 de febrero y comprende casi cuatro semanas y media. La segunda etapa inicia el lunes 16 de mayo y llega hasta el 26 de noviembre.

17 de enero **2º Domingo del T. Ordinario**

(Verde)

ANTÍFONA DE ENTRADA Sal 65, 4

Que se postre ante ti, Señor, la tierra entera; que todos canten himnos en tu honor y alabanzas a tu nombre.

ORACIÓN COLECTA

Dios todopoderoso y eterno, que gobiernas los cielos y la tierra, escucha con amor las súplicas de tu pueblo y haz que los días de nuestra vida transcurran en tu paz. Por nuestro Señor Jesucristo…

El milagro en las bodas de Caná (EVANGELIO), el primero de los signos realizados por Jesús, fue un vaticinio de la Eucaristía y la bendición del matrimonio humano por parte de Cristo. El profeta Isaías (PRIMERA LECTURA) se refiere también a la santidad del matrimonio. San Pablo, en su carta a los corintios (SEGUNDA LECTURA), que por entonces andaban muy divididos, les recuerda que si bien en la Iglesia son muy diversos los ministerios, todos ellos proceden de un mismo Espíritu.

PRIMERA LECTURA

Como el esposo se alegra con la esposa.

Del libro del profeta Isaías
62, 1-5

Por amor a Sión no me callaré
y por amor a Jerusalén no me daré reposo,

hasta que surja en ella esplendoroso el justo
y brille su salvación como una antorcha.
Entonces las naciones verán tu justicia,
y tu gloria todos los reyes.
Te llamarán con un nombre nuevo,
pronunciado por la boca del Señor.
Serás corona de gloria en la mano del Señor
y diadema real en la palma de su mano.
Ya no te llamarán "Abandonada",
ni a tu tierra, "Desolada";
a ti te llamarán "Mi complacencia"
y a tu tierra, "Desposada",
porque el Señor se ha complacido en ti
y se ha desposado con tu tierra.
Como un joven se desposa con una doncella,
se desposará contigo tu hacedor;
como el esposo se alegra con la esposa,
así se alegrará tu Dios contigo.

Palabra de Dios. ℟. **Te alabamos, Señor.**

SALMO RESPONSORIAL
Del salmo 95

C.M. Gálvez B.P. 1701

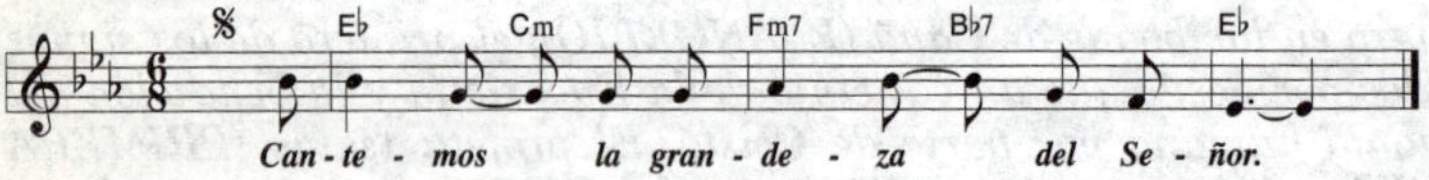

℟. Cantemos la grandeza del Señor.

Cantemos al Señor un nuevo canto,
que le cante al Señor toda la tierra;
cantemos al Señor y bendigámoslo. ℟.
Proclamemos su amor día tras día,
su grandeza anunciemos a los pueblos;
de nación en nación, sus maravillas. ℟.
Alaben al Señor, pueblos del orbe,
reconozcan su gloria y su poder
y tribútenle honores a su nombre. ℟.

Caigamos en su templo de rodillas.
Tiemblen ante el Señor los atrevidos.
"Reina el Señor", digamos a los pueblos,
gobierna a las naciones con justicia. ℟.

SEGUNDA LECTURA

Uno solo y el mismo Espíritu distribuye sus dones según su voluntad.

De la primera carta del apóstol san Pablo a los corintios
12, 4-11

Hermanos: Hay diferentes dones, pero el Espíritu es el mismo. Hay diferentes servicios, pero el Señor es el mismo. Hay diferentes actividades, pero Dios, que hace todo en todos, es el mismo.

En cada uno se manifiesta el Espíritu para el bien común. Uno recibe el don de la sabiduría; otro, el don de la ciencia. A uno se le concede el don de la fe; a otro, la gracia de hacer curaciones, y a otro más, poderes milagrosos. Uno recibe el don de profecía, y otro, el de discernir los espíritus. A uno se le concede el don de lenguas, y a otro, el de interpretarlas. Pero es uno solo y el mismo Espíritu el que hace todo eso, distribuyendo a cada uno sus dones, según su voluntad.

Palabra de Dios. ℟. **Te alabamos, Señor.**

ACLAMACIÓN ANTES DEL EVANGELIO

Cfr. 2 Tes 2, 14

B.P. 1258 Sosa

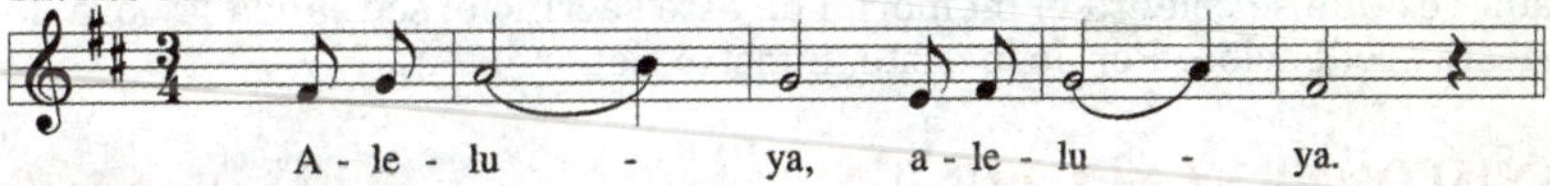

℟. Aleluya, aleluya.
Dios nos ha llamado, por medio del Evangelio,
a participar de la gloria de nuestro Señor Jesucristo.
℟. Aleluya, aleluya.

EVANGELIO

El primer signo de Jesús, en Caná de Galilea.

✠ Del santo Evangelio según san Juan
2, 1-11

En aquel tiempo, hubo una boda en Caná de Galilea, a la cual asistió la madre de Jesús. Éste y sus discípulos también fueron invitados. Como llegara a faltar el vino, María le dijo a Jesús: "Ya no tienen vino". Jesús le contestó: "Mujer, ¿qué podemos hacer tú y yo? Todavía no llega mi hora". Pero ella dijo a los que servían: "Hagan lo que él les diga".

Había allí seis tinajas de piedra, de unos cien litros cada una, que servían para las purificaciones de los judíos. Jesús dijo a los que servían: "Llenen de agua esas tinajas". Y las llenaron hasta el borde. Entonces les dijo: "Saquen ahora un poco y llévenselo al encargado de la fiesta". Así lo hicieron, y en cuanto el encargado de la fiesta probó el agua convertida en vino, sin saber su procedencia, porque sólo los sirvientes la sabían, llamó al esposo y le dijo: "Todo el mundo sirve primero el vino mejor, y cuando los invitados ya han bebido bastante, se sirve el corriente. Tú, en cambio, has guardado el vino mejor hasta ahora".

Esto que hizo Jesús en Caná de Galilea fue el primero de sus signos. Así manifestó su gloria y sus discípulos creyeron en él.

Palabra del Señor. ℟. **Gloria a ti, Señor Jesús.**

ORACIÓN SOBRE LAS OFRENDAS

Concédenos, Señor, participar dignamente en estos misterios, porque cada vez que se celebra el memorial de este sacrificio, se realiza la obra de nuestra redención. Por Jesucristo, nuestro Señor.

ANTÍFONA DE LA COMUNIÓN 1 Jn 4, 16

Nosotros hemos conocido el amor que Dios nos tiene y hemos creído en él.

ORACIÓN DESPUÉS DE LA COMUNIÓN

Infúndenos, Señor, el espíritu de tu caridad, para que, saciados con el pan del cielo, vivamos siempre unidos en tu amor. Por Jesucristo, nuestro Señor.

¿A CUÁNTOS MATRIMONIOS SE NOS ESTARÁ ACABANDO EL VINO?

- El vino de las delicadezas, de las pequeñas pero indispensables muestras de cariño, de las atenciones casi casi de educación…
- El vino de la ilusión de estar juntos, de salir juntos, de divertirnos juntos, de soñar y hacer planes juntos…
- El vino del sacrificio, para no buscar cada uno su propia comodidad sino la comodidad del otro…
- El vino del interés sincero por aquello que el otro piensa, siente, anhela, quiere, le gusta o le molesta…
- El vino de la conversación, que nos lleva a compartir nuestras experiencias…
- En una palabra, el vino del amor.
- ¿Por qué no acudimos juntos –o cada uno por su lado– si es que la escasez de vino ha llegado ya a tal grado– a la Virgen María, para que ella le diga a su Hijo: **“Ya no tienen vino”**.

A Dios no le gusta hacer milagros solo.

24 de enero **3er Domingo del T. Ordinario**

(Verde)

ANTÍFONA DE ENTRADA **Cfr. Sal 95, 1. 6**

Canten al Señor un cántico nuevo, hombres de toda la tierra, canten al Señor. Hay brillo y esplendor en su presencia, y en su templo, belleza y majestad.

ORACIÓN COLECTA

Dios todopoderoso y eterno, dirige nuestros pasos de manera que podamos agradarte en todo y así merezcamos, en nombre de tu Hijo amado, abundar en toda clase de obras buenas. Por nuestro Señor Jesucristo…

San Lucas nos muestra a Jesús explicando las Sagradas Escrituras en la sinagoga de Nazaret (EVANGELIO) y, como indica el profeta Nehemías, esa misma proclamación de la Palabra de Dios la inició el sacerdote Esdras, cinco siglos antes de Cristo (PRIMERA LECTURA). San Pablo quiere inculcar a los cristianos la unidad del influjo que procede de Cristo, y recurre a la parábola de los varios miembros de un solo cuerpo, señalando que todos los cristianos son "el cuerpo de Cristo" (SEGUNDA LECTURA).

PRIMERA LECTURA

El pueblo comprendía la lectura del libro de la ley.

Del libro de Nehemías
8, 2-4. 5-6. 8-10

En aquellos días, Esdras, el sacerdote, trajo el libro de la ley ante la asamblea, formada por los hombres, las mujeres y todos los que tenían uso de razón.

Era el día primero del mes séptimo, y Esdras leyó desde el amanecer hasta el mediodía, en la plaza que está frente a la puerta del Agua, en presencia de los hombres, las mujeres y todos los que tenían uso de razón. Todo el pueblo estaba atento a la lectura del libro de la ley.

Esdras estaba de pie sobre un estrado de madera, levantado para esta ocasión. Esdras abrió el libro a la vista del pueblo, pues estaba en un sitio más alto que todos, y cuando lo abrió, el pueblo entero se puso de pie. Esdras bendijo entonces al Señor, el gran Dios, y todo el pueblo, levantando las manos, respondió: "¡Amén!", e inclinándose, se postraron rostro en tierra. Los levitas leían el libro de la ley de Dios con claridad y explicaban el sentido, de suerte que el pueblo comprendía la lectura.

Entonces Nehemías, el gobernador, Esdras, el sacerdote y escriba, y los levitas que instruían a la gente, dijeron a todo el pueblo: "Éste es un día consagrado al Señor, nuestro Dios. No estén ustedes tristes ni lloren (porque todos lloraban al escuchar las palabras de la ley). Vayan a comer espléndidamente, tomen bebidas dulces y manden algo a los que nada tienen, pues hoy es un día consagrado al Señor, nuestro Dios. No estén tristes, porque celebrar al Señor es nuestra fuerza".

Palabra de Dios. ℟. **Te alabamos, Señor.**

SALMO RESPONSORIAL

Del salmo 18

J. Sosa B.P. 1702

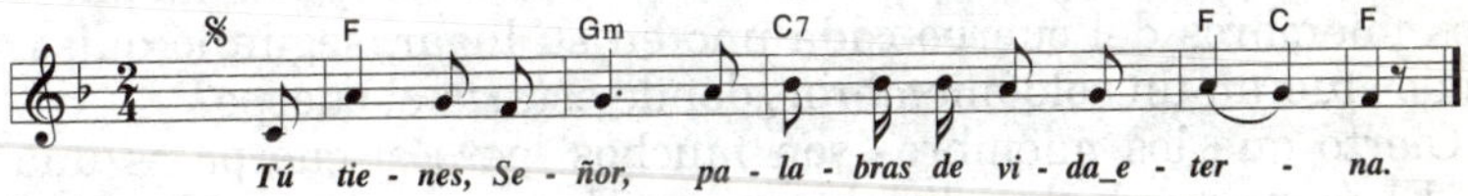

℟. Tú tienes, Señor, palabras de vida eterna.

La ley del Señor es perfecta del todo
y reconforta el alma;
inmutables son las palabras del Señor
y hacen sabio al sencillo. ℟.

En los mandamientos del Señor hay rectitud
y alegría para el corazón;
son luz los preceptos del Señor
para alumbrar el camino. ℟.

[℟. Tú tienes, Señor, palabras de vida eterna.]

La voluntad de Dios es santa
y para siempre estable;
los mandamientos del Señor son verdaderos
y enteramente justos. ℟.

Que te sean gratas las palabras de mi boca
y los anhelos de mi corazón.
Haz, Señor, que siempre te busque,
pues eres mi refugio y salvación. ℟.

SEGUNDA LECTURA

Ustedes son el cuerpo de Cristo y cada uno es un miembro de él.

De la primera carta del apóstol san Pablo a los corintios
12, 12-30

Hermanos: Así como el cuerpo es uno y tiene muchos miembros y todos ellos, a pesar de ser muchos, forman un solo cuerpo, así también es Cristo. Porque todos nosotros, seamos judíos o no judíos, esclavos o libres, hemos sido bautizados en un mismo Espíritu, para formar un solo cuerpo, y a todos se nos ha dado a beber del mismo Espíritu.

El cuerpo no se compone de un solo miembro, sino de muchos. Si el pie dijera: "No soy mano, entonces no formo parte del cuerpo", ¿dejaría por eso de ser parte del cuerpo? Y si el oído dijera: "Puesto que no soy ojo, no soy del cuerpo", ¿dejaría por eso de ser parte del cuerpo? Si todo el cuerpo fuera ojo, ¿con qué oiríamos? Y si todo el cuerpo fuera oído, ¿con qué oleríamos? Ahora bien, Dios ha puesto los miembros del cuerpo cada uno en su lugar, según lo quiso. Si todos fueran un solo miembro, ¿dónde estaría el cuerpo?

Cierto que los miembros son muchos, pero el cuerpo es uno solo. El ojo no puede decirle a la mano: "No te necesito"; ni la cabeza a los pies: "Ustedes no me hacen falta". Por el contrario, los miembros que parecen más débiles son los más necesarios. Y a los más íntimos los tratamos con mayor decoro, porque los demás no lo necesitan. Así formó Dios el cuerpo, dando más honor a los miembros que carecían de él, para que no haya división en el cuerpo y para que cada miembro se preocupe de los demás. Cuando un miembro sufre, todos sufren con él; y cuando recibe honores, todos se alegran con él.

Pues bien, ustedes son el cuerpo de Cristo y cada uno es un miembro de él. En la Iglesia, Dios ha puesto en primer lugar a los apóstoles; en segundo lugar, a los profetas; en tercer lugar, a los maestros; luego, a los que hacen milagros, a los que tienen el don de curar a los enfermos, a los que ayudan, a los que administran, a los que tienen el don de lenguas y el de interpretarlas. ¿Acaso son todos apóstoles? ¿Son todos profetas? ¿Son todos maestros? ¿Hacen todos milagros? ¿Tienen todos el don de curar? ¿Tienen todos el don de lenguas y todos las interpretan?

Palabra de Dios. ℟. **Te alabamos, Señor.**

ACLAMACIÓN ANTES DEL EVANGELIO
Lc 4, 18

B.P. 1258 Sosa

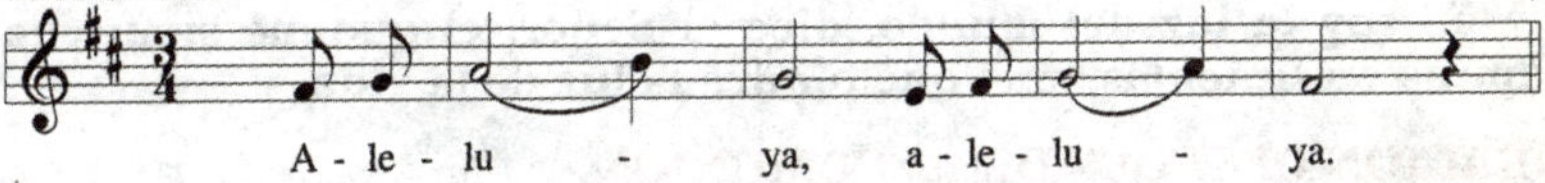

℟. Aleluya, aleluya.
El Señor me ha enviado
para llevar a los pobres la buena nueva
y anunciar la liberación a los cautivos.
℟. Aleluya, aleluya.

EVANGELIO
Hoy se ha cumplido este pasaje de la Escritura.

Del santo Evangelio según san Lucas
1, 1-4; 4, 14-21

Muchos han tratado de escribir la historia de las cosas que pasaron entre nosotros, tal y como nos las transmitieron los que las vieron desde el principio y que ayudaron en la predicación. Yo también, ilustre Teófilo, después de haberme informado minuciosamente de todo, desde sus principios, pensé escribírtelo por orden, para que veas la verdad de lo que se te ha enseñado.

(Después de que Jesús fue tentado por el demonio en el desierto), impulsado por el Espíritu, volvió a Galilea. Iba enseñando en las sinagogas; todos lo alababan y su fama se extendió por toda la región. Fue también a Nazaret, donde se había criado. Entró en la sinagoga, como era su costumbre hacerlo los sábados, y se levantó para hacer la lectura. Se le dio el volumen del profeta Isaías, lo desenrolló y encontró el pasaje en que estaba escrito: *El Espíritu del Señor está sobre mí, porque me ha ungido para llevar a los pobres la buena nueva, para anunciar la liberación a los cautivos y la curación a los ciegos, para dar libertad a los oprimidos y proclamar el año de gracia del Señor.*

Enrolló el volumen, lo devolvió al encargado y se sentó. Los ojos de todos los asistentes a la sinagoga estaban fijos en él. Entonces comenzó a hablar, diciendo: "Hoy mismo se ha cumplido este pasaje de la Escritura que acaban de oír".

Palabra del Señor. ℟. **Gloria a ti, Señor Jesús.**

ORACIÓN SOBRE LAS OFRENDAS

Recibe, Señor, benignamente, nuestros dones, y santifícalos, a fin de que nos sirvan para nuestra salvación. Por Jesucristo, nuestro Señor.

ANTÍFONA DE LA COMUNIÓN

Jn 8, 12

Yo soy la luz del mundo, dice el Señor; el que me sigue, no camina en tinieblas, sino que tendrá la luz de la vida.

ORACIÓN DESPUÉS DE LA COMUNIÓN

Concédenos, Dios todopoderoso, que al experimentar el efecto vivificante de tu gracia, nos sintamos siempre dichosos por este don tuyo. Por Jesucristo, nuestro Señor.

TAREA PARA HOY

- Después de escuchar la lectura de este pasaje en el que se describe la misión de Cristo, no estaría nada mal que los cristianos –que compartimos su misión– nos dijéramos para nuestros adentros: "Hoy vamos a empezar a cumplir este pasaje"… y saliéramos de la iglesia decididos a:
  - Llevar a los pobres la buena nueva… de nuestro respeto y ayuda…
  - Anunciar la liberación a los cautivos… alentando al hijo o al cónyuge presa del desaliento, compartiendo los quehaceres pesados de la casa, "echándole la mano" al compañero de oficina abrumado de trabajo…
  - Anunciar la curación a los ciegos… preocupándonos por infundir en la familia los criterios cristianos…
- En una palabra, dispuestos a pasar por la vida, de ahora en adelante, **haciendo el bien, como pasó haciéndolo Cristo**.

31 de enero **4º Domingo del T. Ordinario**

(Verde)

ANTÍFONA DE ENTRADA **Sal 105, 47**

Sálvanos, Señor y Dios nuestro; reúnenos de entre las naciones, para que podamos agradecer tu poder santo y nuestra gloria sea alabarte.

ORACIÓN COLECTA

Concédenos, Señor Dios nuestro, adorarte con toda el alma y amar a todos los hombres con afecto espiritual. Por nuestro Señor Jesucristo…

El profeta Jeremías nos cuenta cómo el Señor le reveló que lo había escogido para que fuera un profeta, y cómo le dio a entender que su vocación iba a encontrar oposición y hostilidad de muchos (PRIMERA LECTURA). También Jesús encontró oposición y hostilidad semejantes dentro de su propio pueblo de Nazaret. Por eso resolvió Jesús ir a predicar a otro pueblo la buena nueva, ya que la gente del lugar donde había nacido lo rechazaba (EVANGELIO). San Pablo recuerda a los fieles de la Iglesia de Corinto que entre las virtudes de la fe, la esperanza y el amor, esta última es la mayor de todas (SEGUNDA LECTURA).

PRIMERA LECTURA

Te consagré profeta para las naciones.

Del libro del profeta Jeremías
1, 4-5. 17-19

En tiempo de Josías, el Señor me dirigió estas palabras:
"Desde antes de formarte en el seno materno, te conozco;

desde antes de que nacieras,
te consagré y te constituí como profeta para las naciones.
Cíñete y prepárate;
ponte en pie y diles lo que yo te mando.
No temas, no titubees delante de ellos,
para que yo no te quebrante.
Mira: hoy te hago ciudad fortificada,
columna de hierro y muralla de bronce,
frente a toda esta tierra,
así se trate de los reyes de Judá, como de sus jefes,
de sus sacerdotes o de la gente del campo.
Te harán la guerra, pero no podrán contigo,
porque yo estoy a tu lado para salvarte".

Palabra de Dios. ℟. **Te alabamos, Señor.**

SALMO RESPONSORIAL

Del salmo 70

B.P. 1703

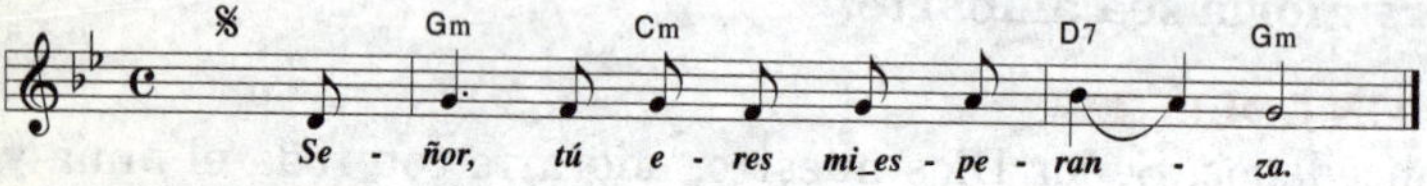

℟. Señor, tú eres mi esperanza.

Señor, tú eres mi esperanza,
que no quede yo jamás defraudado.
Tú, que eres justo, ayúdame y defiéndeme;
escucha mi oración y ponme a salvo. ℟.
Sé para mí un refugio,
ciudad fortificada en que me salves.
Y pues eres mi auxilio y mi defensa,
líbrame, Señor, de los malvados. ℟.
Señor, tú eres mi esperanza;
desde mi juventud en ti confío.
Desde que estaba en el seno de mi madre,
yo me apoyaba en ti y tú me sostenías. ℟.
Yo proclamaré siempre tu justicia
y a todas horas, tu misericordia.
Me enseñaste a alabarte desde niño
y seguir alabándote es mi orgullo. ℟.

SEGUNDA LECTURA

Entre estas tres virtudes: la fe, la esperanza y el amor, el amor es la mayor de las tres.

De la primera carta del apóstol san Pablo a los corintios
12, 31–13, 13

Hermanos: Aspiren a los dones de Dios más excelentes. Voy a mostrarles el camino mejor de todos. Aunque yo hablara las lenguas de los hombres y de los ángeles, si no tengo amor, no soy más que una campana que resuena o unos platillos que aturden. Aunque yo tuviera el don de profecía y penetrara todos los misterios, aunque yo poseyera en grado sublime el don de ciencia y mi fe fuera tan grande como para cambiar de sitio las montañas, si no tengo amor, nada soy. Aunque yo repartiera en limosnas todos mis bienes y aunque me dejara quemar vivo, si no tengo amor, de nada me sirve.

El amor es comprensivo, el amor es servicial y no tiene envidia; el amor no es presumido ni se envanece; no es grosero ni egoísta; no se irrita ni guarda rencor; no se alegra con la injusticia, sino que goza con la verdad. El amor disculpa sin límites, confía sin límites, espera sin límites, soporta sin límites.

El amor dura por siempre; en cambio, el don de profecía se acabará; el don de lenguas desaparecerá y el don de ciencia dejará de existir, porque nuestros dones de ciencia y de profecía son imperfectos. Pero cuando llegue la consumación, todo lo imperfecto desaparecerá.

Cuando yo era niño, hablaba como niño, sentía como niño y pensaba como niño; pero cuando llegué a ser hombre, hice a un lado las cosas de niño. Ahora vemos como en un espejo y oscuramente, pero después será cara a cara. Ahora sólo conozco de una manera imperfecta, pero entonces conoceré a Dios como él me conoce a mí. Ahora tenemos estas tres virtudes: la fe, la esperanza y el amor; pero el amor es la mayor de las tres.

Palabra de Dios. ℟. **Te alabamos, Señor.**

ACLAMACIÓN ANTES DEL EVANGELIO

Lc 4, 18

B.P. 1259

℟. Aleluya, aleluya.
El Señor me ha enviado
para llevar a los pobres la buena nueva
y anunciar la liberación a los cautivos.
℟. Aleluya, aleluya.

EVANGELIO

Jesús, como Elías y Eliseo, no fue enviado tan sólo a los judíos.

✠ Del santo Evangelio según san Lucas
4, 21-30

En aquel tiempo, después de que Jesús leyó en la sinagoga un pasaje del libro de Isaías, dijo: "Hoy mismo se ha cumplido este pasaje de la Escritura que acaban de oír". Todos le daban su aprobación y admiraban la sabiduría de las palabras que salían de sus labios, y se preguntaban: "¿No es éste el hijo de José?".

Jesús les dijo: "Seguramente me dirán aquel refrán: 'Médico, cúrate a ti mismo' y haz aquí, en tu propia tierra, todos esos prodigios que hemos oído que has hecho en Cafarnaúm". Y añadió: "Yo les aseguro que nadie es profeta en su tierra. Había ciertamente en Israel muchas viudas en los tiempos de Elías, cuando faltó la lluvia durante tres años y medio, y hubo un hambre terrible en todo el país; sin embargo, a ninguna de ellas fue enviado Elías, sino a una viuda que vivía en Sarepta, ciudad de Sidón. Había muchos leprosos en Israel, en tiempos del profeta Eliseo; sin embargo, ninguno de ellos fue curado, sino Naamán, que era de Siria".

Al oír esto, todos los que estaban en la sinagoga se llenaron de ira, y levantándose, lo sacaron de la ciudad y lo llevaron hasta un precipicio de la montaña sobre la que estaba construida la ciudad, para despeñarlo. Pero él, pasando por en medio de ellos, se alejó de allí.

Palabra del Señor. ℟. **Gloria a ti, Señor Jesús.**

ORACIÓN SOBRE LAS OFRENDAS

Recibe, Señor, complacido, estos dones que ponemos sobre tu altar en señal de nuestra sumisión a ti y conviértelos en el sacramento de nuestra redención. Por Jesucristo, nuestro Señor.

ANTÍFONA DE LA COMUNIÓN — Mt 5, 3-4

Dichosos los pobres de espíritu, porque de ellos es el Reino de los cielos. Dichosos los humildes, porque heredarán la tierra.

ORACIÓN DESPUÉS DE LA COMUNIÓN

Te rogamos, Señor, que, alimentados con el don de nuestra redención, este auxilio de salvación eterna afiance siempre nuestra fe en la verdad. Por Jesucristo, nuestro Señor.

NADIE ES PROFETA EN SU TIERRA...

- ✓ Ni Cristo lo fue –en el sentido de ser reconocido y honrado como tal– en su tierra, es decir, en Nazaret…
- ✓ Ni nosotros lo somos –en el mismo sentido– en la nuestra, es decir, en nuestro hogar, en nuestro sitio de trabajo.
- ✓ Pero no por eso Cristo dejó de predicar la Palabra de Dios, que por lo visto no les agradó mucho a sus conciudadanos, ya que quisieron lanzarlo por un despeñadero.
- ✓ Ni por eso debemos nosotros –papás y mamás– dejar de predicar los mandamientos y los criterios de Dios a nuestros hijos, aunque a veces no les guste y les entren ganas de que nos esfumemos.
- ✓ Ser profeta –es decir, predicar con la palabra y el ejemplo los valores cristianos, que obviamente no son los valores del mundo– para Cristo fue arriesgado… y lo es también para nosotros.

Pero esa es la misión de Cristo,
de su Iglesia
y de sus cristianos.

7 de febrero 5º Domingo del T. Ordinario

(Verde)

ANTÍFONA DE ENTRADA Sal 94, 6-7

Entremos y adoremos de rodillas al Señor, creador nuestro, porque él es nuestro Dios.

ORACIÓN COLECTA

Te rogamos, Señor, que guardes con incesante amor a tu familia santa, que tiene puesto su apoyo sólo en tu gracia, para que halle siempre en tu protección su fortaleza. Por nuestro Señor Jesucristo…

Este domingo, el profeta Isaías nos cuenta de qué manera fue llamado por Dios (PRIMERA LECTURA); de este modo podremos comprender mejor la vocación de Pedro, Santiago y Juan, a quienes Jesús llamó para convertirlos en "pescadores de hombres" (EVANGELIO). Así es como los apóstoles pasan, en el Nuevo Testamento, a ocupar el sitio de los profetas en el Antiguo. San Pablo sigue adoctrinando a los corintios y les expone lo esencial de su misión de apóstol: anunciar la resurrección de Cristo (SEGUNDA LECTURA).

PRIMERA LECTURA

Aquí estoy, Señor, envíame.

Del libro del profeta Isaías
6, 1-2. 3-8

El año de la muerte del rey Ozías, vi al Señor, sentado sobre un trono muy alto y magnífico. La orla de su manto llenaba el templo. Había dos serafines junto a él, con seis alas cada uno, que se gritaban el uno al otro:

"Santo, santo, santo es el Señor, Dios de los ejércitos;
su gloria llena toda la tierra".

Temblaban las puertas al clamor de su voz y el templo se llenaba de humo. Entonces exclamé:

"¡Ay de mí!, estoy perdido,
porque soy un hombre de labios impuros,
que habito en medio de un pueblo de labios impuros,
porque he visto con mis ojos al rey y Señor de los ejércitos".

Después voló hacia mí uno de los serafines. Llevaba en la mano una brasa, que había tomado del altar con unas tenazas. Con la brasa me tocó la boca, diciéndome:

"Mira: Esto ha tocado tus labios.
Tu iniquidad ha sido quitada
y tus pecados están perdonados".

Escuché entonces la voz del Señor que decía: "¿A quién enviaré? ¿Quién irá de parte mía?". Yo le respondí: "Aquí estoy, Señor, envíame".

Palabra de Dios. ℟. **Te alabamos, Señor.**

SALMO RESPONSORIAL

Del salmo 137

C.M. Gálvez B.P. 1704

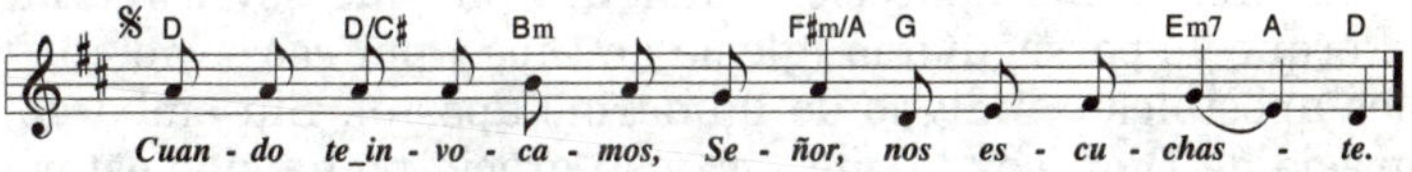

℟. Cuando te invocamos, Señor, nos escuchaste.

De todo corazón te damos gracias,
Señor, porque escuchaste nuestros ruegos.
Te cantaremos delante de tus ángeles.
Te adoraremos en tu templo. ℟.

Señor, te damos gracias
por tu lealtad y por tu amor:
siempre que te invocamos nos oíste
y nos llenaste de valor. ℟.

Que todos los reyes de la tierra te reconozcan
al escuchar tus prodigios.
Que alaben tus caminos,
porque tu gloria es inmensa. ℟.

[℟. Cuando te invocamos, Señor, nos escuchaste.]

Tu mano, Señor, nos pondrá a salvo,
y así concluirás en nosotros tu obra.
Señor, tu amor perdura eternamente;
obra tuya soy, no me abandones. ℟.

SEGUNDA LECTURA

Esto es lo que hemos predicado y lo que ustedes han creído.

De la primera carta del apóstol san Pablo a los corintios
15, 1-11

Hermanos: Les recuerdo el Evangelio que yo les prediqué y que ustedes aceptaron y en el cual están firmes. Este Evangelio los salvará, si lo cumplen tal y como yo lo prediqué. De otro modo, habrán creído en vano.

Les transmití, ante todo, lo que yo mismo recibí: que Cristo murió por nuestros pecados, como dicen las Escrituras; que fue sepultado y que resucitó al tercer día, según estaba escrito; que se le apareció a Pedro y luego a los Doce; después se apareció a más de quinientos hermanos reunidos, la mayoría de los cuales vive aún y otros ya murieron. Más tarde se le apareció a Santiago y luego a todos los apóstoles.

Finalmente, se me apareció también a mí, que soy como un aborto. Porque yo perseguí a la Iglesia de Dios y por eso soy el último de los apóstoles e indigno de llamarme apóstol. Sin embargo, por la gracia de Dios, soy lo que soy, y su gracia no ha sido estéril en mí; al contrario, he trabajado más que todos ellos, aunque no he sido yo, sino la gracia de Dios, que está conmigo. De cualquier manera, sea yo, sean ellos, esto es lo que nosotros predicamos y esto mismo lo que ustedes han creído.

Palabra de Dios. ℟. **Te alabamos, Señor.**

ACLAMACIÓN ANTES DEL EVANGELIO

Mt 4, 19

B.P. 1259

℞. Aleluya, aleluya.
Síganme, dice el Señor,
y yo los haré pescadores de hombres.
℞. Aleluya, aleluya.

EVANGELIO

Dejándolo todo, lo siguieron.

✠ Del santo Evangelio según san Lucas
5, 1-11

En aquel tiempo, Jesús estaba a orillas del lago de Genesaret y la gente se agolpaba en torno suyo para oír la palabra de Dios. Jesús vio dos barcas que estaban junto a la orilla. Los pescadores habían desembarcado y estaban lavando las redes. Subió Jesús a una de las barcas, la de Simón, le pidió que la alejara un poco de tierra, y sentado en la barca, enseñaba a la multitud.

Cuando acabó de hablar, dijo a Simón: "Lleva la barca mar adentro y echen sus redes para pescar". Simón replicó: "Maestro, hemos trabajado toda la noche y no hemos pescado nada; pero, confiado en tu palabra, echaré las redes". Así lo hizo y cogieron tal cantidad de pescados, que las redes se rompían. Entonces hicieron señas a sus compañeros, que estaban en la otra barca, para que vinieran a ayudarlos. Vinieron ellos y llenaron tanto las dos barcas, que casi se hundían.

Al ver esto, Simón Pedro se arrojó a los pies de Jesús y le dijo: "¡Apártate de mí, Señor, porque soy un pecador!". Porque tanto él como sus compañeros estaban llenos de asombro, al ver la pesca que habían conseguido. Lo mismo les pasaba a Santiago y a Juan, hijos de Zebedeo, que eran compañeros de Simón.

Entonces Jesús le dijo a Simón: "No temas; desde ahora serás pescador de hombres". Luego llevaron las barcas a tierra y, dejándolo todo, lo siguieron.

Palabra del Señor. ℞. **Gloria a ti, Señor Jesús.**

ORACIÓN SOBRE LAS OFRENDAS

Señor Dios nuestro, que has creado los frutos de la tierra sobre todo para ayuda de nuestra fragilidad, concédenos que también se conviertan para nosotros en sacramento de eternidad. Por Jesucristo, nuestro Señor.

ANTÍFONA DE LA COMUNIÓN Mt 5, 4. 6

Dichosos los que lloran, porque serán consolados. Dichosos los que tienen hambre y sed de justicia, porque serán saciados.

ORACIÓN DESPUÉS DE LA COMUNIÓN

Señor Dios, que quisiste hacernos participar de un mismo pan y un mismo cáliz, concédenos vivir de tal manera, que, hechos uno en Cristo, demos fruto con alegría para la salvación del mundo. Por Jesucristo, nuestro Señor.

ECHEN SUS REDES

- Echar las redes durante el día –dicen los que saben de esto– no es lo más indicado para pescar.
- Pagar salarios justos y repartir honradamente las utilidades, no es la forma más expedita de aumentar el capital de un negocio.
- Ajustar los honorarios de nuestros servicios profesionales (médico, abogado, ingeniero, dentista, técnico en cualquier rama) a las posibilidades de nuestros clientes pobres, no es el camino para llegar a millonarios.
- Despachar completos los kilos, los litros y los metros en nuestro comercio, no es la forma mejor para ser ricos.
- Compartir lo poco que tenemos con el que tiene menos que nosotros, no es la manera más lógica y segura de asegurar nuestro futuro económico y el porvenir de nuestros hijos.
- Buscar de veras la felicidad del cónyuge y de los hijos, no es la forma más utilizada de buscar nuestra propia felicidad…

"… pero, confiado en tu palabra, echaré las redes". Y dice el Evangelio que "recogieron tal cantidad de pescados, que las redes se rompían".

Cuaresma

Cuaresma viene del latín *quadragesima dies,* el día cuadragésimo antes de Pascua. Es el tiempo de preparación "por el que se asciende al monte santo de la Pascua", como lo describe el *Ceremonial de los Obispos* (n. 249). Empieza el Miércoles de Ceniza y concluye el Jueves Santo por la tarde, antes de la Misa Vespertina de la Cena del Señor, con la que se inaugura el Triduo Pascual.

La Cuaresma se organizó a partir del siglo IV. Su historia anterior no está muy clara. Parece que el germen original fue el ayuno pascual de dos días, el Viernes y Sábado antes del Domingo de Resurrección, espacio que poco a poco se fue alargando. En Roma la Cuaresma ya estaba constituida entre los años 350 y 380. Comenzaba originalmente en domingo. Durante los siglos VI-VII el ayuno fue la característica determinante, y como los domingos no se ayunaba, se adelantó su inicio al miércoles anterior al primer domingo, que luego se llamó "de Ceniza", para que la Pascua estuviera precedida por cuarenta días de ayuno efectivo.

El Tiempo de Cuaresma como preparación de la Pascua se basa en dos pilares: por una parte está la contemplación de la Pascua de Cristo, por otra, la participación de los fieles en la Pascua del Señor a través de la penitencia personal y de la celebración de los sacramentos pascuales –Bautismo, Confirmación, Penitencia– con los que incorporamos nuestro "camino pascual" a la Pascua del Señor. Otro matiz corresponde a la Iglesia como pueblo sacerdotal: el cuidado –catequesis y oración– de los niños que se preparan a la Confirmación y Primera Comunión, y la oración por los pecadores para que alcancen la conversión.

10 de febrero **Miércoles de Ceniza**

(Morado)

Debemos creer en el Evangelio, no solamente diciendo que "estamos de acuerdo" con lo que dice el Evangelio, sino con un compromiso para toda la vida. ¿Cómo emplearé este tiempo de Cuaresma para ver si vivo conforme a lo que creo?

En la Misa de este día se bendice y se impone la ceniza hecha de ramas de olivo o de otros árboles, bendecidas el Domingo de Ramos del año anterior.

RITOS INICIALES Y LITURGIA DE LA PALABRA

ANTÍFONA DE ENTRADA **Cfr. Sab 11, 23. 24. 26**

Tú, Señor, te compadeces de todos y no aborreces nada de lo que has creado, aparentas no ver los pecados de los hombres, para darles ocasión de arrepentirse, porque tú eres el Señor, nuestro Dios.

Se omite el acto penitencial, que es sustituido por el rito de la imposición de la ceniza.

ORACIÓN COLECTA

Concédenos, Señor, emprender este tiempo el combate cristiano con santos ayunos, para que en el momento de combatir contra las tentaciones, seamos fortalecidos con los auxilios de la penitencia. Por nuestro Señor Jesucristo...

Oímos el llamado que hace el profeta Joel al pueblo de Dios (PRIMERA LECTURA), invitándonos a la penitencia y a la conversión íntima. Ese llamado nos prepara a escuchar la invitación de san Pablo (SEGUNDA LECTURA), que nos pide, en nombre de Cristo, que nos reconciliemos con Dios, porque "ahora es el día de la salvación". Después vemos en Jesús (EVANGELIO) el espíritu con que se deben hacer la limosna, la oración y el ayuno, y así llegamos a descubrir que no es la Iglesia la que ha elaborado las diversas modalidades de la penitencia, sino que las ha recibido de su Señor.

PRIMERA LECTURA

Enluten su corazón y no sus vestidos.

Del libro del profeta Joel
2, 12-18

Esto dice el Señor:
"Todavía es tiempo.
Conviértanse a mí de todo corazón,
con ayunos, con lágrimas y llanto;
enluten su corazón y no sus vestidos.
Conviértanse al Señor su Dios,
porque es compasivo y misericordioso,
lento a la cólera, rico en clemencia,
y se conmueve ante la desgracia".
Quizá se arrepienta, se compadezca de nosotros
y nos deje una bendición,
que haga posibles las ofrendas y libaciones
al Señor, nuestro Dios.
Toquen la trompeta en Sión, promulguen un ayuno,
convoquen la asamblea, reúnan al pueblo,
santifiquen la reunión, junten a los ancianos,
convoquen a los niños, aun a los niños de pecho.
Que el recién casado deje su alcoba
y su tálamo la recién casada.
Entre el vestíbulo y el altar lloren los sacerdotes,
ministros del Señor, diciendo:
"Perdona, Señor, perdona a tu pueblo.
No entregues tu heredad a la burla de las naciones".
Que no digan los paganos: "¿Dónde está el Dios de Israel?".
Y el Señor se llenó de celo por su tierra
y tuvo piedad de su pueblo.

Palabra de Dios. ℟. **Te alabamos, Señor.**

SALMO RESPONSORIAL

Del salmo 50

B.P. 1001 Carrillo.

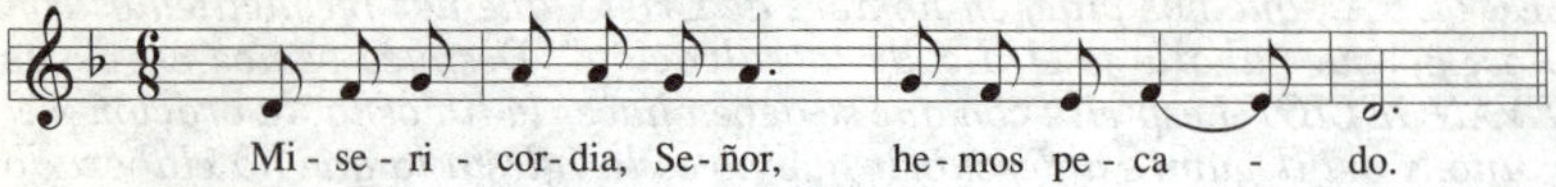

℟. Misericordia, Señor, hemos pecado.

Por tu inmensa compasión y misericordia,
Señor, apiádate de mí y olvida mis ofensas.
Lávame bien de todos mis delitos
y purifícame de mis pecados. ℟.

Puesto que reconozco mis culpas,
tengo siempre presentes mis pecados.
Contra ti solo pequé, Señor,
haciendo lo que a tus ojos era malo. ℟.

Crea en mí, Señor, un corazón puro,
un espíritu nuevo para cumplir tus mandamientos.
No me arrojes, Señor, lejos de ti,
ni retires de mí tu santo espíritu. ℟.

Devuélveme tu salvación, que regocija,
y mantén en mí un alma generosa.
Señor, abre mis labios
y cantará mi boca tu alabanza. ℟.

SEGUNDA LECTURA

Aprovechen este tiempo favorable para reconciliarse con Dios.

De la segunda carta del apóstol san Pablo a los corintios
5, 20–6, 2

Hermanos: Somos embajadores de Cristo, y por nuestro medio, es como si Dios mismo los exhortara a ustedes. En nombre de Cristo les pedimos que se dejen reconciliar con Dios. Al que nunca cometió pecado, Dios lo hizo "pecado" por nosotros, para que, unidos a él, recibamos la salvación de Dios y nos volvamos justos y santos.

Como colaboradores que somos de Dios, los exhortamos a no echar su gracia en saco roto. Porque el Señor dice: *En el tiempo favorable te escuché y en el día de la salvación te socorrí.* Pues bien, ahora es el tiempo favorable; ahora es el día de la salvación.

Palabra de Dios. ℟. **Te alabamos, Señor.**

ACLAMACIÓN ANTES DEL EVANGELIO

Cfr. Sal 94, 8

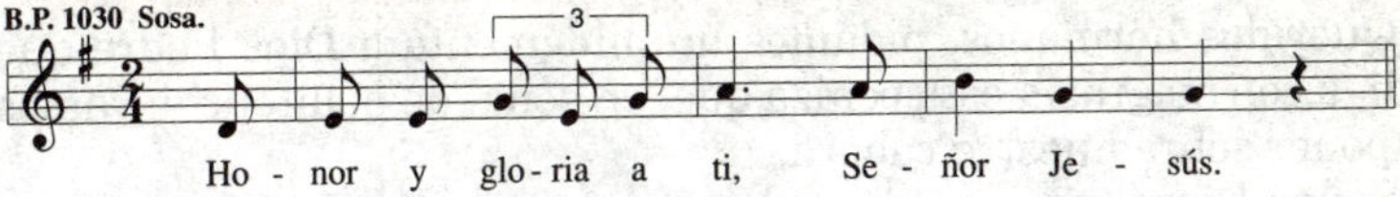

℟. Honor y gloria a ti, Señor Jesús.
Hagámosle caso al Señor, que nos dice:
"No endurezcan su corazón".
℟. Honor y gloria a ti, Señor Jesús.

EVANGELIO

Tu Padre, que ve lo secreto, te recompensará.

Del santo Evangelio según san Mateo
6, 1-6. 16-18

En aquel tiempo, Jesús dijo a sus discípulos: "Tengan cuidado de no practicar sus obras de piedad delante de los hombres para que los vean. De lo contrario, no tendrán recompensa con su Padre celestial.

Por lo tanto, cuando des limosna, no lo anuncies con trompeta, como hacen los hipócritas en las sinagogas y por las calles, para que los alaben los hombres. Yo les aseguro que ya recibieron su recompensa. En cambio, cuando tú des limosna, que no sepa tu mano izquierda lo que hace la derecha, para que tu limosna quede en secreto; y tu Padre, que ve lo secreto, te recompensará.

Cuando ustedes hagan oración, no sean como los hipócritas, a quienes les gusta orar de pie en las sinagogas y en las esquinas de las plazas, para que los vea la gente. Yo les aseguro que ya recibieron su recompensa. Tú, en cambio, cuando vayas a orar, entra en tu cuarto, cierra la puerta y ora ante tu Padre, que está allí, en lo secreto; y tu Padre, que ve lo secreto, te recompensará.

Cuando ustedes ayunen, no pongan cara triste, como esos hipócritas que descuidan la apariencia de su rostro, para que la gente note que están ayunando. Yo les aseguro que ya recibieron su recompensa. Tú, en cambio, cuando ayunes, perfúmate la cabeza y lávate la cara, para que no sepa la gente que estás ayunando, sino tu Padre, que está en lo secreto; y tu Padre, que ve lo secreto, te recompensará".

Palabra del Señor. ℟. **Gloria a ti, Señor Jesús.**

BENDICIÓN E IMPOSICIÓN DE LA CENIZA

Después de la homilía, el sacerdote, de pie y con las manos juntas, dice:

Queridos hermanos, pidamos humildemente a Dios Padre que bendiga con su gracia esta ceniza que, en señal de penitencia, vamos a imponer sobre nuestra cabeza.

Señor Dios, que no quieres la muerte del pecador sino su conversión, escucha bondadosamente nuestras súplicas y dígnate bendecir ✠ esta ceniza, que vamos a imponer sobre nuestra cabeza, sabiendo que somos polvo y al polvo hemos de volver y concédenos que, por nuestro esfuerzo en las prácticas cuaresmales, obtengamos el perdón de nuestros pecados y una vida renovada a imagen de tu Hijo resucitado. Él, que vive y reina por los siglos de los siglos.

℟. **Amén**.

Y rocía la ceniza con agua bendita, sin decir nada. Después el sacerdote impone la ceniza a todos los presentes que se acercan a él, y dice a cada uno:

Conviértete y cree en el Evangelio.

O bien:

Recuerda que eres polvo y al polvo has de volver.

Mientras tanto, se canta la antífona.

ANTÍFONA **Sal 50, 3**

Lávame, Señor, de mis pecados.

Esta antífona puede repetirse después de cada verso del salmo 50.

RESPONSORIO **Cfr. Bar 3, 2; Sal 78, 9**

℟. **Renovemos y mejoremos nuestra vida, pues por ignorancia hemos pecado; no sea que, sorprendidos por el día de la muerte, busquemos un tiempo para hacer penitencia, y ya no sea posible encontrarlo. * Escúchanos, Señor, y ten piedad, porque hemos pecado contra ti.**

℣. Ven en nuestra ayuda, Dios salvador nuestro; por el honor de tu nombre, líbranos, Señor.

℟. **Escúchanos, Señor, y ten piedad, porque hemos pecado contra ti.**

Se puede entonar otro canto apropiado.

Terminada la imposición de la ceniza, el sacerdote se lava las manos y continúa con la oración universal.

No se dice Credo.

ORACIÓN SOBRE LAS OFRENDAS

Al ofrecer el sacrificio con el que iniciamos solemnemente la Cuaresma, te rogamos, Señor, que por nuestras obras de penitencia y de caridad nos veamos libres de los vicios y los malos deseos, para que, purificados de todo pecado, merezcamos celebrar con fervor la pasión de tu Hijo. Él, que vive y reina por los siglos de los siglos.

ANTÍFONA DE LA COMUNIÓN — Cfr. Sal 1, 2-3

El que día y noche medita la ley del Señor, al debido tiempo dará su fruto.

ORACIÓN DESPUÉS DE LA COMUNIÓN

Que nos auxilien, Señor, los sacramentos que recibimos, para que nuestro ayuno sea de tu agrado y nos aproveche como remedio saludable. Por Jesucristo, nuestro Señor.

ORACIÓN SOBRE EL PUEBLO

Derrama, propicio, Señor Dios, tu espíritu de arrepentimiento sobre quienes se inclinan ante tu majestad, y que merezcan obtener, por tu misericordia, el premio prometido a los que hacen penitencia. Por Jesucristo, nuestro Señor.

¿NOS GUSTA "JUGAR" A LA CUARESMA?

- El Miércoles de Ceniza, ¿se nos olvida que empezamos una etapa de preparación para la Pascua del Señor, o sólo jugamos a "tomar la ceniza" (que al cabo ni duele) por una antigua tradición o para que "nos vaya bien"?
- ¿Únicamente vemos la oportunidad de jugar a que guardamos la abstinencia de carnes disfrutando un rico "huachinango a la veracruzana" o algo así?
- ¿Estamos dispuestos a manifestar –mediante una confesión bien hecha– nuestro deseo de cambiar de vida, para asemejarnos más a Jesús, o únicamente seguiremos "pasándola", esperando poder confesarnos en el lecho de muerte?

¿Vamos a seguir jugando, o buscaremos que el Padre, "que ve lo secreto", nos recompense?

14 de febrero **1er Domingo de Cuaresma**

(Morado)

ANTÍFONA DE ENTRADA Cfr. Sal 90, 15-16

Me invocará y yo lo escucharé; lo libraré y lo glorificaré; prolongaré los días de su vida.

No se dice Gloria.

ORACIÓN COLECTA

Concédenos, Dios todopoderoso, que por las prácticas anuales de esta celebración cuaresmal, progresemos en el conocimiento del misterio de Cristo, y traduzcamos su efecto en una conducta irreprochable. Por nuestro Señor Jesucristo…

El propósito de la Cuaresma es el de ayudarnos a progresar en el conocimiento del misterio de Cristo (ORACIÓN COLECTA). A ese misterio se entra por la fe. Por eso, el libro del Deuteronomio (PRIMERA LECTURA) nos habla de la fe del pueblo escogido de Dios, que lo había salvado de la opresión. Éste es el resumen de nuestra fe de cristianos en Jesús resucitado (SEGUNDA LECTURA); ese mismo Jesús, a quien vemos manifestarse como Hijo de Dios (EVANGELIO), no porque sea capaz de realizar los milagros que le sugiere el diablo, sino por reivindicar el honor de Dios.

PRIMERA LECTURA

Profesión de fe del pueblo escogido.

Del libro del Deuteronomio
26, 4-10

En aquel tiempo, dijo Moisés al pueblo: "Cuando presentes las primicias de tus cosechas, el sacerdote tomará el cesto de tus manos y lo pondrá ante el altar del Señor, tu Dios. Entonces tú dirás estas palabras ante el Señor, tu Dios:

'Mi padre fue un arameo errante, que bajó a Egipto y se estableció allí con muy pocas personas; pero luego creció hasta convertirse en una gran nación, potente y numerosa.

Los egipcios nos maltrataron, nos oprimieron y nos impusieron una dura esclavitud. Entonces clamamos al Señor, Dios de nuestros padres, y el Señor escuchó nuestra voz, miró nuestra humillación, nuestros trabajos y nuestra angustia. El Señor nos sacó de Egipto con mano poderosa y brazo protector, con un terror muy grande, entre señales y portentos; nos trajo a este país y nos dio esta tierra, que mana leche y miel. Por eso ahora yo traigo aquí las primicias de la tierra que tú, Señor, me has dado'.

Una vez que hayas dejado tus primicias ante el Señor, te postrarás ante él para adorarlo".

Palabra de Dios. ℟. **Te alabamos, Señor.**

SALMO RESPONSORIAL

Del salmo 90

B.P. 1675

℟. Tú eres mi Dios y en ti confío.

Tú, que vives al amparo del Altísimo
y descansas a la sombra del Todopoderoso,
dile al Señor: "Tú eres mi refugio y fortaleza;
tú eres mi Dios y en ti confío". ℟.

No te sucederá desgracia alguna,
ninguna calamidad caerá sobre tu casa,
pues el Señor ha dado a sus ángeles la orden
de protegerte a dondequiera que vayas. ℟.

Los ángeles de Dios te llevarán en brazos
para que no te tropieces con las piedras,
podrás pisar los escorpiones y las víboras
y dominar las fieras. ℟.

[℟. Tú eres mi Dios y en ti confío.]

"Puesto que tú me conoces y me amas, dice el Señor,
yo te libraré y te pondré a salvo.
Cuando tú me invoques, yo te escucharé,
y en tus angustias estaré contigo,
te libraré de ellas y te colmaré de honores". ℟.

SEGUNDA LECTURA

Profesión de fe del que cree en Jesucristo.

De la carta del apóstol san Pablo a los romanos
10, 8-13

Hermanos: La Escritura afirma: *Muy a tu alcance, en tu boca y en tu corazón, se encuentra la salvación,* esto es, el asunto de la fe que predicamos. Porque basta que cada uno declare con su boca que Jesús es el Señor y que crea en su corazón que Dios lo resucitó de entre los muertos, para que pueda salvarse.

En efecto, hay que creer con el corazón para alcanzar la santidad y declarar con la boca para alcanzar la salvación. Por eso dice la Escritura: *Ninguno que crea en él quedará defraudado,* porque no existe diferencia entre judío y no judío, ya que uno mismo es el Señor de todos, espléndido con todos los que lo invocan, pues *todo el que invoque al Señor como a su Dios, será salvado por él.*

Palabra de Dios. ℟. **Te alabamos, Señor.**

ACLAMACIÓN ANTES DEL EVANGELIO

Mt 4, 4

B.P. 1030 Sosa.

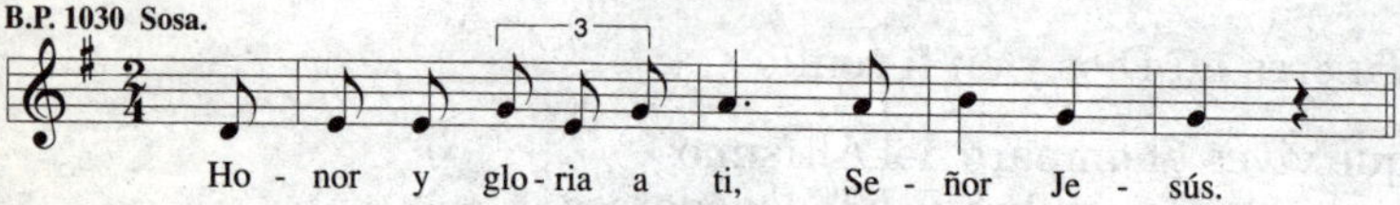

℟. Honor y gloria a ti, Señor Jesús.
No sólo de pan vive el hombre,
sino también de toda palabra
que sale de la boca de Dios.
℟. Honor y gloria a ti, Señor Jesús.

EVANGELIO

El Espíritu llevó a Jesús al desierto; ahí lo tentó el demonio.

Del santo Evangelio según san Lucas
4, 1-13

En aquel tiempo, Jesús, lleno del Espíritu Santo, regresó del Jordán y conducido por el mismo Espíritu, se internó en el desierto, donde permaneció durante cuarenta días y fue tentado por el demonio.

No comió nada en aquellos días, y cuando se completaron, sintió hambre. Entonces el diablo le dijo: "Si eres el Hijo de Dios, dile a esta piedra que se convierta en pan". Jesús le contestó: "Está escrito: *No sólo de pan vive el hombre*".

Después lo llevó el diablo a un monte elevado y en un instante le hizo ver todos los reinos de la tierra y le dijo: "A mí me ha sido entregado todo el poder y la gloria de estos reinos, y yo los doy a quien quiero. Todo esto será tuyo, si te arrodillas y me adoras". Jesús le respondió: "Está escrito: *Adorarás al Señor, tu Dios, y a él sólo servirás*".

Entonces lo llevó a Jerusalén, lo puso en la parte más alta del templo y le dijo: "Si eres el Hijo de Dios, arrójate desde aquí, porque está escrito: *Los ángeles del Señor tienen órdenes de cuidarte y de sostenerte en sus manos, para que tus pies no tropiecen con las piedras*". Pero Jesús le respondió: "También está escrito: *No tentarás al Señor, tu Dios*".

Concluidas las tentaciones, el diablo se retiró de él, hasta el momento oportuno.

Palabra del Señor. ℟. **Gloria a ti, Señor Jesús.**

ORACIÓN SOBRE LAS OFRENDAS

Te pedimos, Señor, que nos hagas dignos de estos dones que vamos a ofrecerte, ya que con ellos celebramos el inicio de este venerable misterio. Por Jesucristo, nuestro Señor.

ANTÍFONA DE LA COMUNIÓN — Cfr. Sal 90, 4

El Señor te cubrirá con sus plumas, y bajo sus alas encontrarás refugio.

ORACIÓN DESPUÉS DE LA COMUNIÓN

Alimentados, Señor, de este pan celestial que nutre la fe, hace crecer la esperanza y fortalece la caridad, te suplicamos la gracia de aprender a sentir hambre de aquel que es el pan vivo y verdadero, y a vivir de toda palabra que procede de tu boca. Por Jesucristo, nuestro Señor.

ORACIÓN SOBRE EL PUEBLO

Derrama sobre tu pueblo, Señor, la abundancia de tu bendición para que su esperanza crezca en la adversidad, su virtud se fortalezca en la tentación, y alcance la redención eterna. Por Jesucristo, nuestro Señor.

QUE ESTA PIEDRA SE CONVIERTA EN PAN

No es que queramos restarle "méritos" a Satanás, pero esta idea "luminosa", aun antes de leer el evangelio de hoy, ya se nos había ocurrido a muchos de nosotros, corregida y aumentada:

❄ Que esta piedra se nos convierta en pan…

❄ Que esta modesta vivienda se nos convierta en una residencia (de preferencia en algún fraccionamiento exclusivo)…

❄ Que esta carcachita se nos convierta en un último modelo…

❄ Que estos trapitos se nos conviertan en muy buena ropa…

❄ Que estas baratijas se nos conviertan en joyas…

❄ Que este sueldito se nos convierta en un sueldazo…

❄ Que…

– Y no es que esté mal que nos preocupemos por mejorar nuestra situación económica y progresar.
– Lo malo está en que sólo nos preocupemos de esto.
– Y lo peor, que por agenciarnos todo lo enumerado, nos olvidemos de Dios y de los demás, cuando no es que pasamos sobre el primero y nos aprovechamos de los segundos.

❄ Porque **"no sólo de pan** (ni de casas, carros, trajes, joyas y dinero) **vive el hombre"**, sino de toda palabra que sale de la boca de Dios.≠

Y la Palabra de Dios, en resumen, es: **"Amarás a Dios sobre todas las cosas y a tu prójimo como a ti mismo".**

21 de febrero **2º Domingo de Cuaresma**

(Morado)

ANTÍFONA DE ENTRADA **Cfr. Sal 24, 6. 2. 22**

Recuerda, Señor, que tu ternura y tu misericordia son eternas. No permitas que nos derrote el enemigo. Sálvanos, Dios de Israel, de todas nuestras angustias.

No se dice Gloria.

ORACIÓN COLECTA

Señor Dios, que nos mandaste escuchar a tu Hijo muy amado, dígnate alimentarnos íntimamente con tu palabra, para que, ya purificada nuestra mirada interior, nos alegremos en la contemplación de tu gloria. Por nuestro Señor Jesucristo…

Abraham es el padre de los creyentes. Al creer en la Palabra de Dios, su fe le conquistó la amistad del Señor y éste selló con él su alianza (PRIMERA LECTURA). También espera Dios de nosotros una respuesta semejante a la de Abraham al presentarnos a Jesucristo, su Hijo transfigurado (EVANGELIO), para que tengamos fe en él. A cambio de esa fe, el Hijo de Dios nos introducirá, no en una tierra rica, como a la descendencia de Abraham, sino en el mundo de la resurrección en la gloria (SEGUNDA LECTURA).

PRIMERA LECTURA

Dios hace una alianza con Abram.

Del libro del Génesis
15, 5-12. 17-18

En aquellos días, Dios sacó a Abram de su casa y le dijo: "Mira el cielo y cuenta las estrellas, si puedes". Luego añadió: "Así será tu descendencia". Abram creyó lo que el Señor le decía y, por esa fe, el Señor lo tuvo por justo.

Entonces le dijo: "Yo soy el Señor, el que te sacó de Ur, ciudad de los caldeos, para entregarte en posesión esta tierra". Abram replicó: "Señor Dios, ¿cómo sabré que voy a poseerla?". Dios le dijo: "Tráeme una ternera, una cabra y un carnero, todos de tres años; una tórtola y un pichón".

Tomó Abram aquellos animales, los partió por la mitad y puso las mitades una enfrente de la otra, pero no partió las aves. Pronto comenzaron los buitres a descender sobre los cadáveres y Abram los ahuyentaba.

Estando ya para ponerse el sol, Abram cayó en un profundo letargo, y un terror intenso y misterioso se apoderó de él. Cuando se puso el sol, hubo densa oscuridad y sucedió que un brasero humeante y una antorcha encendida, pasaron por entre aquellos animales partidos.

De esta manera hizo el Señor, aquel día, una alianza con Abram, diciendo:

"A tus descendientes doy esta tierra,
desde el río de Egipto
hasta el gran río Éufrates".

Palabra de Dios. ℟. **Te alabamos, Señor.**

SALMO RESPONSORIAL

Del salmo 26

A. Zermeño B.P. 1676

℟. El Señor es mi luz y mi salvación.

El Señor es mi luz y mi salvación,
¿a quién voy a tenerle miedo?
El Señor es la defensa de mi vida,
¿quién podrá hacerme temblar? ℟.

Oye, Señor, mi voz y mis clamores
y tenme compasión;
el corazón me dice que te busque
y buscándote estoy. ℟.

No rechaces con cólera a tu siervo,
tú eres mi único auxilio;
no me abandones ni me dejes solo,
Dios y salvador mío. ℟.

La bondad del Señor espero ver
en esta misma vida.
Ármate de valor y fortaleza
y en el Señor confía. ℟.

SEGUNDA LECTURA

Cristo transformará nuestro cuerpo miserable en un cuerpo glorioso, semejante al suyo.

De la carta del apóstol san Pablo a los filipenses
3, 17–4, 1

Hermanos: Sean todos ustedes imitadores míos y observen la conducta de aquellos que siguen el ejemplo que les he dado a ustedes. Porque, como muchas veces se lo he dicho a ustedes, y ahora se lo repito llorando, hay muchos que viven como enemigos de la cruz de Cristo. Esos tales acabarán en la perdición, porque su dios es el vientre, se enorgullecen de lo que deberían avergonzarse y sólo piensan en cosas de la tierra.

Nosotros, en cambio, somos ciudadanos del cielo, de donde esperamos que venga nuestro Salvador, Jesucristo. Él transformará nuestro cuerpo miserable en un cuerpo glorioso, semejante al suyo, en virtud del poder que tiene para someter a su dominio todas las cosas.

Hermanos míos, a quienes tanto quiero y extraño: ustedes, hermanos míos amadísimos, que son mi alegría y mi corona, manténganse fieles al Señor.

Palabra de Dios. ℟. **Te alabamos, Señor.**

ACLAMACIÓN ANTES DEL EVANGELIO

Cfr. Mt 17, 5

B.P. 1030 Sosa.

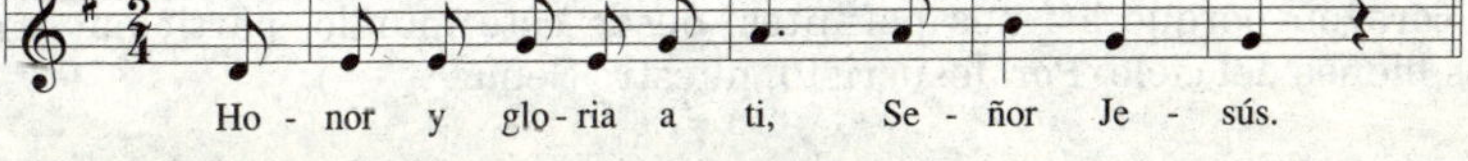

℟. Honor y gloria a ti, Señor Jesús.
En el esplendor de la nube se oyó la voz del Padre, que decía: "Éste es mi Hijo amado; escúchenlo".
℟. Honor y gloria a ti, Señor Jesús.

EVANGELIO

Mientras oraba, su rostro cambió de aspecto.

✠ Del santo Evangelio según san Lucas
9, 28-36

En aquel tiempo, Jesús se hizo acompañar de Pedro, Santiago y Juan, y subió a un monte para hacer oración. Mientras oraba, su rostro cambió de aspecto y sus vestiduras se hicieron blancas y relampagueantes. De pronto aparecieron conversando con él dos personajes, rodeados de esplendor: eran Moisés y Elías. Y hablaban del éxodo que Jesús debía realizar en Jerusalén.

Pedro y sus compañeros estaban rendidos de sueño; pero, despertándose, vieron la gloria de Jesús y de los que estaban con él. Cuando éstos se retiraban, Pedro le dijo a Jesús: "Maestro, sería bueno que nos quedáramos aquí y que hiciéramos tres tiendas: una para ti, una para Moisés y otra para Elías", sin saber lo que decía.

No había terminado de hablar, cuando se formó una nube que los cubrió; y ellos, al verse envueltos por la nube, se llenaron de miedo. De la nube salió una voz que decía: "Éste es mi Hijo, mi escogido; escúchenlo". Cuando cesó la voz, se quedó Jesús solo.

Los discípulos guardaron silencio y por entonces no dijeron a nadie nada de lo que habían visto.

Palabra del Señor. ℟. **Gloria a ti, Señor Jesús.**

ORACIÓN SOBRE LAS OFRENDAS

Te rogamos, Señor, que estos dones borren nuestros pecados y santifiquen el cuerpo y el alma de tus fieles, para celebrar dignamente las fiestas pascuales. Por Jesucristo, nuestro Señor.

ANTÍFONA DE LA COMUNIÓN — Mt 17, 5

Éste es mi Hijo muy amado, en quien tengo puestas mis complacencias; escúchenlo.

ORACIÓN DESPUÉS DE LA COMUNIÓN

Al recibir, Señor, este glorioso sacramento, queremos darte gracias de todo corazón porque así nos permites, desde este mundo, participar ya de los bienes del cielo. Por Jesucristo, nuestro Señor.

ORACIÓN SOBRE EL PUEBLO

Bendice, Señor, a tus fieles con una bendición perpetua, y haz que de tal manera acojan el Evangelio de tu Hijo, que puedan debida y felizmente desear y alcanzar la gloria que él manifestó a los apóstoles. Por Jesucristo, nuestro Señor.

LA CUARTA TENTACIÓN

- Pedro –nos dice el evangelio de hoy– no sabía lo que decía.
- Tenía la mejor buena voluntad del mundo pero, honradamente, no sabía lo que decía.
- Cristo no había venido al mundo para instalarse en la punta de un cerro, rodeado de gloria y esplendor.
- Había venido para recorrer el duro camino que llevaba a Jerusalén, al sacrificio y a la cruz.
- Y Pedro –sin saber lo que decía– le estaba proponiendo que dejara su misión por razones de comodidad.
- Esta fue la cuarta tentación de Cristo –las otras tres habían sido en el desierto–, y es nuestra tentación de cada día:

✓ dejar de cumplir nuestra responsabilidad en el trabajo para disfrutar de la lectura del periódico, de una buena charla, de tiempo para hacer otro trabajito…

✓ dejar la misión familiar de transmitir la vida, porque los niños –¿sabes?– significan gastos, molestias, preocupaciones...

✓ dejar que se cometa aquella injusticia con una persona, por no meterse en líos…

✓ regatear tiempo al cónyuge y a los hijos porque se la pasa uno mejor con los amigos…

✓ callar cuando se tiene que decir algo en la casa o en la oficina, porque es más cómodo dejar que las cosas pasen…

✓ dejar, por no molestarse, que otros se las arreglen como puedan en sus apuros…

Es olvidar, en una palabra, que los cristianos, como Cristo, **no vinimos a este mundo a pasarla de maravilla.**

28 de febrero **3er Domingo de Cuaresma**

(Morado)

ANTÍFONA DE ENTRADA **Cfr. Ez 36, 23-26**

Cuando manifieste en medio de ustedes mi santidad, los reuniré de todos los países; derramaré sobre ustedes agua pura y quedarán purificados de todos sus pecados, y les infundiré un espíritu nuevo, dice el Señor.

No se dice Gloria.

ORACIÓN COLECTA

Señor Dios, fuente de misericordia y de toda bondad, que enseñaste que el remedio contra el pecado está en el ayuno, la oración y la limosna, mira con agrado nuestra humilde confesión, para que a quienes agobia la propia conciencia nos reconforte siempre tu misericordia. Por nuestro Señor Jesucristo…

Dios se revela a Moisés en el monte Sinaí como "Yo-soy" (PRIMERA LECTURA) y allí le encarga la liberación del pueblo para introducirlo en la tierra de la promesa y de la libertad. Por su parte, san Pablo nos recuerda que la vida del pueblo escogido mientras estuvo en el desierto, es una advertencia para nosotros (SEGUNDA LECTURA). San Lucas nos invita a la penitencia y advierte que no debemos ver en las catástrofes naturales ni en la violencia de los hombres un castigo de Dios, sino un aviso para sentirnos siempre en manos de nuestro Padre (EVANGELIO).

PRIMERA LECTURA

"Yo-soy" me envía a ustedes.

Del libro del Éxodo
3, 1-8. 13-15

En aquellos días, Moisés pastoreaba el rebaño de su suegro, Jetró, sacerdote de Madián. En cierta ocasión llevó el rebaño más allá del desierto, hasta el Horeb, el monte de Dios, y el Señor se le apareció en una llama que salía de un zarzal. Moisés observó con gran asombro que la zarza ardía sin consumirse y se dijo: "Voy a ver de cerca esa cosa tan extraña, por qué la zarza no se quema".

Viendo el Señor que Moisés se había desviado para mirar, lo llamó desde la zarza: "¡Moisés, Moisés!". Él respondió: "Aquí estoy". Le dijo Dios: "¡No te acerques! Quítate las sandalias, porque el lugar que pisas es tierra sagrada". Y añadió: "Yo soy el Dios de tus padres, el Dios de Abraham, el Dios de Isaac y el Dios de Jacob".

Entonces Moisés se tapó la cara, porque tuvo miedo de mirar a Dios. Pero el Señor le dijo: "He visto la opresión de mi pueblo en Egipto, he oído sus quejas contra los opresores y conozco bien sus sufrimientos. He descendido para librar a mi pueblo de la opresión de los egipcios, para sacarlo de aquellas tierras y llevarlo a una tierra buena y espaciosa, una tierra que mana leche y miel".

Moisés le dijo a Dios: "Está bien. Me presentaré a los hijos de Israel y les diré: 'El Dios de sus padres me envía a ustedes'; pero cuando me pregunten cuál es su nombre, ¿qué les voy a responder?".

Dios le contestó a Moisés: "Mi nombre es Yo-soy"; y añadió: "Esto les dirás a los israelitas: 'Yo-soy me envía a ustedes'. También les dirás: 'El Señor, el Dios de sus padres, el Dios de Abraham, el Dios de Isaac, el Dios de Jacob, me envía a ustedes'. Éste es mi nombre para siempre. Con este nombre me han de recordar de generación en generación".

Palabra de Dios. ℟. **Te alabamos, Señor.**

SALMO RESPONSORIAL
Del salmo 102

B.P. 1677

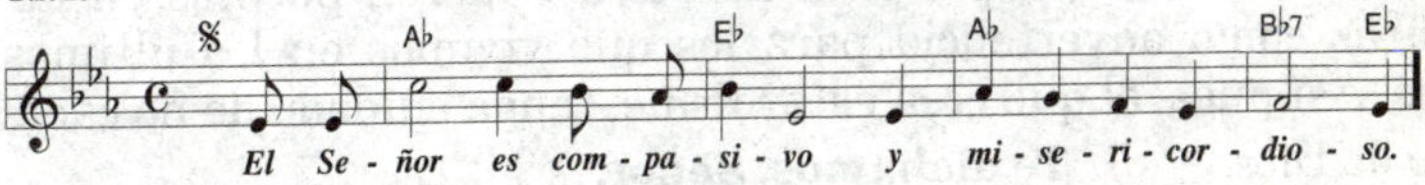

℟. El Señor es compasivo y misericordioso.

Bendice al Señor, alma mía,
que todo mi ser bendiga su santo nombre.
Bendice al Señor, alma mía,
y no te olvides de sus beneficios. ℟.

[℟. El Señor es compasivo y misericordioso.]

El Señor perdona tus pecados
y cura tus enfermedades;
él rescata tu vida del sepulcro
y te colma de amor y de ternura. ℟.

El Señor hace justicia
y le da la razón al oprimido.
A Moisés le mostró su bondad,
y sus prodigios al pueblo de Israel. ℟.

El Señor es compasivo y misericordioso,
lento para enojarse y generoso para perdonar.
Como desde la tierra hasta el cielo,
así es de grande su misericordia. ℟.

SEGUNDA LECTURA

La vida del pueblo escogido, con Moisés, en el desierto, es una advertencia para nosotros.

De la primera carta del apóstol san Pablo a los corintios
10, 1-6. 10-12

Hermanos: No quiero que olviden que en el desierto nuestros padres estuvieron todos bajo la nube, todos cruzaron el Mar Rojo y todos se sometieron a Moisés, por una especie de bautismo en la nube y en el mar. Todos comieron el mismo alimento milagroso y todos bebieron de la misma bebida espiritual, porque bebían de una roca espiritual que los acompañaba, y la roca era Cristo. Sin embargo, la mayoría de ellos desagradaron a Dios y murieron en el desierto.

Todo esto sucedió como advertencia para nosotros, a fin de que no codiciemos cosas malas como ellos lo hicieron. No murmuren ustedes como algunos de ellos murmuraron y perecieron a manos del ángel exterminador. Todas estas cosas les sucedieron a nuestros antepasados como un ejemplo para nosotros y fueron puestas en las Escrituras como advertencia para los que vivimos en los últimos tiempos. Así pues, el que crea estar firme, tenga cuidado de no caer.

Palabra de Dios. ℟. **Te alabamos, Señor.**

ACLAMACIÓN ANTES DEL EVANGELIO

Mt 4, 17

B.P. 1030 Sosa.

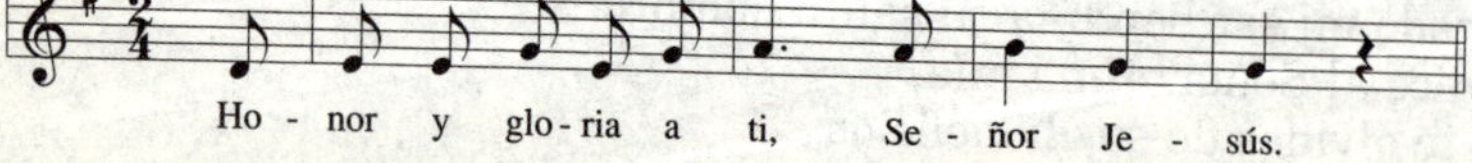

℟. Honor y gloria a ti, Señor Jesús.
Conviértanse, dice el Señor,
porque ya está cerca el Reino de los cielos.
℟. Honor y gloria a ti, Señor Jesús.

EVANGELIO

Si no se convierten, perecerán de manera semejante.

✠ Del santo Evangelio según san Lucas
13, 1-9

En aquel tiempo, algunos hombres fueron a ver a Jesús y le contaron que Pilato había mandado matar a unos galileos, mientras estaban ofreciendo sus sacrificios. Jesús les hizo este comentario: "¿Piensan ustedes que aquellos galileos, porque les sucedió esto, eran más pecadores que todos los demás galileos? Ciertamente que no; y si ustedes no se convierten, perecerán de manera semejante. Y aquellos dieciocho que murieron aplastados por la torre de Siloé, ¿piensan acaso que eran más culpables que todos los demás habitantes de Jerusalén? Ciertamente que no; y si ustedes no se convierten, perecerán de manera semejante".

Entonces les dijo esta parábola: "Un hombre tenía una higuera plantada en su viñedo; fue a buscar higos y no los encontró. Dijo entonces al viñador: 'Mira, durante tres años seguidos he venido a buscar higos en esta higuera y no los he encontrado. Córtala. ¿Para qué ocupa la tierra inútilmente?'. El viñador le contestó: 'Señor, déjala todavía este año; voy a aflojar la tierra alrededor y a echarle abono, para ver si da fruto. Si no, el año que viene la cortaré' ".

Palabra del Señor. ℟. **Gloria a ti, Señor Jesús.**

ORACIÓN SOBRE LAS OFRENDAS

Por estas ofrendas, Señor, concédenos benigno el perdón de nuestras ofensas, y ayúdanos a perdonar a nuestros hermanos. Por Jesucristo, nuestro Señor.

ANTÍFONA DE LA COMUNIÓN — Cfr. Sal 83, 4-5

El gorrión ha encontrado una casa, y la golondrina un nido donde poner sus polluelos: junto a tus altares, Señor de los ejércitos, Rey mío y Dios mío. Dichosos los que viven en tu casa y pueden alabarte siempre.

ORACIÓN DESPUÉS DE LA COMUNIÓN

Alimentados en la tierra con el pan del cielo, prenda de eterna salvación, te suplicamos, Señor, que lleves a su plenitud en nuestra vida la gracia recibida en este sacramento. Por Jesucristo, nuestro Señor.

ORACIÓN SOBRE EL PUEBLO

Dirige, Señor, los corazones de tus fieles y da en tu bondad a tus siervos una gracia tan grande que, cumpliendo en plenitud tus mandamientos, nos haga permanecer en tu amor y en el de nuestro prójimo. Por Jesucristo, nuestro Señor.

EXAMEN DE CONCIENCIA PARA "HIGUERAS"

¿Cuantas cuaresmas hace que Dios, dueño y Señor de todas las "higueras", viene a buscar frutos en la mía?

- ¿Hará 15, 20, 30, 50 o quizá más?
- Y ¿ha encontrado higos o puritítas hojas?
- ¿Mucha ceniza y nada de conversión verdadera?
- ¿Un poco de ayuno en alimentos –para llenar el expediente– y casi nada de compartir mi pan con el hambriento, de vestir al desnudo, de no dar la espalda a mi propio hermano, que es el ayuno que el Señor quiere?
- ¿Mucho "viacrucis", pero nada de llevar mi cruz de cada día?
- ¿Mucha admiración por el Cirineo, pero sin echarles una manita a nuestros hermanos con su pesada cruz de hambre, miseria, soledad, desempleo?
- ¿Mucha rabia contra los que condenan a Cristo, pero condenando nosotros, muchas veces sin oír, a nuestros hijos, a nuestro cónyuge, a nuestros empleados, a nuestros jefes…?

¿No estaremos ocupando la tierra inútilmente?

6 de marzo **4º Domingo de Cuaresma**

(Morado o rosa)

ANTÍFONA DE ENTRADA Cfr. Is 66, 10-11

Alégrate, Jerusalén, y que se reúnan cuantos la aman. Compartan su alegría los que estaban tristes, vengan a saciarse con su felicidad.

No se dice Gloria.

ORACIÓN COLECTA

Señor Dios, que por tu Palabra realizas admirablemente la reconciliación del género humano, concede al pueblo cristiano prepararse con generosa entrega y fe viva a celebrar las próximas fiestas de la Pascua. Por nuestro Señor Jesucristo…

Después de haber caminado cuarenta años por el desierto, el pueblo de Israel entró a la tierra prometida y allí celebró la Pascua, como nos lo dice Josué (PRIMERA LECTURA). Dios había sido fiel a su promesa porque su misericordia es infinita, tal como nos lo expone san Lucas al relatarnos la hermosa parábola del hijo pródigo (EVANGELIO), y es también la misericordia de Dios la que nos recuerda san Pablo (SEGUNDA LECTURA), al invitarnos a la reconciliación con el Señor.

PRIMERA LECTURA

El pueblo de Dios celebró la Pascua al entrar en la tierra prometida.

Del libro de Josué
5, 9. 10-12

En aquellos días, el Señor dijo a Josué: "Hoy he quitado de encima de ustedes el oprobio de Egipto".

Los israelitas acamparon en Guilgal, donde celebraron la Pascua, al atardecer del día catorce del mes, en la llanura desértica de Jericó. El día siguiente a la Pascua, comieron del fruto de la tierra, panes ázimos y granos de trigo tostados. A partir de aquel día, cesó el maná. Los israelitas ya no volvieron a tener maná, y desde aquel año comieron de los frutos que producía la tierra de Canaán.

Palabra de Dios. ℟. **Te alabamos, Señor.**

SALMO RESPONSORIAL

Del salmo 33

B.P. 1678

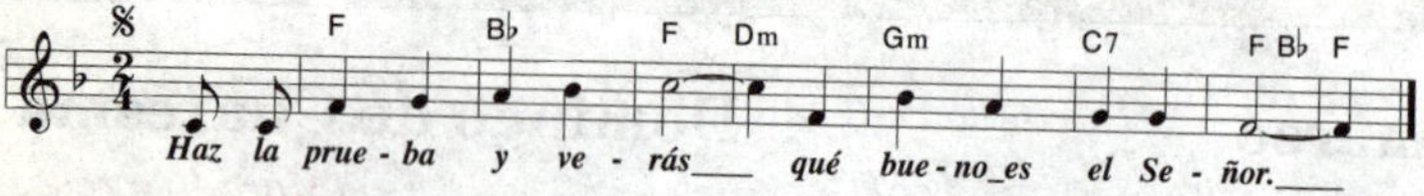

℟. Haz la prueba y verás qué bueno es el Señor.

Bendeciré al Señor a todas horas,
no cesará mi boca de alabarlo.
Yo me siento orgulloso del Señor,
que se alegre su pueblo al escucharlo. ℟.

Proclamemos la grandeza del Señor
y alabemos todos juntos su poder.
Cuando acudí al Señor, me hizo caso
y me libró de todos mis temores. ℟.

Confía en el Señor y saltarás de gusto,
jamás te sentirás decepcionado,
porque el Señor escucha el clamor de los pobres
y los libra de todas sus angustias. ℟.

SEGUNDA LECTURA

Dios nos reconcilió consigo por medio de Cristo.

De la segunda carta del apóstol san Pablo a los corintios
5, 17-21

Hermanos: El que vive según Cristo es una creatura nueva; para él todo lo viejo ha pasado. Ya todo es nuevo.

Todo esto proviene de Dios, que nos reconcilió consigo por medio de Cristo y que nos confirió el ministerio de la reconciliación. Porque, efectivamente, en Cristo, Dios reconcilió al mundo consigo y renunció a tomar en cuenta los pecados de los hombres, y a nosotros nos confió el mensaje de la reconciliación. Por eso, nosotros somos embajadores de Cristo, y por nuestro medio, es como si Dios mismo los exhortara a ustedes. En nombre de Cristo les pedimos que se dejen reconciliar con Dios.

Al que nunca cometió pecado, Dios lo hizo "pecado" por nosotros, para que, unidos a él, recibamos la salvación de Dios y nos volvamos justos y santos.

Palabra de Dios. ℟. **Te alabamos, Señor.**

ACLAMACIÓN ANTES DEL EVANGELIO

Lc 15, 18

B.P. 1030 Sosa.

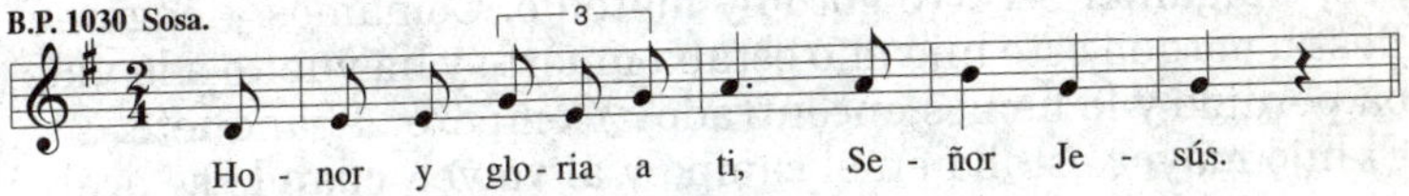

℟. Honor y gloria a ti, Señor Jesús.
Me levantaré, volveré a mi padre y le diré:
Padre, he pecado contra el cielo y contra ti.
℟. Honor y gloria a ti, Señor Jesús.

EVANGELIO

Tu hermano estaba muerto y ha vuelto a la vida.

✠ Del santo Evangelio según san Lucas
15, 1-3. 11-32

En aquel tiempo, se acercaban a Jesús los publicanos y los pecadores para escucharlo; por lo cual los fariseos y los escribas murmuraban entre sí: "Éste recibe a los pecadores y come con ellos".

Jesús les dijo entonces esta parábola: "Un hombre tenía dos hijos, y el menor de ellos le dijo a su padre: 'Padre, dame la parte de la herencia que me toca'. Y él les repartió los bienes.

No muchos días después, el hijo menor, juntando todo lo suyo, se fue a un país lejano y allá derrochó su fortuna, viviendo de una manera disoluta. Después de malgastarlo todo, sobrevino en aquella región una gran hambre y él empezó a pasar necesidad. Entonces fue a pedirle trabajo a un habitante de aquel país, el cual lo mandó a sus campos a cuidar cerdos. Tenía ganas de hartarse con las bellotas que comían los cerdos, pero no lo dejaban que se las comiera.

Se puso entonces a reflexionar y se dijo: '¡Cuántos trabajadores en casa de mi padre tienen pan de sobra, y yo, aquí, me estoy muriendo de hambre! Me levantaré, volveré a mi padre y le diré: Padre, he pecado contra el cielo y contra ti; ya no merezco llamarme hijo tuyo. Recíbeme como a uno de tus trabajadores'.

Enseguida se puso en camino hacia la casa de su padre. Estaba todavía lejos, cuando su padre lo vio y se enterneció profundamente. Corrió hacia él, y echándole los brazos al cuello, lo cubrió de besos. El muchacho le dijo: 'Padre, he pecado contra el cielo y contra ti; ya no merezco llamarme hijo tuyo'.

Pero el padre les dijo a sus criados: '¡Pronto!, traigan la túnica más rica y vístansela; pónganle un anillo en el dedo y sandalias en los pies; traigan el becerro gordo y mátenlo. Comamos y hagamos una fiesta, porque este hijo mío estaba muerto y ha vuelto a la vida, estaba perdido y lo hemos encontrado'. Y empezó el banquete.

El hijo mayor estaba en el campo y al volver, cuando se acercó a la casa, oyó la música y los cantos. Entonces llamó a uno de los criados y le preguntó qué pasaba. Éste le contestó: 'Tu hermano ha regresado y tu padre mandó matar el becerro gordo, por haberlo recobrado sano y salvo'. El hermano mayor se enojó y no quería entrar.

Salió entonces el padre y le rogó que entrara; pero él replicó: '¡Hace tanto tiempo que te sirvo, sin desobedecer jamás una orden tuya, y tú no me has dado nunca ni un cabrito para comérmelo con mis amigos! Pero eso sí, viene ese hijo tuyo, que despilfarró tus bienes con malas mujeres, y tú mandas matar el becerro gordo'.

El padre repuso: 'Hijo, tú siempre estás conmigo y todo lo mío es tuyo. Pero era necesario hacer fiesta y regocijarnos, porque este hermano tuyo estaba muerto y ha vuelto a la vida, estaba perdido y lo hemos encontrado' ".

Palabra del Señor. ℟. **Gloria a ti, Señor Jesús.**

ORACIÓN SOBRE LAS OFRENDAS

Te presentamos, Señor, llenos de alegría, estas ofrendas para el sacrificio redentor, y pedimos tu ayuda para celebrarlo con fe sincera y ofrecerlo dignamente por la salvación del mundo. Por Jesucristo, nuestro Señor.

ANTÍFONA DE LA COMUNIÓN — Lc 15, 32

Alégrate, hijo mío, porque tu hermano estaba muerto y ha vuelto a la vida, estaba perdido y lo hemos encontrado.

ORACIÓN DESPUÉS DE LA COMUNIÓN

Señor Dios, luz que alumbra a todo hombre que viene a este mundo, ilumina nuestros corazones con el resplandor de tu gracia, para que podamos siempre pensar lo que es digno y grato a tus ojos y amarte con sincero corazón. Por Jesucristo, nuestro Señor.

ORACIÓN SOBRE EL PUEBLO

Protege, Señor, a quienes te invocan, ayuda a los débiles y reaviva siempre con tu luz a quienes caminan en medio de las tinieblas de la muerte; concédeles que, liberados por tu bondad de todos los males, alcancen los bienes supremos. Por Jesucristo, nuestro Señor.

CUARESMA ES VOLVER

- Es levantarse –como el hijo pródigo–, volver al Padre que está en los cielos, y en la persona del sacerdote que está en el confesionario, decirle: **“He pecado contra el cielo y contra ti”.**
- Es volver a la esposa o al esposo, cuya felicidad me encomendó Dios, y con cariño, con mi dedicación, con mi actitud, decirle –sin palabras–: **“He pecado contra el cielo y contra ti”.**
- Es volver a los hijos, y con el tiempo que les dediquemos a sus problemas, a su educación, a convivir y no meramente coexistir con ellos, decirles silenciosamente: **“He pecado contra ustedes y contra el cielo”.**
- Es volver a los padres ancianos, que tarde a tarde esperan la visita o el telefonazo del hijo o de la hija, y con nuestras muestras de afecto, nuestras delicadezas, nuestro tiempo sin prisas, decirles sin formularios ni en forma verbal: **“He pecado contra el cielo y contra ustedes”.**
- Es volver al familiar, del que por lo que quieras y mandes nos hemos distanciado o con el que estamos “resentidos”, y con un apretón de manos, una visita, un telefonazo, una invitación a tomar un café, decirle: **“He pecado contra el cielo y contra ti”.**
- Y empezar a sentir que estábamos muertos, pero hemos comenzado a volver a la vida.

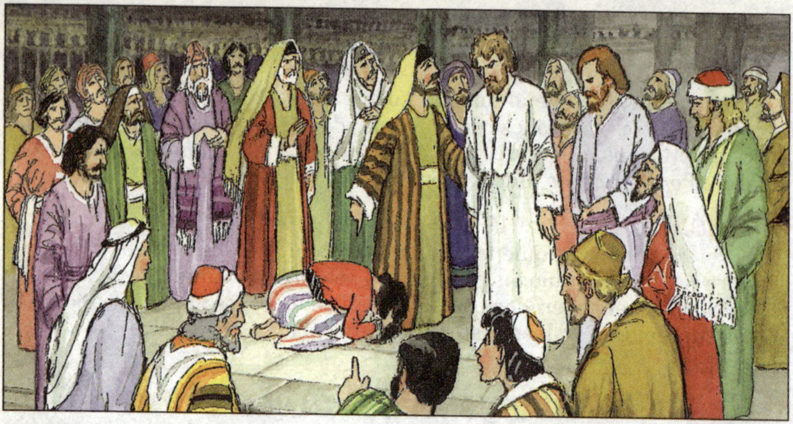

13 de marzo — 5º Domingo de Cuaresma

(Morado)

ANTÍFONA DE ENTRADA **Cfr. Sal 42, 1-2**

Señor, hazme justicia. Defiende mi causa contra la gente sin piedad, sálvame del hombre traidor y malvado, tú que eres mi Dios y mi defensa.

No se dice Gloria.

ORACIÓN COLECTA

Te rogamos, Señor Dios nuestro, que, con tu auxilio, avancemos animosamente hacia aquel grado de amor con el que tu Hijo, por la salvación del mundo, se entregó a la muerte. Él, que vive y reina…

El profeta Isaías nos anuncia el gran proyecto de Dios, que consiste en renovar todas las cosas (PRIMERA LECTURA). Por medio de Cristo se realiza esa renovación, y, como dice san Pablo (SEGUNDA LECTURA), por la muerte y resurrección de Cristo tenemos la esperanza de alcanzar la meta del cielo. San Juan nos muestra la escena de la mujer adúltera que fue perdonada (EVANGELIO), para enseñarnos que Cristo sabe perdonar cualquier infidelidad para con Dios, y por eso él es la fuente inagotable de toda renovación.

PRIMERA LECTURA

Yo realizaré algo nuevo y daré de beber a mi pueblo.

Del libro del profeta Isaías
43, 16-21

Esto dice el Señor, que abrió un camino en el mar
y un sendero en las aguas impetuosas,
el que hizo salir a la batalla

a un formidable ejército de carros y caballos,
que cayeron y no se levantaron,
y se apagaron como una mecha que se extingue:
“No recuerden lo pasado ni piensen en lo antiguo;
yo voy a realizar algo nuevo.
Ya está brotando. ¿No lo notan?
Voy a abrir caminos en el desierto
y haré que corran los ríos en la tierra árida.
Me darán gloria las bestias salvajes,
los chacales y las avestruces,
porque haré correr agua en el desierto,
y ríos en el yermo,
para apagar la sed de mi pueblo escogido.
Entonces el pueblo que me he formado
proclamará mis alabanzas”.

Palabra de Dios. ℟. **Te alabamos, Señor.**

SALMO RESPONSORIAL

Del salmo 125

B.P. 1679

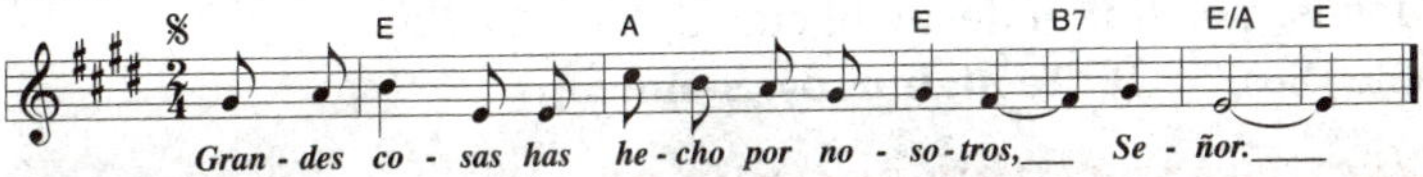

℟. Grandes cosas has hecho por nosotros, Señor.

Cuando el Señor nos hizo volver del cautiverio,
creíamos soñar;
entonces no cesaba de reír nuestra boca,
ni se cansaba entonces la lengua de cantar. ℟.
Aun los mismos paganos con asombro decían:
“¡Grandes cosas ha hecho por ellos el Señor!”.
Y estábamos alegres,
pues ha hecho grandes cosas por su pueblo el Señor. ℟.
Como cambian los ríos la suerte del desierto,
cambia también ahora nuestra suerte, Señor,
y entre gritos de júbilo
cosecharán aquellos que siembran con dolor. ℟.
Al ir, iban llorando, cargando la semilla;
al regresar, cantando vendrán con sus gavillas. ℟.

SEGUNDA LECTURA

Todo lo considero como basura, con tal de asemejarme a Cristo en su muerte.

De la carta del apóstol san Pablo a los filipenses
3, 7-14

Hermanos: Todo lo que era valioso para mí, lo consideré sin valor a causa de Cristo. Más aún pienso que nada vale la pena en comparación con el bien supremo, que consiste en conocer a Cristo Jesús, mi Señor, por cuyo amor he renunciado a todo, y todo lo considero como basura, con tal de ganar a Cristo y de estar unido a él, no porque haya obtenido la justificación que proviene de la ley, sino la que procede de la fe en Cristo Jesús, con la que Dios hace justos a los que creen.

Y todo esto, para conocer a Cristo, experimentar la fuerza de su resurrección, compartir sus sufrimientos y asemejarme a él en su muerte, con la esperanza de resucitar con él de entre los muertos.

No quiero decir que haya logrado ya ese ideal o que sea ya perfecto, pero me esfuerzo en conquistarlo, porque Cristo Jesús me ha conquistado. No, hermanos, considero que todavía no lo he logrado. Pero eso sí, olvido lo que he dejado atrás, y me lanzo hacia adelante, en busca de la meta y del trofeo al que Dios, por medio de Cristo Jesús, nos llama desde el cielo.

Palabra de Dios. ℟. **Te alabamos, Señor.**

ACLAMACIÓN ANTES DEL EVANGELIO

Joel 2, 12-13

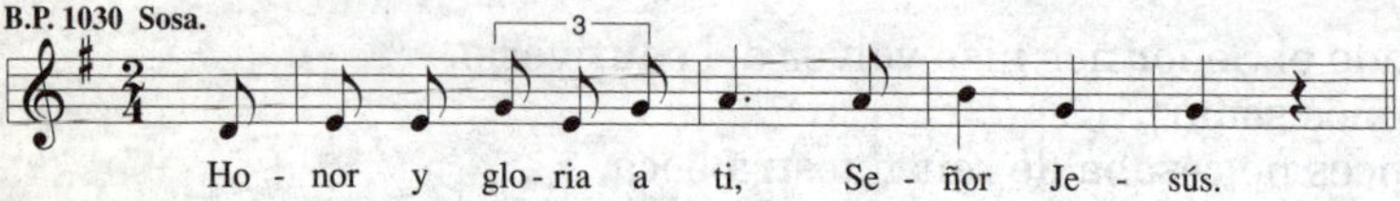

℟. Honor y gloria a ti, Señor Jesús.
Todavía es tiempo, dice el Señor,
conviértanse a mí de todo corazón,
porque soy compasivo y misericordioso.
℟. Honor y gloria a ti, Señor Jesús.

EVANGELIO

Aquel de ustedes que no tenga pecado, que le tire la primera piedra.

Del santo Evangelio según san Juan
8, 1-11

En aquel tiempo, Jesús se retiró al monte de los Olivos y al amanecer se presentó de nuevo en el templo, donde la multitud se le acercaba; y él, sentado entre ellos, les enseñaba.

Entonces los escribas y fariseos le llevaron a una mujer sorprendida en adulterio, y poniéndola frente a él, le dijeron: "Maestro, esta mujer ha sido sorprendida en flagrante adulterio. Moisés nos manda en la ley apedrear a estas mujeres. ¿Tú que dices?".

Le preguntaban esto para ponerle una trampa y poder acusarlo. Pero Jesús se agachó y se puso a escribir en el suelo con el dedo. Como insistían en su pregunta, se incorporó y les dijo: "Aquel de ustedes que no tenga pecado, que le tire la primera piedra". Se volvió a agachar y siguió escribiendo en el suelo.

Al oír aquellas palabras, los acusadores comenzaron a escabullirse uno tras otro, empezando por los más viejos, hasta que dejaron solos a Jesús y a la mujer, que estaba de pie, junto a él.

Entonces Jesús se enderezó y le preguntó: "Mujer, ¿dónde están los que te acusaban? ¿Nadie te ha condenado?". Ella le contestó: "Nadie, Señor". Y Jesús le dijo: "Tampoco yo te condeno. Vete y ya no vuelvas a pecar".

Palabra del Señor. ℟. **Gloria a ti, Señor Jesús.**

ORACIÓN SOBRE LAS OFRENDAS

Escúchanos, Dios todopoderoso, y concede a tus siervos, en quienes infundiste la sabiduría de la fe cristiana, quedar purificados, por la eficacia de este sacrificio. Por Jesucristo, nuestro Señor.

ANTÍFONA DE LA COMUNIÓN Jn 8, 10-11

¿Nadie te ha condenado, mujer? Nadie, Señor. Yo tampoco te condeno. Ya no vuelvas a pecar.

ORACIÓN DESPUÉS DE LA COMUNIÓN

Te rogamos, Dios todopoderoso, que podamos contarnos siempre entre los miembros de aquel cuyo Cuerpo y Sangre acabamos de comulgar. Él, que vive y reina por los siglos de los siglos.

ORACIÓN SOBRE EL PUEBLO

Bendice, Señor, a tu pueblo, que espera los dones de tu misericordia, y concédele recibir de tu mano generosa lo que tú mismo lo mueves a pedir. Por Jesucristo, nuestro Señor.

A CRISTO NO LE IMPORTA NUESTRO PASADO

- A Cristo no le importó lo que había hecho aquella mujer de la que nos habla ahora el evangelio:

– **"¿Nadie te ha condenado?".**
– **"Nadie, Señor".**
– **"Tampoco yo te condeno".**

- A Jesús no le importó el pasado de la mujer; lo que le importaba mucho era su futuro: **"Vete y ya no vuelvas a pecar".**
- En esta Cuaresma de 2016, a Jesús no le importa mucho lo que nosotros hayamos hecho, sino lo que vayamos a hacer de ahora en adelante.
- No le importan tanto los pecados que hayamos cometido, cuanto que estemos dispuestos a no volver a cometerlos.
- No le importa que hayamos caído, sino el que estemos determinados –con su ayuda, por supuesto– a levantarnos.
- No le importa el que hayamos muerto, sino que queremos resucitar.
- A Jesucristo no le importa nuestro pasado, sino nuestro futuro.

Por eso nos espera esta Cuaresma en el sacramento de la Reconciliación, no para condenarnos, sino para repetirnos a cada uno: "Tampoco yo te condeno. Vete y ya no vuelvas a pecar".

19 de marzo

Sábado

San José, esposo de la santísima Virgen María

(Blanco)

ANTÍFONA DE ENTRADA

Cfr. Lc 12, 42

Éste es el siervo fiel y prudente, a quien el Señor puso al frente de su familia.

Se dice Gloria.

ORACIÓN COLECTA

Dios todopoderoso, que pusiste bajo la fiel custodia de san José los comienzos de la salvación humana, te pedimos que, por su intercesión, pueda tu Iglesia llevarla siempre a su plenitud. Por nuestro Señor Jesucristo...

La misión de san José al lado de Jesús y de María, queda expuesta en esta Misa. José es el hombre justo, el "siervo fiel y prudente" (ANTÍFONA DE ENTRADA), el custodio de la Sagrada Familia, el que, haciendo las veces de padre, cuidará de Jesús. Dios confió los primeros misterios de la salvación de los hombres a la fiel custodia de san José (ORACIÓN COLECTA), y el Señor quiso que siguiera desempeñando en la Iglesia, que es el cuerpo de Cristo, la misma función que desempeñó cuando se entregó por entero a servir a Jesús. Así como María es la Madre de la Iglesia, José, el custodio de Jesús, es el protector de la Iglesia.

PRIMERA LECTURA

El Señor Dios le dará el trono de David, su padre.

Del segundo libro de Samuel
7, 4-5. 12-14. 16

En aquellos días, el Señor le habló al profeta Natán y le dijo: "Ve y dile a mi siervo David que el Señor le manda decir esto: 'Cuando tus días se hayan cumplido y descanses para siempre con tus padres, engrandeceré a tu hijo, sangre de tu sangre, y consolidaré su reino.

Él me construirá una casa y yo consolidaré su trono para siempre. Yo seré para él un padre y él será para mí un hijo. Tu casa y tu reino permanecerán para siempre ante mí, y tu trono será estable eternamente' ".

Palabra de Dios. ℟. **Te alabamos, Señor.**

SALMO RESPONSORIAL

Del salmo 88

℟. Su descendencia perdurará eternamente.

Proclamaré sin cesar la misericordia del Señor
y daré a conocer que su fidelidad es eterna,
pues el Señor ha dicho: "Mi amor es para siempre
y mi lealtad, más firme que los cielos. ℟.

Un juramento hice a David, mi servidor,
una alianza pacté con mi elegido:
'Consolidaré tu dinastía para siempre
y afianzaré tu trono eternamente'. ℟.

Él me podrá decir: 'Tú eres mi padre,
el Dios que me protege y que me salva'.
Yo jamás le retiraré mi amor
ni violaré el juramento que le hice". ℟.

SEGUNDA LECTURA

Esperando contra toda esperanza, Abraham creyó.

De la carta del apóstol san Pablo a los romanos
4, 13. 16-18. 22

Hermanos: La promesa que Dios hizo a Abraham y a sus descendientes, de que ellos heredarían el mundo, no dependía de la observancia de la ley, sino de la justificación obtenida mediante la fe.

En esta forma, por medio de la fe, que es gratuita, queda asegurada la promesa para todos sus descendientes, no sólo para aquellos que cumplen la ley, sino también para todos los que tienen la fe de Abraham. Entonces, él es padre de todos nosotros, como dice la Escritura: *Te he constituido padre de todos los pueblos.*

Así pues, Abraham es nuestro padre delante de aquel Dios en quien creyó y que da la vida a los muertos y llama a la existencia a las cosas que todavía no existen. Él, esperando contra toda esperanza, creyó que habría de ser padre de muchos pueblos, conforme a lo que Dios le había prometido: *Así de numerosa será tu descendencia.* Por eso, Dios le acreditó esta fe como justicia.

Palabra de Dios. ℟. **Te alabamos, Señor.**

ACLAMACIÓN ANTES DEL EVANGELIO

Sal 83, 5

℟. Honor y gloria a ti, Señor Jesús.
Dichosos los que viven en tu casa;
siempre, Señor, te alabarán.
℟. Honor y gloria a ti, Señor Jesús.

EVANGELIO

Tu padre y yo te hemos estado buscando llenos de angustia.

✠ Del santo Evangelio según san Lucas
2, 41-51

Los padres de Jesús solían ir cada año a Jerusalén para las festividades de la Pascua. Cuando el niño cumplió doce años, fueron a la fiesta, según la costumbre. Pasados aquellos días, se volvieron, pero el niño Jesús se quedó en Jerusalén, sin que sus padres lo supieran. Creyendo que iba en la caravana, hicieron un día de camino; entonces lo buscaron, y al no encontrarlo, regresaron a Jerusalén en su busca.

Al tercer día lo encontraron en el templo, sentado en medio de los doctores, escuchándolos y haciéndoles preguntas. Todos los que lo oían se admiraban de su inteligencia y de sus respuestas. Al verlo, sus padres se quedaron atónitos y su madre le dijo: "Hijo mío, ¿por qué te has portado así con nosotros? Tu padre y yo te hemos estado buscando llenos de angustia". Él les respondió: "¿Por qué me andaban buscando? ¿No sabían que debo ocuparme en las cosas de mi Padre?". Ellos no entendieron la respuesta que les dio. Entonces volvió con ellos a Nazaret y siguió sujeto a su autoridad.

Palabra del Señor. ℟. **Gloria a ti, Señor Jesús.**

Se dice Credo.

ORACIÓN SOBRE LAS OFRENDAS

Te rogamos, Señor, que así como san José sirvió con amorosa entrega a tu Unigénito, nacido de la Virgen María, así también nosotros, con un corazón limpio, merezcamos servirte en tu altar. Por Jesucristo, nuestro Señor.

ANTÍFONA DE LA COMUNIÓN Mt 25, 21

Alégrate, siervo bueno y fiel. Entra a compartir el gozo de tu Señor.

ORACIÓN DESPUÉS DE LA COMUNIÓN

Señor, protege siempre a esta familia tuya que alimentada con el sacramento del altar, se alegra hoy al celebrar la solemnidad de san José, y conserva en ella los dones que con tanta bondad le concedes. Por Jesucristo, nuestro Señor.

SAN JOSÉ, EL ESPOSO DE MARÍA

❄ Tú, descendiente de Jacob, esposo de María, hombre justo, que pensaste abandonarla para no ponerla en evidencia, que no dudaste en recibirla en tu casa y que le pusiste por nombre **Jesús** al Hijo de María y del Espíritu Santo.

❄ Tú, que no nos dejaste ni un discurso, ni una epístola, ni siquiera una declaración a la prensa:

- dinos cómo podemos nosotros llevar una vida sencilla y honrada de trabajo –como tú–, sirviendo a Dios en todo lo que hacemos, que es en lo que está nuestra verdadera y oculta grandeza…
- convéncenos de que tenemos que confiar en el Señor a pesar de las dificultades que encontramos en nuestro diario vivir…
- ayúdanos a crecer, como Jesús, no sólo en edad, sino también en sabiduría y gracia …
- enséñanos qué se hace para ser útil, positivo y generoso, sin necesidad de reconocimientos humanos…
- repítenos una y otra vez, especialmente a los maridos, que lo importante no es que seamos los "jefes" de la familia, sino los esforzados, incondicionales y callados servidores de ella…

Haz que vivamos como tú, san José, de cara a Dios y como amigos de Jesús y de su santísima Madre.

20 de marzo

Domingo de Ramos de la Pasión del Señor

(Rojo)

Cristo nos convierte en el pueblo de Dios y nos abre el camino de la resurrección y de la vida. Sigámoslo, proclamando nuestra fe: él es el Salvador del mundo.

CONMEMORACIÓN DE LA ENTRADA DEL SEÑOR EN JERUSALÉN

Primera forma: Procesión

ANTÍFONA Mt 21, 9

Hosanna al Hijo de David. Bendito el que viene en nombre del Señor, el Rey de Israel. Hosanna en el cielo.

SALUDO

Queridos hermanos: Después de haber preparado nuestros corazones desde el principio de la Cuaresma con nuestra penitencia y nuestras obras de caridad, hoy nos reunimos para iniciar, unidos con toda la Iglesia, la celebración anual del Misterio Pascual, es decir, de la pasión y resurrección de nuestro Señor Jesucristo, misterios que empezaron con su entrada en Jerusalén, su ciudad.

Por eso, recordando con toda fe y devoción esta entrada salvadora, sigamos al Señor, para que participando de su cruz, tengamos parte con él en su resurrección y su vida.

Bendición de las palmas

ORACIÓN DE BENDICIÓN

Oremos.

Aumenta, Señor Dios, la fe de los que esperan en ti y escucha con bondad las súplicas de quienes te invocan, para que, al presentar hoy nuestros ramos a Cristo victorioso, demos para ti en él frutos de buenas obras. Él, que vive y reina por los siglos de los siglos.

℟. **Amén.**

EVANGELIO

Bendito el que viene en nombre del Señor.

✠ Del santo Evangelio según san Lucas 19, 28-40

En aquel tiempo, Jesús, acompañado de sus discípulos, iba camino de Jerusalén, y al acercarse a Betfagé y a Betania, junto al monte llamado de los Olivos, envió a dos de sus discípulos, diciéndoles: "Vayan al caserío que está frente a ustedes. Al entrar, encontrarán atado un burrito que nadie ha montado todavía. Desátenlo y tráiganlo aquí. Si alguien les pregunta por qué lo desatan, díganle: 'El Señor lo necesita' ".

Fueron y encontraron todo como el Señor les había dicho. Mientras desataban el burro, los dueños les preguntaron: "¿Por qué lo desamarran?". Ellos contestaron: "El Señor lo necesita". Se llevaron, pues, el burro, le echaron encima los mantos e hicieron que Jesús montara en él.

Conforme iba avanzando, la gente tapizaba el camino con sus mantos, y cuando ya estaba cerca la bajada del monte de los Olivos, la multitud de discípulos, entusiasmados, se pusieron a alabar a Dios a gritos por todos los prodigios que habían visto, diciendo:

"*¡Bendito el* rey
que viene en nombre del Señor!
¡Paz en el cielo
y gloria en las alturas!".

Algunos fariseos que iban entre la gente, le dijeron: "Maestro, reprende a tus discípulos". Él les replicó: "Les aseguro que si ellos se callan, gritarán las piedras".

Palabra del Señor. ℟. **Gloria a ti, Señor Jesús.**

ANTÍFONA 1

Los niños hebreos, llevando ramos de olivo, salieron al encuentro del Señor, aclamando: "Hosanna en el cielo".

Si se cree oportuno, puede alternarse esta antífona con los versículos del siguiente salmo.

SALMO 23

Del Señor es la tierra y lo que ella tiene,
el orbe todo y los que en él habitan,
pues él lo edificó sobre los mares,
él fue quien lo asentó sobre los ríos.

Se repite la antífona

¿Quién subirá hasta el monte del Señor?
¿Quién podrá entrar en su recinto santo?
El de corazón limpio y manos puras
y que no jura en falso.

Se repite la antífona

Ése obtendrá la bendición de Dios
y Dios, su salvador, le hará justicia.
Ésta es la clase de hombres que te buscan
y vienen ante ti, Dios de Jacob.

Se repite la antífona

¡Puertas, ábranse de par en par;
agrándense, portones eternos,
porque va a entrar el rey de la gloria!

Se repite la antífona

Y ¿quién es el rey de la gloria?
Es el Señor, fuerte y poderoso,
el Señor, poderoso en la batalla.

Se repite la antífona

¡Puertas, ábranse de par en par;
agrándense, portones eternos,
porque va a entrar el rey de la gloria!

Se repite la antífona

Y ¿quién es el rey de la gloria?
El Señor, Dios de los ejércitos,
él es el rey de la gloria.

Se repite la antífona

Al entrar la procesión en la iglesia, se canta el siguiente responsorio u otro canto alusivo a la entrada del Señor en Jerusalén:

RESPONSORIO

℟. **Al entrar el Señor en la ciudad santa, los niños hebreos, anunciando con anticipación la resurrección del Señor de la vida, * con palmas en las manos, aclamaban: Hosanna en el cielo.**
℣. Al enterarse de que Jesús llegaba a Jerusalén, el pueblo salió a su encuentro.
℟. **Con palmas en las manos, aclamaban: Hosanna en el cielo.**

Segunda forma: Entrada solemne

Los fieles se reúnen ante la puerta de la iglesia o bien dentro de la misma iglesia, llevando los ramos en la mano. El sacerdote, los ministros y algunos de los fieles, van a un sitio adecuado de la iglesia, fuera del presbiterio, en donde pueda ser vista fácilmente la celebración, al menos por la mayor parte de los fieles.

Tercera forma: Entrada sencilla

Se efectúa como en la Misa ordinaria, comenzando, si es posible, cantando la antífona de entrada (u otro canto sobre el mismo tema). Si no se canta, el sacerdote lee la antífona después del saludo inicial.

ANTÍFONA DE ENTRADA Cfr. Jn 12, 1. 12-13; Sal 23, 9-10

Seis días antes de la Pascua, cuando el Señor entró a la ciudad de Jerusalén, salieron los niños a su encuentro y llevando en sus manos ramos de palmera aclamaban con fuerte voz: * Hosanna en el cielo. Bendito tú, que vienes lleno de bondad y de misericordia.

Puertas, ábranse de par en par; agrándense, portones eternos, porque va a entrar el Rey de la gloria. Y ¿quién es ese Rey de la gloria? El Señor de los ejércitos es el Rey de la gloria. * Hosanna en el cielo. Bendito tú, que vienes lleno de bondad y de misericordia.

LA MISA

ORACIÓN COLECTA

Dios todopoderoso y eterno, que quisiste que nuestro Salvador se hiciera hombre y padeciera en la cruz para dar al género humano ejemplo de humildad, concédenos, benigno, seguir las enseñanzas de su pasión y que merezcamos participar de su gloriosa resurrección. Él, que vive y reina contigo…

Jesús imprime a su realeza un tono de humildad pacífica. Al comienzo de su pasión el "rey de los judíos" no tiene otra grandeza que la de servir y entregar su vida (EVANGELIO). Está a punto de despojarse de su vida en una entrega total. Sólo así podrá decir al abatido palabras de aliento (PRIMERA LECTURA). Pero Dios lo exaltará sobre todas las cosas y toda lengua proclamará que Jesucristo es el Señor (SEGUNDA LECTURA).

PRIMERA LECTURA

No aparté mi rostro de los insultos, y sé que no quedaré avergonzado.

Del libro del profeta Isaías
50, 4-7

En aquel entonces, dijo Isaías:
"El Señor me ha dado una lengua experta,
para que pueda confortar al abatido
con palabras de aliento.
Mañana tras mañana, el Señor despierta mi oído,
para que escuche yo, como discípulo.
El Señor Dios me ha hecho oír sus palabras
y yo no he opuesto resistencia
ni me he echado para atrás.
Ofrecí la espalda a los que me golpeaban,
la mejilla a los que me tiraban de la barba.
No aparté mi rostro de los insultos y salivazos.
Pero el Señor me ayuda,
por eso no quedaré confundido,
por eso endurecí mi rostro como roca
y sé que no quedaré avergonzado".
Palabra de Dios. ℟. **Te alabamos, Señor.**

SALMO RESPONSORIAL

Del salmo 21

A. Gastélum B.P. 1680

℟. Dios mío, Dios mío, ¿por qué me has abandonado?

Todos los que me ven, de mí se burlan;
me hacen gestos y dicen:
"Confiaba en el Señor, pues que él lo salve;
si de veras lo ama, que lo libre". ℟.

[℟. Dios mío, Dios mío, ¿por qué me has abandonado?]
Los malvados me cercan por doquiera
como rabiosos perros.
Mis manos y mis pies han taladrado
y se pueden contar todos mis huesos. ℟.
Reparten entre sí mis vestiduras
y se juegan mi túnica a los dados.
Señor, auxilio mío, ven y ayúdame,
no te quedes de mí tan alejado. ℟.
A mis hermanos contaré tu gloria
y en la asamblea alabaré tu nombre.
Que alaben al Señor los que lo temen.
Que el pueblo de Israel siempre lo adore. ℟.

SEGUNDA LECTURA

Cristo se humilló a sí mismo; por eso Dios lo exaltó.

De la carta del apóstol san Pablo a los filipenses
2, 6-11

Cristo Jesús, siendo Dios,
no consideró que debía aferrarse
a las prerrogativas de su condición divina,
sino que, por el contrario, se anonadó a sí mismo
tomando la condición de siervo,
y se hizo semejante a los hombres.
Así, hecho uno de ellos, se humilló a sí mismo
y por obediencia aceptó incluso la muerte,
y una muerte de cruz.
Por eso Dios lo exaltó sobre todas las cosas
y le otorgó el nombre que está sobre todo nombre,
para que, al nombre de Jesús, todos doblen la rodilla
en el cielo, en la tierra y en los abismos,
y todos reconozcan públicamente que Jesucristo es el Señor,
para gloria de Dios Padre.
Palabra de Dios. ℟. **Te alabamos, Señor.**

ACLAMACIÓN ANTES DEL EVANGELIO

Flp 2, 8-9

B.P. 1030 Sosa.

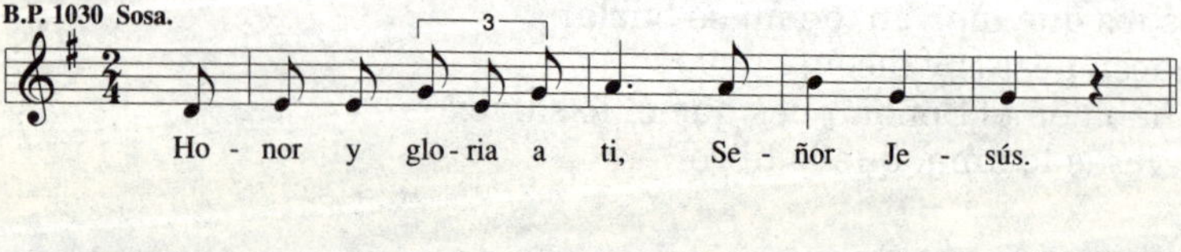

℟. Honor y gloria a ti, Señor Jesús.
Cristo se humilló por nosotros
y por obediencia aceptó incluso la muerte,
y una muerte de cruz.
Por eso Dios lo exaltó sobre todas las cosas
y le otorgó el nombre que está sobre todo nombre.
℟. Honor y gloria a ti, Señor Jesús.

PASIÓN DE NUESTRO SEÑOR JESUCRISTO SEGÚN SAN LUCAS
22, 14–23, 56

He deseado celebrar esta Pascua con ustedes, antes de padecer

Llegada la hora de cenar, se sentó Jesús con sus discípulos y les dijo: "Cuánto he deseado celebrar esta Pascua con ustedes, antes de padecer, porque yo les aseguro que ya no la volveré a celebrar, hasta que tenga cabal cumplimiento en el Reino de Dios". Luego tomó en sus manos una copa de vino, pronunció la acción de gracias y dijo: "Tomen esto y repártanlo entre ustedes, porque les aseguro que ya no volveré a beber del fruto de la vid hasta que venga el Reino de Dios".

Hagan esto en memoria mía

Tomando después un pan, pronunció la acción de gracias, lo partió y se lo dio, diciendo: "Esto es mi cuerpo, que se entrega por ustedes. Hagan esto en memoria mía". Después de cenar, hizo lo mismo con una copa de vino, diciendo: "Esta copa es la nueva alianza, sellada con mi sangre, que se derrama por ustedes".

¡Ay de aquel por quien el Hijo del hombre será entregado!

"Pero miren: la mano del que me va a entregar está conmigo en la mesa. Porque el Hijo del hombre va a morir, según lo decretado; pero ¡ay de aquel hombre por quien será entregado!". Ellos empezaron a preguntarse unos a otros quién de ellos podía ser el que lo iba a traicionar.

Yo estoy en medio de ustedes como el que sirve

Después los discípulos se pusieron a discutir sobre cuál de ellos debería ser considerado como el más importante. Jesús les dijo: "Los reyes de los paganos los dominan, y los que ejercen la autoridad se hacen llamar bienhechores. Pero ustedes no hagan eso, sino todo lo contrario: que el mayor entre ustedes actúe como si fuera el menor, y el que gobierna, como si fuera un servidor. Porque, ¿quién vale más, el que está a la mesa o el que sirve? ¿Verdad que es el que está a la mesa? Pues yo estoy en medio de ustedes como el que sirve. Ustedes han perseverado conmigo en mis pruebas, y yo les voy a dar el Reino, como mi Padre me lo dio a mí, para que coman y beban a mi mesa en el Reino, y se siente cada uno en un trono, para juzgar a las doce tribus de Israel".

Tú, una vez convertido, confirma a tus hermanos

Luego añadió: "Simón, Simón, mira que Satanás ha pedido permiso para zarandearlos como trigo; pero yo he orado por ti, para que tu fe no desfallezca; y tú, una vez convertido, confirma a tus hermanos". Él le contestó: "Señor, estoy dispuesto a ir contigo incluso a la cárcel y a la muerte". Jesús le replicó: "Te digo, Pedro, que hoy, antes de que cante el gallo, habrás negado tres veces que me conoces".

Conviene que se cumpla en mí lo que está escrito

Después les dijo a todos ellos: "Cuando los envié sin provisiones, sin dinero ni sandalias, ¿acaso les faltó algo?". Ellos contestaron: "Nada". Él añadió: "Ahora, en cambio, el que tenga dinero o provisiones, que los tome; y el que no tenga espada, que venda su manto y compre una. Les aseguro que conviene que se cumpla esto que está escrito de mí: *Fue contado entre los malhechores,* porque se acerca el cumplimiento de todo lo que se refiere a mí". Ellos le dijeron: "Señor, aquí hay dos espadas". Él les contestó: "¡Basta ya!".

Lleno de tristeza, se puso a orar de rodillas

Salió Jesús, como de costumbre, al monte de los Olivos y lo acompañaron los discípulos. Al llegar a ese sitio, les dijo: "Oren, para no caer en la tentación". Luego se alejó de ellos a la distancia de un tiro de piedra y se puso a orar de rodillas, diciendo: "Padre, si quieres, aparta de mí esta amarga prueba; pero que no se haga mi voluntad, sino la tuya". Se le apareció entonces un ángel para confortarlo; él, en su angustia mortal, oraba con mayor insistencia, y comenzó a sudar gruesas gotas de sangre, que caían hasta el suelo. Por fin terminó su oración, se levantó, fue hacia sus discípulos y los encontró dormidos por la pena. Entonces les dijo: "¿Por qué están dormidos? Levántense y oren para no caer en la tentación".

Judas, ¿con un beso entregas al Hijo del hombre?

Todavía estaba hablando, cuando llegó una turba encabezada por Judas, uno de los Doce, quien se acercó a Jesús para besarlo. Jesús le dijo: "Judas, ¿con un beso entregas al Hijo del hombre?".

Al darse cuenta de lo que iba a suceder, los que estaban con él dijeron: "Señor, ¿los atacamos con la espada?". Y uno de ellos hirió a un criado del sumo sacerdote y le cortó la oreja derecha. Jesús intervino, diciendo: "¡Dejen! ¡Basta!". Le tocó la oreja y lo curó.

Después Jesús dijo a los sumos sacerdotes, a los encargados del templo y a los ancianos que habían venido a arrestarlo: "Han venido a aprehenderme con espadas y palos, como si fuera un bandido. Todos los días he estado con ustedes en el templo y no me echaron mano. Pero ésta es su hora y la del poder de las tinieblas".

Pedro salió de ahí y se soltó a llorar

Ellos lo arrestaron, se lo llevaron y lo hicieron entrar en la casa del sumo sacerdote. Pedro los seguía desde lejos. Encendieron fuego en medio del patio, se sentaron alrededor y Pedro se sentó también con ellos. Al verlo sentado junto a la lumbre, una criada se le quedó mirando y dijo: "Éste también estaba con él". Pero él lo negó diciendo: "No lo conozco, mujer". Poco después lo vio otro y le dijo: "Tú también eres uno de ellos". Pedro replicó: "¡Hombre, no lo soy!". Y como después de una hora, otro insistió: "Sin duda que éste también estaba con él, porque es galileo". Pedro contestó: "¡Hombre, no sé de qué hablas!". Todavía estaba hablando, cuando cantó un gallo.

El Señor, volviéndose, miró a Pedro. Pedro se acordó entonces de las palabras que el Señor le había dicho: 'Antes de que cante el gallo, me negarás tres veces', y saliendo de allí se soltó a llorar amargamente.

Adivina quién te ha pegado

Los hombres que sujetaban a Jesús se burlaban de él, le daban golpes, le tapaban la cara y le preguntaban: "Adivina, ¿quién te ha pegado?". Y proferían contra él muchos insultos.

Lo hicieron comparecer ante el sanedrín

Al amanecer se reunió el consejo de los ancianos con los sumos sacerdotes y los escribas. Hicieron comparecer a Jesús ante el sanedrín y le dijeron: "Si tú eres el Mesías, dínoslo". Él les contestó: "Si se lo digo, no lo van a creer, y si les pregunto, no me van a responder. Pero ya desde ahora, el Hijo del hombre está sentado a la derecha de Dios todopoderoso". Dijeron todos: "Entonces, ¿tú eres el Hijo de Dios?". Él les contestó: "Ustedes mismos lo han dicho: sí lo soy". Entonces ellos dijeron: "¿Qué necesidad tenemos ya de testigos? Nosotros mismos lo hemos oído de su boca". El consejo de los ancianos, con los sumos sacerdotes y los escribas, se levantaron y llevaron a Jesús ante Pilato.

No encuentro ninguna culpa en este hombre

Entonces comenzaron a acusarlo, diciendo: "Hemos comprobado que éste anda amotinando a nuestra nación y oponiéndose a que se pague tributo al César y diciendo que él es el Mesías rey".

Pilato preguntó a Jesús: "¿Eres tú el rey de los judíos?". Él le contestó: "Tú lo has dicho". Pilato dijo a los sumos sacerdotes y a la turba: "No encuentro ninguna culpa en este hombre". Ellos insistían con más fuerza, diciendo: "Solivianta al pueblo enseñando por toda Judea, desde Galilea hasta aquí". Al oír esto, Pilato preguntó si era galileo, y al enterarse de que era de la jurisdicción de Herodes, se lo remitió, ya que Herodes estaba en Jerusalén precisamente por aquellos días.

Herodes, con su escolta, lo despreció

Herodes, al ver a Jesús, se puso muy contento, porque hacía mucho tiempo que quería verlo, pues había oído hablar mucho de él y esperaba presenciar algún milagro suyo. Le hizo muchas preguntas, pero él no le contestó ni una palabra. Estaban ahí los sumos sacerdotes y los escribas, acusándolo sin cesar. Entonces Herodes, con su escolta, lo trató con desprecio y se burló de él, y le mandó poner una vestidura blanca. Después se lo remitió a Pilato. Aquel mismo día se hicieron amigos Herodes y Pilato, porque antes eran enemigos.

Pilato les entregó a Jesús

Pilato convocó a los sumos sacerdotes, a las autoridades y al pueblo, y les dijo: "Me han traído a este hombre, alegando que alborota al pueblo; pero yo lo he interrogado delante de ustedes y no he encontrado en él ninguna de las culpas de que lo acusan. Tampoco Herodes, porque me lo ha enviado de nuevo. Ya ven que ningún delito digno de muerte se ha probado. Así pues, le aplicaré un escarmiento y lo soltaré".

Con ocasión de la fiesta, Pilato tenía que dejarles libre a un preso. Ellos vociferaron en masa, diciendo: "¡Quita a ése! ¡Suéltanos a Barrabás!". A éste lo habían metido en la cárcel por una revuelta acaecida en la ciudad y un homicidio.

Pilato volvió a dirigirles la palabra, con la intención de poner en libertad a Jesús; pero ellos seguían gritando: "¡Crucifícalo, crucifícalo!". Él les dijo por tercera vez: "¿Pues qué ha hecho de malo? No he encontrado en él ningún delito que merezca la muerte; de modo que le aplicaré un escarmiento y lo soltaré". Pero ellos insistían, pidiendo a gritos que lo crucificara. Como iba creciendo el griterío, Pilato decidió que se cumpliera su petición; soltó al que le pedían, al que había sido encarcelado por revuelta y homicidio, y a Jesús se lo entregó a su arbitrio.

Hijas de Jerusalén, no lloren por mí

Mientras lo llevaban a crucificar, echaron mano a un cierto Simón de Cirene, que volvía del campo, y lo obligaron a cargar la cruz, detrás de Jesús. Lo iba siguiendo una gran multitud de hombres y mujeres, que se golpeaban el pecho y lloraban por él. Jesús se volvió hacia las mujeres y les dijo: "Hijas de Jerusalén, no lloren por mí; lloren por ustedes y por sus hijos, porque van a venir días en que se dirá: '¡Dichosas las estériles y los vientres que no han dado a luz y los pechos que no han criado!'. Entonces dirán a los montes: 'Desplómense sobre nosotros', y a las colinas: 'Sepúltennos', porque si así tratan al árbol verde, ¿qué pasará con el seco?".

Padre, perdónalos, porque no saben lo que hacen

Conducían, además, a dos malhechores, para ajusticiarlos con él. Cuando llegaron al lugar llamado "la Calavera", lo crucificaron allí, a él y a los malhechores, uno a su derecha y el otro a su izquierda. Jesús decía desde la cruz: "Padre, perdónalos, porque no saben lo que hacen". Los soldados se repartieron sus ropas, echando suertes.

Éste es el rey de los judíos

El pueblo estaba mirando. Las autoridades le hacían muecas, diciendo: "A otros ha salvado; que se salve a sí mismo, si él es el Mesías de Dios, el elegido". También los soldados se burlaban de Jesús, y acercándose a él, le ofrecían vinagre y le decían: "Si tú eres el rey de los judíos, sálvate a ti mismo". Había, en efecto, sobre la cruz, un letrero en griego, latín y hebreo, que decía: "Éste es el rey de los judíos".

Hoy estarás conmigo en el paraíso

Uno de los malhechores crucificados insultaba a Jesús, diciéndole: "Si tú eres el Mesías, sálvate a ti mismo y a nosotros". Pero el otro le reclamaba, indignado: "¿Ni siquiera temes tú a Dios, estando en el mismo suplicio? Nosotros justamente recibimos el pago de lo que hicimos. Pero éste ningún mal ha hecho". Y le decía a Jesús: "Señor, cuando llegues a tu Reino, acuérdate de mí". Jesús le respondió: "Yo te aseguro que hoy estarás conmigo en el paraíso".

Padre, en tus manos encomiendo mi espíritu

Era casi el mediodía, cuando las tinieblas invadieron toda la región y se oscureció el sol hasta las tres de la tarde. El velo del templo se rasgó a la mitad. Jesús, clamando con voz potente, dijo: "¡Padre, en tus manos encomiendo mi espíritu!". Y dicho esto, expiró.

Aquí se arrodillan todos y se hace una breve pausa.

El oficial romano, al ver lo que pasaba, dio gloria a Dios, diciendo: "Verdaderamente este hombre era justo". Toda la muchedumbre que había acudido a este espectáculo, mirando lo que ocurría, se volvió a su casa dándose golpes de pecho. Los conocidos de Jesús se mantenían a distancia, lo mismo que las mujeres que lo habían seguido desde Galilea, y permanecían mirando todo aquello.

José colocó el cuerpo de Jesús en un sepulcro

Un hombre llamado José, consejero del sanedrín, hombre bueno y justo, que no había estado de acuerdo con la decisión de los judíos ni con sus actos, que era natural de Arimatea, ciudad de Judea, y que aguardaba el Reino de Dios, se presentó ante Pilato para pedirle el cuerpo de Jesús. Lo bajó de la cruz, lo envolvió en una sábana y lo colocó en un sepulcro excavado en la roca, donde no habían puesto a nadie todavía. Era el día de la Pascua y ya iba a empezar el sábado. Las mujeres que habían seguido a Jesús desde Galilea acompañaron a José para ver el sepulcro y cómo colocaban el cuerpo. Al regresar a su casa, prepararon perfumes y ungüentos, y el sábado guardaron reposo, conforme al mandamiento.

Palabra del Señor. ℟. **Gloria a ti, Señor Jesús.**

ORACIÓN SOBRE LAS OFRENDAS

Que la pasión de tu Unigénito, Señor, nos atraiga tu perdón, y aunque no lo merecemos por nuestras obras, por la mediación de este sacrificio único, lo recibamos de tu misericordia. Por Jesucristo, nuestro Señor.

ANTÍFONA DE LA COMUNIÓN Mt 26, 42

Padre mío, si no es posible evitar que yo beba este cáliz, hágase tu voluntad.

ORACIÓN DESPUÉS DE LA COMUNIÓN

Tú que nos has alimentado con esta Eucaristía, y por medio de la muerte de tu Hijo nos das la esperanza de alcanzar lo que la fe nos promete, concédenos, Señor, llegar, por medio de su resurrección, a la meta de nuestras esperanzas. Por Jesucristo, nuestro Señor.

ORACIÓN SOBRE EL PUEBLO

Dios y Padre nuestro, mira con bondad a esta familia tuya, por la cual nuestro Señor Jesucristo no dudó en entregarse a sus verdugos y padecer el tormento de la cruz. Por Jesucristo, nuestro Señor.

GUARDEMOS NUESTRAS PALMAS

- ✳ Esas palmas que hoy nos ha bendecido el sacerdote y con las que hoy hemos aclamado a Cristo. Pongámoslas dentro de nuestra casa, en la puerta.
- ✳ Pero no para que no entren en ella los ladrones (no sirven para eso), sino para que todo el año nos recuerden que la victoria de Cristo y la victoria del cristiano sólo se obtienen a través del sufrimiento y de la cruz.
- ✳ Para que no se nos olvide que, después de haber aclamado hoy a Cristo, sería muy feo salir mañana, o cualquier otro día del año, a crucificarlo y a escupirlo... en los demás.

Guardémoslas, no como un objeto mágico, sino como un recordatorio.

24 de marzo

Jueves Santo de la Cena del Señor

(Blanco)

En la catedral, la mañana del Jueves Santo o de otro día de la semana, el obispo, rodeado de sus sacerdotes, bendice los óleos destinados a la celebración de los sacramentos. En esta ocasión se invita a los sacerdotes a renovar el compromiso que hicieron ante Dios durante su ordenación.

La celebración del Misterio Pascual comienza en la tarde con la Misa de la Cena.

SAGRADO TRIDUO PASCUAL

MISA VESPERTINA

En la Eucaristía de esta tarde conmemoramos y revivimos la Última Cena: nuestro pan y nuestro vino, convertidos en el sacramento del Cuerpo y la Sangre de Cristo, nos hacen entrar en comunión con él y con nuestros hermanos, mediante la fe y el amor.

ANTÍFONA DE ENTRADA **Cfr. Gál 6, 14**

Debemos gloriarnos en la cruz de nuestro Señor Jesucristo, porque en él está nuestra salvación, nuestra vida y nuestra resurrección, y por él fuimos salvados y redimidos.

Se dice Gloria.

ORACIÓN COLECTA

Dios nuestro, reunidos para celebrar la santísima Cena en la que tu Hijo unigénito, antes de entregarse a la muerte, confió a la Iglesia el nuevo y eterno sacrificio, banquete pascual de su amor, concédenos que, de tan sublime misterio, brote para nosotros la plenitud del amor y de la vida. Por nuestro Señor Jesucristo...

También Jesús celebró, como los otros judíos, la comida del cordero en la "noche del milagro", cuando el pueblo de Israel recordaba solemnemente su liberación del cautiverio de Egipto (PRIMERA LECTURA). Pero Jesús le dio un nuevo sentido a aquella celebración. Ante todo, quiso dar a sus discípulos una muestra del amor inmenso que les tenía y una lección de humildad y de servicio, al lavarles los pies y anunciarles su entrega para la salvación del mundo (EVANGELIO). Después, durante la Cena, hizo Jesús el máximo acto de amor al instituir la Eucaristía, tal como nos lo relata san Pablo (SEGUNDA LECTURA).

PRIMERA LECTURA

Prescripciones sobre la cena pascual.

Del libro del Éxodo
12, 1-8. 11-14

En aquellos días, el Señor les dijo a Moisés y a Aarón en tierra de Egipto: "Este mes será para ustedes el primero de todos los meses y el principio del año. Díganle a toda la comunidad de Israel: 'El día diez de este mes, tomará cada uno un cordero por familia, uno por casa. Si la familia es demasiado pequeña para comérselo, que se junte con los vecinos y elija un cordero adecuado al número de personas y a la cantidad que cada cual pueda comer. Será un animal sin defecto, macho, de un año, cordero o cabrito.

Lo guardarán hasta el día catorce del mes, cuando toda la comunidad de los hijos de Israel lo inmolará al atardecer. Tomarán la sangre y rociarán las dos jambas y el dintel de la puerta de la casa donde vayan a comer el cordero. Esa noche comerán la carne, asada a fuego; comerán panes sin levadura y hierbas amargas. Comerán así: con la cintura ceñida, las sandalias en los pies, un bastón en la mano y a toda prisa, porque es la Pascua, es decir, el paso del Señor.

Yo pasaré esa noche por la tierra de Egipto y heriré a todos los primogénitos del país de Egipto, desde los hombres hasta los ganados. Castigaré a todos los dioses de Egipto, yo, el Señor. La sangre les servirá de señal en las casas donde habitan ustedes. Cuando yo vea la sangre, pasaré de largo y no habrá entre ustedes plaga exterminadora, cuando hiera yo la tierra de Egipto.

Ese día será para ustedes un memorial y lo celebrarán como fiesta en honor del Señor. De generación en generación celebrarán esta festividad, como institución perpetua' ".

Palabra de Dios. ℟. **Te alabamos, Señor.**

SALMO RESPONSORIAL
Del salmo 115

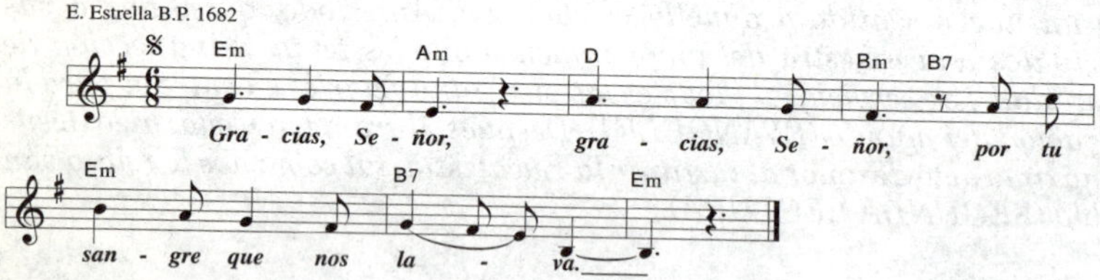

℟. Gracias, Señor, por tu sangre que nos lava.

¿Cómo le pagaré al Señor
todo el bien que me ha hecho?
Levantaré el cáliz de salvación
e invocaré el nombre del Señor. ℟.

A los ojos del Señor es muy penoso
que mueran sus amigos.
De la muerte, Señor, me has librado,
a mí, tu esclavo e hijo de tu esclava. ℟.

Te ofreceré con gratitud un sacrificio
e invocaré tu nombre.
Cumpliré mis promesas al Señor
ante todo su pueblo. ℟.

SEGUNDA LECTURA
Cada vez que ustedes comen de este pan y beben de este cáliz, proclaman la muerte del Señor.

De la primera carta del apóstol san Pablo a los corintios
11, 23-26

Hermanos: Yo recibí del Señor lo mismo que les he transmitido: que el Señor Jesús, la noche en que iba a ser entregado, tomó pan en sus manos, y pronunciando la acción de gracias, lo partió y dijo: "Esto es mi cuerpo, que se entrega por ustedes. Hagan esto en memoria mía".

Lo mismo hizo con el cáliz después de cenar, diciendo: "Este cáliz es la nueva alianza que se sella con mi sangre. Hagan esto en memoria mía siempre que beban de él".

Por eso, cada vez que ustedes comen de este pan y beben de este cáliz, proclaman la muerte del Señor, hasta que vuelva.

Palabra de Dios. ℟. **Te alabamos, Señor.**

ACLAMACIÓN ANTES DEL EVANGELIO
Jn 13, 34

℟. Honor y gloria a ti, Señor Jesús.
Les doy un mandamiento nuevo, dice el Señor,
que se amen los unos a los otros, como yo los he amado.
℟. Honor y gloria a ti, Señor Jesús.

EVANGELIO
Los amó hasta el extremo.

Del santo Evangelio según san Juan
13, 1-15

Antes de la fiesta de la Pascua, sabiendo Jesús que había llegado la hora de pasar de este mundo al Padre y habiendo amado a los suyos, que estaban en el mundo, los amó hasta el extremo.

En el transcurso de la cena, cuando ya el diablo había puesto en el corazón de Judas Iscariote, hijo de Simón, la idea de entregarlo, Jesús, consciente de que el Padre había puesto en sus manos todas las cosas y sabiendo que había salido de Dios y a Dios volvía, se levantó de la mesa, se quitó el manto y tomando una toalla, se la ciñó; luego echó agua en una jofaina y se puso a lavarles los pies a los discípulos y a secárselos con la toalla que se había ceñido.

Cuando llegó a Simón Pedro, éste le dijo: "Señor, ¿me vas a lavar tú a mí los pies?". Jesús le replicó: "Lo que estoy haciendo tú no lo entiendes ahora, pero lo comprenderás más tarde". Pedro le dijo: "Tú no me lavarás los pies jamás". Jesús le contestó: "Si no te lavo, no tendrás parte conmigo". Entonces le dijo Simón Pedro: "En ese caso, Señor, no sólo los pies, sino también las manos y la cabeza". Jesús le dijo: "El que se ha bañado no necesita lavarse más que los pies, porque todo él está limpio. Y ustedes están limpios, aunque no todos". Como sabía quién lo iba a entregar, por eso dijo: 'No todos están limpios'.

Cuando acabó de lavarles los pies, se puso otra vez el manto, volvió a la mesa y les dijo: "¿Comprenden lo que acabo de hacer con ustedes? Ustedes me llaman Maestro y Señor, y dicen bien, porque lo soy. Pues si yo, que soy el Maestro y el Señor, les he lavado los pies, también ustedes deben lavarse los pies los unos a los otros. Les he dado ejemplo, para que lo que yo he hecho con ustedes, también ustedes lo hagan".

Palabra del Señor. ℟. **Gloria a ti, Señor Jesús.**

No se dice Credo.

ORACIÓN SOBRE LAS OFRENDAS

Concédenos, Señor, participar dignamente en estos misterios, porque cada vez que se celebra el memorial de este sacrificio, se realiza la obra de nuestra redención. Por Jesucristo, nuestro Señor.

ANTÍFONA DE LA COMUNIÓN

1 Cor 11, 24. 25

Esto es mi Cuerpo, que se entrega por ustedes. Este cáliz es la nueva alianza establecida por mi Sangre; cuantas veces lo beban, háganlo en memoria mía, dice el Señor.

ORACIÓN DESPUÉS DE LA COMUNIÓN

Concédenos, Dios todopoderoso, que así como somos alimentados en esta vida con la Cena pascual de tu Hijo, así también merezcamos ser saciados en el banquete eterno. Por Jesucristo, nuestro Señor.

Terminada la Misa, el sacerdote lleva en procesión el Santísimo Sacramento, mientras se entona un canto eucarístico, al sitio donde será guardado. Ya en ese lugar, después de algunos momentos de adoración al Santísimo Sacramento en silencio, el sacerdote se retira. Todos los fieles estamos invitados a dedicar alguna parte de nuestro tiempo para adorar al Santísimo durante la noche.

"¿COMPRENDEN LO QUE ACABO DE HACER CON USTEDES?"

✓ Una pregunta clave a la que sería de lo más conveniente que le diéramos hoy una respuesta.

✓ Porque si no hemos comprendido lo que Cristo hizo con sus apóstoles al lavarles los pies, de cristianismo no hemos entendido ni jota.

✓ Si lo hemos comprendido, casi estamos del otro lado.

✓ Y decimos "casi" porque no basta con comprenderlo intelectualmente; hay que comprenderlo en la práctica:

- **"Les he dado ejemplo, para que lo que yo he hecho con ustedes, también ustedes lo hagan".**
- La pregunta que Cristo formuló a sus apóstoles y que este Jueves Santo nos hace también a nosotros, no se responde simplemente con un "sí".
- La respuesta adecuada hay que darla **quitándose el manto y tomando una toalla**. Es decir, poniendo manos a la obra.
- Hay que quitarse el manto de cualquier complejo de superioridad –tan absurdo– basado en la clase social, el puesto que se ocupa, el papel que se desempeña, el dinero que se posee, el grado académico o el color de piel que se tiene…
- Y tomar **una toalla** para prestar todos los servicios que podamos y enjugar todas las lágrimas posibles.

Si hemos comprendido lo que Cristo hizo con los apóstoles… nuestra vida en el hogar y en el trabajo no podrá seguir siendo la misma a partir de este Jueves Santo.

25 de marzo

Viernes Santo
de la Pasión del Señor

(Rojo)

¿Qué vamos a responder ante la cruz, señal de amor universal?

El día de hoy no hay Misa. La celebración consta de tres partes: Liturgia de la Palabra, Adoración de la Cruz y la Sagrada Comunión.

RITO DE ENTRADA

Concentrémonos, ante todo, en silencio, en la presencia de Dios y tomemos conciencia de nuestros pecados, que han causado la muerte de su Hijo en la cruz.

ORACIÓN

Señor Dios, que por la Pasión de nuestro Señor Jesucristo nos libraste de la muerte heredada del antiguo pecado, concédenos asemejarnos a tu Hijo y haz que, así como naturalmente llevamos en nosotros la imagen del hombre terreno, por la gracia de la santificación, llevemos también la imagen del hombre celestial. Por Jesucristo, nuestro Señor.

℟. **Amén.**

LITURGIA DE LA PALABRA

PRIMERA LECTURA

Él fue traspasado por nuestros crímenes.

Del libro del profeta Isaías
52, 13–53, 12

He aquí que mi siervo prosperará,
será engrandecido y exaltado,
será puesto en alto.
Muchos se horrorizaron al verlo,
porque estaba desfigurado su semblante,
que no tenía ya aspecto de hombre;
pero muchos pueblos se llenaron de asombro.
Ante él los reyes cerrarán la boca,
porque verán lo que nunca se les había contado
y comprenderán lo que nunca se habían imaginado.
¿Quién habrá de creer lo que hemos anunciado?
¿A quién se le revelará el poder del Señor?
Creció en su presencia como planta débil,
como una raíz en el desierto.
No tenía gracia ni belleza.
No vimos en él ningún aspecto atrayente;
despreciado y rechazado por los hombres,
varón de dolores, habituado al sufrimiento;
como uno del cual se aparta la mirada,
despreciado y desestimado.
Él soportó nuestros sufrimientos
y aguantó nuestros dolores;
nosotros lo tuvimos por leproso,
herido por Dios y humillado,
traspasado por nuestras rebeliones,
triturado por nuestros crímenes.
Él soportó el castigo que nos trae la paz.
Por sus llagas hemos sido curados.
Todos andábamos errantes como ovejas,
cada uno siguiendo su camino,
y el Señor cargó sobre él todos nuestros crímenes.
Cuando lo maltrataban, se humillaba y no abría la boca,
como un cordero llevado a degollar;
como oveja ante el esquilador,
enmudecía y no abría la boca.
Inicuamente y contra toda justicia se lo llevaron.
¿Quién se preocupó de su suerte?
Lo arrancaron de la tierra de los vivos,
lo hirieron de muerte por los pecados de mi pueblo,
le dieron sepultura con los malhechores a la hora de su muerte,
aunque no había cometido crímenes, ni hubo engaño en su boca.

El Señor quiso triturarlo con el sufrimiento.
Cuando entregue su vida como expiación,
verá a sus descendientes, prolongará sus años
y por medio de él prosperarán los designios del Señor.
Por las fatigas de su alma, verá la luz y se saciará;
con sus sufrimientos justificará mi siervo a muchos,
cargando con los crímenes de ellos.

Por eso le daré una parte entre los grandes,
y con los fuertes repartirá despojos,
ya que indefenso se entregó a la muerte
y fue contado entre los malhechores,
cuando tomó sobre sí las culpas de todos
e intercedió por los pecadores.

Palabra de Dios. ℟. **Te alabamos, Señor.**

SALMO RESPONSORIAL
Del salmo 30

O. Ramírez B.P. 1683

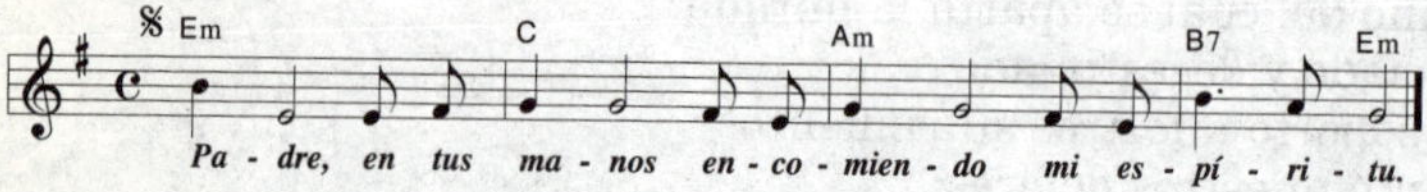

℟. Padre, en tus manos encomiendo mi espíritu.

A ti, Señor, me acojo,
que no quede yo nunca defraudado.
En tus manos encomiendo mi espíritu
y tú, mi Dios leal, me librarás. ℟.

Se burlan de mí mis enemigos,
mis vecinos y parientes de mí se espantan,
los que me ven pasar huyen de mí.
Estoy en el olvido, como un muerto,
como un objeto tirado en la basura. ℟.

Pero yo, Señor, en ti confío.
Tú eres mi Dios,
y en tus manos está mi destino.
Líbrame de los enemigos que me persiguen. ℟.

Vuelve, Señor, tus ojos a tu siervo
y sálvame, por tu misericordia.
Sean fuertes y valientes de corazón,
ustedes, los que esperan en el Señor. ℟.

SEGUNDA LECTURA

Aprendió a obedecer y se convirtió en la causa de la salvación eterna para todos los que lo obedecen.

De la carta a los hebreos
4, 14-16; 5, 7-9

Hermanos: Jesús, el Hijo de Dios, es nuestro sumo sacerdote, que ha entrado en el cielo. Mantengamos firme la profesión de nuestra fe. En efecto, no tenemos un sumo sacerdote que no sea capaz de compadecerse de nuestros sufrimientos, puesto que él mismo ha pasado por las mismas pruebas que nosotros, excepto el pecado. Acerquémonos, por lo tanto, con plena confianza al trono de la gracia, para recibir misericordia, hallar la gracia y obtener ayuda en el momento oportuno.

Precisamente por eso, Cristo, durante su vida mortal, ofreció oraciones y súplicas, con poderoso clamor y lágrimas, a aquel que podía librarlo de la muerte, y fue escuchado por su piedad. A pesar de que era el Hijo, aprendió a obedecer padeciendo, y llegado a su perfección, se convirtió en la causa de la salvación eterna para todos los que lo obedecen.

Palabra de Dios. ℟. **Te alabamos, Señor.**

ACLAMACIÓN ANTES DEL EVANGELIO

Flp 2, 8-9

℟. Honor y gloria a ti, Señor Jesús.
Cristo se humilló por nosotros
y por obediencia aceptó incluso la muerte,
y una muerte de cruz.
Por eso Dios lo exaltó sobre todas las cosas
y le otorgó el nombre que está sobre todo nombre.
℟. Honor y gloria a ti, Señor Jesús.

PASIÓN DE NUESTRO SEÑOR JESUCRISTO SEGÚN SAN JUAN
18, 1–19, 42

Apresaron a Jesús y lo ataron

En aquel tiempo, Jesús fue con sus discípulos al otro lado del torrente Cedrón, donde había un huerto, y entraron allí él y sus discípulos. Judas, el traidor, conocía también el sitio, porque Jesús se reunía a menudo allí con sus discípulos.

Entonces Judas tomó un batallón de soldados y guardias de los sumos sacerdotes y de los fariseos y entró en el huerto con linternas, antorchas y armas.

Jesús, sabiendo todo lo que iba a suceder, se adelantó y les dijo: "¿A quién buscan?". Le contestaron: "A Jesús, el nazareno". Les dijo Jesús: "Yo soy". Estaba también con ellos Judas, el traidor. Al decirles 'Yo soy', retrocedieron y cayeron a tierra. Jesús les volvió a preguntar: "¿A quién buscan?". Ellos dijeron: "A Jesús, el nazareno". Jesús contestó: "Les he dicho que soy yo. Si me buscan a mí, dejen que éstos se vayan". Así se cumplió lo que Jesús había dicho: 'No he perdido a ninguno de los que me diste'.

Entonces Simón Pedro, que llevaba una espada, la sacó e hirió a un criado del sumo sacerdote y le cortó la oreja derecha. Este criado se llamaba Malco. Dijo entonces Jesús a Pedro: "Mete la espada en la vaina. ¿No voy a beber el cáliz que me ha dado mi Padre?".

Llevaron a Jesús primero ante Anás

El batallón, su comandante y los criados de los judíos apresaron a Jesús, lo ataron y lo llevaron primero ante Anás, porque era suegro de Caifás, sumo sacerdote aquel año. Caifás era el que había dado a los judíos este consejo: 'Conviene que muera un solo hombre por el pueblo'.

Simón Pedro y otro discípulo iban siguiendo a Jesús. Este discípulo era conocido del sumo sacerdote y entró con Jesús en el palacio del sumo sacerdote, mientras Pedro se quedaba fuera, junto a la puerta. Salió el otro discípulo, el conocido del sumo sacerdote, habló con la portera e hizo entrar a Pedro. La portera dijo entonces a Pedro: "¿No eres tú también uno de los discípulos de ese hombre?". Él dijo: "No lo soy". Los criados y los guardias habían encendido un brasero, porque hacía frío, y se calentaban. También Pedro estaba con ellos de pie, calentándose.

El sumo sacerdote interrogó a Jesús acerca de sus discípulos y de su doctrina. Jesús le contestó: "Yo he hablado abiertamente al mundo y he enseñado continuamente en la sinagoga y en el templo, donde se reúnen todos los judíos, y no he dicho nada a escondidas. ¿Por qué me interrogas a mí? Interroga a los que me han oído, sobre lo que les he hablado. Ellos saben lo que he dicho".

Apenas dijo esto, uno de los guardias le dio una bofetada a Jesús, diciéndole: "¿Así contestas al sumo sacerdote?". Jesús le respondió: "Si he faltado al hablar, demuestra en qué he faltado; pero si he hablado como se debe, ¿por qué me pegas?". Entonces Anás lo envió atado a Caifás, el sumo sacerdote.

¿No eres tú también uno de sus discípulos? No lo soy

Simón Pedro estaba de pie, calentándose, y le dijeron: "¿No eres tú también uno de sus discípulos?". Él lo negó diciendo: "No lo soy". Uno de los criados del sumo sacerdote, pariente de aquel a quien Pedro le había cortado la oreja, le dijo: "¿Qué no te vi yo con él en el huerto?". Pedro volvió a negarlo y enseguida cantó un gallo.

Mi Reino no es de este mundo

Llevaron a Jesús de casa de Caifás al pretorio. Era muy de mañana y ellos no entraron en el palacio para no incurrir en impureza y poder así comer la cena de Pascua.

Salió entonces Pilato a donde estaban ellos y les dijo: "¿De qué acusan a este hombre?". Le contestaron: "Si éste no fuera un malhechor, no te lo hubiéramos traído". Pilato les dijo: "Pues llévenselo y júzguenlo según su ley". Los judíos le respondieron: "No estamos autorizados para dar muerte a nadie". Así se cumplió lo que había dicho Jesús, indicando de qué muerte iba a morir.

Entró otra vez Pilato en el pretorio, llamó a Jesús y le dijo: "¿Eres tú el rey de los judíos?". Jesús le contestó: "¿Eso lo preguntas por tu cuenta o te lo han dicho otros?". Pilato le respondió: "¿Acaso soy yo judío? Tu pueblo y los sumos sacerdotes te han entregado a mí. ¿Qué es lo que has hecho?". Jesús le contestó: "Mi Reino no es de este mundo. Si mi Reino fuera de este mundo, mis servidores habrían luchado para que no cayera yo en manos de los judíos. Pero mi Reino no es de aquí". Pilato le dijo: "¿Conque tú eres rey?". Jesús le contestó: "Tú lo has dicho. Soy rey. Yo nací y vine al mundo para ser testigo de la verdad. Todo el que es de la verdad, escucha mi voz". Pilato le dijo: "¿Y qué es la verdad?".

Dicho esto, salió otra vez a donde estaban los judíos y les dijo: "No encuentro en él ninguna culpa. Entre ustedes es costumbre que por Pascua ponga en libertad a un preso. ¿Quieren que les suelte al rey de los judíos?". Pero todos ellos gritaron: "¡No, a ése no! ¡A Barrabás!". (El tal Barrabás era un bandido).

¡Viva el rey de los judíos!

Entonces Pilato tomó a Jesús y lo mandó azotar. Los soldados trenzaron una corona de espinas, se la pusieron en la cabeza, le echaron encima un manto color púrpura, y acercándose a él, le decían: "¡Viva el rey de los judíos!", y le daban de bofetadas.

Pilato salió otra vez afuera y les dijo: "Aquí lo traigo para que sepan que no encuentro en él ninguna culpa". Salió, pues, Jesús, llevando la corona de espinas y el manto color púrpura. Pilato les dijo: "Aquí está el hombre". Cuando lo vieron los sumos sacerdotes y sus servidores, gritaron: "¡Crucifícalo, crucifícalo!". Pilato les dijo: "Llévenselo ustedes y crucifíquenlo, porque yo no encuentro culpa en él". Los judíos le contestaron: "Nosotros tenemos una ley y según esa ley tiene que morir, porque se ha declarado Hijo de Dios".

Cuando Pilato oyó estas palabras, se asustó aún más, y entrando otra vez en el pretorio, dijo a Jesús: "¿De dónde eres tú?". Pero Jesús no le respondió. Pilato le dijo entonces: "¿A mí no me hablas? ¿No sabes que tengo autoridad para soltarte y autoridad para crucificarte?". Jesús le contestó: "No tendrías ninguna autoridad sobre mí, si no te la hubieran dado de lo alto. Por eso, el que me ha entregado a ti tiene un pecado mayor".

¡Fuera, fuera! Crucifícalo

Desde ese momento Pilato trataba de soltarlo, pero los judíos gritaban: "¡Si sueltas a ése, no eres amigo del César!; porque todo el que pretende ser rey, es enemigo del César". Al oír estas palabras, Pilato sacó a Jesús y lo sentó en el tribunal, en el sitio que llaman "el Enlosado" (en hebreo Gábbata). Era el día de la preparación de la Pascua, hacia el mediodía. Y dijo Pilato a los judíos: "Aquí tienen a su rey". Ellos gritaron: "¡Fuera, fuera! ¡Crucifícalo!". Pilato les dijo: "¿A su rey voy a crucificar?". Contestaron los sumos sacerdotes: "No tenemos más rey que el César". Entonces se lo entregó para que lo crucificaran.

Crucificaron a Jesús y con él a otros dos

Tomaron a Jesús, y él, cargando con la cruz, se dirigió hacia el sitio llamado "la Calavera" (que en hebreo se dice Gólgota), donde lo crucificaron, y con él a otros dos, uno de cada lado, y en medio Jesús. Pilato mandó escribir un letrero y ponerlo encima de la cruz; en él estaba escrito: 'Jesús el nazareno, el rey de los judíos'. Leyeron el letrero muchos judíos, porque estaba cerca el lugar donde crucificaron a Jesús y estaba escrito en hebreo, latín y griego. Entonces los sumos sacerdotes de los judíos le dijeron a Pilato: "No escribas: 'El rey de los judíos', sino: 'Éste ha dicho: Soy rey de los judíos' ". Pilato les contestó: "Lo escrito, escrito está".

Se repartieron mi ropa

Cuando crucificaron a Jesús, los soldados cogieron su ropa e hicieron cuatro partes, una para cada soldado, y apartaron la túnica. Era una túnica sin costura, tejida toda de una pieza de arriba abajo. Por eso se dijeron: "No la rasguemos, sino echemos suertes para ver a quién le toca". Así se cumplió lo que dice la Escritura: *Se repartieron mi ropa y echaron a suerte mi túnica.* Y eso hicieron los soldados.

Ahí está tu hijo - Ahí está tu madre

Junto a la cruz de Jesús estaban su madre, la hermana de su madre, María la de Cleofás, y María Magdalena. Al ver a su madre y junto a ella al discípulo que tanto quería, Jesús dijo a su madre: "Mujer, ahí está tu hijo". Luego dijo al discípulo: "Ahí está tu madre". Y desde aquella hora el discípulo se la llevó a vivir con él.

Todo está cumplido

Después de esto, sabiendo Jesús que todo había llegado a su término, para que se cumpliera la Escritura dijo: *"Tengo sed"*. Había allí un jarro lleno de vinagre. Los soldados sujetaron una esponja empapada en vinagre a una caña de hisopo y se la acercaron a la boca. Jesús probó el vinagre y dijo: "Todo está cumplido", e inclinando la cabeza, entregó el espíritu.

Aquí se arrodillan todos y se hace una breve pausa.

Inmediatamente salió sangre y agua

Entonces, los judíos, como era el día de la preparación de la Pascua, para que los cuerpos de los ajusticiados no se quedaran en la cruz el sábado, porque aquel sábado era un día muy solemne, pidieron a Pilato que les quebraran las piernas y los quitaran de la cruz.

Fueron los soldados, le quebraron las piernas a uno y luego al otro de los que habían sido crucificados con él. Pero al llegar a Jesús, viendo que ya había muerto, no le quebraron las piernas, sino que uno de los soldados le traspasó el costado con una lanza e inmediatamente salió sangre y agua.

El que vio da testimonio de esto y su testimonio es verdadero y él sabe que dice la verdad, para que también ustedes crean. Esto sucedió para que se cumpliera lo que dice la Escritura: *No le quebrarán ningún hueso;* y en otro lugar la Escritura dice: *Mirarán al que traspasaron.*

Vendaron el cuerpo de Jesús y lo perfumaron

Después de esto, José de Arimatea, que era discípulo de Jesús, pero oculto por miedo a los judíos, pidió a Pilato que lo dejara llevarse el cuerpo de Jesús. Y Pilato lo autorizó. Él fue entonces y se llevó el cuerpo.

Llegó también Nicodemo, el que había ido a verlo de noche, y trajo unas cien libras de una mezcla de mirra y áloe.

Tomaron el cuerpo de Jesús y lo envolvieron en lienzos con esos aromas, según se acostumbra enterrar entre los judíos. Había un huerto en el sitio donde lo crucificaron, y en el huerto, un sepulcro nuevo, donde nadie había sido enterrado todavía. Y como para los judíos era el día de la preparación de la Pascua y el sepulcro estaba cerca, allí pusieron a Jesús.

Palabra del Señor. ℟. **Gloria a ti, Señor Jesús.**

ORACIÓN UNIVERSAL

1. Por la santa Iglesia

Oremos, queridos hermanos, por la santa Iglesia de Dios, para que nuestro Dios y Señor le conceda la paz y la unidad, se digne protegerla en toda la tierra y nos conceda glorificarlo, como Dios Padre omnipotente, con una vida pacífica y serena.

Se ora un momento en silencio. Luego prosigue el sacerdote:

Dios todopoderoso y eterno, que en Cristo revelaste tu gloria a todas las naciones, conserva la obra de tu misericordia, para que tu Iglesia, extendida por toda la tierra, persevere con fe inquebrantable en la confesión de tu nombre. Por Jesucristo, nuestro Señor.
℟. **Amén.**

2. Por el Papa

Oremos también por nuestro Santo Padre, el Papa N., para que Dios nuestro Señor, que lo escogió para el orden de los obispos, lo conserve a salvo y sin daño para bien de su santa Iglesia, a fin de que pueda gobernar al pueblo santo de Dios.

Se ora un momento en silencio. Luego prosigue el sacerdote:

Dios todopoderoso y eterno, cuya sabiduría gobierna el universo, atiende favorablemente nuestras súplicas y protege con tu amor al Papa que nos diste, para que el pueblo cristiano, que tú mismo pastoreas, progrese bajo su cuidado en la firmeza de su fe. Por Jesucristo, nuestro Señor.
℟. **Amén.**

3. Por el pueblo de Dios y sus ministros

Oremos también por nuestro obispo N., por todos los obispos, presbíteros y diáconos de la Iglesia, y por todo el pueblo santo de Dios.

Se ora un momento en silencio. Luego prosigue el sacerdote:

Dios todopoderoso y eterno, que con tu Espíritu santificas y gobiernas a toda la Iglesia, escucha nuestras súplicas por tus ministros, para que, con la ayuda de tu gracia, te sirvan con fidelidad. Por Jesucristo, nuestro Señor.
℟. **Amén.**

4. Por los catecúmenos

Oremos también por los (nuestros) catecúmenos, para que Dios nuestro Señor abra los oídos de sus corazones y les manifieste su misericordia, y para que, mediante el bautismo, se les perdonen todos sus pecados y queden incorporados a Cristo, Señor nuestro.

Se ora un momento en silencio. Luego prosigue el sacerdote:

Dios todopoderoso y eterno, que sin cesar concedes nuevos hijos a tu Iglesia, acrecienta la fe y el conocimiento a los (nuestros) catecúmenos, para que, renacidos en la fuente bautismal, los cuentes entre tus hijos de adopción. Por Jesucristo, nuestro Señor.
℟. **Amén.**

5. Por la unidad de los cristianos

Oremos también por todos los hermanos que creen en Cristo, para que Dios nuestro Señor se digne congregar y custodiar en la única Iglesia a quienes procuran vivir en la verdad.

Se ora un momento en silencio. Luego prosigue el sacerdote:

Dios todopoderoso y eterno, que reúnes a los que están dispersos y los mantienes en la unidad, mira benignamente la grey de tu Hijo, para que, a cuantos están consagrados por el único bautismo, también los una la integridad de la fe y los asocie el vínculo de la caridad. Por Jesucristo, nuestro Señor.
℟. **Amén.**

6. Por los judíos

Oremos también por los judíos, para que a quienes Dios nuestro Señor habló primero, les conceda progresar continuamente en el amor de su nombre y en la fidelidad a su alianza.

Se ora un momento en silencio. Luego prosigue el sacerdote:

Dios todopoderoso y eterno, que confiaste tus promesas a Abraham y a su descendencia, oye compasivo los ruegos de tu Iglesia, para que el pueblo que adquiriste primero como tuyo, merezca llegar a la plenitud de la redención. Por Jesucristo, nuestro Señor.
℟. **Amén.**

7. Por los que no creen en Cristo

Oremos también por los que no creen en Cristo, para que, iluminados por el Espíritu Santo, puedan ellos encontrar el camino de la salvación.

Se ora un momento en silencio. Luego prosigue el sacerdote:

Dios todopoderoso y eterno, concede a quienes no creen en Cristo, que, caminando en tu presencia con sinceridad de corazón, encuentren la verdad; y a nosotros concédenos crecer en el amor mutuo y en el deseo de comprender mejor los misterios de tu vida, a fin de que seamos testigos cada vez más auténticos de tu amor en el mundo. Por Jesucristo, nuestro Señor.
℟. **Amén.**

8. Por los que no creen en Dios

Oremos también por los que no conocen a Dios, para que, buscando con sinceridad lo que es recto, merezcan llegar hasta él.

Se ora un momento en silencio. Luego prosigue el sacerdote:

Dios todopoderoso y eterno, que creaste a todos los hombres para que deseándote te busquen, y para que al encontrarte des-

cansen en ti; concédenos que, en medio de las dificultades de este mundo, al ver los signos de tu amor y el testimonio de las buenas obras de los creyentes, todos los hombres se alegren al confesarte como único Dios verdadero y Padre de todos. Por Jesucristo, nuestro Señor.
℟. **Amén.**

9. Por los gobernantes

Oremos también por todos los gobernantes de las naciones, para que Dios nuestro Señor guíe sus mentes y corazones, según su voluntad providente, hacia la paz verdadera y la libertad de todos.

Se ora un momento en silencio. Luego prosigue el sacerdote:

Dios todopoderoso y eterno, en cuyas manos están los corazones de los hombres y los derechos de las naciones, mira con bondad a nuestros gobernantes, para que, con tu ayuda, se afiance en toda la tierra un auténtico progreso social, una paz duradera y una verdadera libertad religiosa. Por Jesucristo, nuestro Señor.
℟. **Amén.**

10. Por los que se encuentran en alguna tribulación

Oremos, hermanos muy queridos, a Dios Padre todopoderoso, para que libre al mundo de todos sus errores, aleje las enfermedades, alimente a los que tienen hambre, libere a los encarcelados y haga justicia a los oprimidos, conceda seguridad a los que viajan, un buen retorno a los que se hallan lejos del hogar, la salud a los enfermos y la salvación a los moribundos.

Se ora un momento en silencio. Luego prosigue el sacerdote:

Dios todopoderoso y eterno, consuelo de los afligidos y fortaleza de los que sufren, escucha a los que te invocan en su tribulación, para que todos experimenten en sus necesidades la alegría de tu misericordia. Por Jesucristo, nuestro Señor.
℟. **Amén.**

ADORACIÓN DE LA SANTA CRUZ

PRESENTACIÓN DE LA SANTA CRUZ

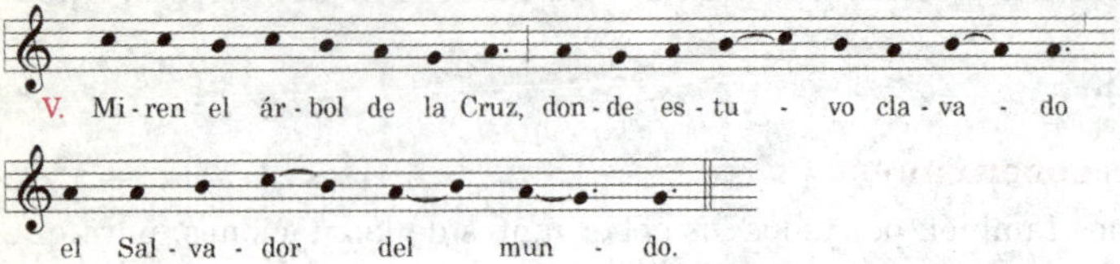

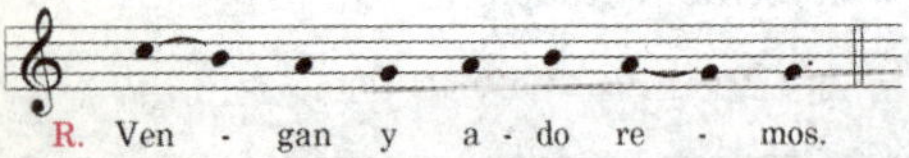

℣. Miren el árbol de la Cruz,
donde estuvo clavado el Salvador del mundo.
℟. **Vengan y adoremos.**

ADORACIÓN DE LA SANTA CRUZ

El sacerdote, el clero, los ministros laicos y los fieles se acercan procesionalmente y adoran la cruz, haciendo delante de ella una genuflexión simple o algún otro signo de veneración (como el de besarla), según la costumbre del lugar.

Cuando el sacerdote nos presenta la cruz para venerarla, recordemos las palabras de Jesús: "Así como Moisés levantó la serpiente de bronce en el desierto, así tiene que ser levantado el Hijo del hombre, para que todo el que crea, tenga por él la vida eterna" (Jn 3, 14).

CANTOS PARA LA ADORACIÓN DE LA SANTA CRUZ

ANTÍFONA

Tu Cruz adoramos, Señor,
tu santa resurrección alabamos y glorificamos,
pues del árbol de la Cruz
ha venido la alegría al mundo entero.

Cfr. Sal 66, 2

Que el Señor se apiade de nosotros y nos bendiga,
que nos muestre su rostro radiante y misericordioso.

Se repite la antífona: Tu Cruz…

Improperios

Las partes que corresponden al primer coro se indican con el número 1; las que corresponden al segundo con el número 2; las que deben cantarse juntamente por los dos coros, con los números 1 y 2. Algunos versos también pueden cantarse por dos cantores.

I

1 y 2. Pueblo mío, ¿qué mal te he causado,
o en qué cosa te he ofendido? Respóndeme.

1. ¿Porque yo te saqué de Egipto,
tú le has preparado una cruz a tu Salvador?

2. Pueblo mío, ¿qué mal te he causado,
o en qué cosa te he ofendido? Respóndeme.

1. Hágios o Theós.
2. Santo Dios.
1. Hágios Ischyrós.
2. Santo fuerte.
1. Hágios Athánatos, eléison himás.
2. Santo inmortal, ten piedad de nosotros.

1 y 2. ¿Porque yo te guíe cuarenta años por el desierto,
te alimenté con el maná y te introduje en una tierra fértil,
tú le preparaste una cruz a tu Salvador?

Hágios o Theós, etc.

1 y 2. ¿Qué más pude hacer, o qué dejé sin hacer por ti?
Yo mismo te elegí y te planté, hermosa viña mía,
pero tú te has vuelto áspera y amarga conmigo,
porque en mi sed me diste de beber vinagre
y has plantado una lanza en el costado a tu Salvador.

Hágios o Theós, etc.

II

Se alternan los cantores (C) con la asamblea (1 y 2), que responde con el estribillo.

C. Por ti yo azoté a Egipto y a sus primogénitos
y tú me has entregado para que me azoten.

1 y 2. ℟. **Pueblo mío, ¿qué mal te he causado,
o en qué cosa te he ofendido? Respóndeme.**

C. Yo te saqué de Egipto y te libré del faraón en el Mar Rojo
y tú me has entregado a los sumos sacerdotes. 1 y 2. ℟.

C. Yo te abrí camino por el mar,
y tú me has abierto el costado con tu lanza. 1 y 2. ℟.
C. Yo te serví de guía con una columna de nubes
y tú me has conducido al pretorio de Pilato. 1 y 2. ℟.
C. Yo te di de comer maná en el desierto
y tú me has dado de bofetadas y azotes. 1 y 2. ℟.
C. Yo te di a beber el agua salvadora que brotó de la peña
y tú me has dado a beber hiel y vinagre. 1 y 2. ℟.
C. Por ti yo herí a los reyes cananeos
y tú, con una caña, me has herido en la cabeza. 1 y 2. ℟.
C. Yo puse en tus manos un cetro real
y tú me has puesto en la cabeza una corona de espinas. 1 y 2. ℟.
C. Yo te exalté con mi omnipotencia
y tú me has hecho subir a la deshonra de la Cruz. 1 y 2. ℟.

Himno

Todos (T) dicen las estrofas en letra negrita, incluyendo ℟. 1 y ℟. 2. Los cantores (C) dicen las otras estrofas.

T. **Cruz amable y redentora,**
árbol noble, espléndido.
Ningún árbol fue tan rico,
ni en sus frutos ni en su flor.
Dulce leño, dulces clavos,
dulce el fruto que nos dio.

C. Canta, oh lengua jubilosa,
el combate singular
en que el Salvador del mundo,
inmolado en una cruz,
con su sangre redentora
a los hombres rescató.

℟. 1. **Cruz amable y redentora,**
árbol noble, espléndido.
Ningún árbol fue tan rico,
ni en sus frutos ni en su flor.

C. Cuando Adán, movido a engaño,
comió el fruto del Edén,
el Creador, compadecido,
desde entonces decretó
que un árbol nos devolviera
lo que un árbol nos quitó.

℟. 2. **Dulce leño, dulces clavos,**
dulce el fruto que nos dio.

C. Quiso, con sus propias armas,
vencer Dios al seductor,
la sabiduría a la astucia
fiero duelo le aceptó,
para hacer surgir la vida
donde la muerte brotó. ℟. 1.

C. Cuando el tiempo hubo llegado,
el Eterno nos envió
a su Hijo desde el cielo,
Dios eterno como él,
que en el seno de una Virgen
carne humana revistió. ℟. 2.

C. Hecho un niño está llorando,
de un pesebre en la estrechez.
En Belén, la Virgen madre
en pañales lo envolvió.
He allí al Dios potente,
pobre, débil, párvulo. ℟. 1.

C. Cuando el cuerpo del Dios-Hombre
alcanzó su plenitud,
al tormento, libremente,
cual cordero, se entregó,
pues a ello vino al mundo
a morir en una cruz. ℟. 2.

C. Ya se enfrenta a las injurias,
a los golpes y al rencor,
ya la sangre está brotando
de la fuente de salud.
En qué río tan divino
se ha lavado la creación. ℟. 1.

C. Árbol santo, cruz excelsa,
tu dureza ablanda ya,
que tus ramas se dobleguen
al morir el Redentor
y en tu tronco suavizado,
lo sostengas con piedad. ℟. 2.

C. Feliz puerto preparaste
para el mundo náufrago
y el rescate presentaste
para nuestra redención,
pues la Sangre del Cordero
en tus brazos se ofrendó. ℟. 1.

Conclusión que nunca debe omitirse:

T. **Elevemos jubilosos**
a la augusta Trinidad,
nuestra gratitud inmensa,
por su amor y redención,
al eterno Padre, al Hijo,
y al Espíritu de amor. Amén.

SAGRADA COMUNIÓN

Sacerdote:

Fieles a la recomendación del Salvador
y siguiendo su divina enseñanza,
nos atrevemos a decir:

El sacerdote, con las manos extendidas, dice junto con el pueblo:

Padre nuestro, que estás en el cielo,
santificado sea tu nombre;
venga a nosotros tu reino;
hágase tu voluntad en la tierra como en el cielo.
Danos hoy nuestro pan de cada día;
perdona nuestras ofensas,
como también nosotros perdonamos
a los que nos ofenden;
no nos dejes caer en la tentación,
y líbranos del mal.

El sacerdote, con las manos extendidas, prosigue él solo:

Líbranos de todos los males, Señor,
y concédenos la paz en nuestros días,
para que, ayudados por tu misericordia,
vivamos siempre libres de pecado

y protegidos de toda perturbación,
mientras esperamos la gloriosa venida
de nuestro Salvador Jesucristo.

El sacerdote junta las manos. El pueblo concluye la oración, aclamando:
Tuyo es el reino,
tuyo el poder y la gloria, por siempre, Señor.

A continuación el sacerdote, con las manos juntas, dice en secreto:
Señor Jesucristo,
la comunión de tu Cuerpo
no sea para mí un motivo de juicio y condenación,
sino que, por tu piedad,
me aproveche para defensa de alma y cuerpo
y como remedio saludable.

Enseguida hace genuflexión, toma una partícula, la mantiene un poco elevada sobre el copón, y dice con voz clara, de cara al pueblo:
Éste es el Cordero de Dios,
que quita el pecado del mundo.
Dichosos los invitados a la cena del Señor.

Y, juntamente con el pueblo, dice una sola vez:
Señor, no soy digno de que entres en mi casa,
pero una palabra tuya bastará para sanarme.

Y, vuelto hacia el altar, comulga reverentemente el Cuerpo de Cristo. Después distribuye la Comunión a los fieles. Durante la Comunión se puede cantar el salmo 21, u otro canto apropiado.

ORACIÓN DESPUÉS DE LA COMUNIÓN

Dios todopoderoso y eterno, que nos has redimido con la gloriosa muerte y resurrección de tu Hijo Jesucristo, prosigue en nosotros la obra de tu misericordia, para que, mediante nuestra participación en este misterio, permanezcamos dedicados a tu servicio. Por Jesucristo, nuestro Señor.
℟. **Amén.**

ORACIÓN SOBRE EL PUEBLO

Envía, Señor, sobre este pueblo tuyo, que ha conmemorado la muerte de tu Hijo, en espera de su resurrección, la abundancia de tu bendición; llegue a él tu perdón, reciba tu consuelo, se acreciente su fe santa y se consolide su eterna redención. Por Jesucristo, nuestro Señor.
℟. **Amén.**

VIERNES SANTO, NUESTRO DÍA

Es nuestro día...

- Porque es el día de Pilato. De todos los “Pilatos” que nos lavamos las manos, después de haber condenado a nuestros hermanos, hombres y mujeres, por lo menos al suplicio de que allá se las arregle cada uno como pueda...
- Muchos mexicanos pasan hambre, enfermedades y miseria, pero nos lavamos las manos: “Bastante tenemos con nuestros propios problemas”.

- Día de los que pasamos sin detenernos junto al hombre que yace tendido en la calle, o lo más lejos posible de aquel otro al que están golpeando o tiene cara de que quiere pedir algo.
- Día de los que decimos –por medio de la secretaria, desde luego– que no estamos para el que solicita empleo.
- Día de los que injustamente despedimos a un empleado, atormentamos a un preso o declaramos falsamente “por órdenes superiores”.

Es nuestro día...

- Porque es el día de los que prefieren a Barrabás y no a Cristo.
- De todos los que alguna vez en la vida hemos dejado a Cristo por la alternativa de un “buen negocio”, de un buen “hueso”, de un placer ilícito...
- Día de los que hemos elegido a nuestros gobernantes simplemente por consigna o por una despensa.

Es nuestro día...

- Porque es el día en que Dios está dispuesto a pordonarnos –si se lo pedimos– todas nuestras **pilateadas** y nuestras **barrabasadas**.

Porque es el día en que muchos ladrones se convierten y Dios les dice que hoy estarán con él en el paraíso.

Pascua

La *Pascua* es la " 'Fiesta de las fiestas', 'Solemnidad de las solemnidades', como la Eucaristía es el Sacramento de los sacramentos (el gran sacramento). S. Atanasio la llama 'el gran domingo' (*Ep. fest.* 329), así como la Semana Santa es llamada en Oriente 'la gran semana'. El Misterio de la Resurrección, en el cual Cristo ha aplastado a la muerte, penetra en nuestro viejo tiempo con su poderosa energía, hasta que todo le esté sometido" (CCE 1169).

El Tiempo de Pascua comprende cincuenta días (en griego, *Pentecostés*) celebrados como uno solo, "con alegría y júbilo, como si se tratara de un solo y único día festivo, como un 'gran domingo' " (*Normas universales sobre el Calendario* [1969], n. 22).

Celebrar el año cristiano, colocando su culminación en estos cincuenta días de alegría, responde muy bien al carácter fundamental del mensaje cristiano, que es anuncio de alegría y liberación. Por ello precisamente el Tiempo de Pascua fue el primero que los cristianos se sintieron como obligados a celebrar en razón de su misma fe.

Esta fiesta tan prolongada en relación con lo habitual puede ser una invitación a vivir la originalidad radical del cristianismo.

27 de marzo

Domingo de Pascua de la Resurrección del Señor

(Vigilia Pascual en la noche santa)

(Blanco)

¿Por qué nos reunimos en la noche?

Tratamos de buscar a Dios y la noche se presta. Nos ofrece recogimiento, tiene un atractivo especial para aquellos que quieren hablar con Dios. Es la hora en que el corazón vela esperando a su Señor.

Por otro lado, Jesucristo resucitó en la noche, a una hora en que nadie esperaba. Pero esta noche es la noche más importante para el mundo. Nosotros vivimos en una noche permanente. Noche de duda, noche de pecado, noche de falta de fe, noche de decepciones, de amores que no son fieles. En medio de esta noche nuestra, que es la "hora del poder de las tinieblas", resucitó Jesucristo, nuestra luz.

En esta noche acogemos en nuestro corazón:
a Cristo, nuestra única LUZ,
a Cristo, la PALABRA DE DIOS,
a Cristo, que es la VIDA,
a Cristo, que es el PAN y el VINO, alimento para el camino.

SOLEMNE INICIO DE LA VIGILIA, O "LUCERNARIO"

BENDICIÓN DEL FUEGO Y PREPARACIÓN DEL CIRIO

El sacerdote saluda, como de costumbre, al pueblo congregado y le hace una breve exhortación, con estas palabras u otras semejantes:

Hermanos: En esta noche santa, en que nuestro Señor Jesucristo pasó de la muerte a la vida, la Iglesia invita a todos sus hijos, diseminados por el mundo, a que se reúnan para velar en oración.

Conmemoremos, pues, juntos la Pascua del Señor, escuchando su palabra y participando en sus sacramentos, con la esperanza cierta de participar también en su triunfo sobre la muerte y de vivir con él para siempre en Dios.

El fuego nuevo puede ser pequeño (en el interior de la iglesia) o imponente (en el atrio). En el segundo caso convendría que este momento se pareciera a una reunión popular, como a una fogata de campamento.

El fuego nuevo que brilla en medio de la oscuridad no debe distraer nuestra atención del símbolo principal, que es el cirio pascual.

Oremos.

Dios nuestro, que por medio de tu Hijo comunicaste a tus fieles el fuego de tu luz, santifica ✠ este fuego nuevo y concédenos que, al celebrar estas fiestas pascuales, se encienda en nosotros el deseo de las cosas celestiales, para que podamos llegar con un espíritu renovado a las fiestas de la eterna claridad. Por Jesucristo, nuestro Señor. ℟. **Amén.**

Una vez bendecido el fuego nuevo, uno de los ministros lleva el cirio pascual ante el celebrante. Éste, con un punzón, graba una cruz en el cirio. Después, traza sobre él la letra griega Alfa y, debajo, la letra Omega; entre los brazos de la cruz traza los cuatro números del año en curso, mientras dice:

Cristo ayer y hoy,
Principio y fin, Alfa y Omega.
Suyo es el tiempo y la eternidad.
A él la gloria y el poder,
por los siglos de los siglos. Amén.

Por sus santas llagas gloriosas,
nos proteja y nos guarde
Jesucristo, nuestro Señor. Amén.

Que la luz de Cristo, resucitado y glorioso,
disipe las tinieblas de nuestro corazón
y de nuestro espíritu.

PROCESIÓN

La llama que avanza por en medio de la iglesia oscura, va iluminando progresivamente las cosas y las personas. De igual manera, Jesucristo, desde su resurrección en medio del silencio, no ha dejado de penetrar en el mundo para transfigurarlo.

El diácono, elevando el cirio, canta:

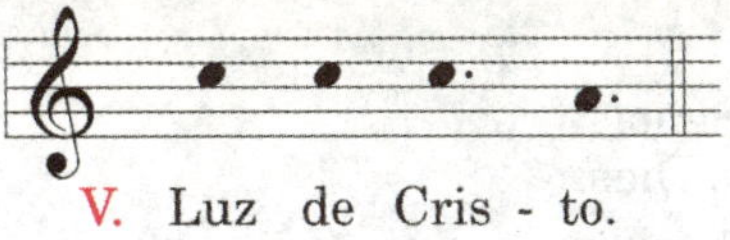

Y todos responden:

Esto se canta en tres ocasiones. Después de la segunda vez, todos se comunican el fuego del cirio pascual, que es la luz de Cristo. Nos comunicamos unos a otros la fe y la esperanza. Todos participamos en la obra de la luz. Todos participamos en la única resurrección, que es la de Cristo.

A continuación el diácono pone el cirio pascual en el candelabro que está preparado en el presbiterio.

PREGÓN PASCUAL

El diácono (o algún otro ministro) proclama la alegría del mundo renovado, que es para todos, aun para aquellos que están afligidos.

Alégrense, por fin, los coros de los ángeles, alégrense las jerarquías del cielo y, por la victoria de rey tan poderoso, que las trompetas anuncien la salvación.

Goce también la tierra, inundada de tanta claridad, y que, radiante con el fulgor del rey eterno, se sienta libre de la tiniebla que cubría el orbe entero.

Alégrese también nuestra madre la Iglesia, revestida de luz tan brillante; resuene este recinto con las aclamaciones del pueblo.

(Por eso, queridos hermanos, que asisten a la admirable claridad de esta luz santa, invoquen conmigo la misericordia de Dios omnipotente, para que aquel que, sin mérito mío, me agregó al número de los ministros, complete mi alabanza a este cirio, infundiendo el resplandor de su luz).

(℣. El Señor esté con ustedes.
℟. Y con tu espíritu).
℣. Levantemos el corazón.
℟. Lo tenemos levantado hacia el Señor.
℣. Demos gracias al Señor, nuestro Dios.
℟. Es justo y necesario.

En verdad es justo y necesario aclamar con nuestras voces y con todo el afecto del corazón, a Dios invisible, el Padre todopoderoso, y a su Hijo único, nuestro Señor Jesucristo.

Porque él ha pagado por nosotros al eterno Padre la deuda de Adán, y ha borrado con su sangre inmaculada la condena del antiguo pecado.

Porque éstas son las fiestas de Pascua, en las que se inmola el verdadero Cordero, cuya sangre consagra las puertas de los fieles.

Ésta es la noche en que sacaste de Egipto a los israelitas, nuestros padres, y los hiciste pasar a pie, sin mojarse, el Mar Rojo.

Ésta es la noche en que la columna de fuego esclareció las tinieblas del pecado.

Ésta es la noche que a todos los que creen en Cristo, por toda la tierra, los arranca de los vicios del mundo y de la oscuridad del pecado, los restituye a la gracia y los agrega a los santos.

Ésta es la noche en que, rotas las cadenas de la muerte, Cristo asciende victorioso del abismo.

¿De qué nos serviría haber nacido si no hubiéramos sido rescatados? ¡Qué asombroso beneficio de tu amor por nosotros! ¡Qué incomparable ternura y caridad! ¡Para rescatar al esclavo entregaste al Hijo!

Necesario fue el pecado de Adán, que ha sido borrado por la muerte de Cristo. ¡Feliz la culpa que mereció tal Redentor!

¡Qué noche tan dichosa! Sólo ella conoció el momento en que Cristo resucitó del abismo.

Ésta es la noche de la que estaba escrito: "Será la noche clara como el día, la noche iluminada por mi gozo".

Y así, esta noche santa ahuyenta los pecados, lava las culpas, devuelve la inocencia a los caídos, la alegría a los tristes, expulsa el odio, trae la concordia, doblega a los poderosos.

En esta noche de gracia, acepta, Padre santo, el sacrificio vespertino de alabanza, que la santa Iglesia te ofrece en la solemne ofrenda de este cirio, obra de las abejas.

Sabemos ya lo que anuncia esta columna de fuego, que arde en llama viva para la gloria de Dios. Y aunque distribuye su luz, no mengua al repartirla, porque se alimenta de cera fundida que elaboró la abeja fecunda para hacer esta lámpara preciosa.

¡Qué noche tan dichosa, en que se une el cielo con la tierra, lo humano con lo divino!

Te rogamos, Señor, que este cirio consagrado a tu nombre para destruir la oscuridad de esta noche, arda sin apagarse y, aceptado como perfume, se asocie a las lumbreras del cielo. Que el lucero matinal lo encuentre ardiendo, ese lucero que no conoce ocaso, Jesucristo, tu Hijo, que volviendo del abismo, brilla sereno para el linaje humano y vive y reina por los siglos de los siglos. ℟. **Amén.**

LITURGIA DE LA PALABRA

A la luz de Cristo, simbolizado por el cirio pascual, escuchemos los relatos de las intervenciones de Dios en la historia de su pueblo. Es una historia que preparaba el camino de aquel que vino a salvarnos a todos.

Todos apagan sus velas y se sientan. Antes de las lecturas, el sacerdote dice:

Hermanos, habiendo iniciado solemnemente la Vigilia Pascual, escuchemos con recogimiento la palabra de Dios. Meditemos cómo, en la antigua alianza, Dios salvó a su pueblo y en la plenitud de los tiempos, envió al mundo a su Hijo para que nos redimiera.

Oremos para que Dios lleve a su plenitud la obra de la redención realizada por el misterio pascual.

LECTURAS DEL ANTIGUO TESTAMENTO

Donde lo pidan circunstancias pastorales verdaderamente graves, puede reducirse el número de lecturas del Antiguo Testamento, que por lo menos han de ser tres. Aun en este caso, nunca se omita la tercera lectura, tomada del Éxodo, sobre el paso del Mar Rojo.

PRIMERA LECTURA

Vio Dios todo lo que había hecho y lo encontró muy bueno.

Todas las cosas que hizo Dios al principio de la creación eran muy buenas. Y el hombre, hecho a imagen y semejanza de Dios, fue la obra cumbre del Señor. Pero la desobediencia del hombre lo despojó de la grandeza que el Creador le había concedido. Entonces Dios inventó algo más maravilloso todavía: la redención o "re-creación" por medio de su Hijo, Jesucristo, que se hizo hombre, murió y resucitó por todos nosotros.

Del libro del Génesis
1, 1–2, 2

En el principio creó Dios el cielo y la tierra. La tierra era soledad y caos; y las tinieblas cubrían la faz del abismo. El espíritu de Dios se movía sobre la superficie de las aguas.

Dijo Dios: "Que exista la luz", y la luz existió. Vio Dios que la luz era buena, y separó la luz de las tinieblas. Llamó a la luz "día" y a las tinieblas, "noche". Fue la tarde y la mañana del primer día.

Dijo Dios: "Que haya una bóveda entre las aguas, que separe unas aguas de otras". E hizo Dios una bóveda y separó con ella las aguas de arriba, de las aguas de abajo. Y así fue. Llamó Dios a la bóveda "cielo". Fue la tarde y la mañana del segundo día.

Dijo Dios: "Que se junten las aguas de debajo del cielo en un solo lugar y que aparezca el suelo seco". Y así fue. Llamó Dios "tierra" al suelo seco y "mar" a la masa de las aguas. Y vio Dios que era bueno.

Dijo Dios: "Verdee la tierra con plantas que den semilla y árboles que den fruto y semilla, según su especie, sobre la tierra". Y así fue. Brotó de la tierra hierba verde, que producía semilla, según su especie, y árboles que daban fruto y llevaban semilla, según su especie. Y vio Dios que era bueno. Fue la tarde y la mañana del tercer día.

Dijo Dios: "Que haya lumbreras en la bóveda del cielo, que separen el día de la noche, señalen las estaciones, los días y los años, y luzcan en la bóveda del cielo para iluminar la tierra". Y así fue. Hizo Dios las dos grandes lumbreras: la lumbrera mayor para regir el día y la menor, para regir la noche; y también hizo las estrellas. Dios puso las lumbreras en la bóveda del cielo para iluminar la tierra, para regir el día y la noche, y separar la luz de las tinieblas. Y vio Dios que era bueno. Fue la tarde y la mañana del cuarto día.

Dijo Dios: "Agítense las aguas con un hervidero de seres vivientes y revoloteen sobre la tierra las aves, bajo la bóveda del cielo". Creó Dios los grandes animales marinos y los vivientes que en el agua se deslizan y la pueblan, según su especie. Creó también el mundo de las aves, según sus especies. Vio Dios que era bueno y los bendijo, diciendo: "Sean fecundos y multiplíquense; llenen las aguas del mar; que las aves se multipliquen en la tierra". Fue la tarde y la mañana del quinto día.

Dijo Dios: "Produzca la tierra vivientes, según sus especies: animales domésticos, reptiles y fieras, según sus especies". Y así fue. Hizo Dios las fieras, los animales domésticos y los reptiles, cada uno según su especie. Y vio Dios que era bueno.

Dijo Dios: “Hagamos al hombre a nuestra imagen y semejanza; que domine a los peces del mar, a las aves del cielo, a los animales domésticos y a todo animal que se arrastra sobre la tierra”.

Y creó Dios al hombre a su imagen;
a imagen suya lo creó;
hombre y mujer los creó.

Y los bendijo Dios y les dijo: “Sean fecundos y multiplíquense, llenen la tierra y sométanla; dominen a los peces del mar, a las aves del cielo y a todo ser viviente que se mueve sobre la tierra”.

Y dijo Dios: “He aquí que les entrego todas las plantas de semilla que hay sobre la faz de la tierra, y todos los árboles que producen fruto y semilla, para que les sirvan de alimento. Y a todas las fieras de la tierra, a todas las aves del cielo, a todos los reptiles de la tierra, a todos los seres que respiran, también les doy por alimento las verdes plantas”. Y así fue. Vio Dios todo lo que había hecho y lo encontró muy bueno. Fue la tarde y la mañana del sexto día.

Así quedaron concluidos el cielo y la tierra con todos sus ornamentos, y terminada su obra, descansó Dios el séptimo día de todo cuanto había hecho.

Palabra de Dios. ℟. **Te alabamos, Señor.**

SALMO RESPONSORIAL

Del salmo 32

F. Nieto, B.P. 2000

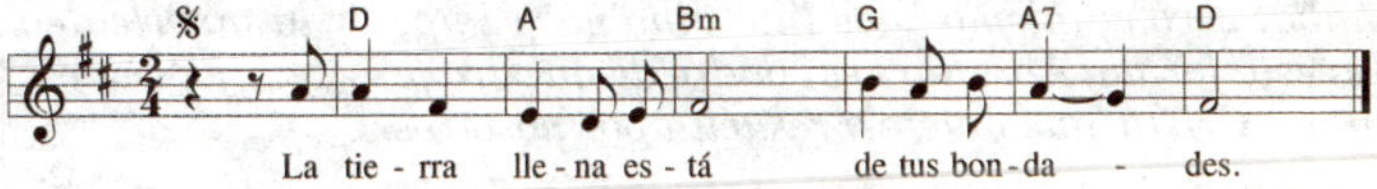

℟. La tierra llena está de tus bondades.

Sincera es la palabra del Señor
y todas sus acciones son leales.
Él ama la justicia y el derecho,
la tierra llena está de sus bondades. ℟.

La palabra del Señor hizo los cielos
y su aliento, los astros.
Los mares encerró como en un odre
y como en una presa, los océanos. ℟.

[℟. La tierra llena está de tus bondades.]

Feliz la nación cuyo Dios es el Señor;
dichoso el pueblo que escogió por suyo.
Desde el cielo el Señor, atentamente,
mira a todos los hombres. ℟.
En el Señor está nuestra esperanza,
pues él es nuestra ayuda y nuestro amparo.
Muéstrate bondadoso con nosotros,
puesto que en ti, Señor, hemos confiado. ℟.

ORACIÓN

Oremos. Dios todopoderoso y eterno, que en todas las obras de tu amor te muestras admirable, concede a quienes has redimido, comprender que el sacrificio de Cristo, nuestra Pascua, en la plenitud de los tiempos, es una obra más maravillosa todavía que la misma creación del mundo. Por Jesucristo, nuestro Señor. ℟. **Amén.**

SEGUNDA LECTURA

El sacrificio de nuestro patriarca Abraham.

Se puede decir que Abraham es una profecía de la acción de Dios, quien, "para rescatar al esclavo, entregó a su Hijo". El Señor había prometido a Abraham una numerosa descendencia, nacida de su hijo único, Isaac. Pero el Señor quiso probar la fe de Abraham y le ordenó sacrificar a su hijo. Abraham no dudó en sacrificarlo, como Dios se lo ordenaba, pero el mismo Dios intervino para impedir la muerte de Isaac. En esta forma, Abraham es "padre de nuestra fe" y su hijo, Isaac, representa a Cristo, que muere y resucita por nosotros.

Del libro del Génesis
22, 1-18

En aquel tiempo, Dios le puso una prueba a Abraham y le dijo: "¡Abraham, Abraham!". Él respondió: "Aquí estoy". Y Dios le dijo: "Toma a tu hijo único, Isaac, a quien tanto amas; vete a la región de Moria y ofrécemelo en sacrificio, en el monte que yo te indicaré".

Abraham madrugó, aparejó su burro, tomó consigo a dos de sus criados y a su hijo Isaac; cortó leña para el sacrificio y se encaminó al lugar que Dios le había indicado. Al tercer día divisó a lo lejos el lugar. Les dijo entonces a sus criados: "Quédense aquí con el burro;

yo iré con el muchacho hasta allá, para adorar a Dios y después regresaremos".

Abraham tomó la leña para el sacrificio, se la cargó a su hijo Isaac y tomó en su mano el fuego y el cuchillo. Los dos caminaban juntos. Isaac dijo a su padre Abraham: "¡Padre!". Él respondió: "¿Qué quieres, hijo?". El muchacho contestó: "Ya tenemos fuego y leña, pero, ¿dónde está el cordero para el sacrificio?". Abraham le contestó: "Dios nos dará el cordero para el sacrificio, hijo mío". Y siguieron caminando juntos.

Cuando llegaron al sitio que Dios le había señalado, Abraham levantó un altar y acomodó la leña. Luego ató a su hijo Isaac, lo puso sobre el altar, encima de la leña, y tomó el cuchillo para degollarlo.

Pero el ángel del Señor lo llamó desde el cielo y le dijo: "¡Abraham, Abraham!". Él contestó: "Aquí estoy". El ángel le dijo: "No descargues la mano contra tu hijo, ni le hagas daño. Ya veo que temes a Dios, porque no le has negado a tu hijo único". Abraham levantó los ojos y vio un carnero, enredado por los cuernos en la maleza. Atrapó el carnero y lo ofreció en sacrificio en lugar de su hijo. Abraham puso por nombre a aquel sitio "el Señor provee", por lo que aun el día de hoy se dice: "el monte donde el Señor provee".

El ángel del Señor volvió a llamar a Abraham desde el cielo y le dijo: "Juro por mí mismo, dice el Señor, que por haber hecho esto y no haberme negado a tu hijo único, yo te bendeciré y multiplicaré tu descendencia como las estrellas del cielo y las arenas del mar. Tus descendientes conquistarán las ciudades enemigas. En tu descendencia serán bendecidos todos los pueblos de la tierra, porque obedeciste a mis palabras".

Palabra de Dios. ℟. **Te alabamos, Señor.**

SALMO RESPONSORIAL
Del salmo 15

E. Estrella B.P. 1685

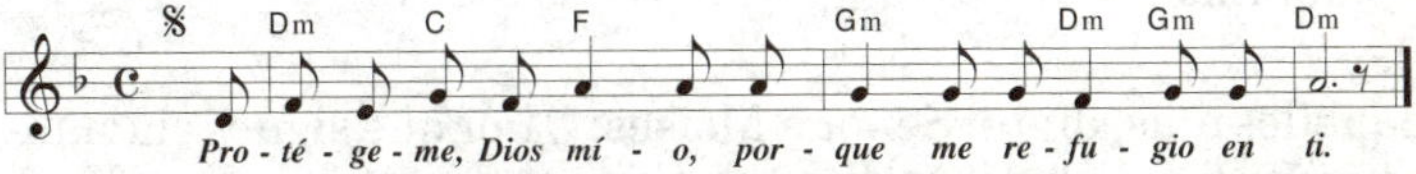

℟. Protégeme, Dios mío, porque me refugio en ti.

El Señor es la parte que me ha tocado en herencia:
mi vida está en sus manos.
Tengo siempre presente al Señor
y con él a mi lado, jamás tropezaré. ℟.

Por eso se me alegran el corazón y el alma
y mi cuerpo vivirá tranquilo,
porque tú no me abandonarás a la muerte,
ni dejarás que sufra yo la corrupción. ℟.

Enséñame el camino de la vida,
sáciame de gozo en tu presencia
y de alegría perpetua junto a ti. ℟.

ORACIÓN

Oremos. Dios nuestro, excelso Padre de los creyentes, que por medio de la gracia de la adopción y por el misterio pascual sigues cumpliendo la promesa hecha a Abraham de multiplicar su descendencia por toda la tierra y de hacerlo el padre de todas las naciones, concede a tu pueblo responder dignamente a la gracia de tu llamada. Por Jesucristo, nuestro Señor. ℟. **Amén.**

TERCERA LECTURA

Los israelitas entraron en el mar sin mojarse.

Los israelitas salen de Egipto y cruzan el Mar Rojo: éste es el nacimiento del pueblo de Israel y un símbolo del pueblo cristiano. Los egipcios perseguidores, que se hunden en las aguas del mar, y los israelitas liberados, son una de las maravillas que el Señor ha hecho por su pueblo. El agua del Mar Rojo prefigura el agua del bautismo. Y el pueblo que cruza las aguas del mar simboliza al pueblo cristiano, que, por medio del bautismo en el agua, queda libre del pecado y de la muerte, por la victoria de Cristo.

Del libro del Éxodo
14, 15–15, 1

En aquellos días, dijo el Señor a Moisés: "¿Por qué sigues clamando a mí? Diles a los israelitas que se pongan en marcha. Y tú, alza tu bastón, extiende tu mano sobre el mar y divídelo, para que los israelitas entren en el mar sin mojarse. Yo voy a endurecer el corazón de los egipcios para que los persigan, y me cubriré de gloria a expensas del faraón y de todo su ejército, de sus carros y jinetes. Cuando me haya cubierto de gloria a expensas del faraón, de sus carros y jinetes, los egipcios sabrán que yo soy el Señor".

El ángel del Señor, que iba al frente de las huestes de Israel, se colocó tras ellas. Y la columna de nubes que iba adelante, también se desplazó y se puso a sus espaldas, entre el campamento de los israelitas y el campamento de los egipcios. La nube era tinieblas para unos y claridad para otros, y así los ejércitos no trabaron contacto durante toda la noche.

Moisés extendió la mano sobre el mar, y el Señor hizo soplar durante toda la noche un fuerte viento del este, que secó el mar, y dividió las aguas. Los israelitas entraron en el mar y no se mojaban, mientras las aguas formaban una muralla a su derecha y a su izquierda. Los egipcios se lanzaron en su persecución y toda la caballería del faraón, sus carros y jinetes, entraron tras ellos en el mar.

Hacia el amanecer, el Señor miró desde la columna de fuego y humo al ejército de los egipcios y sembró entre ellos el pánico. Trabó las ruedas de sus carros, de suerte que no avanzaban sino pesadamente. Dijeron entonces los egipcios: "Huyamos de Israel, porque el Señor lucha en su favor contra Egipto".

Entonces el Señor le dijo a Moisés: "Extiende tu mano sobre el mar, para que vuelvan las aguas sobre los egipcios, sus carros y sus jinetes". Y extendió Moisés su mano sobre el mar, y al amanecer, las aguas volvieron a su sitio, de suerte que al huir, los egipcios se encontraron con ellas, y el Señor los derribó en medio del mar. Volvieron las aguas y cubrieron los carros, a los jinetes y a todo el ejército del faraón, que se había metido en el mar para perseguir a Israel. Ni uno solo se salvó.

Pero los hijos de Israel caminaban por lo seco en medio del mar. Las aguas les hacían muralla a derecha e izquierda. Aquel día salvó el Señor a Israel de las manos de Egipto. Israel vio a los egipcios, muertos en la orilla del mar. Israel vio la mano fuerte del Señor sobre los egipcios, y el pueblo temió al Señor y creyó en el Señor y en Moisés, su siervo. Entonces Moisés y los hijos de Israel cantaron este cántico al Señor:

SALMO RESPONSORIAL
Éxodo 15

E. Estrella B.P. 1686

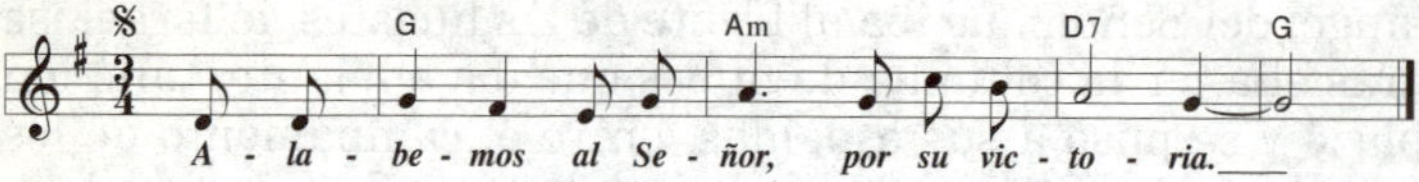

℟. Alabemos al Señor por su victoria.

Cantemos al Señor, sublime es su victoria:
caballos y jinetes arrojó en el mar.
Mi fortaleza y mi canto es el Señor,
él es mi salvación;
él es mi Dios, y yo lo alabaré,
es el Dios de mis padres, y yo le cantaré. ℟.

El Señor es un guerrero, su nombre es el Señor.
Precipitó en el mar los carros del faraón
y a sus guerreros;
ahogó en el Mar Rojo a sus mejores capitanes. ℟.

Las olas los cubrieron,
cayeron hasta el fondo, como piedras.
Señor, tu diestra brilla por su fuerza,
tu diestra, Señor, tritura al enemigo. ℟.

Tú llevas a tu pueblo
para plantarlo en el monte que le diste en herencia,
en el lugar que convertiste en tu morada,
en el santuario que construyeron tus manos.
Tú, Señor, reinarás para siempre. ℟.

ORACIÓN

Oremos. Dios nuestro, que manifestaste a la luz del Nuevo Testamento el sentido profundo de los prodigios realizados en los tiempos antiguos, dejándonos ver en el paso del Mar Rojo, una imagen del bautismo y en el pueblo liberado de la esclavitud, un anuncio de los sacramentos del pueblo cristiano, haz que todos los hombres, mediante la fe, participen del privilegio del pueblo elegido y sean regenerados por la acción santificadora de tu Espíritu. Por Jesucristo, nuestro Señor. ℟. **Amén.**

CUARTA LECTURA

Con amor eterno se ha apiadado de ti tu redentor.

Las lecturas anteriores han descrito la acción salvadora de Dios con su pueblo. Ahora vamos a responder a Dios con nuestra propia historia. Los profetas nos invitan a aceptar la salvación que Dios nos ofrece, es decir, a convertirnos. Esta lectura nos recuerda que el Señor, a pesar de nuestras infidelidades, está dispuesto a recibirnos y a renovar su amor por nosotros.

Del libro del profeta Isaías
54, 5-14

"El que te creó, te tomará por esposa;
su nombre es 'Señor de los ejércitos'.
Tu redentor es el Santo de Israel;
será llamado 'Dios de toda la tierra'.
Como a una mujer abandonada y abatida
te vuelve a llamar el Señor.
¿Acaso repudia uno a la esposa de la juventud?,
dice tu Dios.
Por un instante te abandoné,
pero con inmensa misericordia te volveré a tomar.
En un arrebato de ira
te oculté un instante mi rostro,
pero con amor eterno me he apiadado de ti,
dice el Señor, tu redentor.
Me pasa ahora como en los días de Noé:
entonces juré que las aguas del diluvio
no volverían a cubrir la tierra;
ahora juro no enojarme ya contra ti
ni volver a amenazarte.
Podrán desaparecer los montes
y hundirse las colinas,
pero mi amor por ti no desaparecerá
y mi alianza de paz quedará firme para siempre.
Lo dice el Señor, el que se apiada de ti.
Tú, la afligida, la zarandeada por la tempestad,
la no consolada:
He aquí que yo mismo coloco tus piedras sobre piedras finas,
tus cimientos sobre zafiros;
te pondré almenas de rubí

y puertas de esmeralda
y murallas de piedras preciosas.
Todos tus hijos serán discípulos del Señor,
y será grande su prosperidad.
Serás consolidada en la justicia.
Destierra la angustia,
pues ya nada tienes que temer;
olvida tu miedo,
porque ya no se acercará a ti".
Palabra de Dios. ℟. **Te alabamos, Señor.**

SALMO RESPONSORIAL
Del salmo 29

W. Iñiguez B.P. 1687

℟. Te alabaré, Señor, eternamente.

Te alabaré, Señor, pues no dejaste
que se rieran de mí mis enemigos.
Tú, Señor, me salvaste de la muerte
y a punto de morir, me reviviste. ℟.
Alaben al Señor quienes lo aman,
den gracias a su nombre,
porque su ira dura un solo instante
y su bondad, toda la vida.
El llanto nos visita por la tarde;
por la mañana, el júbilo. ℟.
Escúchame, Señor, y compadécete;
Señor, ven en mi ayuda.
Convertiste mi duelo en alegría,
te alabaré por eso eternamente. ℟.

ORACIÓN

Oremos. Dios todopoderoso y eterno, multiplica, en honor a tu nombre, cuanto prometiste a nuestros padres en la fe y acrecienta la descendencia por ti prometida mediante la santa adopción filial, para que aquello que los antiguos patriarcas no dudaron que habría de acontecer, tu Iglesia advierta que ya está en gran parte cumplido. Por Jesucristo, nuestro Señor. ℟. **Amén.**

QUINTA LECTURA

Vengan a mí y vivirán. Sellaré con ustedes una alianza perpetua.

En esta noche santa nacen en el seno de la Iglesia nuevos cristianos. También nosotros, que hemos seguido a Cristo, renovaremos las promesas de nuestro bautismo y nos propondremos vivir con valor la vida cristiana. A los nuevos cristianos y a los que vamos a renovar las promesas del bautismo, el profeta nos describe el camino y las riquezas de la salvación.

Del libro del profeta Isaías
55, 1-11

Esto dice el Señor:
"Todos ustedes, los que tienen sed, vengan por agua;
y los que no tienen dinero,
vengan, tomen trigo y coman;
tomen vino y leche sin pagar.
¿Por qué gastar el dinero en lo que no es pan
y el salario, en lo que no alimenta?
Escúchenme atentos y comerán bien,
saborearán platillos sustanciosos.
Préstenme atención, vengan a mí,
escúchenme y vivirán.
Sellaré con ustedes una alianza perpetua,
cumpliré las promesas que hice a David.
Como a él lo puse por testigo ante los pueblos,
como príncipe y soberano de las naciones,
así tú reunirás a un pueblo desconocido,
y las naciones que no te conocían acudirán a ti,
por amor del Señor, tu Dios,
por el Santo de Israel, que te ha honrado.
Busquen al Señor mientras lo pueden encontrar,
invóquenlo mientras está cerca;
que el malvado abandone su camino,
y el criminal, sus planes;
que regrese al Señor, y él tendrá piedad;
a nuestro Dios, que es rico en perdón.

Mis pensamientos no son los pensamientos de ustedes,
sus caminos no son mis caminos.
Porque así como aventajan los cielos a la tierra,
así aventajan mis caminos a los de ustedes
y mis pensamientos a sus pensamientos.
Como bajan del cielo la lluvia y la nieve
y no vuelven allá, sino después de empapar la tierra,
de fecundarla y hacerla germinar
a fin de que dé semilla para sembrar y pan para comer,
así será la palabra que sale de mi boca:
no volverá a mí sin resultado,
sino que hará mi voluntad
y cumplirá su misión".

Palabra de Dios. ℟. **Te alabamos, Señor.**

SALMO RESPONSORIAL

Isaías 12

E. Estrella B.P. 1688

℟. El Señor es mi Dios y salvador.

El Señor es mi Dios y salvador,
con él estoy seguro y nada temo.
El Señor es mi protección y mi fuerza
y ha sido mi salvación.
Sacarán agua con gozo
de la fuente de salvación. ℟.
Den gracias al Señor,
invoquen su nombre,
cuenten a los pueblos sus hazañas,
proclamen que su nombre es sublime. ℟.
Alaben al Señor por sus proezas,
anúncienlas a toda la tierra.
Griten jubilosos, habitantes de Sión,
porque el Dios de Israel
ha sido grande con ustedes. ℟.

ORACIÓN

Oremos. Dios todopoderoso y eterno, única esperanza del mundo, tú que anunciaste, por voz de los profetas, los misterios que estamos celebrando esta noche, multiplica en el corazón de tu pueblo los santos propósitos, porque no podría ningún santo anhelo alcanzar crecimiento sin el impulso que procede de ti. Por Jesucristo, nuestro Señor. ℟. **Amén.**

SEXTA LECTURA

Sigue el camino que te conduce a la luz del Señor.

Con frecuencia nos sentimos decepcionados de nuestra propia vida, porque no hemos seguido el camino que nos habíamos propuesto, ni nos hemos entregado al Señor, como lo intentábamos. ¿Quizá nos hemos dejado cautivar por otra clase de sabiduría, diferente de la del Evangelio?… ¡No dejemos que unos ideales, contrarios al Evangelio, influyan en nosotros y nos dominen!

Del libro del profeta Baruc
3, 9-15. 32–4, 4

Escucha, Israel, los mandatos de vida,
presta oído para que adquieras prudencia.
¿A qué se debe, Israel, que estés aún en país enemigo,
que envejezcas en tierra extranjera,
que te hayas contaminado por el trato con los muertos,
que te veas contado entre los que descienden al abismo?
Es que abandonaste la fuente de la sabiduría.
Si hubieras seguido los senderos de Dios,
habitarías en paz eternamente.
Aprende dónde están la prudencia,
la inteligencia y la energía,
así aprenderás dónde se encuentra el secreto de vivir larga vida,
y dónde la luz de los ojos y la paz.
¿Quién es el que halló el lugar de la sabiduría
y tuvo acceso a sus tesoros?
El que todo lo sabe, la conoce;
con su inteligencia la ha escudriñado.
El que cimentó la tierra para todos los tiempos,
y la pobló de animales cuadrúpedos;
el que envía la luz, y ella va,

la llama, y temblorosa le obedece;
llama a los astros, que brillan jubilosos
en sus puestos de guardia,
y ellos le responden: "Aquí estamos",
y refulgen gozosos para aquel que los hizo.
Él es nuestro Dios
y no hay otro como él;
él ha escudriñado los caminos de la sabiduría
y se la dio a su hijo Jacob,
a Israel, su predilecto.
Después de esto, ella apareció en el mundo
y convivió con los hombres.

La sabiduría es el libro de los mandatos de Dios,
la ley de validez eterna;
los que la guardan, vivirán,
los que la abandonan, morirán.

Vuélvete a ella, Jacob, y abrázala;
camina hacia la claridad de su luz;
no entregues a otros tu gloria,
ni tu dignidad a un pueblo extranjero.
Bienaventurados nosotros, Israel,
porque lo que agrada al Señor
nos ha sido revelado.

Palabra de Dios. ℟. **Te alabamos, Señor.**

SALMO RESPONSORIAL
Del salmo 18

E. Estrella B.P. 1689

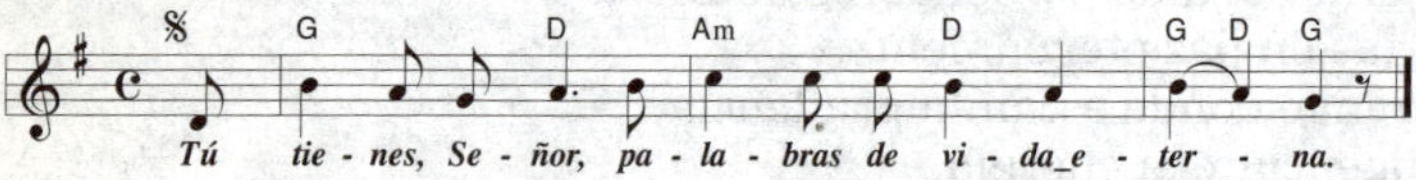

℟. Tú tienes, Señor, palabras de vida eterna.

La ley del Señor es perfecta del todo
y reconforta el alma;
inmutables son las palabras del Señor
y hacen sabio al sencillo. ℟.

En los mandamientos del Señor hay rectitud
y alegría para el corazón;
son luz los preceptos del Señor
para alumbrar el camino. ℟.

La voluntad de Dios es santa
y para siempre estable;
los mandatos del Señor son verdaderos
y enteramente justos. ℟.

Más deseables que el oro y las piedras preciosas,
las normas del Señor,
y más dulces que la miel
de un panal que gotea. ℟.

ORACIÓN

Oremos. Dios nuestro, que haces crecer continuamente a tu Iglesia con hijos llamados de todos los pueblos, dígnate proteger siempre con tu gracia a quienes has purificado con el agua del bautismo. Por Jesucristo, nuestro Señor. ℟. **Amén.**

SÉPTIMA LECTURA

Los rociaré con agua pura y les daré un corazón nuevo.

El pueblo de Israel estaba desterrado en Babilonia, pero el Señor le anunció la liberación. Las palabras del profeta se realizan más plenamente en nosotros: el Señor nos purifica por medio del bautismo y de nuestros sacrificios cuaresmales, por medio de su Espíritu en la confirmación y por medio de nuestra unión con la Iglesia, pueblo de Dios.

Del libro del profeta Ezequiel
36, 16-28

En aquel tiempo, me fue dirigida la palabra del Señor en estos términos: "Hijo de hombre, cuando los de la casa de Israel habitaban en su tierra, la mancharon con su conducta y con sus obras; como inmundicia fue su proceder ante mis ojos. Entonces descargué mi furor contra ellos, por la sangre que habían derramado en el país y por haberlo profanado con sus idolatrías. Los dispersé entre las naciones y anduvieron errantes por todas las tierras. Los juzgué según su conducta, según sus acciones los sentencié. Y en las naciones a las que se fueron, desacreditaron mi santo nombre, haciendo que de ellos se dijera: 'Éste es el pueblo del Señor, y ha tenido que salir de su tierra'.

Pero, por mi santo nombre, que la casa de Israel profanó entre las naciones a donde llegó, me he compadecido. Por eso, dile a la casa de Israel: 'Esto dice el Señor: no lo hago por ustedes, casa de Israel. Yo mismo mostraré la santidad de mi nombre excelso, que ustedes profanaron entre las naciones. Entonces ellas reconocerán que yo soy el Señor, cuando por medio de ustedes les haga ver mi santidad.

Los sacaré a ustedes de entre las naciones, los reuniré de todos los países y los llevaré a su tierra. Los rociaré con agua pura y quedarán purificados; los purificaré de todas sus inmundicias e idolatrías.

Les daré un corazón nuevo y les infundiré un espíritu nuevo; arrancaré de ustedes el corazón de piedra y les daré un corazón de carne. Les infundiré mi espíritu y los haré vivir según mis preceptos y guardar y cumplir mis mandamientos. Habitarán en la tierra que di a sus padres; ustedes serán mi pueblo y yo seré su Dios' ".

Palabra de Dios. ℟. **Te alabamos, Señor.**

SALMO RESPONSORIAL
De los salmos 41 y 42

J.D. Delgado B.P. 1690

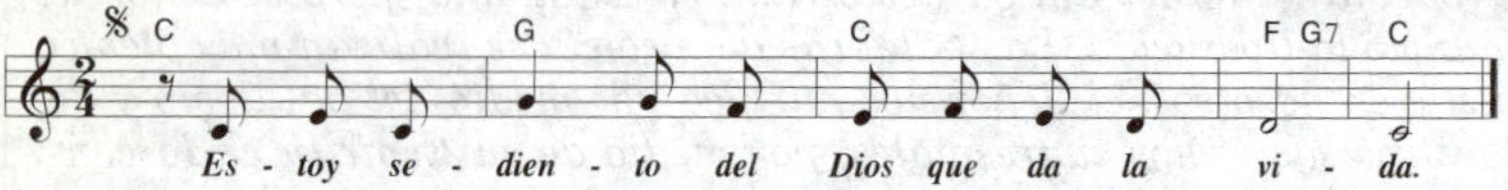

℟. Estoy sediento del Dios que da la vida.

Como el venado busca
el agua de los ríos,
así, cansada, mi alma
te busca a ti, Dios mío. ℟.

Del Dios que da la vida
está mi ser sediento.
¿Cuándo será posible
ver de nuevo su templo? ℟.

Recuerdo cuando íbamos
a casa del Señor,
cantando, jubilosos,
alabanzas a Dios. ℟.

Envíame, Señor, tu luz y tu verdad;
que ellas se conviertan en mi guía
y hasta tu monte santo me conduzcan,
allí donde tú habitas. ℟.
Al altar del Señor me acercaré,
al Dios que es mi alegría,
y a mi Dios, el Señor, le daré gracias
al compás de la cítara. ℟.

ORACIÓN

Oremos. Señor Dios, que con las enseñanzas de ambos Testamentos nos instruyes para celebrar el sacramento de la Pascua, haz que comprendamos la hondura de tu misericordia, para que los dones que hoy recibimos afiancen en nosotros la esperanza de los bienes futuros. Por Jesucristo, nuestro Señor. ℟. **Amén.**

Después de la última oración, todos cantan el himno Gloria a Dios en el cielo (pág. 6).

ORACIÓN COLECTA

Oremos. Dios nuestro, que haces resplandecer esta noche con la gloria de la resurrección del Señor, aviva en tu Iglesia el espíritu de adopción filial, para que, renovados en cuerpo y alma, nos entreguemos fielmente a tu servicio. Por nuestro Señor Jesucristo, tu Hijo…

EPÍSTOLA

Cristo, una vez resucitado de entre los muertos, ya no morirá nunca.

De la carta del apóstol san Pablo a los romanos
6, 3-11

Hermanos: ¿No saben ustedes que todos los que hemos sido incorporados a Cristo Jesús por medio del bautismo, hemos sido incorporados a él en su muerte? En efecto, por el bautismo fuimos sepultados con él en su muerte, para que, así como Cristo resucitó de entre los muertos por la gloria del Padre, así también nosotros llevemos una vida nueva.

Porque, si hemos estado íntimamente unidos a él por una muerte semejante a la suya, también lo estaremos en su resurrección. Sabemos que nuestro hombre viejo fue crucificado con Cristo, para que el cuerpo del pecado quedara destruido, a fin de que ya no sirvamos al pecado, pues el que ha muerto queda libre del pecado.

Por lo tanto, si hemos muerto con Cristo, estamos seguros de que también viviremos con él; pues sabemos que Cristo, una vez resucitado de entre los muertos, ya no morirá nunca. La muerte ya no tiene dominio sobre él, porque al morir, murió al pecado de una vez para siempre; y al resucitar, vive ahora para Dios. Lo mismo ustedes, considérense muertos al pecado y vivos para Dios en Cristo Jesús, Señor nuestro.

Palabra de Dios. ℟. **Te alabamos, Señor.**

SALMO RESPONSORIAL

Del salmo 117

B.P. 1245 Haendel

℟. Aleluya, aleluya.

Te damos gracias, Señor, porque eres bueno,
porque tu misericordia es eterna.
Diga la casa de Israel:
"Su misericordia es eterna". ℟.

La diestra del Señor es poderosa,
la diestra del Señor es nuestro orgullo.
No moriré, continuaré viviendo,
para contar lo que el Señor ha hecho. ℟.

La piedra que desecharon los constructores,
es ahora la piedra angular.
Esto es obra de la mano del Señor,
es un milagro patente. ℟.

EVANGELIO

¿Por qué buscan entre los muertos al que está vivo?

✠ Del santo Evangelio según san Lucas
24, 1-12

El primer día después del sábado, muy de mañana, llegaron las mujeres al sepulcro, llevando los perfumes que habían preparado. Encontraron que la piedra ya había sido retirada del sepulcro y entraron, pero no hallaron el cuerpo del Señor Jesús.

Estando ellas todas desconcertadas por esto, se les presentaron dos varones con vestidos resplandecientes. Como ellas se llenaron de miedo e inclinaron el rostro a tierra, los varones les dijeron: "¿Por qué buscan entre los muertos al que está vivo? No está aquí; ha resucitado. Recuerden que cuando estaba todavía en Galilea les dijo: 'Es necesario que el Hijo del hombre sea entregado en manos de los pecadores y sea crucificado y al tercer día resucite' ". Y ellas recordaron sus palabras.

Cuando regresaron del sepulcro, las mujeres anunciaron todas estas cosas a los Once y a todos los demás. Las que decían estas cosas a los apóstoles eran María Magdalena, Juana, María (la madre de Santiago) y las demás que estaban con ellas. Pero todas estas palabras les parecían desvaríos y no les creían.

Pedro se levantó y corrió al sepulcro. Se asomó, pero sólo vio los lienzos y se regresó a su casa, asombrado por lo sucedido.

Palabra del Señor. ℟. **Gloria a ti, Señor Jesús.**

LITURGIA BAUTISMAL

Si están presentes los que se van a bautizar:

Hermanos, acompañemos con nuestra oración a quienes anhelan renacer a una nueva vida en la fuente del bautismo, para que Dios, nuestro Padre, les otorgue su protección y amor.

Si se bendice la fuente, pero no hay bautismos:

Hermanos, pidamos a Dios todopoderoso, que con su poder santifique esta fuente bautismal, para que cuantos en el bautismo van a ser regenerados en Cristo, sean agregados al número de hijos adoptivos de Dios.

LETANÍAS DE LOS SANTOS

En las letanías se pueden añadir algunos nombres de santos, especialmente el del titular de la iglesia, el de los patronos del lugar y el de los patronos de quienes serán bautizados.

Señor, ten piedad de nosotros. Señor, ten piedad de nosotros.
Cristo, ten piedad de nosotros. Cristo, ten piedad de nosotros.
Señor, ten piedad de nosotros. Señor, ten piedad de nosotros.

Santa María, Madre de Dios, ruega por nosotros.
San Miguel, ruega por nosotros.
Santos ángeles de Dios, rueguen por nosotros.
San Juan Bautista, ruega por nosotros.
San José, ruega por nosotros.
San Pedro y san Pablo, rueguen por nosotros.
San Andrés, ruega por nosotros.

San Juan, ruega por nosotros.
Santa María Magdalena, ruega por nosotros.
San Esteban, ruega por nosotros.
San Ignacio de Antioquía, ruega por nosotros.
San Lorenzo, ruega por nosotros.
San Felipe de Jesús, ruega por nosotros.
Santos Cristóbal Magallanes
y compañeros, mártires, rueguen por nosotros.
Santas Perpetua y Felícitas, rueguen por nosotros.
Santa Inés, ruega por nosotros.
San Gregorio, ruega por nosotros.
San Agustín, ruega por nosotros.
San Atanasio, ruega por nosotros.
San Basilio, ruega por nosotros.
San Martín, ruega por nosotros.
San Benito, ruega por nosotros.
San Francisco y santo Domingo, rueguen por nosotros.
San Francisco Javier, ruega por nosotros.
San Juan María Vianney, ruega por nosotros.
San Rafael Guízar y Valencia, ruega por nosotros.
San José María de Yermo y Parres, ruega por nosotros.
Santa Catalina de Siena, ruega por nosotros.
Santa Teresa de Jesús, ruega por nosotros.
Santa Teresa del Niño Jesús, ruega por nosotros.
Santa María de Jesús Sacramentado Venegas, ruega por nosotros.
Santa María Guadalupe García Zavala, ruega por nosotros.
San Juan Diego, ruega por nosotros.
Todos los santos y santas de Dios, rueguen por nosotros.

Muéstrate propicio, líbranos, Señor.
De todo mal, líbranos, Señor.
De todo pecado, líbranos, Señor.
De la muerte eterna, líbranos, Señor.
Por tu encarnación, líbranos, Señor.
Por tu muerte y resurrección, líbranos, Señor.
Por el don del Espíritu Santo, líbranos, Señor.

Nosotros, que somos pecadores, te rogamos, óyenos.

Si hay bautismos:
Para que estos elegidos renazcan a la vida nueva
por medio del bautismo, te rogamos, óyenos.

Si no hay bautismos:

Para que santifiques esta fuente bautismal
por la que renacerán tus hijos a la vida nueva, te rogamos, óyenos.
Jesús, Hijo de Dios vivo, te rogamos, óyenos.
Cristo, óyenos. Cristo, óyenos.
Cristo, escúchanos. Cristo, escúchanos.

Si hay bautismos, el sacerdote, con las manos extendidas, dice esta oración:

Derrama, Señor, tu infinita bondad en este sacramento del bautismo y envía tu santo Espíritu, para que haga renacer de la fuente bautismal a estos nuevos hijos tuyos, que van a ser santificados por tu gracia, mediante nuestra humilde colaboración en este ministerio. Por Jesucristo, nuestro Señor. ℟. **Amén.**

BENDICIÓN DEL AGUA BAUTISMAL

En las iglesias donde se celebran bautismos, el sacerdote bendice el agua bautismal, diciendo:

Dios nuestro, que con tu poder invisible realizas obras admirables por medio de los signos sacramentales y has hecho que tu creatura, el agua, signifique de muchas maneras la gracia del bautismo;

Dios nuestro, cuyo Espíritu aleteaba sobre la superficie de las aguas en los mismos principios del mundo, para que ya desde entonces el agua recibiera el poder de dar la vida;

Dios nuestro, que incluso en las aguas torrenciales del diluvio prefiguraste el nuevo nacimiento de los hombres, al hacer que de una manera misteriosa, un mismo elemento diera fin al pecado y origen a la virtud;

Dios nuestro, que hiciste pasar a pie, sin mojarse, el Mar Rojo a los hijos de Abraham, a fin de que el pueblo, liberado de la esclavitud del faraón, prefigurara al pueblo de los bautizados;

Dios nuestro, cuyo Hijo, al ser bautizado por el Precursor en el agua del Jordán, fue ungido por el Espíritu Santo; suspendido en la cruz, quiso que brotaran de su costado sangre y agua; y después de su resurrección mandó a sus apóstoles: "Vayan y enseñen a todas las naciones, bautizándolas en el nombre del Padre, y del Hijo y del Espíritu Santo": mira ahora a tu Iglesia en oración y abre para ella la fuente del bautismo.

Que por obra del Espíritu Santo esta agua adquiera la gracia de tu Unigénito, para que el hombre, creado a tu imagen, limpio de su antiguo pecado, por el sacramento del bautismo, renazca a la vida nueva por el agua y el Espíritu Santo.

Puede introducir el cirio pascual en el agua, una o tres veces, diciendo:

Te pedimos, Señor, que por tu Hijo, descienda sobre el agua de esta fuente el poder del Espíritu Santo,

Manteniendo el cirio dentro del agua, prosigue:

para que todos, sepultados con Cristo en su muerte por el bautismo, resuciten también con él a la vida nueva. Él, que vive y reina contigo en la unidad del Espíritu Santo y es Dios por los siglos de los siglos. ℟. **Amén.**

Enseguida saca el cirio del agua, y el pueblo dice la siguiente aclamación:

Fuentes del Señor, bendigan al Señor,
alábenlo y glorifíquenlo por los siglos.

BENDICIÓN DEL AGUA

Si no hay bautismos ni tampoco se bendice la fuente bautismal, el sacerdote prepara a los fieles para la bendición del agua, diciendo:

Pidamos, queridos hermanos, a Dios nuestro Señor, que se digne bendecir esta agua, con la cual seremos rociados en memoria de nuestro bautismo, y que nos renueve interiormente, para que permanezcamos fieles al Espíritu que hemos recibido.

Y después de una breve pausa en silencio, dice la siguiente oración:

Señor, Dios nuestro, mira con bondad a este pueblo tuyo, que vela en oración en esta noche santísima, recordando la obra admirable de nuestra creación y la obra más admirable todavía, de nuestra redención. Dígnate bendecir ✠ esta agua, que tú creaste para dar fertilidad a la tierra, frescura y limpieza a nuestros cuerpos.

Tú, además, convertiste el agua en un instrumento de tu misericordia: por ella liberaste a tu pueblo de la esclavitud y en el desierto saciaste su sed; con la imagen del agua viva los profetas anunciaron la nueva alianza que deseabas establecer con los hombres; por ella, finalmente, santificada por Cristo en el Jordán, renovaste, mediante el bautismo que nos da la vida nueva, nuestra naturaleza, corrompida por el pecado.

Que esta agua nos recuerde ahora nuestro bautismo y nos haga participar en la alegría de nuestros hermanos, que han sido bautizados en esta Pascua. Por Jesucristo, nuestro Señor. ℟. **Amén.**

RENOVACIÓN DE LAS PROMESAS BAUTISMALES

Todos, de pie y teniendo en sus manos las velas encendidas, hacen la renovación de las promesas del bautismo, junto con los bautizandos, a no ser que ya se hubieran hecho.

El sacerdote se dirige a los fieles, con estas palabras u otras semejantes:

Hermanos, por medio del bautismo, hemos sido hechos partícipes del misterio pascual de Cristo; es decir, por medio del bautismo, hemos sido sepultados con él en su muerte para resucitar con él a la vida nueva. Por eso, culminado nuestro camino cuaresmal, es muy conveniente que renovemos las promesas de nuestro bautismo, con las cuales un día renunciamos a Satanás y a sus obras y nos comprometimos a servir a Dios, en la santa Iglesia católica. Por consiguiente:

Sacerdote: ¿Renuncian ustedes a Satanás? *Todos:* **Sí, renuncio.**
Sacerdote: ¿Renuncian a todas sus obras? *Todos:* **Sí, renuncio.**
Sacerdote: ¿Renuncian a todas sus seducciones? *Todos:* **Sí, renuncio.**

O bien:

Sacerdote: ¿Renuncian ustedes al pecado, para vivir en la libertad de los hijos de Dios? *Todos:* **Sí, renuncio.**
Sacerdote: ¿Renuncian a todas las seducciones del mal, para que el pecado no los esclavice? *Todos:* **Sí, renuncio.**
Sacerdote: ¿Renuncian a Satanás, padre y autor de todo pecado? *Todos:* **Sí, renuncio.**

Prosigue el sacerdote:
¿Creen ustedes en Dios, Padre todopoderoso, creador del cielo y de la tierra? *Todos:* **Sí, creo.**
Sacerdote:
¿Creen en Jesucristo, su Hijo único y Señor nuestro, que nació de la Virgen María, padeció y murió por nosotros, resucitó y está sentado a la derecha del Padre? *Todos:* **Sí, creo.**
Sacerdote:
¿Creen en el Espíritu Santo, en la santa Iglesia católica, en la comunión de los santos, en el perdón de los pecados, en la resurrección de los muertos y en la vida eterna? *Todos:* **Sí, creo.**

Y el sacerdote concluye:

Que Dios todopoderoso, Padre de nuestro Señor Jesucristo, que nos liberó del pecado y nos ha hecho renacer por el agua y el Espíritu Santo, nos conserve con su gracia unidos a Jesucristo nuestro Señor, hasta la vida eterna. ℟. **Amén.**

El sacerdote rocía al pueblo con el agua bendita, mientras todos cantan:

Vi brotar agua del lado derecho del templo, aleluya.
Vi que en todos aquellos que recibían el agua,
surgía una vida nueva y cantaban con gozo: Aleluya, aleluya.

Hemos experimentado la alegría de estar juntos, unidos por la fe. Y es necesario que lo festejemos. Es cierto que nuestra fe es débil todavía y que nuestra asamblea es poco numerosa, en comparación con todos los que han sido invitados por Dios. La comida eucarística, con su pan y con su vino, nos da las fuerzas necesarias para proseguir nuestro camino. Pero un día nos sentaremos a la mesa de Dios. Y esta esperanza es tan maravillosa que, en medio de la noche, llena a la Iglesia de luz. Démosle gracias a Dios, nuestro Señor.

LITURGIA EUCARÍSTICA

ORACIÓN SOBRE LAS OFRENDAS

Recibe, Señor, las súplicas de tu pueblo, junto con los dones que te presentamos para que los misterios de la Pascua que hemos comenzado a celebrar, nos obtengan, con tu ayuda, el remedio para conseguir la vida eterna. Por Jesucristo, nuestro Señor.

ANTÍFONA DE LA COMUNIÓN — 1 Cor 5, 7-8

Cristo, nuestro Cordero Pascual, ha sido inmolado. Aleluya. Celebremos, pues, la Pascua, con el pan sin levadura, que es de sinceridad y verdad. Aleluya.

ORACIÓN DESPUÉS DE LA COMUNIÓN

Infúndenos, Señor, el espíritu de tu caridad, para que, saciados con los sacramentos pascuales, vivamos siempre unidos en tu amor. Por Jesucristo, nuestro Señor.

DESPEDIDA

Anuncien a todos la alegría del Señor resucitado.
Vayan en paz, aleluya, aleluya.

O bien:

Pueden ir en paz, aleluya, aleluya.

℟. **Demos gracias a Dios, aleluya, aleluya.**

ANUNCIARON TODAS ESTAS COSAS A LOS ONCE Y A TODOS LOS DEMÁS

❁ La celebración de esta noche no puede terminar tan sólo en una reafirmación de la verdad fundamental de nuestra fe:

Cristo ha resucitado. Cristo está vivo:

- Como aquellas santas mujeres, tenemos que anunciarlo *"a los Once y a todos los demás"*; es decir, tenemos que darlo a conocer a la familia y a cuantos nos rodean.
- No únicamente con palabras, porque a lo mejor nos pasa como a María Magdalena y compañía, a las que no les creyeron, sino con hechos.

Cristo ha resucitado. Cristo está vivo:

- Por eso creemos firmemente que nosotros también resucitaremos y, aunque la muerte de nuestros seres queridos nos duele hasta las lágrimas, no nos desespera.
- Por eso nos esforzamos en vivir de acuerdo con sus enseñanzas y con las de la Iglesia que él fundó, sabiendo que está con nosotros hasta el fin del mundo.
- Por eso en las dificultades, aun las más grandes, confiamos en su amor y su ayuda.
- Por eso nos esforzamos en cumplir su mandamiento de amarnos los unos a los otros, especialmente en el hogar.
- Por eso lo descubrimos, como él nos lo dijo, en el hambriento, el sediento, el enfermo, el forastero, en el que no tiene qué ponerse…

Por eso acudimos cada domingo a recibirlo en la Eucaristía.

27 de marzo

Domingo de Pascua de la Resurrección del Señor

(Misa del día)

(Blanco)

ANTÍFONA DE ENTRADA **Lc 24, 34; cfr. Apoc 1, 6**

El Señor ha resucitado verdaderamente, aleluya. A él la gloria y el poder por toda la eternidad, aleluya, aleluya.

ORACIÓN COLECTA

Señor Dios, que por medio de tu Unigénito, vencedor de la muerte, nos has abierto hoy las puertas de la vida eterna, concede a quienes celebramos la solemnidad de la resurrección del Señor, resucitar también en la luz de la vida eterna, por la acción renovadora de tu Espíritu. Por nuestro Señor Jesucristo…

El mensaje de Pascua: ¡Cristo ha resucitado!, se repite en cada una de las lecturas de la Misa. San Lucas nos hace caer en la cuenta de que con la resurrección del Señor se cumplió lo anunciado por él (EVANGELIO). San Pedro afirma que ha comido y bebido con Jesús después de su resurrección y, por lo tanto, puede afirmar con seguridad que Dios resucitó a su Hijo (PRIMERA LECTURA). San Pablo nos habla del cordero pascual inmolado, que es Cristo, y nos invita a celebrar la Pascua con el pan sin levadura, que es de sinceridad y verdad (SEGUNDA LECTURA).

PRIMERA LECTURA

Hemos comido y bebido con Cristo resucitado.

Del libro de los Hechos de los Apóstoles
10, 34. 37-43

En aquellos días, Pedro tomó la palabra y dijo: "Ya saben ustedes lo sucedido en toda Judea, que tuvo principio en Galilea, después del bautismo predicado por Juan: cómo Dios ungió con el poder del Espíritu Santo a Jesús de Nazaret, y cómo éste pasó haciendo el bien, sanando a todos los oprimidos por el diablo, porque Dios estaba con él.

Nosotros somos testigos de cuanto él hizo en Judea y en Jerusalén. Lo mataron colgándolo de la cruz, pero Dios lo resucitó al tercer día y concedió verlo, no a todo el pueblo, sino únicamente a los testigos que él, de antemano, había escogido: a nosotros, que hemos comido y bebido con él después de que resucitó de entre los muertos.

Él nos mandó predicar al pueblo y dar testimonio de que Dios lo ha constituido juez de vivos y muertos. El testimonio de los profetas es unánime: que cuantos creen en él reciben, por su medio, el perdón de los pecados".

Palabra de Dios. ℟. **Te alabamos, Señor.**

SALMO RESPONSORIAL

Del salmo 117

M. Íñiguez B.P. 1692

℟. Éste es el día del triunfo del Señor. Aleluya.

Te damos gracias, Señor, porque eres bueno,
porque tu misericordia es eterna.
Diga la casa de Israel:
"Su misericordia es eterna". ℟.

La diestra dcl Señor es poderosa,
la diestra del Señor es nuestro orgullo.
No moriré, continuaré viviendo
para contar lo que el Señor ha hecho. ℟.

La piedra que desecharon los constructores,
es ahora la piedra angular.
Esto es obra de la mano del Señor,
es un milagro patente. ℟.

SEGUNDA LECTURA

Tiren la antigua levadura, pues Cristo, nuestro cordero pascual, ha sido inmolado.

De la primera carta del apóstol san Pablo a los corintios
5, 6-8

Hermanos: ¿No saben ustedes que un poco de levadura hace fermentar toda la masa? Tiren la antigua levadura, para que sean ustedes una masa nueva, ya que son pan sin levadura, pues Cristo, nuestro cordero pascual, ha sido inmolado.

Celebremos, pues, la fiesta de la Pascua, no con la antigua levadura, que es de vicio y maldad, sino con el pan sin levadura, que es de sinceridad y verdad.

Palabra de Dios. ℟. **Te alabamos, Señor.**

SECUENCIA

(Sólo el día de hoy es obligatoria; durante la octava es opcional)

Ofrezcan los cristianos
ofrendas de alabanza
a gloria de la Víctima
propicia de la Pascua.

Cordero sin pecado,
que a las ovejas salva,
a Dios y a los culpables
unió con nueva alianza.

Lucharon vida y muerte
en singular batalla,
y, muerto el que es la vida,
triunfante se levanta.

"¿Qué has visto de camino,
María, en la mañana?".
"A mi Señor glorioso,
la tumba abandonada,
los ángeles testigos,
sudarios y mortaja.
¡Resucitó de veras
mi amor y mi esperanza!

Venid a Galilea,
allí el Señor aguarda;
allí veréis los suyos
la gloria de la Pascua".

Primicia de los muertos,
sabemos por tu gracia
que estás resucitado;
la muerte en ti no manda.

Rey vencedor, apiádate
de la miseria humana
y da a tus fieles parte
en tu victoria santa.

ACLAMACIÓN ANTES DEL EVANGELIO

1 Cor 5, 7-8

B.P. 1245 Haendel

℟. Aleluya, aleluya.
Cristo, nuestro cordero pascual, ha sido inmolado;
celebremos, pues, la Pascua.
℟. Aleluya, aleluya.

EVANGELIO **

¿Por qué buscan entre los muertos al que está vivo?

✠ Del santo Evangelio según san Lucas
24, 1-12

El primer día después del sábado, muy de mañana, llegaron las mujeres al sepulcro, llevando los perfumes que habían preparado. Encontraron que la piedra ya había sido retirada del sepulcro y entraron, pero no hallaron el cuerpo del Señor Jesús.

Estando ellas todas desconcertadas por esto, se les presentaron dos varones con vestidos resplandecientes. Como ellas se llenaron de miedo e inclinaron el rostro a tierra, los varones les dijeron: "¿Por qué buscan entre los muertos al que está vivo? No está aquí; ha resucitado. Recuerden que cuando estaba todavía en Galilea les dijo: 'Es necesario que el Hijo del hombre sea entregado en manos de los pecadores y sea crucificado y al tercer día resucite' ". Y ellas recordaron sus palabras.

Cuando regresaron del sepulcro, las mujeres anunciaron todas estas cosas a los Once y a todos los demás. Las que decían estas cosas a los apóstoles eran María Magdalena, Juana, María (la madre de Santiago) y las demás que estaban con ellas. Pero todas estas palabras les parecían desvaríos y no les creían.

Pedro se levantó y corrió al sepulcro. Se asomó, pero sólo vio los lienzos y se regresó a su casa, asombrado por lo sucedido.

Palabra del Señor. ℟. **Gloria a ti, Señor Jesús.**

O bien, en las Misas vespertinas:

Quédate con nosotros, porque ya es tarde.

✠ Del santo Evangelio según san Lucas
24, 13-35

El mismo día de la resurrección, iban dos de los discípulos hacia un pueblo llamado Emaús, situado a unos once kilómetros de Jerusalén, y comentaban todo lo que había sucedido.

Mientras conversaban y discutían, Jesús se les acercó y comenzó a caminar con ellos; pero los ojos de los dos discípulos estaban velados y no lo reconocieron. Él les preguntó: "¿De qué cosas vienen hablando, tan llenos de tristeza?".

Uno de ellos, llamado Cleofás, le respondió: "¿Eres tú el único forastero que no sabe lo que ha sucedido estos días en Jerusalén?". Él les preguntó: "¿Qué cosa?". Ellos le respondieron: "Lo de Jesús el nazareno, que era un profeta poderoso en obras y palabras, ante Dios y ante todo el pueblo. Cómo los sumos sacerdotes y nuestros jefes lo entregaron para que lo condenaran a muerte, y lo crucificaron. Nosotros esperábamos que él sería el libertador de Israel, y sin embargo, han pasado ya tres días desde que estas cosas sucedieron. Es cierto que algunas mujeres de nuestro grupo nos han desconcertado, pues fueron de madrugada al sepulcro, no encontraron el cuerpo y llegaron contando que se les habían aparecido unos ángeles, que les dijeron que estaba vivo. Algunos de nuestros compañeros fueron al sepulcro y hallaron todo como habían dicho las mujeres, pero a él no lo vieron".

Entonces Jesús les dijo: "¡Qué insensatos son ustedes y qué duros de corazón para creer todo lo anunciado por los profetas! ¿Acaso no era necesario que el Mesías padeciera todo esto y así entrara en su gloria?". Y comenzando por Moisés y siguiendo con todos los profetas, les explicó todos los pasajes de la Escritura que se referían a él.

Ya cerca del pueblo a donde se dirigían, él hizo como que iba más lejos; pero ellos le insistieron, diciendo: "Quédate con nosotros, porque ya es tarde y pronto va a oscurecer". Y entró para quedarse con ellos. Cuando estaban a la mesa, tomó un pan, pronunció la bendición, lo partió y se lo dio. Entonces se les abrieron los ojos y lo reconocieron, pero él se les desapareció. Y ellos se decían el uno al otro: "¡Con razón nuestro corazón ardía, mientras nos hablaba por el camino y nos explicaba las Escrituras!".

Se levantaron inmediatamente y regresaron a Jerusalén, donde encontraron reunidos a los Once con sus compañeros, los cuales les dijeron: "De veras ha resucitado el Señor y se le ha aparecido a Simón". Entonces ellos contaron lo que les había pasado en el camino y cómo lo habían reconocido al partir el pan.

Palabra del Señor. ℟. **Gloria a ti, Señor Jesús.**

ORACIÓN SOBRE LAS OFRENDAS

Llenos de júbilo por el gozo pascual te ofrecemos, Señor, este sacrificio, mediante el cual admirablemente renace y se nutre tu Iglesia. Por Jesucristo, nuestro Señor.

ANTÍFONA DE LA COMUNIÓN 1 Cor 5, 7-8

Cristo, nuestro Cordero Pascual, ha sido inmolado. Aleluya. Celebremos, pues, la Pascua, con el pan sin levadura, que es de sinceridad y verdad. Aleluya.

ORACIÓN DESPUÉS DE LA COMUNIÓN

Dios de bondad, protege paternalmente con amor incansable a tu Iglesia, para que, renovada por los misterios pascuales, pueda llegar a la gloria de la resurrección. Por Jesucristo, nuestro Señor.

DESPEDIDA

Anuncien a todos la alegría del Señor resucitado.
Vayan en paz, aleluya, aleluya.

O bien:

Pueden ir en paz, aleluya, aleluya.
℟. **Demos gracias a Dios, aleluya, aleluya.**

¿CREEMOS DE VERAS EN LA RESURRECCIÓN DE CRISTO?

Hoy es un buen día para que cada uno de nosotros se pregunte si de verdad cree que Cristo resucitó.

- ❀ Ser cristiano no es sólo creer en Dios (hay millones de creyentes que no son cristianos).
- ❀ Ser cristiano no es sólo creer en una vida que no termina con la muerte (hay muchas personas que esperan otra vida sin ser cristianos).
- ❀ Ser cristiano no es sólo creer en la necesidad de llevar una vida basada en el amor, la justicia y la verdad (hay muchos hombres, incluso no creyentes, que de hecho procuran vivir así).

Entonces, ¿qué nos distingue a los cristianos?

Ser cristiano **es creer en la resurrección de Jesucristo** –quien es verdadero Dios y verdadero hombre–, aceptarlo como **criterio (es el Maestro) y fuente (es el único Salvador) de nuestra vida, tener conciencia de que su Espíritu está en nosotros y, por supuesto, actuar en consecuencia.**

3 de abril — 2º Domingo de Pascua o de la Divina Misericordia

(Blanco)

ANTÍFONA DE ENTRADA — **4 Esd 2, 36-37**

Abran el corazón con alegría, y den gracias a Dios, que los ha llamado al Reino de los cielos. Aleluya.

ORACIÓN COLECTA

Dios de eterna misericordia, que reanimas la fe de este pueblo a ti consagrado con la celebración anual de las fiestas pascuales, aumenta en nosotros los dones de tu gracia, para que todos comprendamos mejor la excelencia del bautismo que nos ha purificado, la grandeza del Espíritu que nos ha regenerado y el precio de la Sangre que nos ha redimido. Por nuestro Señor Jesucristo…

A pesar de que es propio de este domingo el relato de la aparición del Señor a su apóstol Tomás, ocho días después de su resurrección (EVANGELIO), hay que hacer notar la importancia de la aparición de Jesús a sus apóstoles al anochecer del día de su resurrección, cuando les dijo: "Como el Padre me ha enviado, así también los envío yo". Es la consagración misionera de la Iglesia; pero esa misión no es posible cumplirla, sino cuando los hijos de la Iglesia permanecen unidos junto a Pedro, el supremo pastor (PRIMERA LECTURA), y cuando a lo largo de su peregrinación en este mundo, mantienen fijos los ojos en el que vive por los siglos (SEGUNDA LECTURA).

PRIMERA LECTURA

Crecía el número de los creyentes en el Señor.

Del libro de los Hechos de los Apóstoles
5, 12-16

En aquellos días, los apóstoles realizaban muchos signos y prodigios en medio del pueblo. Todos los creyentes solían reunirse, por común acuerdo, en el pórtico de Salomón. Los demás no se atrevían a juntárseles, aunque la gente los tenía en gran estima.

El número de hombres y mujeres que creían en el Señor iba creciendo de día en día, hasta el punto de que tenían que sacar en literas y camillas a los enfermos y ponerlos en las plazas, para que, cuando Pedro pasara, al menos su sombra cayera sobre alguno de ellos.

Mucha gente de los alrededores acudía a Jerusalén y llevaba a los enfermos y a los atormentados por espíritus malignos, y todos quedaban curados.

Palabra de Dios. ℟. **Te alabamos, Señor.**

SALMO RESPONSORIAL
Del salmo 117

M. Íñiguez B.P. 1693

℟. La misericordia del Señor es eterna. Aleluya.

Diga la casa de Israel: “Su misericordia es eterna”.
Diga la casa de Aarón: “Su misericordia es eterna”.
Digan los que temen al Señor: “Su misericordia es eterna”. ℟.

La piedra que desecharon los constructores,
es ahora la piedra angular.
Esto es obra de la mano del Señor,
es un milagro patente.
Éste es el día del triunfo del Señor,
día de júbilo y de gozo. ℟.

Libéranos, Señor, y danos tu victoria.
Bendito el que viene en nombre del Señor.
Que Dios desde su templo nos bendiga.
Que el Señor, nuestro Dios, nos ilumine. ℟.

SEGUNDA LECTURA

Estuve muerto y ahora, como ves, estoy vivo para siempre.

Del libro del Apocalipsis del apóstol san Juan
1, 9-11. 12-13. 17-19

Yo, Juan, hermano y compañero de ustedes en la tribulación, en el Reino y en la perseverancia en Jesús, estaba desterrado en la isla de Patmos, por haber predicado la palabra de Dios y haber dado testimonio de Jesús.

Un domingo caí en éxtasis y oí a mis espaldas una voz potente, como de trompeta, que decía: "Escribe en un libro lo que veas y envíalo a las siete comunidades cristianas de Asia". Me volví para ver quién me hablaba, y al volverme, vi siete lámparas de oro, y en medio de ellas, un hombre vestido de larga túnica, ceñida a la altura del pecho, con una franja de oro.

Al contemplarlo, caí a sus pies como muerto; pero él, poniendo sobre mí la mano derecha, me dijo: "No temas. Yo soy el primero y el último; yo soy el que vive. Estuve muerto y ahora, como ves, estoy vivo por los siglos de los siglos. Yo tengo las llaves de la muerte y del más allá. Escribe lo que has visto, tanto sobre las cosas que están sucediendo, como sobre las que sucederán después".

Palabra de Dios. ℟. **Te alabamos, Señor.**

SECUENCIA opcional, pág. 168.

ACLAMACIÓN ANTES DEL EVANGELIO

Jn 20, 29

B.P. 1245 Haendel

℟. Aleluya, aleluya.
Tomás, tú crees porque me has visto;
dichosos los que creen sin haberme visto, dice el Señor.
℟. Aleluya, aleluya.

EVANGELIO

Ocho días después, se les apareció Jesús.

✠ Del santo Evangelio según san Juan
20, 19-31

Al anochecer del día de la resurrección, estando cerradas las puertas de la casa donde se hallaban los discípulos, por miedo a los judíos, se presentó Jesús en medio de ellos y les dijo: "La paz esté con ustedes". Dicho esto, les mostró las manos y el costado. Cuando los discípulos vieron al Señor, se llenaron de alegría.

De nuevo les dijo Jesús: "La paz esté con ustedes. Como el Padre me ha enviado, así también los envío yo". Después de decir esto, sopló sobre ellos y les dijo: "Reciban el Espíritu Santo. A los que les perdonen los pecados, les quedarán perdonados; y a los que no se los perdonen, les quedarán sin perdonar".

Tomás, uno de los Doce, a quien llamaban el Gemelo, no estaba con ellos cuando vino Jesús, y los otros discípulos le decían: "Hemos visto al Señor". Pero él les contestó: "Si no veo en sus manos la señal de los clavos y si no meto mi dedo en los agujeros de los clavos y no meto mi mano en su costado, no creeré".

Ocho días después, estaban reunidos los discípulos a puerta cerrada y Tomás estaba con ellos. Jesús se presentó de nuevo en medio de ellos y les dijo: "La paz esté con ustedes". Luego le dijo a Tomás: "Aquí están mis manos, acerca tu dedo. Trae acá tu mano, métela en mi costado y no sigas dudando, sino cree". Tomás le respondió: "¡Señor mío y Dios mío!". Jesús añadió: "Tú crees porque me has visto; dichosos los que creen sin haber visto".

Otros muchos signos hizo Jesús en presencia de sus discípulos, pero no están escritos en este libro. Se escribieron éstos para que ustedes crean que Jesús es el Mesías, el Hijo de Dios, y para que, creyendo, tengan vida en su nombre.

Palabra del Señor. ℟. **Gloria a ti, Señor Jesús.**

ORACIÓN SOBRE LAS OFRENDAS

Recibe, Señor, las ofrendas de tu pueblo (y de los recién bautizados), para que, renovados por la confesión de tu nombre y por el bautismo, consigamos la felicidad eterna. Por Jesucristo, nuestro Señor.

ANTÍFONA DE LA COMUNIÓN Cfr. Jn 20, 27

Jesús dijo a Tomás: Acerca tu mano, toca los agujeros que dejaron los clavos y no seas incrédulo, sino creyente. Aleluya.

ORACIÓN DESPUÉS DE LA COMUNIÓN

Dios todopoderoso, concédenos que la gracia recibida en este sacramento pascual permanezca siempre en nuestra vida. Por Jesucristo, nuestro Señor.

¡HEMOS VISTO AL SEÑOR!

- Esto lo dijeron los discípulos de Jesús al anochecer del día de la resurrección... y Tomás no les creyó.
- Esto lo decimos los cristianos de ahora... y no hay muchos que nos crean.
- Y es que ahora –como en aquellos tiempos– hay mucha gente que únicamente cree lo que ve con sus propios ojos y toca con sus propias manos.
- Ahí están, para no ir más lejos, ese par, trío o quinteto de **Tomasitos** que hemos echado al mundo y que no creerán que nosotros, sus papás, hemos visto con los ojos de la fe al Señor si no ven que nos queremos, rezamos y ayudamos a los demás como él mismo nos lo mandó.
- Ahí está, al lado de nuestra casa, **la familia de don Tomás**, que tampoco creerá que nuestra familia ha visto al Señor, si ven y oyen que vivimos como perros y gatos.
- Por ahí andan **Tomasín, Tomasita** y todos los **Tomases y Tomasas** del mundo –de nuestro pequeño mundo de todos los días– que jamás creerán que nosotros los cristianos hemos visto al Señor, mientras estas palabras no se traduzcan en algo más visible y palpable.
- Ellos, con mucha mayor razón que Tomás, quieren ver y tocar.

4 de abril — Anunciación del Señor

Lunes *(Blanco)*

ANTÍFONA DE ENTRADA Heb 10, 5. 7

Cristo dijo, al entrar en el mundo: Aquí estoy, Dios mío; vengo para cumplir tu voluntad.

Se dice Gloria.

ORACIÓN COLECTA

Dios nuestro, que quisiste que tu Palabra asumiera la realidad de nuestra carne en el seno de la Virgen María, concede, a quienes proclamamos a nuestro Redentor como verdadero Dios y verdadero hombre, que merezcamos participar de su naturaleza divina. Por nuestro Señor Jesucristo…

Esta solemnidad por largo tiempo fue considerada la mayor de las fiestas de María, celebración de su maternidad del divino Niño. En la actualidad es claramente una fiesta del Señor, pero con el apropiado enfoque a María. El papel de la Madre de Dios se explica en el EVANGELIO. Dios no entró al mundo por la fuerza; quiso ser aceptado. El "sí" de María es la realización definitiva de la alianza. En ella está presente todo el pueblo de la promesa: el antiguo (Israel) y el nuevo (la Iglesia). "El Señor está con ella", es decir, Dios es nuestro Dios y nosotros somos para siempre su pueblo. La victoria de Dios sobre el mal es definitiva (PRIMERA LECTURA).

PRIMERA LECTURA

Miguel y sus ángeles pelearon contra el dragón.

Del libro del Apocalipsis del apóstol san Juan
12, 7-12

En el cielo se trabó una gran batalla: Miguel y sus ángeles pelearon contra el dragón. El dragón y sus ángeles lucharon ferozmente, pero fueron vencidos y arrojados del cielo para siempre. Así, el dragón, que es la antigua serpiente, la que se llama Diablo y Satanás, la que engaña al mundo entero, fue precipitado a la tierra, junto con sus ángeles.

Entonces yo, Juan, oí en el cielo una voz poderosa, que decía: "Ha sonado la hora de la victoria de nuestro Dios, de su dominio y de su reinado, y del poder de su Mesías, porque ha sido reducido a la impotencia el que de día y de noche acusaba a nuestros hermanos, delante de Dios. Pero ellos lo han vencido por medio de la sangre del Cordero y por el testimonio que dieron, pues su amor a la vida no les impidió aceptar la muerte. Por eso, alégrense los cielos y todos los que en ellos habitan".

Palabra de Dios. ℟. **Te alabamos, Señor.**

SALMO RESPONSORIAL

Del salmo 137

℟. De todo corazón te damos gracias, Señor. Aleluya.

De todo corazón te damos gracias,
Señor, porque escuchaste nuestros ruegos.
Te cantaremos delante de tus ángeles,
te adoraremos en tu templo. ℟.

Señor, te damos gracias
por tu lealtad y por tu amor:
siempre que te invocamos nos oíste
y nos llenaste de valor. ℟.

Que todos los reyes de la tierra te reconozcan,
al escuchar tus prodigios.
Que alaben tus caminos,
porque tu gloria es inmensa. ℟.

SEGUNDA LECTURA

En tu libro se me ordena hacer tu voluntad.

De la carta a los hebreos
10, 4-10

Hermanos: Es imposible que la sangre de toros y machos cabríos pueda borrar los pecados. Por eso, al entrar al mundo, Cristo dijo, conforme al salmo: *No quisiste víctimas ni ofrendas; en cambio, me has dado un cuerpo. No te agradaron los holocaustos ni los sacrificios por el pecado; entonces dije –porque a mí se refiere la Escritura–: "Aquí estoy, Dios mío; vengo para hacer tu voluntad".*

Comienza por decir: *No quisiste víctimas ni ofrendas, no te agradaron los holocaustos ni los sacrificios por el pecado* –siendo así que eso es lo que pedía la ley–; y luego añade: *"Aquí estoy, Dios mío; vengo para hacer tu voluntad".*

Con esto, Cristo suprime los antiguos sacrificios, para establecer el nuevo. Y en virtud de esta voluntad, todos quedamos santificados por la ofrenda del cuerpo de Jesucristo, hecha una vez por todas.

Palabra de Dios. ℟. **Te alabamos, Señor.**

ACLAMACIÓN ANTES DEL EVANGELIO
Jn 1, 14

℟. Aleluya, aleluya.
Aquel que es la Palabra se hizo hombre y habitó entre nosotros
y hemos visto su gloria.
℟. Aleluya, aleluya.

EVANGELIO
Concebirás y darás a luz un hijo.

✠ Del santo Evangelio según san Lucas
1, 26-38

En aquel tiempo, el ángel Gabriel fue enviado por Dios a una ciudad de Galilea, llamada Nazaret, a una virgen desposada con un varón de la estirpe de David, llamado José. La virgen se llamaba María.

Entró el ángel a donde ella estaba y le dijo: "Alégrate, llena de gracia, el Señor está contigo". Al oír estas palabras, ella se preocupó mucho y se preguntaba qué querría decir semejante saludo.

El ángel le dijo: "No temas, María, porque has hallado gracia ante Dios. Vas a concebir y a dar a luz un hijo y le pondrás por nombre Jesús. Él será grande y será llamado Hijo del Altísimo; el Señor Dios le dará el trono de David, su padre, y él reinará sobre la casa de Jacob por los siglos y su reinado no tendrá fin".

María le dijo entonces al ángel: "¿Cómo podrá ser esto, puesto que yo permanezco virgen?". El ángel le contestó: "El Espíritu Santo descenderá sobre ti y el poder del Altísimo te cubrirá con su sombra. Por eso, el Santo, que va a nacer de ti, será llamado Hijo de Dios. Ahí tienes a tu parienta Isabel, que a pesar de su vejez, ha concebido un hijo y ya va en el sexto mes la que llamaban estéril, porque no hay nada imposible para Dios". María contestó: "Yo soy la esclava del Señor; cúmplase en mí lo que me has dicho". Y el ángel se retiró de su presencia.

Palabra del Señor. ℟. **Gloria a ti, Señor Jesús.**

Se dice Credo. *Todos se arrodillan a las palabras* Y por obra...

ORACIÓN SOBRE LAS OFRENDAS

Dios todopoderoso, dígnate aceptar los dones de tu Iglesia, que reconoce su origen en la encarnación de tu Unigénito, y concédele celebrar con gozo sus misterios en esta solemnidad. Por Jesucristo, nuestro Señor.

ANTÍFONA DE LA COMUNIÓN Is 7, 14

Miren: la Virgen concebirá y dará a luz un hijo, a quien le pondrá el nombre de Emmanuel.

ORACIÓN DESPUÉS DE LA COMUNIÓN

Señor, por esta comunión fortalece en nosotros la verdadera fe, para que, cuantos proclamamos que el Hijo de la Virgen María es verdadero Dios y verdadero hombre, lleguemos a la alegría eterna por el poder salvador de su resurrección. Por Jesucristo, nuestro Señor.

DE LOS MISTERIOS "SILENCIOSOS" DEL ROSARIO

Primer misterio: María no dice nada a José.

"Por la señal de la santa cruz...".

- De esta cruz, María, que es la señal de todas las que aceptan ser las esclavas del Señor.
- De esta cruz que te señaló desde tus primeros días de desposada.

"Bendito es el fruto de tu vientre...".

- Pero lo malo es que esto no lo sabía José. Porque José te hubiera creído, María. Por muy maravilloso, por muy inverosímil que pareciera lo que tú le hubieras contado, José a ti te lo hubiera creído.

Pero tú callaste, Señora nuestra del silencio...

- Callaste para darnos ejemplo a nosotros, los eternos embusteros, que nos pasamos la vida diciendo: "Yo no fui... yo no tengo la culpa".

Nosotros, los culpables, queriendo evadir nuestras responsabilidades. Tú, la Inmaculada, haciendo la voluntad de Dios en silencio.

10 de abril **3er Domingo de Pascua**

(Blanco)

ANTÍFONA DE ENTRADA **Cfr. Sal 65, 1-2**

Aclama a Dios, tierra entera. Canten todos un himno a su nombre, denle gracias y alábenlo. Aleluya.

ORACIÓN COLECTA

Dios nuestro, que tu pueblo se regocije siempre al verse renovado y rejuvenecido, para que, al alegrarse hoy por haber recobrado la dignidad de su adopción filial, aguarde seguro con gozosa esperanza el día de la resurrección. Por nuestro Señor Jesucristo…

Cristo resucitado es, al mismo tiempo, el Maestro absolutamente humano, que prepara sobre la arena de la playa la comida para sus discípulos que regresan de la pesca (EVANGELIO) y el Hijo de Dios absolutamente santo, a quien los ángeles adoran en el cielo (SEGUNDA LECTURA). Pedro y los otros apóstoles estaban convencidos de esto y por eso dieron un testimonio muy firme de la resurrección de Jesús frente a las autoridades, y proclamaron el gran desafío de la fe: "Primero hay que obedecer a Dios y luego a los hombres" (PRIMERA LECTURA).

PRIMERA LECTURA

Nosotros somos testigos de todo esto y también lo es el Espíritu Santo.

Del libro de los Hechos de los Apóstoles
5, 27-32. 40-41

En aquellos días, el sumo sacerdote reprendió a los apóstoles y les dijo: "Les hemos prohibido enseñar en nombre de ese Jesús; sin embargo, ustedes han llenado a Jerusalén con sus enseñanzas y quieren hacernos responsables de la sangre de ese hombre".

Pedro y los otros apóstoles replicaron: "Primero hay que obedecer a Dios y luego a los hombres. El Dios de nuestros padres resucitó a Jesús, a quien ustedes dieron muerte colgándolo de la cruz. La mano de Dios lo exaltó y lo ha hecho Jefe y Salvador, para dar a Israel la gracia de la conversión y el perdón de los pecados. Nosotros somos testigos de todo esto y también lo es el Espíritu Santo, que Dios ha dado a los que lo obedecen".

Los miembros del sanedrín mandaron azotar a los apóstoles, les prohibieron hablar en nombre de Jesús y los soltaron. Ellos se retiraron del sanedrín, felices de haber padecido aquellos ultrajes por el nombre de Jesús.

Palabra de Dios. ℟. **Te alabamos, Señor.**

SALMO RESPONSORIAL
Del salmo 29

C.M. Gálvez B.P. 1694

℟. Te alabaré, Señor, eternamente. Aleluya.

Te alabaré, Señor, pues no dejaste
que se rieran de mí mis enemigos.
Tú, Señor, me salvaste de la muerte
y a punto de morir, me reviviste. ℟.

Alaben al Señor quienes lo aman,
den gracias a su nombre,
porque su ira dura un solo instante
y su bondad, toda la vida.
El llanto nos visita por la tarde;
por la mañana, el júbilo. ℟.

Escúchame, Señor, y compadécete;
Señor, ven en mi ayuda.
Convertiste mi duelo en alegría,
te alabaré por eso eternamente. ℟.

SEGUNDA LECTURA

Digno es el Cordero, que fue inmolado, de recibir el poder y la riqueza.

Del libro del Apocalipsis del apóstol san Juan
5, 11-14

Yo, Juan, tuve una visión, en la cual oí alrededor del trono de los vivientes y los ancianos, la voz de millones y millones de ángeles, que cantaban con voz potente:

"Digno es el Cordero, que fue inmolado,
de recibir el poder y la riqueza,
la sabiduría y la fuerza,
el honor, la gloria y la alabanza".

Oí a todas las creaturas que hay en el cielo, en la tierra, debajo de la tierra y en el mar –todo cuanto existe–, que decían:

"Al que está sentado en el trono y al Cordero,
la alabanza, el honor, la gloria y el poder,
por los siglos de los siglos".

Y los cuatro vivientes respondían: "Amén". Los veinticuatro ancianos se postraron en tierra y adoraron al que vive por los siglos de los siglos.

Palabra de Dios. ℟. **Te alabamos, Señor.**

ACLAMACIÓN ANTES DEL EVANGELIO

B.P. 1245 Haendel

℟. Aleluya, aleluya.
Resucitó Cristo, que creó todas las cosas
y se compadeció de todos los hombres.
℟. Aleluya, aleluya.

EVANGELIO

Jesús tomó el pan y el pescado y se los dio a los discípulos.

✠ Del santo Evangelio según san Juan
21, 1-19

En aquel tiempo, Jesús se les apareció otra vez a los discípulos junto al lago de Tiberíades. Se les apareció de esta manera:

Estaban juntos Simón Pedro, Tomás (llamado el Gemelo), Natanael (el de Caná de Galilea), los hijos de Zebedeo y otros dos discípulos. Simón Pedro les dijo: "Voy a pescar". Ellos le respondieron: "También nosotros vamos contigo". Salieron y se embarcaron, pero aquella noche no pescaron nada.

Estaba amaneciendo, cuando Jesús se apareció en la orilla, pero los discípulos no lo reconocieron. Jesús les dijo: "Muchachos, ¿han pescado algo?". Ellos contestaron: "No". Entonces él les dijo: "Echen la red a la derecha de la barca y encontrarán peces". Así lo hicieron, y luego ya no podían jalar la red por tantos pescados.

Entonces el discípulo a quien amaba Jesús le dijo a Pedro: "Es el Señor". Tan pronto como Simón Pedro oyó decir que era el Señor, se anudó a la cintura la túnica, pues se la había quitado, y se tiró al agua. Los otros discípulos llegaron en la barca, arrastrando la red con los pescados, pues no distaban de tierra más de cien metros.

Tan pronto como saltaron a tierra, vieron unas brasas y sobre ellas un pescado y pan. Jesús les dijo: "Traigan algunos pescados de los que acaban de pescar". Entonces Simón Pedro subió a la barca y arrastró hasta la orilla la red, repleta de pescados grandes. Eran ciento cincuenta y tres, y a pesar de que eran tantos, no se rompió la red. Luego les dijo Jesús: "Vengan a almorzar". Y ninguno de los discípulos se atrevía a preguntarle: '¿Quién eres?', porque ya sabían que era el Señor. Jesús se acercó, tomó el pan y se lo dio y también el pescado.

Ésta fue la tercera vez que Jesús se apareció a sus discípulos después de resucitar de entre los muertos.

Después de almorzar le preguntó Jesús a Simón Pedro: "Simón, hijo de Juan, ¿me amas más que éstos?". Él le contestó: "Sí, Señor, tú sabes que te quiero". Jesús le dijo: "Apacienta mis corderos".

Por segunda vez le preguntó: "Simón, hijo de Juan, ¿me amas?". Él le respondió: "Sí, Señor, tú sabes que te quiero". Jesús le dijo: "Pastorea mis ovejas".

Por tercera vez le preguntó: "Simón, hijo de Juan, ¿me quieres?". Pedro se entristeció de que Jesús le hubiera preguntado por tercera vez si lo quería, y le contestó: "Señor, tú lo sabes todo; tú bien sabes que te quiero". Jesús le dijo: "Apacienta mis ovejas.

Yo te aseguro: cuando eras joven, tú mismo te ceñías la ropa e ibas a donde querías; pero cuando seas viejo, extenderás los brazos y otro te ceñirá y te llevará a donde no quieras". Esto se lo dijo para indicarle con qué género de muerte habría de glorificar a Dios. Después le dijo: "Sígueme".

Palabra del Señor. ℟. **Gloria a ti, Señor Jesús.**

ORACIÓN SOBRE LAS OFRENDAS

Recibe, Señor, los dones que, jubilosa, tu Iglesia te presenta, y puesto que es a ti a quien debe su alegría, concédele también disfrutar de la felicidad eterna. Por Jesucristo, nuestro Señor.

ANTÍFONA DE LA COMUNIÓN Cfr. Jn 21, 12-13

Dijo Jesús a sus discípulos: Vengan a comer. Y tomó un pan y lo repartió entre ellos. Aleluya.

ORACIÓN DESPUÉS DE LA COMUNIÓN

Dirige, Señor, tu mirada compasiva sobre tu pueblo, al que te has dignado renovar con estos misterios de vida eterna, y concédele llegar un día a la gloria incorruptible de la resurrección. Por Jesucristo, nuestro Señor.

FULANO O FULANA DE TAL, ¿ME AMAS?

✻ En vez de "fulano" o "fulana", pon tu propio nombre, relee la pregunta de Cristo a Pedro y, si la respuesta es afirmativa o quisiera serlo, ya sabes lo que tienes que hacer: **apacentar tus propias ovejas**, porque resulta que son las mismas que las de Cristo.

✻ Y apacentar sus ovejas es:

- cuidar y defender con todas sus fuerzas la vida de ese **corderito** que está por nacer…
- educar cristianamente, con la palabra y el ejemplo, a esas **ovejitas** que Dios te ha encomendado…
- ayudar a la **oveja descarriada** que conocemos, y orar por ella…
- mirar por el bienestar material y espiritual de todos aquellos que se encuentran a nuestro servicio o bajo nuestras órdenes…

Apacentar las ovejas de Cristo es la mejor manera de demostrarle nuestro amor.

17 de abril **4º Domingo de Pascua**

(Blanco)

ANTÍFONA DE ENTRADA **Cfr. Sal 32, 5-6**

La tierra está llena del amor del Señor y su palabra hizo los cielos. Aleluya.

ORACIÓN COLECTA

Dios todopoderoso y eterno, te pedimos que nos lleves a gozar de las alegrías celestiales, para que tu rebaño, a pesar de su fragilidad, llegue también a donde lo precedió su glorioso Pastor. Él, que vive y reina contigo…

Cristo es el Cordero, pero también es el Pastor; es el Cordero pascual que con su sangre purificó nuestros pecados (SEGUNDA LECTURA) y es el Pastor que da la vida eterna a sus ovejas (EVANGELIO). Pero ante todo, es el Hijo de Dios, a quien los ángeles y los santos adoran en el cielo. Precisamente, los apóstoles emprendieron su labor misionera para anunciar la salvación, en nombre del Hijo de Dios. Esa labor iba a estar llena de dificultades, pero los discípulos de Jesús la emprendían "llenos de alegría y del Espíritu Santo" (PRIMERA LECTURA), sabiendo que al final del camino estaba Dios para enjugar las lágrimas de sus ojos.

PRIMERA LECTURA

Ahora nos dirigiremos a los paganos.

Del libro de los Hechos de los Apóstoles
13, 14. 43-52

En aquellos días, Pablo y Bernabé prosiguieron su camino desde Perge hasta Antioquía de Pisidia, y el sábado entraron en la sinagoga y tomaron asiento. Cuando se disolvió la asamblea, muchos judíos y prosélitos piadosos acompañaron a Pablo y a Bernabé, quienes siguieron exhortándolos a permanecer fieles a la gracia de Dios.

El sábado siguiente casi toda la ciudad de Antioquía acudió a oír la palabra de Dios. Cuando los judíos vieron una concurrencia tan grande, se llenaron de envidia y comenzaron a contradecir a Pablo con palabras injuriosas. Entonces Pablo y Bernabé dijeron con valentía: "La palabra de Dios debía ser predicada primero a ustedes; pero como la rechazan y no se juzgan dignos de la vida eterna, nos dirigiremos a los paganos. Así nos lo ha ordenado el Señor, cuando dijo: *Yo te he puesto como luz de los paganos, para que lleves la salvación hasta los últimos rincones de la tierra*".

Al enterarse de esto, los paganos se regocijaban y glorificaban la palabra de Dios, y abrazaron la fe todos aquellos que estaban destinados a la vida eterna.

La palabra de Dios se iba propagando por toda la región. Pero los judíos azuzaron a las mujeres devotas de la alta sociedad y a los ciudadanos principales, y provocaron una persecución contra Pablo y Bernabé, hasta expulsarlos de su territorio.

Pablo y Bernabé se sacudieron el polvo de los pies, como señal de protesta, y se marcharon a Iconio, mientras los discípulos se quedaron llenos de alegría y del Espíritu Santo.

Palabra de Dios. ℟. **Te alabamos, Señor.**

SALMO RESPONSORIAL
Del salmo 99

C. M. Gálvez B.P. 1695

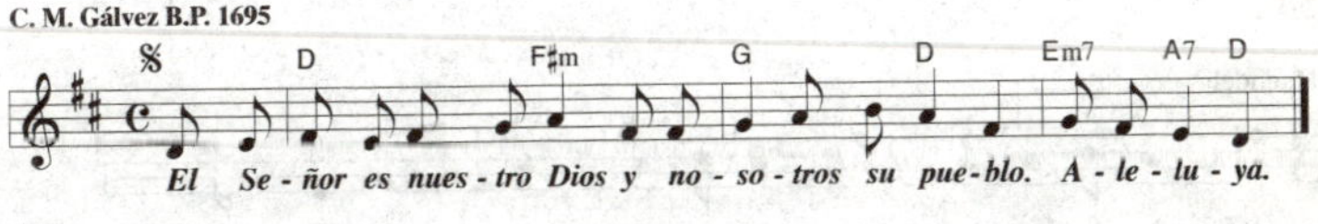

℟. El Señor es nuestro Dios y nosotros su pueblo. Aleluya.

Alabemos a Dios todos los hombres,
sirvamos al Señor con alegría
y con júbilo entremos en su templo. ℟.

Reconozcamos que el Señor es Dios,
que él fue quien nos hizo y somos suyos,
que somos su pueblo y su rebaño. ℟.

[℟. El Señor es nuestro Dios y nosotros su pueblo. Aleluya.]

Porque el Señor es bueno, bendigámoslo,
porque es eterna su misericordia
y su fidelidad nunca se acaba. ℟.

SEGUNDA LECTURA

El Cordero será su pastor y los conducirá a las fuentes del agua de la vida.

Del libro del Apocalipsis del apóstol san Juan
7, 9. 14-17

Yo, Juan, vi una muchedumbre tan grande, que nadie podía contarla. Eran individuos de todas las naciones y razas, de todos los pueblos y lenguas. Todos estaban de pie, delante del trono y del Cordero; iban vestidos con una túnica blanca y llevaban palmas en las manos.

Uno de los ancianos que estaban junto al trono, me dijo: "Éstos son los que han pasado por la gran tribulación y han lavado y blanqueado su túnica con la sangre del Cordero. Por eso están ante el trono de Dios y le sirven día y noche en su templo, y el que está sentado en el trono los protegerá continuamente.

Ya no sufrirán hambre ni sed,
no los quemará el sol ni los agobiará el calor.
Porque el Cordero, que está en medio del trono, será su pastor
y los conducirá a las fuentes del agua de la vida,
y Dios enjugará de sus ojos toda lágrima".

Palabra de Dios. ℟. **Te alabamos, Señor.**

ACLAMACIÓN ANTES DEL EVANGELIO

Jn 10, 14

B.P. 1245 Haendel

℟. Aleluya, aleluya.
Yo soy el buen pastor, dice el Señor;
yo conozco a mis ovejas y ellas me conocen a mí.
℟. Aleluya, aleluya.

EVANGELIO

Yo les doy la vida eterna a mis ovejas.

Del santo Evangelio según san Juan
10, 27-30

En aquel tiempo, Jesús dijo a los judíos: "Mis ovejas escuchan mi voz; yo las conozco y ellas me siguen. Yo les doy la vida eterna y no perecerán jamás; nadie las arrebatará de mi mano. Me las ha dado mi Padre, y él es superior a todos, y nadie puede arrebatarlas de la mano del Padre. El Padre y yo somos uno".

Palabra del Señor. ℟. **Gloria a ti, Señor Jesús.**

ORACIÓN SOBRE LAS OFRENDAS

Concédenos, Señor, vivir siempre llenos de gratitud por estos misterios pascuales que celebramos, para que, continuamente renovados por su acción, se conviertan para nosotros en causa de eterna felicidad. Por Jesucristo, nuestro Señor.

ANTÍFONA DE LA COMUNIÓN

Ha resucitado el Buen Pastor, que dio la vida por sus ovejas y se entregó a la muerte por su rebaño. Aleluya.

ORACIÓN DESPUÉS DE LA COMUNIÓN

Buen Pastor, vela con solicitud por tu rebaño y dígnate conducir a las ovejas que redimiste con la preciosa sangre de tu Hijo, a las praderas eternas. Por Jesucristo, nuestro Señor.

"MIS OVEJAS ESCUCHAN MI VOZ... Y ELLAS ME SIGUEN"

Las ovejas de Cristo, según el evangelio de hoy, tienen dos características: **escuchan su voz** y **lo siguen.**

- Nosotros, los cristianos, ciertamente **escuchamos** su voz, por lo menos todos los domingos en la lectura del Evangelio; pero ¿lo seguimos durante toda la semana?
- A la hora del quehacer monótono en la casa, la oficina o la fábrica, o en el estudio difícil, ¿seguimos a Cristo con nuestra cruz o nos dejamos llevar por la irresponsabilidad y la flojera?

Escuchar la voz de Cristo es relativamente fácil. Lo difícil, y que hace ver que somos verdaderamente sus ovejas, es seguirlo.

24 de abril **5º Domingo de Pascua**

(Blanco)

ANTÍFONA DE ENTRADA **Cfr. Sal 97, 1-2**

Canten al Señor un cántico nuevo, porque ha hecho maravillas y todos los pueblos han presenciado su victoria. Aleluya.

ORACIÓN COLECTA

Dios todopoderoso y eterno, lleva a su plenitud en nosotros el sacramento pascual, para que, a quienes te dignaste renovar por el santo bautismo, les hagas posible, con el auxilio de tu protección, abundar en frutos buenos, y alcanzar los gozos de la vida eterna. Por nuestro Señor Jesucristo…

Es necesario vivir realizando el trabajo apostólico, con la visión de la gloria y en la intimidad con Cristo, para llevar a cabo la experiencia cristiana en toda su plenitud. Los apóstoles vivieron un momento excepcional de intimidad con el Señor durante la tarde del Jueves Santo, cuando les confió el mandamiento nuevo del amor fraterno (EVANGELIO). Sólo una experiencia personal y la esperanza de la Jerusalén celestial (SEGUNDA LECTURA) pudieron sostener a san Pablo y sus colaboradores en medio de las pruebas que sufrieron por el nombre de Jesús (PRIMERA LECTURA).

PRIMERA LECTURA

Contaban a la comunidad cristiana lo que había hecho Dios por medio de ellos.

Del libro de los Hechos de los Apóstoles
14, 21-27

En aquellos días, volvieron Pablo y Bernabé a Listra, Iconio y Antioquía, y ahí animaban a los discípulos y los exhortaban a perseverar en la fe, diciéndoles que hay que pasar por muchas tribulaciones para entrar en el Reino de Dios. En cada comunidad designaban presbíteros, y con oraciones y ayunos los encomendaban al Señor, en quien habían creído.

Atravesaron luego Pisidia y llegaron a Panfilia; predicaron en Perge y llegaron a Atalía. De ahí se embarcaron para Antioquía, de donde habían salido, con la gracia de Dios, para la misión que acababan de cumplir.

Al llegar, reunieron a la comunidad y les contaron lo que había hecho Dios por medio de ellos y cómo les había abierto a los paganos las puertas de la fe.

Palabra de Dios. ℟. **Te alabamos, Señor.**

SALMO RESPONSORIAL

Del salmo 144

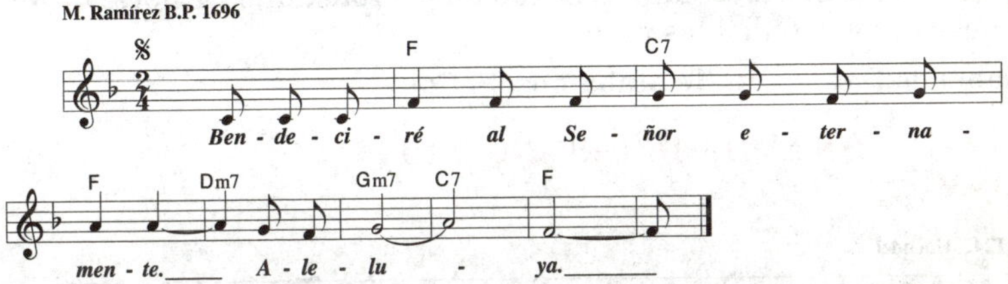

℟. Bendeciré al Señor eternamente. Aleluya.

El Señor es compasivo y misericordioso,
lento para enojarse y generoso para perdonar.
Bueno es el Señor para con todos
y su amor se extiende a todas sus creaturas. ℟.

Que te alaben, Señor, todas tus obras
y que todos tus fieles te bendigan.
Que proclamen la gloria de tu reino
y den a conocer tus maravillas. ℟.

Que muestren a los hombres tus proezas,
el esplendor y la gloria de tu reino.
Tu reino, Señor, es para siempre,
y tu imperio, por todas las generaciones. ℟.

SEGUNDA LECTURA

Dios les enjugará todas sus lágrimas.

Del libro del Apocalipsis del apóstol san Juan
21, 1-5

Yo, Juan, vi un cielo nuevo y una tierra nueva, porque el primer cielo y la primera tierra habían desaparecido y el mar ya no existía.

También vi que descendía del cielo, desde donde está Dios, la ciudad santa, la nueva Jerusalén, engalanada como una novia, que va a desposarse con su prometido. Oí una gran voz, que venía del cielo, que decía:

"Ésta es la morada de Dios con los hombres;
vivirá con ellos como su Dios
y ellos serán su pueblo.
Dios les enjugará todas sus lágrimas
y ya no habrá muerte ni duelo,
ni penas ni llantos,
porque ya todo lo antiguo terminó".

Entonces el que estaba sentado en el trono, dijo: "Ahora yo voy a hacer nuevas todas las cosas".

Palabra de Dios. ℟. **Te alabamos, Señor.**

ACLAMACIÓN ANTES DEL EVANGELIO

Jn 13, 34

℟. Aleluya, aleluya.
Les doy un mandamiento nuevo, dice el Señor,
que se amen los unos a los otros, como yo los he amado.
℟. Aleluya, aleluya.

EVANGELIO

Un mandamiento nuevo les doy: que se amen los unos a los otros.

Del santo Evangelio según san Juan
13, 31-33. 34-35

Cuando Judas salió del cenáculo, Jesús dijo: "Ahora ha sido glorificado el Hijo del hombre y Dios ha sido glorificado en él.

Si Dios ha sido glorificado en él, también Dios lo glorificará en sí mismo y pronto lo glorificará.

Hijitos, todavía estaré un poco con ustedes. Les doy un mandamiento nuevo: que se amen los unos a los otros, como yo los he amado; y por este amor reconocerán todos que ustedes son mis discípulos".

Palabra del Señor. ℟. **Gloria a ti, Señor Jesús.**

ORACIÓN SOBRE LAS OFRENDAS

Dios nuestro, que por el santo valor de este sacrificio nos hiciste participar de tu misma y gloriosa vida divina, concédenos que, así como hemos conocido tu verdad, de igual manera vivamos de acuerdo con ella. Por Jesucristo, nuestro Señor.

ANTÍFONA DE LA COMUNIÓN — Cfr. Jn 15, 1. 5

Yo soy la vid verdadera y ustedes los sarmientos, dice el Señor; si permanecen en mí y yo en ustedes darán fruto abundante. Aleluya.

ORACIÓN DESPUÉS DE LA COMUNIÓN

Señor, muéstrate benigno con tu pueblo, y ya que te dignaste alimentarlo con los misterios celestiales, hazlo pasar de su antigua condición de pecado a una vida nueva. Por Jesucristo, nuestro Señor.

"POR ESTE AMOR RECONOCERÁN TODOS QUE USTEDES SON MIS DISCÍPULOS..."

* Y no por una medallita que se lleva colgada al cuello...
* Y no por hacerse la señal de la cruz cada vez que pasan frente a una iglesia o antes de echarse un clavado...
* Y no porque lleven un rosario colgado en el espejo retrovisor del auto, o una imagen religiosa en el tablero del autobús.

(Todo lo cual está bien, pero ciertamente no basta).

* Sino porque en la casa o en la calle no se faltan al respeto ni se enojan por cualquier cosa...

* Sino porque son buenos vecinos, compañeros de escuela o de trabajo, y toman en cuenta a los demás...

Y algo más que eso, amándonos como el Señor nos ha amado.

1 de mayo 6º Domingo de Pascua

(Blanco)

ANTÍFONA DE ENTRADA **Cfr. Is 48, 20**

Con voz de júbilo, anúncienlo; que se oiga. Que llegue a todos los rincones de la tierra: el Señor ha liberado a su pueblo. Aleluya.

ORACIÓN COLECTA

Dios todopoderoso, concédenos continuar celebrando con incansable amor estos días de tanta alegría en honor del Señor resucitado, y que los misterios que hemos venido conmemorando se manifiesten siempre en nuestras obras. Por nuestro Señor Jesucristo…

El Concilio de Jerusalén, celebrado en el año 49, concluyó con la ruptura definitiva con el judaísmo y la apertura al mundo pagano (PRIMERA LECTURA). A partir de entonces, la nueva Jerusalén irá en peregrinación a través de los siglos, en espera de irradiar su gloria en la plenitud de los tiempos (SEGUNDA LECTURA). Pero en medio de sus trabajos y sus penas, goza en lo más íntimo de una paz que no procede de los hombres, sino de que el Padre, el Hijo y el Espíritu Santo están en ella (EVANGELIO).

PRIMERA LECTURA

El Espíritu Santo y nosotros hemos decidido no imponerles más cargas que las necesarias.

Del libro de los Hechos de los Apóstoles
15, 1-2. 22-29

En aquellos días, vinieron de Judea a Antioquía algunos discípulos y se pusieron a enseñar a los hermanos que si no se circuncidaban conforme a la ley de Moisés, no podrían salvarse.

Esto provocó un altercado y una violenta discusión con Pablo y Bernabé; al fin se decidió que Pablo, Bernabé y algunos más fueran a Jerusalén para tratar el asunto con los apóstoles y los presbíteros.

Los apóstoles y los presbíteros, de acuerdo con toda la comunidad cristiana, juzgaron oportuno elegir a algunos de entre ellos y enviarlos a Antioquía con Pablo y Bernabé. Los elegidos fueron Judas (llamado Barsabás) y Silas, varones prominentes en la comunidad. A ellos les entregaron una carta que decía:

"Nosotros, los apóstoles y los presbíteros, hermanos suyos, saludamos a los hermanos de Antioquía, Siria y Cilicia, convertidos del paganismo. Enterados de que algunos de entre nosotros, sin mandato nuestro, los han alarmado e inquietado a ustedes con sus palabras, hemos decidido de común acuerdo elegir a dos varones y enviárselos, en compañía de nuestros amados hermanos Bernabé y Pablo, que han consagrado su vida a la causa de nuestro Señor Jesucristo. Les enviamos, pues, a Judas y a Silas, quienes les transmitirán, de viva voz, lo siguiente: 'El Espíritu Santo y nosotros hemos decidido no imponerles más cargas que las estrictamente necesarias. A saber: que se abstengan de la fornicación y de comer lo inmolado a los ídolos, la sangre y los animales estrangulados. Si se apartan de esas cosas, harán bien'. Los saludamos".

Palabra de Dios. ℟. **Te alabamos, Señor.**

SALMO RESPONSORIAL

Del salmo 66

M. Ramírez B.P. 1697

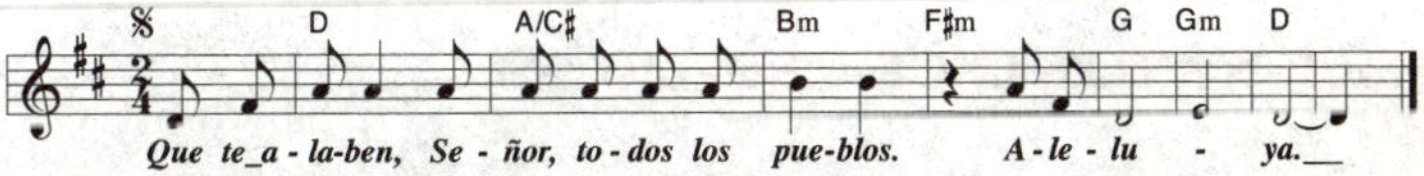

℟. Que te alaben, Señor, todos los pueblos. Aleluya.

Ten piedad de nosotros y bendícenos;
vuelve, Señor, tus ojos a nosotros.
Que conozca la tierra tu bondad
y los pueblos tu obra salvadora. ℟.

[℟. Que te alaben, Señor, todos los pueblos. Aleluya.]

Las naciones con júbilo te canten,
porque juzgas al mundo con justicia;
con equidad tú juzgas a los pueblos
y riges en la tierra a las naciones. ℟.

Que te alaben, Señor, todos los pueblos,
que los pueblos te aclamen todos juntos.
Que nos bendiga Dios
y que le rinda honor el mundo entero. ℟.

SEGUNDA LECTURA

Un ángel me mostró la ciudad santa, que descendía del cielo.

Del libro del Apocalipsis del apóstol san Juan
21, 10-14. 22-23

Un ángel me transportó en espíritu a una montaña elevada, y me mostró a Jerusalén, la ciudad santa, que descendía del cielo, resplandeciente con la gloria de Dios. Su fulgor era semejante al de una piedra preciosa, como el de un diamante cristalino.

Tenía una muralla ancha y elevada, con doce puertas monumentales, y sobre ellas, doce ángeles y doce nombres escritos, los nombres de las doce tribus de Israel. Tres de estas puertas daban al oriente, tres al norte, tres al sur y tres al poniente. La muralla descansaba sobre doce cimientos, en los que estaban escritos los doce nombres de los apóstoles del Cordero.

No vi ningún templo en la ciudad, porque el Señor Dios todopoderoso y el Cordero son el templo. No necesita la luz del sol o de la luna, porque la gloria de Dios la ilumina y el Cordero es su lumbrera.

Palabra de Dios. ℟. **Te alabamos, Señor.**

ACLAMACIÓN ANTES DEL EVANGELIO

Jn 14, 23

B.P. 1245 Haendel

℟. Aleluya, aleluya.
El que me ama, cumplirá mi palabra, dice el Señor;
y mi Padre lo amará y vendremos a él.
℟. Aleluya, aleluya.

EVANGELIO

El Espíritu Santo les recordará todo cuanto les he dicho.

✠ Del santo Evangelio según san Juan
14, 23-29

En aquel tiempo, Jesús dijo a sus discípulos: "El que me ama, cumplirá mi palabra y mi Padre lo amará y vendremos a él y haremos en él nuestra morada. El que no me ama no cumplirá mis palabras. Y la palabra que están oyendo no es mía, sino del Padre, que me envió.

Les he hablado de esto ahora que estoy con ustedes; pero el Paráclito, el Espíritu Santo que mi Padre les enviará en mi nombre, les enseñará todas las cosas y les recordará todo cuanto yo les he dicho.

La paz les dejo, mi paz les doy. No se la doy como la da el mundo. No pierdan la paz ni se acobarden. Me han oído decir: 'Me voy, pero volveré a su lado'. Si me amaran, se alegrarían de que me vaya al Padre, porque el Padre es más que yo. Se lo he dicho ahora, antes de que suceda, para que cuando suceda, crean".

Palabra del Señor. ℟. **Gloria a ti, Señor Jesús.**

ORACIÓN SOBRE LAS OFRENDAS

Suba hasta ti, Señor, nuestra oración, acompañada por estas ofrendas, para que, purificados por tu bondad, nos dispongas para celebrar el sacramento de tu inmenso amor. Por Jesucristo, nuestro Señor.

ANTÍFONA DE LA COMUNIÓN — Jn 14, 15-16

Si me aman, cumplirán mis mandamientos, dice el Señor; y yo rogaré al Padre, y él les dará otro Abogado, que permanecerá con ustedes para siempre. Aleluya.

ORACIÓN DESPUÉS DE LA COMUNIÓN

Dios todopoderoso y eterno, que, por la resurrección de Cristo, nos has hecho renacer a la vida eterna, multiplica en nosotros el efecto de este sacramento pascual, e infunde en nuestros corazones el vigor que comunica este alimento de salvación. Por Jesucristo, nuestro Señor.

"CON FLORES A MARÍA"

- Desde hace mucho tiempo los cristianos dedicamos el **mes de mayo** a la Virgen María.
- En nuestra cultura, acostumbramos regalar flores a nuestros seres queridos como un signo de cariño: a nuestra mamá, a la abuelita, a la maestra, así como lo hace el novio a la novia o el esposo a la esposa...
- Anteriormente en este mes se organizaba dentro de las iglesias una procesión compuesta por niñas y niños, en la que, en medio de cantos a la Virgen, se le regalaban flores.
- Incluso había un canto, muy apreciado por quienes aún lo recuerdan, que lleva por título: "**Con flores a María**", y que se hacía en el momento del ofrecimiento.
- Hoy corremos el riesgo de perder la paz en nuestro corazón, pero ella, que es la Madre de Jesús y también nuestra, nos hace ver que todos somos hijos de un mismo Padre celestial, nos invita a confiar y a esperar en él, y nos comunica la paz de su Hijo. Podemos pedirle que nos tome de la mano y nos conduzca por el camino verdadero.
- ¿Por qué no retomar la costumbre de ofrecerle flores a la Virgen, tanto de las naturales como de aquellas de buen aroma que consisten en realizar obras de misericordia en honor suyo?
- Por sentirnos autosuficientes, hemos perdido la capacidad de acudir a María. Pero recordemos las palabras de Jesús: "Les aseguro que el que no reciba el Reino de Dios como un niño, no entrará en él".
- Enseñemos a las nuevas generaciones que Dios le dio a María una misión muy especial en favor nuestro.

Como niños, pues, vayamos "con flores a María, que Madre nuestra es".

8 de mayo La Ascensión del Señor

(Blanco)

ANTÍFONA DE ENTRADA **Hech 1, 11**

Hombres de Galilea, ¿qué hacen allí parados mirando al cielo? Ese mismo Jesús, que los ha dejado para subir al cielo, volverá como lo han visto marcharse. Aleluya.

ORACIÓN COLECTA

Te rogamos nos concedas, Dios todopoderoso, que al reafirmar, en este día, nuestra fe en la ascensión a los cielos de tu Unigénito, nuestro Redentor, nosotros vivamos también con nuestros pensamientos puestos en las cosas celestiales. Por nuestro Señor Jesucristo…

La PRIMERA LECTURA nos habla del misterio de la Ascensión; la SEGUNDA, de la dimensión sacerdotal que encierra ese misterio, y en el EVANGELIO Cristo anuncia a sus apóstoles que deben ser testigos de su muerte y resurrección, y que desde el cielo les enviará el Espíritu Santo.

PRIMERA LECTURA

Se fue elevando a la vista de sus apóstoles.

Del libro de los Hechos de los Apóstoles
1, 1-11

En mi primer libro, querido Teófilo, escribí acerca de todo lo que Jesús hizo y enseñó, hasta el día en que ascendió al cielo, después de dar sus instrucciones, por medio del Espíritu Santo, a los apóstoles que había elegido. A ellos se les apareció después de la pasión, les dio numerosas pruebas de que estaba vivo y durante cuarenta días se dejó ver por ellos y les habló del Reino de Dios.

Un día, estando con ellos a la mesa, les mandó: "No se alejen de Jerusalén. Aguarden aquí a que se cumpla la promesa de mi Padre, de la que ya les he hablado: Juan bautizó con agua; dentro de pocos días ustedes serán bautizados con el Espíritu Santo".

Los ahí reunidos le preguntaban: "Señor, ¿ahora sí vas a restablecer la soberanía de Israel?". Jesús les contestó: "A ustedes no les toca conocer el tiempo y la hora que el Padre ha determinado con su autoridad; pero cuando el Espíritu Santo descienda sobre ustedes, los llenará de fortaleza y serán mis testigos en Jerusalén, en toda Judea, en Samaria y hasta los últimos rincones de la tierra".

Dicho esto, se fue elevando a la vista de ellos, hasta que una nube lo ocultó a sus ojos. Mientras miraban fijamente al cielo, viéndolo alejarse, se les presentaron dos hombres vestidos de blanco, que les dijeron: "Galileos, ¿qué hacen allí parados, mirando al cielo? Ese mismo Jesús que los ha dejado para subir al cielo, volverá como lo han visto alejarse". Palabra de Dios. ℟. **Te alabamos, Señor.**

SALMO RESPONSORIAL

Del salmo 46

J. Venegas B.P. 1698

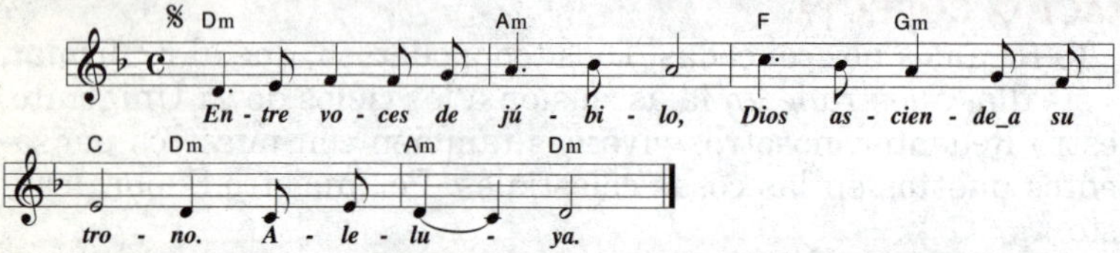

℟. Entre voces de júbilo, Dios asciende a su trono. Aleluya.

Aplaudan, pueblos todos;
aclamen al Señor, de gozo llenos;
que el Señor, el Altísimo, es terrible
y de toda la tierra, rey supremo. ℟.

Entre voces de júbilo y trompetas,
Dios, el Señor, asciende hasta su trono.
Cantemos en honor de nuestro Dios,
al rey honremos y cantemos todos. ℟.

Porque Dios es el rey del universo,
cantemos el mejor de nuestros cantos.
Reina Dios sobre todas las naciones
desde su trono santo. ℟.

SEGUNDA LECTURA

Cristo entró en el cielo mismo.

De la carta a los hebreos
9, 24-28; 10, 19-23

Hermanos: Cristo no entró en el santuario de la antigua alianza, construido por mano de hombres y que sólo era figura del verdadero, sino en el cielo mismo, para estar ahora en la presencia de Dios, intercediendo por nosotros.

En la antigua alianza, el sumo sacerdote entraba cada año en el santuario para ofrecer una sangre que no era la suya; pero Cristo no tuvo que ofrecerse una y otra vez a sí mismo en sacrificio, porque en tal caso habría tenido que padecer muchas veces desde la creación del mundo. De hecho, él se manifestó una sola vez, en el momento culminante de la historia, para destruir el pecado con el sacrificio de sí mismo.

Y así como está determinado que los hombres mueran una sola vez y que después de la muerte venga el juicio, así también Cristo se ofreció una sola vez para quitar los pecados de todos. Al final se manifestará por segunda vez, pero ya no para quitar el pecado, sino para la salvación de aquellos que lo aguardan y en él tienen puesta su esperanza.

Hermanos, en virtud de la sangre de Jesucristo, tenemos la seguridad de poder entrar en el santuario, porque él nos abrió un camino nuevo y viviente a través del velo, que es su propio cuerpo. Asimismo, en Cristo tenemos un sacerdote incomparable al frente de la casa de Dios.

Acerquémonos, pues, con sinceridad de corazón, con una fe total, limpia la conciencia de toda mancha y purificado el cuerpo por el agua saludable. Mantengámonos inconmovibles en la profesión de nuestra esperanza, porque el que nos hizo las promesas es fiel a su palabra.

Palabra de Dios. ℟. **Te alabamos, Señor.**

ACLAMACIÓN ANTES DEL EVANGELIO

Mt 28, 19. 20

B.P. 1031 Sosa

℟. Aleluya, aleluya.
Vayan y hagan discípulos a todos los pueblos, dice el Señor,
y sepan que yo estoy con ustedes todos los días,
hasta el fin del mundo.
℟. Aleluya, aleluya.

EVANGELIO

Mientras los bendecía, iba subiendo al cielo.

✠ Del santo Evangelio según san Lucas
24, 46-53

En aquel tiempo, Jesús se apareció a sus discípulos y les dijo: "Está escrito que el Mesías tenía que padecer y había de resucitar de entre los muertos al tercer día, y que en su nombre se había de predicar a todas las naciones, comenzando por Jerusalén, la necesidad de volverse a Dios para el perdón de los pecados. Ustedes son testigos de esto. Ahora yo les voy a enviar al que mi Padre les prometió. Permanezcan, pues, en la ciudad, hasta que reciban la fuerza de lo alto".

Después salió con ellos fuera de la ciudad, hacia un lugar cercano a Betania; levantando las manos, los bendijo, y mientras los bendecía, se fue apartando de ellos y elevándose al cielo. Ellos, después de adorarlo, regresaron a Jerusalén, llenos de gozo, y permanecían constantemente en el templo, alabando a Dios.

Palabra del Señor. ℟. **Gloria a ti, Señor Jesús.**

ORACIÓN SOBRE LAS OFRENDAS

Al ofrecerte, Señor, este sacrificio en la gloriosa festividad de la ascensión, concédenos que por este santo intercambio, nos elevemos también nosotros a las cosas del cielo. Por Jesucristo, nuestro Señor.

ANTÍFONA DE LA COMUNIÓN Mt 28, 20

Yo estaré con ustedes todos los días, hasta el fin del mundo. Aleluya.

ORACIÓN DESPUÉS DE LA COMUNIÓN

Dios todopoderoso y eterno, que nos permites participar en la tierra de los misterios divinos, concede que nuestro fervor cristiano nos oriente hacia el cielo, donde ya nuestra naturaleza humana está contigo. Por Jesucristo, nuestro Señor.

LA ASCENSIÓN, UN MISTERIO "DIFÍCIL"

✤ No el de la Ascensión de Cristo, desde luego; sino el de la ascensión de nosotros los cristianos.

✤ Porque a todos nos gusta subir, pero casi siempre nos extraviamos en el camino. Es decir, subimos a donde no hay que subir.

✤ Tratamos de subir para que no nos pisen los otros, para estar más alto que ellos, social, económica y culturalmente.

✤ Tratamos de subir poniéndoles a los demás un pie encima o viendo cómo tiramos al que está arriba.

✤ Y esto no es subir, es bajar. Éstas no son ascensiones, sino bajezas. El misterio de nuestra ascensión consiste en llegar a estar muy por encima de todas estas cosas, y por encima aun de nosotros mismos.

✤ Porque el misterio de la **ascensión** cristiana consiste paradójicamente en **descender**:

– "El que quiera ser grande entre ustedes –es decir, el que quiera subir–, que sea el que los sirva... como el Hijo del hombre que no ha venido a ser servido, sino a servir".

Es un misterio difícil el de nuestra ascensión...

15 de mayo **Domingo de Pentecostés**

(Misa del día)

(Rojo)

ANTÍFONA DE ENTRADA Rom 5, 5; cfr. 8, 11

El amor de Dios ha sido infundido en nuestros corazones por el Espíritu Santo, que habita en nosotros. Aleluya.

ORACIÓN COLECTA

Dios nuestro, que por el misterio de la festividad que hoy celebramos santificas a tu Iglesia, extendida por todas las naciones, concede al mundo entero los dones del Espíritu Santo y continúa obrando en el corazón de tus fieles las maravillas que te dignaste realizar en los comienzos de la predicación evangélica. Por nuestro Señor Jesucristo...

En el pasaje de los Hechos de los Apóstoles (PRIMERA LECTURA), se nos describe en detalle el acontecimiento del día de Pentecostés, aquel día en que el Espíritu Santo descendió sobre los apóstoles, reunidos con María, para enseñarles todas las cosas y recordarles todo lo que Jesús les dijo, como nos lo dice san Juan (EVANGELIO). San Pablo (SEGUNDA LECTURA) nos recuerda que son hijos de Dios aquellos que se dejan guiar por el Espíritu.

PRIMERA LECTURA

Todos quedaron llenos del Espíritu Santo y empezaron a hablar.

Del libro de los Hechos de los Apóstoles
2, 1-11

El día de Pentecostés, todos los discípulos estaban reunidos en un mismo lugar. De repente se oyó un gran ruido que venía del cielo, como cuando sopla un viento fuerte, que resonó por toda la casa donde se encontraban. Entonces aparecieron lenguas de fuego, que se distribuyeron y se posaron sobre ellos; se llenaron todos del Espíritu Santo y empezaron a hablar en otros idiomas, según el Espíritu los inducía a expresarse.

En esos días había en Jerusalén judíos devotos, venidos de todas partes del mundo. Al oír el ruido, acudieron en masa y quedaron desconcertados, porque cada uno los oía hablar en su propio idioma.

Atónitos y llenos de admiración, preguntaban: "¿No son galileos todos estos que están hablando? ¿Cómo, pues, los oímos hablar en nuestra lengua nativa? Entre nosotros hay medos, partos y elamitas; otros vivimos en Mesopotamia, Judea, Capadocia, en el Ponto y en Asia, en Frigia y en Panfilia, en Egipto o en la zona de Libia que limita con Cirene. Algunos somos visitantes, venidos de Roma, judíos y prosélitos; también hay cretenses y árabes. Y sin embargo, cada quien los oye hablar de las maravillas de Dios en su propia lengua".

Palabra de Dios. ℟. **Te alabamos, Señor.**

SALMO RESPONSORIAL

Del salmo 103

M. Ramírez B.P. 1700

℟. Envía, Señor, tu Espíritu a renovar la tierra. Aleluya.

Bendice al Señor, alma mía;
Señor y Dios mío, inmensa es tu grandeza.
¡Qué numerosas son tus obras, Señor!
La tierra está llena de tus creaturas. ℟.

[℟. Envía, Señor, tu Espíritu a renovar la tierra. Aleluya.]

Si retiras tu aliento,
toda creatura muere y vuelve al polvo.
Pero envías tu espíritu, que da vida,
y renuevas el aspecto de la tierra. ℟.

Que Dios sea glorificado para siempre
y se goce en sus creaturas.
Ojalá que le agraden mis palabras
y yo me alegraré en el Señor. ℟.

SEGUNDA LECTURA

Los que se dejan guiar por el Espíritu de Dios, ésos son hijos de Dios.

De la carta del apóstol san Pablo a los romanos
8, 8-17

Hermanos: Los que viven en forma desordenada y egoísta no pueden agradar a Dios. Pero ustedes no llevan esa clase de vida, sino una vida conforme al Espíritu, puesto que el Espíritu de Dios habita verdaderamente en ustedes.

Quien no tiene el Espíritu de Cristo, no es de Cristo. En cambio, si Cristo vive en ustedes, aunque su cuerpo siga sujeto a la muerte a causa del pecado, su espíritu vive a causa de la actividad salvadora de Dios.

Si el Espíritu del Padre, que resucitó a Jesús de entre los muertos, habita en ustedes, entonces el Padre, que resucitó a Jesús de entre los muertos, también les dará vida a sus cuerpos mortales, por obra de su Espíritu, que habita en ustedes.

Por lo tanto, hermanos, no estamos sujetos al desorden egoísta del hombre, para hacer de ese desorden nuestra regla de conducta. Pues si ustedes viven de ese modo, ciertamente serán destruidos. Por el contrario, si con la ayuda del Espíritu destruyen sus malas acciones, entonces vivirán.

Los que se dejan guiar por el Espíritu de Dios, ésos son hijos de Dios. No han recibido ustedes un espíritu de esclavos, que los haga temer de nuevo, sino un espíritu de hijos, en virtud del cual podemos llamar Padre a Dios.

El mismo Espíritu Santo, a una con nuestro propio espíritu, da testimonio de que somos hijos de Dios. Y si somos hijos, somos también herederos de Dios y coherederos con Cristo, puesto que sufrimos con él para ser glorificados junto con él.

Palabra de Dios. ℟. **Te alabamos, Señor.**

SECUENCIA

Ven, Dios Espíritu Santo,
y envíanos desde el cielo
tu luz, para iluminarnos.

Ven ya, padre de los pobres,
luz que penetra en las almas,
dador de todos los dones.

Fuente de todo consuelo,
amable huésped del alma,
paz en las horas de duelo.

Eres pausa en el trabajo;
brisa, en un clima de fuego;
consuelo, en medio del llanto.

Ven, luz santificadora,
y entra hasta el fondo del alma
de todos los que te adoran.

Sin tu inspiración divina
los hombres nada podemos
y el pecado nos domina.

Lava nuestras inmundicias,
fecunda nuestros desiertos
y cura nuestras heridas.

Doblega nuestra soberbia,
calienta nuestra frialdad,
endereza nuestras sendas.

Concede a aquellos que ponen
en ti su fe y su confianza
tus siete sagrados dones.

Danos virtudes y méritos,
danos una buena muerte
y contigo el gozo eterno.

ACLAMACIÓN ANTES DEL EVANGELIO

B.P. 1032 - Sosa

℟. Aleluya, aleluya.
Ven, Espíritu Santo, llena los corazones de tus fieles
y enciende en ellos el fuego de tu amor.
℟. Aleluya, aleluya.

EVANGELIO

El Espíritu Santo les enseñará todas las cosas.

✠ Del santo Evangelio según san Juan
14, 15-16. 23-26

En aquel tiempo, Jesús dijo a sus discípulos: "Si me aman, cumplirán mis mandamientos; yo le rogaré al Padre y él les dará otro Paráclito para que esté siempre con ustedes, el Espíritu de la verdad.

El que me ama, cumplirá mi palabra y mi Padre lo amará y vendremos a él y haremos en él nuestra morada. El que no me ama no cumplirá mis palabras. Y la palabra que están oyendo no es mía, sino del Padre, que me envió.

Les he hablado de esto ahora que estoy con ustedes; pero el Paráclito, el Espíritu Santo que mi Padre les enviará en mi nombre, les enseñará todas las cosas y les recordará todo cuanto yo les he dicho".

Palabra del Señor. ℟. **Gloria a ti, Señor Jesús.**

ORACIÓN SOBRE LAS OFRENDAS

Concédenos, Señor, que, conforme a la promesa de tu Hijo, el Espíritu Santo nos haga comprender con más plenitud el misterio de este sacrificio y haz que nos descubra toda su verdad. Por Jesucristo, nuestro Señor.

ANTÍFONA DE LA COMUNIÓN Hech 2, 4. 11

Todos quedaron llenos del Espíritu Santo, y proclamaban las maravillas de Dios. Aleluya.

ORACIÓN DESPUÉS DE LA COMUNIÓN

Dios nuestro, tú que concedes a tu Iglesia dones celestiales consérvale la gracia que le has dado, para que permanezca siempre vivo en ella el don del Espíritu Santo que le infundiste; y que este alimento espiritual nos sirva para alcanzar la salvación eterna. Por Jesucristo, nuestro Señor.

DESPEDIDA

Anuncien a todos la alegría del Señor resucitado.
Vayan en paz, aleluya, aleluya.

O bien:

Pueden ir en paz, aleluya, aleluya.
℟. **Demos gracias a Dios, aleluya, aleluya.**

¡VEN, ESPÍRITU SANTO, Y ENCIENDE EN NUESTROS CORAZONES EL FUEGO DE TU AMOR!

✿ Ese amor que nos haga ir saliendo de nuestro egoísmo, de nuestros cálculos mezquinos, de nuestras prudencias humanas, de nuestros intereses personales…

✿ Ese amor que nos haga entregarnos a Dios y, por Dios, a nuestros hermanos hombres y mujeres…

✿ Ese amor que hará de todos nosotros los católicos, buenos "samaritanos" en las rutas perdidas de los demás seres humanos…

✿ Ese amor que hará de ellas buenas "verónicas", en la ruta dolorosa de la humanidad…

✿ Ese amor para que todos hagamos florecer el Espíritu y el Fuego de Dios a la sombra de las cruces del mundo…

✿ Ese amor para que todo el mundo pueda decir de nosotros los católicos "miren cómo se aman" y cómo aman a los demás…

✿ Ese amor que, como la levadura, vaya inflamando de amor a quienes lo reciben…

✿ Ese amor que tiene que hacernos a todos más de Cristo y más de Dios.

¡Ven, Espíritu Santo, y enciende en nosotros el fuego de tu amor… pero que se nos note!

22 de mayo **La Santísima Trinidad**

(Blanco)

ANTÍFONA DE ENTRADA

Bendito sea Dios, Padre, Hijo y Espíritu Santo, porque ha tenido misericordia con nosotros.

ORACIÓN COLECTA

Dios Padre, que al enviar al mundo la Palabra de verdad y el Espíritu santificador, revelaste a todos los hombres tu misterio admirable, concédenos que, profesando la fe verdadera, reconozcamos la gloria de la eterna Trinidad y adoremos la Unidad de su majestad omnipotente. Por nuestro Señor Jesucristo…

Cuando los apóstoles comprendieron que Jesús era el Señor, el Hijo de Dios enviado por el Padre, y cuando experimentaron la acción del Espíritu Santo dentro de sus corazones (SEGUNDA LECTURA), comprendieron que el único Dios era Padre, Hijo y Espíritu Santo. Poco a poco penetraron en el significado de las palabras de Jesús, cuando les hablaba de su Padre y les prometía el Espíritu de la verdad (EVANGELIO). Ya el Antiguo Testamento había preparado los espíritus para esta revelación, invitando a escuchar la Sabiduría de Dios (PRIMERA LECTURA).

PRIMERA LECTURA

Antes de que existiera la tierra, la sabiduría ya había sido engendrada.

Del libro de los Proverbios
8, 22-31

Esto dice la sabiduría de Dios:
"El Señor me poseía desde el principio,
antes que sus obras más antiguas.
Quedé establecida desde la eternidad, desde el principio,
antes de que la tierra existiera.
Antes de que existieran los abismos
y antes de que brotaran los manantiales de las aguas,
fui concebida.
Antes de que las montañas
y las colinas quedaran asentadas, nací yo.
Cuando aún no había hecho el Señor la tierra ni los campos
ni el primer polvo del universo,
cuando él afianzaba los cielos,
ahí estaba yo.
Cuando ceñía con el horizonte la faz del abismo,
cuando colgaba las nubes en lo alto,
cuando hacía brotar las fuentes del océano,
cuando fijó al mar sus límites
y mandó a las aguas que no los traspasaran,
cuando establecía los cimientos de la tierra,
yo estaba junto a él como arquitecto de sus obras,
yo era su encanto cotidiano;
todo el tiempo me recreaba en su presencia,
jugando con el orbe de la tierra
y mis delicias eran estar con los hijos de los hombres".

Palabra de Dios. ℟. **Te alabamos, Señor.**

SALMO RESPONSORIAL
Del salmo 8

V.M. Amaral B.P. 1734

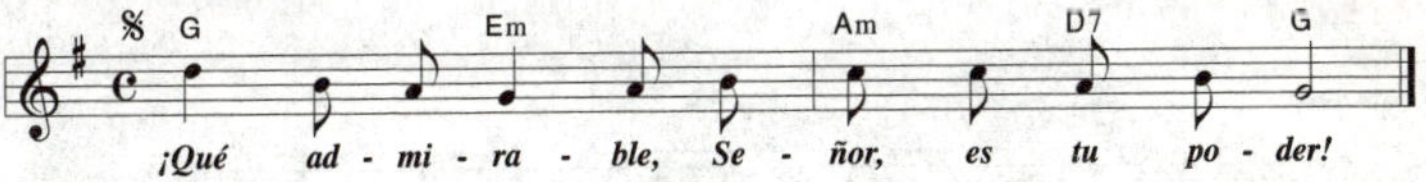

℟. ¡Qué admirable, Señor, es tu poder!

Cuando contemplo el cielo, obra de tus manos,
la luna y las estrellas, que has creado, me pregunto:
¿Qué es el hombre para que de él te acuerdes,
ese pobre ser humano, para que de él te preocupes? ℟.

[℟. ¡Qué admirable, Señor, es tu poder!]

Sin embargo, lo hiciste un poquito inferior a los ángeles,
lo coronaste de gloria y dignidad;
le diste el mando sobre las obras de tus manos
y todo lo sometiste bajo sus pies. ℟.

Pusiste a su servicio los rebaños y las manadas,
todos los animales salvajes,
las aves del cielo y los peces del mar,
que recorren los caminos de las aguas. ℟.

SEGUNDA LECTURA

Vayamos a Dios por Cristo mediante el amor que nos ha infundido el Espíritu Santo.

De la carta del apóstol san Pablo a los romanos
5, 1-5

Hermanos: Ya que hemos sido justificados por la fe, mantengámonos en paz con Dios, por mediación de nuestro Señor Jesucristo. Por él hemos obtenido, con la fe, la entrada al mundo de la gracia, en el cual nos encontramos; por él, podemos gloriarnos de tener la esperanza de participar en la gloria de Dios.

Más aún, nos gloriamos hasta de los sufrimientos, pues sabemos que el sufrimiento engendra la paciencia, la paciencia engendra la virtud sólida, la virtud sólida engendra la esperanza, y la esperanza no defrauda, porque Dios ha infundido su amor en nuestros corazones por medio del Espíritu Santo, que él mismo nos ha dado.

Palabra de Dios. ℟. **Te alabamos, Señor.**

ACLAMACIÓN ANTES DEL EVANGELIO

Cfr. Apoc 1, 8

B.P. 1033 - Palazón

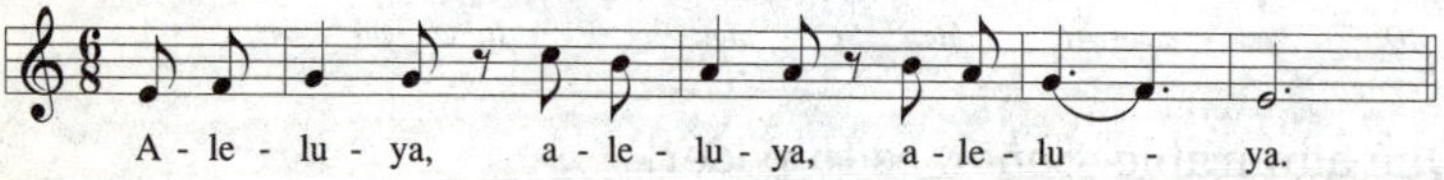

℟. Aleluya, aleluya.
Gloria al Padre y al Hijo y al Espíritu Santo.
Al Dios que es, que era y que vendrá.
℟. Aleluya, aleluya.

EVANGELIO

Todo lo que tiene el Padre es mío. - El Espíritu recibirá de mí lo que les vaya comunicando a ustedes.

✠ Del santo Evangelio según san Juan
16, 12-15

En aquel tiempo, Jesús dijo a sus discípulos: “Aún tengo muchas cosas que decirles, pero todavía no las pueden comprender. Pero cuando venga el Espíritu de la verdad, él los irá guiando hasta la verdad plena, porque no hablará por su cuenta, sino que dirá lo que haya oído y les anunciará las cosas que van a suceder. Él me glorificará, porque primero recibirá de mí lo que les vaya comunicando. Todo lo que tiene el Padre es mío. Por eso he dicho que tomará de lo mío y se lo comunicará a ustedes”.

Palabra del Señor. ℟. **Gloria a ti, Señor Jesús.**

ORACIÓN SOBRE LAS OFRENDAS

Por la invocación de tu nombre, santifica, Señor, estos dones que te presentamos y transfórmanos por ellos en una continua oblación a ti. Por Jesucristo, nuestro Señor.

ANTÍFONA DE LA COMUNIÓN Gál 4, 6

Porque ustedes son hijos de Dios, Dios infundió en sus corazones el Espíritu de su Hijo, que clama: Abbá, Padre.

ORACIÓN DESPUÉS DE LA COMUNIÓN

Que la recepción de este sacramento y nuestra profesión de fe en la Trinidad santa y eterna, y en su Unidad indivisible, nos aprovechen, Señor, Dios nuestro, para la salvación de cuerpo y alma. Por Jesucristo, nuestro Señor.

TÚ, ¿CÓMO TE SANTIGUAS?

- La pregunta viene a cuento, porque el misterio de la Santísima Trinidad que celebramos hoy –que no es el misterio de un Dios solitario y egoísta, sino de un Dios comunidad y amor– es el que debemos recordar todos los días cuando al salir de casa, al pasar frente a un templo o al empezar una obra, nos santiguamos **en el nombre del Padre, y del Hijo, y del Espíritu Santo.**
- ¿Nos santiguamos conscientes de que con ese signo de la cruz sobre nuestro cuerpo manifestamos nuestra fe en la obra redentora de Jesucristo?
- ¿Nos santiguamos cayendo en la cuenta de que las palabras que pronunciamos expresan un auténtico acto de fe en la Santísima Trinidad?
- ¿Nos santiguamos sabiendo que este acto de fe en la Santísima Trinidad nos compromete no sólo a creer en ella, sino a tratar de vivir de acuerdo con su voluntad?
- Tú, ¿cómo te santiguas?

Y la pregunta viene a cuento porque, si logramos rescatar de la rutina nuestra "santiguada", devolviéndole todo su sentido, nuestra vida cambiará de inmediato.

26 de mayo — El Cuerpo y la Sangre de Cristo

Jueves *(Blanco)*

ANTÍFONA DE ENTRADA Cfr. Sal 80, 17

Alimentó a su pueblo con lo mejor del trigo y lo sació con miel sacada de la roca.

Se dice Gloria.

ORACIÓN COLECTA

Señor nuestro Jesucristo, que en este admirable sacramento nos dejaste el memorial de tu pasión, concédenos venerar de tal modo los sagrados misterios de tu Cuerpo y de tu Sangre, que experimentemos continuamente en nosotros el fruto de tu redención. Tú que vives y reinas con el Padre…

San Pablo nos presenta hoy (SEGUNDA LECTURA) el testimonio más antiguo de la celebración de la comida del Señor por parte de los cristianos, con el primer relato de su institución, recogido por el mismo san Pablo hacia el año 57. La multiplicación de los panes (EVANGELIO) preparó a los discípulos para recibir la revelación del banquete en que Jesús se entregaba como comida. El Génesis narra (PRIMERA LECTURA) la ofrenda de pan y vino que hizo el sacerdote Melquisedec, como una remota profecía de la Eucaristía y del sacerdocio de Cristo.

PRIMERA LECTURA

Melquisedec presentó pan y vino.

Del libro del Génesis
14, 18-20

En aquellos días, Melquisedec, rey de Salem, presentó pan y vino, pues era sacerdote del Dios altísimo, y bendijo a Abram, diciendo: "Bendito sea Abram de parte del Dios altísimo, creador de cielos y tierra; y bendito sea el Dios altísimo, que entregó a tus enemigos en tus manos".

Y Abram le dio el diezmo de todo lo que había rescatado.

Palabra de Dios. ℟. **Te alabamos, Señor.**

SALMO RESPONSORIAL

Del salmo 109

V.M. Amaral B.P. 1735

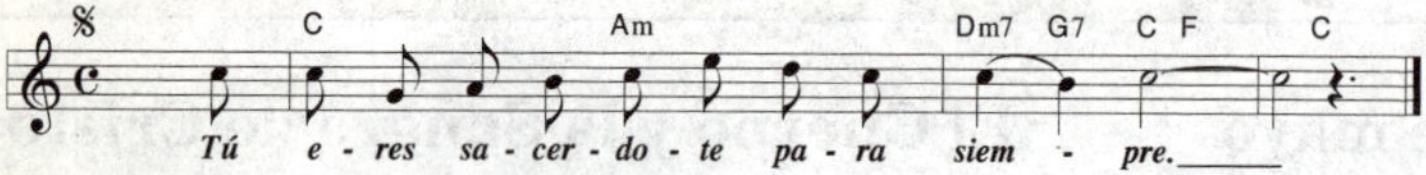

℟. Tú eres sacerdote para siempre.

Esto ha dicho el Señor a mi Señor:
"Siéntate a mi derecha;
yo haré de tus contrarios el estrado
donde pongas los pies". ℟.

Extenderá el Señor desde Sión
tu cetro poderoso
y tú dominarás al enemigo. ℟.

Es tuyo el señorío;
el día en que naciste
en los montes sagrados,
te consagró el Señor antes del alba. ℟.

Juró el Señor y no ha de retractarse:
"Tú eres sacerdote para siempre,
como Melquisedec". ℟.

SEGUNDA LECTURA

Cada vez que ustedes comen de este pan y beben de este cáliz, proclaman la muerte del Señor.

De la primera carta del apóstol san Pablo a los corintios
11, 23-26

Hermanos: Yo recibí del Señor lo mismo que les he transmitido: Que el Señor Jesús, la noche en que iba a ser entregado, tomó pan en sus manos, y pronunciando la acción de gracias, lo partió y dijo: "Esto es mi cuerpo, que se entrega por ustedes. Hagan esto en memoria mía".

Lo mismo hizo con el cáliz, después de cenar, diciendo: "Este cáliz es la nueva alianza que se sella con mi sangre. Hagan esto en memoria mía siempre que beban de él".

Por eso, cada vez que ustedes comen de este pan y beben de este cáliz, proclaman la muerte del Señor, hasta que vuelva.

Palabra de Dios. ℟. **Te alabamos, Señor.**

SECUENCIA

*(Puede omitirse o puede recitarse en forma abreviada, comenzando por la estrofa: *"El pan que del cielo baja").*

Al Salvador alabemos,
que es nuestro pastor y guía.
Alabémoslo con himnos
y canciones de alegría.

Alabémoslo sin límites
y con nuestras fuerzas todas;
pues tan grande es el Señor,
que nuestra alabanza es poca.

Gustosos hoy aclamamos
a Cristo, que es nuestro pan,
pues él es el pan de vida,
que nos da vida inmortal.

Doce eran los que cenaban
y les dio pan a los doce.
Doce entonces lo comieron,
y, después, todos los hombres.

Sea plena la alabanza
y llena de alegres cantos;
que nuestra alma se desborde
en todo un concierto santo.

Hoy celebramos con gozo
la gloriosa institución
de este banquete divino,
el banquete del Señor.

Ésta es la nueva Pascua,
Pascua del único Rey,
que termina con la alianza
tan pesada de la ley.

Esto nuevo, siempre nuevo,
es la luz de la verdad,
que sustituye a lo viejo
con reciente claridad.

En aquella última cena
Cristo hizo la maravilla
de dejar a sus amigos
el memorial de su vida.

Enseñados por la Iglesia,
consagramos pan y vino,
que a los hombres nos redimen,
y dan fuerza en el camino.

Es un dogma del cristiano
que el pan se convierte en carne,
y lo que antes era vino
queda convertido en sangre.

Hay cosas que no entendemos,
pues no alcanza la razón;
mas si las vemos con fe,
entrarán al corazón.

Bajo símbolos diversos
y en diferentes figuras,
se esconden ciertas verdades
maravillosas, profundas.

Su sangre es nuestra bebida;
su carne, nuestro alimento;
pero en el pan o en el vino
Cristo está todo completo.

Quien lo come, no lo rompe,
no lo parte ni divide;
él es el todo y la parte;
vivo está en quien lo recibe.

Puede ser tan sólo uno
el que se acerca al altar,
o pueden ser multitudes:
Cristo no se acabará.

Lo comen buenos y malos,
con provecho diferente;
no es lo mismo tener vida
que ser condenado a muerte.

A los malos les da muerte
y a los buenos les da vida.
¡Qué efecto tan diferente
tiene la misma comida!

Si lo parten, no te apures;
sólo parten lo exterior;
en el mínimo fragmento
entero late el Señor.

Cuando parten lo exterior,
sólo parten lo que has visto;
no es una disminución
de la persona de Cristo.

*El pan que del cielo baja
es comida de viajeros.
Es un pan para los hijos.
¡No hay que tirarlo a los perros!

Isaac, el inocente,
es figura de este pan,
con el cordero de Pascua
y el misterioso maná.

Ten compasión de nosotros,
buen pastor, pan verdadero.
Apaciéntanos y cuídanos
y condúcenos al cielo.

Todo lo puedes y sabes,
pastor de ovejas, divino.
Concédenos en el cielo
gozar la herencia contigo. Amén.

ACLAMACIÓN ANTES DEL EVANGELIO
Jn 6, 51

B.P. 1032 - Sosa

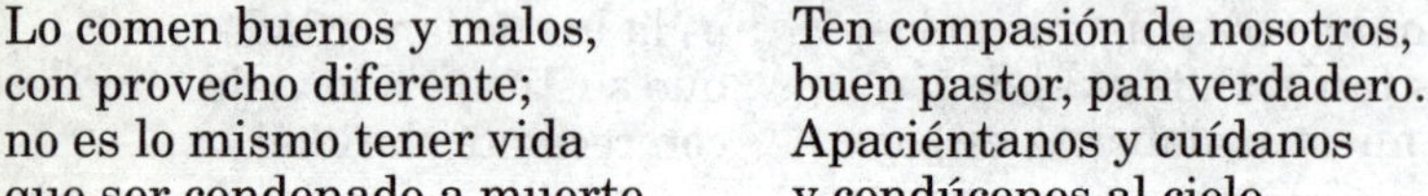

℟. Aleluya, aleluya.
Yo soy el pan vivo que ha bajado del cielo, dice el Señor;
el que coma de este pan vivirá para siempre.
℟. Aleluya, aleluya.

EVANGELIO

Comieron todos y se saciaron.

Del santo Evangelio según san Lucas 9, 11-17

En aquel tiempo, Jesús habló del Reino de Dios a la multitud y curó a los enfermos.

Cuando caía la tarde, los doce apóstoles se acercaron a decirle: "Despide a la gente para que vayan a los pueblos y caseríos a buscar alojamiento y comida, porque aquí estamos en un lugar solitario". Él les contestó: "Denles ustedes de comer". Pero ellos le replicaron: "No tenemos más que cinco panes y dos pescados; a no ser que vayamos nosotros mismos a comprar víveres para toda esta gente". Eran como cinco mil varones.

Entonces Jesús dijo a sus discípulos: "Hagan que se sienten en grupos como de cincuenta". Así lo hicieron, y todos se sentaron. Después Jesús tomó en sus manos los cinco panes y los dos pescados, y levantando su mirada al cielo, pronunció sobre ellos una oración de acción de gracias, los partió y los fue dando a los discípulos para que ellos los distribuyeran entre la gente.

Comieron todos y se saciaron, y de lo que sobró se llenaron doce canastos.

Palabra del Señor. ℟. **Gloria a ti, Señor Jesús.**

Se dice Credo.

ORACIÓN SOBRE LAS OFRENDAS

Señor, concede, bondadoso, a tu Iglesia, los dones de la unidad y de la paz, significados místicamente en las ofrendas que te presentamos. Por Jesucristo, nuestro Señor.

ANTÍFONA DE LA COMUNIÓN Jn 6, 56

El que come mi carne y bebe mi sangre, permanece en mí y yo en él, dice el Señor.

ORACIÓN DESPUÉS DE LA COMUNIÓN

Concédenos, Señor Jesucristo, disfrutar eternamente del gozo de tu divinidad que ahora pregustamos, en la comunión de tu Cuerpo y de tu Sangre. Tú que vives y reinas por los siglos de los siglos.

"ESTO ES MI CUERPO, QUE SE ENTREGA POR USTEDES"

☞ El día de la Ultima Cena, refiriéndose al pan que había tomado de la mesa y que acababa de convertir en su cuerpo, Jesucristo dijo: **"Esto es mi cuerpo"**.

☞ Otro día, refiriéndose a los hambrientos, sedientos, forasteros, enfermos y encarcelados, expresó la misma verdad, sólo que con otras palabras: **"cuando lo hicieron con el más insignificante de mis hermanos, conmigo lo hicieron"**.

☞ El pan consagrado en el altar es, pues, realmente el cuerpo de Cristo; pero también lo son sus hermanos, puesto que en ellos tiene hambre, sed, frío, soledad, desamparo y tristeza: **"porque estuve hambriento y me dieron de comer…"**.

☞ Así, pues, el cuerpo de Cristo que recibimos en la Eucaristía, nos compromete seriamente con el cuerpo de Cristo que son todos sus hermanos.

☞ Y esto porque, si Cristo nos entrega su cuerpo en la Comunión, a nosotros no nos queda sino entregarnos a él, donde él quiso estar: en los demás.

☞ Entre otros, en el cónyuge que tiene **hambre** de afecto, de respeto, de ser tratado como igual…

☞ En los hijos, que quizás están **desnudos** de cariño, de comprensión, de ser tomados en cuenta…

☞ En todos los que tienen hambre y están desnudos en el sentido literal de la palabra…

Aquellos que son pobres, oprimidos, indefensos, humillados, ignorantes, minusválidos, y los niños por nacer, también son el cuerpo de Cristo.

29 de mayo **9º Domingo del T. Ordinario**

(Verde)

ANTÍFONA DE ENTRADA **Cfr. Sal 24, 16. 18**

Mírame, Señor, y ten piedad de mí, que estoy solo y afligido. Ve mi pequeñez y mis trabajos, y perdona todos mis pecados, Dios mío.

ORACIÓN COLECTA

Señor Dios, cuya providencia no se equivoca en sus designios, te rogamos humildemente que apartes de nosotros todo lo que pueda causarnos algún daño y nos concedas lo que pueda sernos de provecho. Por nuestro Señor Jesucristo…

Cuando Salomón hizo la dedicación del templo que acababa de construir, pidió al Señor que fuera siempre atendida en él favorablemente la plegaria del extranjero (PRIMERA LECTURA). Esto es lo que hace el Señor al curar al siervo del oficial romano, un pagano que pertenecía al ejército de ocupación (EVANGELIO). Comenzamos hoy la carta que san Pablo escribió a los cristianos de Galacia, a fin de ponerlos en guardia contra cualquiera que les anunciara un evangelio distinto al que él mismo les había predicado (SEGUNDA LECTURA).

PRIMERA LECTURA

Cuando los extranjeros oran al Señor, él los escucha.

Del primer libro de los Reyes
8, 41-43

En el templo que había construido en Jerusalén, Salomón elevó a Dios esta plegaria: "Los extranjeros oirán hablar de tu gran nombre, de la fuerza de tu mano y de tu brazo protector. Cuando uno de ellos, no israelita, atraído por la fama de tu nombre, venga de un país distante para orar, escúchalo tú desde el cielo, tu morada, y concédele todo lo que él te pida. Así te conocerán y temerán todos los pueblos de la tierra, lo mismo que tu pueblo, Israel, y sabrán que este templo que he construido, está dedicado a tu nombre".

Palabra de Dios. ℟. **Te alabamos, Señor.**

SALMO RESPONSORIAL
Del salmo 116

F. Picón B.P. 1708

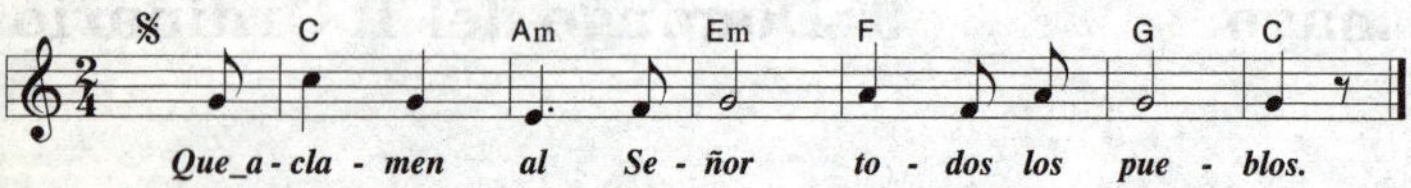

℟. Que aclamen al Señor todos los pueblos.

Que alaben al Señor todas las naciones,
que lo aclamen todos los pueblos. ℟.
Porque grande es su amor hacia nosotros
y su fidelidad dura por siempre. ℟.

SEGUNDA LECTURA
El que busca agradar a los hombres, no es servidor de Cristo.

De la carta del apóstol san Pablo a los gálatas
1, 1-2. 6-10

Yo, Pablo, apóstol no enviado por hombres ni por intermediarios humanos, sino por Cristo Jesús y por Dios Padre, que lo resucitó de entre los muertos, y todos los hermanos que están conmigo dirigimos esta carta a las comunidades cristianas de Galacia.

Me extraña mucho que tan fácilmente hayan abandonado ustedes a Dios Padre, quien los llamó a vivir en la gracia de Cristo y que sigan otro Evangelio. No es que exista otro Evangelio; lo que pasa es que hay algunos que los perturban a ustedes, tratando de cambiar el Evangelio de Cristo.

Pero, sépanlo bien: si alguien, yo mismo o un ángel enviado del cielo, les predicara un Evangelio distinto del que les hemos predicado, que sea maldito. Se lo acabo de decir, pero se lo repito: Si alguno les predica un Evangelio distinto del que ustedes han recibido, que sea maldito.

¿A quién creen que trato de agradar con lo que acabo de decir? ¿A Dios o a los hombres? ¿Acaso es ésta la manera de congraciarse con los hombres? Si estuviera buscando agradarles a ustedes no sería servidor de Cristo.

Palabra de Dios. ℟. **Te alabamos, Señor.**

ACLAMACIÓN ANTES DEL EVANGELIO

Jn 3, 16

B.P. 1032 - Sosa

℟. Aleluya, aleluya.
Tanto amó Dios al mundo, que le entregó a su Hijo único,
para que todo el que crea en él tenga vida eterna.
℟. Aleluya, aleluya.

EVANGELIO

Ni en Israel he hallado una fe tan grande.

✠ Del santo Evangelio según san Lucas
7, 1-10

En aquel tiempo, cuando Jesús terminó de hablar a la gente, entró en Cafarnaúm. Había allí un oficial romano, que tenía enfermo y a punto de morir a un criado muy querido. Cuando le dijeron que Jesús estaba en la ciudad, le envió a algunos de los ancianos de los judíos para rogarle que viniera a curar a su criado. Ellos, al acercarse a Jesús, le rogaban encarecidamente, diciendo: "Merece que le concedas ese favor, pues quiere a nuestro pueblo y hasta nos ha construido una sinagoga". Jesús se puso en marcha con ellos.

Cuando ya estaba cerca de la casa, el oficial romano envió unos amigos a decirle: "Señor, no te molestes, porque yo no soy digno de que tú entres en mi casa; por eso ni siquiera me atreví a ir personalmente a verte. Basta con que digas una sola palabra y mi criado quedará sano. Porque yo, aunque soy un subalterno, tengo soldados bajo mis órdenes y le digo a uno: '¡Ve!', y va; a otro: '¡Ven!', y viene; y a mi criado: '¡Haz esto!', y lo hace".

Al oír esto, Jesús quedó lleno de admiración, y volviéndose hacia la gente que lo seguía, dijo: "Yo les aseguro que ni en Israel he hallado una fe tan grande". Los enviados regresaron a la casa y encontraron al criado perfectamente sano.

Palabra del Señor. ℟. **Gloria a ti, Señor Jesús.**

ORACIÓN SOBRE LAS OFRENDAS

Llenos de confianza en tu bondad, acudimos, Señor, ante tu santo altar trayéndote nuestros dones, a fin de que, purificados por tu gracia, quedemos limpios por los mismos misterios que celebramos. Por Jesucristo, nuestro Señor.

ANTÍFONA DE LA COMUNIÓN Mc 11, 23. 24

Cualquier cosa que pidan en la oración, crean ustedes que ya se la han concedido, y la obtendrán, dice el Señor.

ORACIÓN DESPUÉS DE LA COMUNIÓN

Dirige, Señor, con tu Espíritu, a quienes nutres con el Cuerpo y la Sangre de tu Hijo, para que, dando testimonio de ti, no sólo de palabra, sino con las obras y de verdad, merezcamos entrar en el reino de los cielos. Por Jesucristo, nuestro Señor.

... NI TAMPOCO UNA MISERICORDIA TAN GRANDE

- De la fe del oficial romano que se menciona en el evangelio de hoy, Jesucristo dijo que ni en Israel había hallado una fe tan grande.
- De la misericordia que aquel pagano tuvo para con su criado no dijo nada, pero pudo haber dicho algo semejante: *les aseguro que ni en Israel he hallado una misericordia tan grande.*
- ¿Qué jefe se preocupa tanto por la salud y los problemas de sus empleados?
- ¿A quién de nosotros le preocupa seriamente, al grado de hacer algo por remediarlo, el que una de las persona que están a nuestro servicio comience a perder la vista, o tenga cada vez con mayor frecuencia dolores de cabeza, o empiece anormalmente a perder peso?

Para los cristianos, la misericordia es otra forma de la fe, porque es ver a Cristo en los demás y actuar en consecuencia.

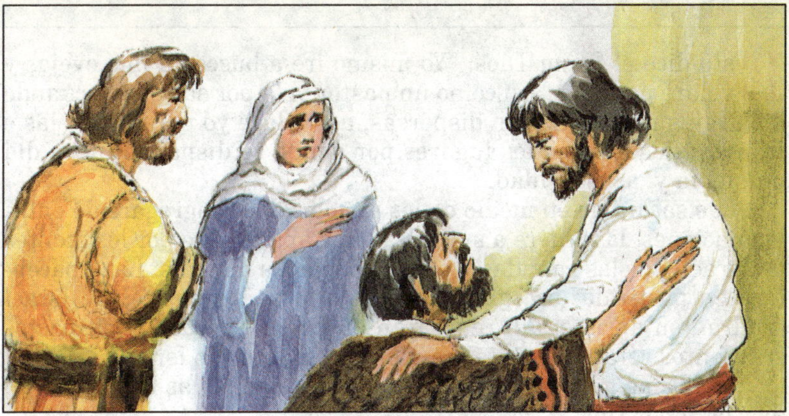

3 de junio
Viernes

El Sagrado Corazón de Jesús

(Blanco)

ANTÍFONA DE ENTRADA Sal 32, 11. 19

Los proyectos de su corazón subsisten de generación en generación, para librar de la muerte a sus fieles y reanimarlos en tiempo de hambre.

Se dice Gloria.

ORACIÓN COLECTA

Señor Dios, que en tu misericordia te dignas enriquecernos con los infinitos tesoros del amor del Corazón de tu Hijo, traspasado por nuestros pecados, concédenos que al presentarte el fervoroso homenaje de nuestra devoción, cumplamos también con el deber de una digna reparación. Por nuestro Señor Jesucristo, tu Hijo…

El profeta Ezequiel nos habla de Dios como el pastor que va en busca de la oveja perdida para devolverla al redil (PRIMERA LECTURA). Esa misma imagen nos la ofrece Jesús de sí mismo al presentarse como el buen pastor, que cuida de sus ovejas (EVANGELIO). Cristo es la revelación del amor de Dios, del amor del pastor por sus ovejas. La prueba de que Dios nos ama, dice san Pablo en su carta (SEGUNDA LECTURA), es que Cristo murió por nosotros.

PRIMERA LECTURA
Yo mismo apacentaré a mis ovejas y las haré reposar.

Del libro del profeta Ezequiel
34, 11-16

Esto dice el Señor Dios: "Yo mismo iré a buscar a mis ovejas y velaré por ellas. Así como un pastor vela por su rebaño cuando las ovejas se encuentran dispersas, así velaré yo por mis ovejas e iré por ellas a todos los lugares por donde se dispersaron un día de niebla y de oscuridad.

Las sacaré de en medio de los pueblos, las congregaré de entre las naciones, las traeré a su tierra y las apacentaré por los montes de Israel, por las cañadas y por los poblados del país. Las apacentaré en pastizales escogidos, y en lo alto de los montes de Israel tendrán su aprisco; allí reposarán en buenos prados, y en pastos suculentos serán apacentadas sobre los montes de Israel.

Yo mismo apacentaré a mis ovejas; yo mismo las haré reposar, dice el Señor Dios.

Buscaré a la oveja perdida y haré volver a la descarriada; curaré a la herida, robusteceré a la débil, y a la que está gorda y fuerte, la cuidaré. Yo las apacentaré en la justicia".

Palabra de Dios. ℟. **Te alabamos, Señor.**

SALMO RESPONSORIAL
Del salmo 22

V.M. Amaral B.P. 1736

℟. El Señor es mi pastor, nada me faltará.

El Señor es mi pastor, nada me falta;
en verdes praderas me hace reposar
y hacia fuentes tranquilas me conduce
para reparar mis fuerzas. ℟.

Por ser un Dios fiel a sus promesas,
me guía por el sendero recto;
así, aunque camine por cañadas oscuras,
nada temo, porque tú estás conmigo.
Tu vara y tu cayado me dan seguridad. ℟.

Tú mismo me preparas la mesa,
a despecho de mis adversarios;
me unges la cabeza con perfume
y llenas mi copa hasta los bordes. ℟.

Tu bondad y tu misericordia me acompañarán
todos los días de mi vida;
y viviré en la casa del Señor
por años sin término. ℟.

SEGUNDA LECTURA

La prueba de que Dios nos ama está en que Cristo murió por nosotros.

De la carta del apóstol san Pablo a los romanos
5, 5-11

Hermanos: Dios ha infundido su amor en nuestros corazones por medio del Espíritu Santo, que él mismo nos ha dado.

En efecto, cuando todavía no teníamos fuerzas para salir del pecado, Cristo murió por los pecadores en el tiempo señalado. Difícilmente habrá alguien que quiera morir por un justo, aunque puede haber alguno que esté dispuesto a morir por una persona sumamente buena. Y la prueba de que Dios nos ama está en que Cristo murió por nosotros, cuando aún éramos pecadores.

Con mayor razón, ahora que ya hemos sido justificados por su sangre, seremos salvados por él del castigo final. Porque, si cuando éramos enemigos de Dios, fuimos reconciliados con él por la muerte de su Hijo, con mucho más razón, estando ya reconciliados, recibiremos la salvación participando de la vida de su Hijo. Y no sólo esto, sino que también nos gloriamos en Dios, por medio de nuestro Señor Jesucristo, por quien hemos obtenido ahora la reconciliación.

Palabra de Dios. ℟. **Te alabamos, Señor.**

ACLAMACIÓN ANTES DEL EVANGELIO

Jn 10, 14

B.P. 1032 - Sosa

℟. Aleluya, aleluya.
Yo soy el buen pastor, dice el Señor;
yo conozco a mis ovejas y ellas me conocen a mí.
℟. Aleluya, aleluya.

EVANGELIO

Alégrense conmigo, porque ya encontré la oveja que se me había perdido.

✠ Del santo Evangelio según san Lucas
15, 3-7

En aquel tiempo, Jesús dijo a los fariseos y a los escribas esta parábola: "¿Quién de ustedes, si tiene cien ovejas y se le pierde una, no deja las noventa y nueve en el campo y va en busca de la que se le perdió hasta encontrarla? Y una vez que la encuentra, la carga sobre sus hombros, lleno de alegría, y al llegar a su casa, reúne a los amigos y vecinos y les dice: 'Alégrense conmigo, porque ya encontré la oveja que se me había perdido'.

Yo les aseguro que también en el cielo habrá más alegría por un pecador que se convierte, que por noventa y nueve justos, que no necesitan convertirse".

Palabra del Señor. ℟. **Gloria a ti, Señor Jesús.**

Se dice Credo.

ORACIÓN SOBRE LAS OFRENDAS

Mira, Señor, el inefable amor del Corazón de tu Hijo amado, para que este don que te ofrecemos sea agradable a tus ojos y sirva como expiación de nuestros pecados. Por Jesucristo, nuestro Señor.

ANTÍFONA DE LA COMUNIÓN Jn 19, 34

Uno de los soldados le traspasó el costado con su lanza, e inmediatamente salió sangre y agua.

ORACIÓN DESPUÉS DE LA COMUNIÓN

Señor y Padre nuestro, que este sacramento de amor nos haga arder en santo afecto, de modo que, atraídos siempre hacia tu Hijo, sepamos reconocerlo en nuestros hermanos. Él, que vive y reina por los siglos de los siglos.

POR FAVOR, NO DESPERDICIES TUS PENAS

- Ni las grandes penas: la muerte de algún ser querido, la enfermedad grave propia o de algún familiar o amigo, el hijo o la hija que andan por donde ni Dios ni nosotros quisiéramos, la pérdida del empleo, la quiebra del negocio…
- Ni las pequeñas penas: un problema familiar, las lágrimas por el enfado de los esposos, la humillación en el trabajo, el insomnio, las horas de inactividad forzada, la "levantada" en la madrugada, las "apreturas" en el transporte público, el pequeño fracaso con una tarea, la "regañada" injusta…
- Todas las cosas –dice el apóstol san Pablo– sirven para el bien de los que aman a Dios.
- Hasta los salivazos que recibió el Señor ayudaron a la obra de nuestra redención. No desperdicies tus penas.
- Aparentemente no tienen ningún valor, pero arrójalas en el Corazón de Cristo y ahí se pueden convertir en algo de una riqueza incalculable.
- El médico, la enfermera, el que atiende una ventanilla, la madre de familia, el obrero, la empleada, el campesino, el profesor, el estudiante y el comerciante… pueden decir por la mañana: "Señor, quiero aprovechar los desperdicios de mi vida. Recibe en tu corazón mis trabajos, estudios, disgustos, lágrimas e insomnios… y, a cambio de ellos, conduce a los hombres a la verdad, a la gracia, a la comunión contigo y con tu Iglesia, a la vida eterna".
- Somos como gotas de agua que, fundidas en el cáliz, se transforman en sangre redentora de Cristo. **Unamos nuestras penas a las de él.**

5 de junio **10º Domingo del T. Ordinario**

(Verde)

ANTÍFONA DE ENTRADA **Cfr. Sal 26, 1-2**

El Señor es mi luz y mi salvación, ¿a quién temeré? El Señor es la defensa de mi vida, ¿quién me hará temblar? Cuando me asaltan mis enemigos, tropiezan y caen.

ORACIÓN COLECTA

Señor Dios, de quien todo bien procede, escucha nuestras súplicas y concédenos que comprendiendo, por inspiración tuya, lo que es recto, eso mismo, bajo tu guía, lo hagamos realidad. Por nuestro Señor Jesucristo…

El Señor nos hace palpar su misericordia, su amor y su poder, al resucitar, por medio de Elías, al hijo pequeño de una mujer (PRIMERA LECTURA). En el EVANGELIO se nos relata cómo Jesucristo le devuelve la vida a un joven, hijo único de una mujer viuda. San Pablo escribe a los gálatas sobre su vida de perseguidor encarnizado y su elección para ser apóstol entre los paganos, por llamamiento exclusivo de Dios (SEGUNDA LECTURA).

PRIMERA LECTURA
Tu hijo está vivo.

Del primer libro de los Reyes
17, 17-24

En aquellos días, cayó enfermo el hijo de la dueña de la casa en la que se hospedaba Elías. La enfermedad fue tan grave, que el niño murió. Entonces la mujer le dijo a Elías: “¿Qué te he hecho yo, hombre de Dios? ¿Has venido a mi casa para que recuerde yo mis pecados y se muera mi hijo?".

Elías le respondió: "Dame acá a tu hijo". Lo tomó del regazo de la madre, lo subió a la habitación donde él dormía y lo acostó sobre el lecho. Luego clamó al Señor: "Señor y Dios mío, ¿es posible que también con esta viuda que me hospeda te hayas irritado, haciendo morir a su hijo?".

Luego se tendió tres veces sobre el niño y suplicó al Señor, diciendo: "Devuélvele la vida a este niño". El Señor escuchó la súplica de Elías y el niño volvió a la vida.

Elías tomó al niño, lo llevó abajo y se lo entregó a su madre, diciendo: "Mira, tu hijo está vivo". Entonces la mujer dijo a Elías: "Ahora sé que eres un hombre de Dios y que tus palabras vienen del Señor".

Palabra de Dios. ℟. **Te alabamos, Señor.**

SALMO RESPONSORIAL

Del salmo 29

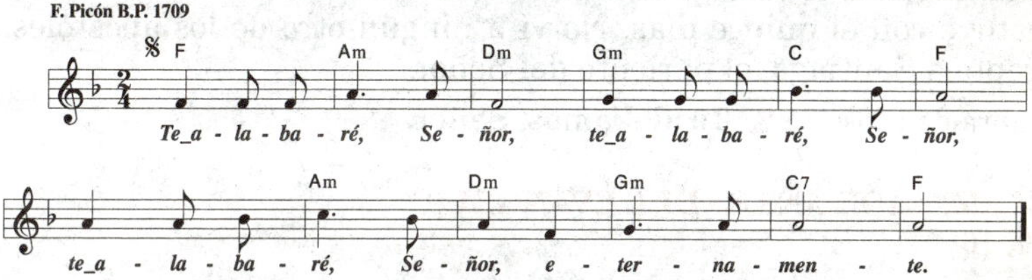

℟. Te alabaré, Señor, eternamente.

Te alabaré, Señor, pues no dejaste
que se rieran de mí mis enemigos.
Tú, Señor, me salvaste de la muerte
y a punto de morir, me reviviste. ℟.

Alaben al Señor los que lo aman,
den gracias a su nombre,
porque su ira dura un solo instante
y su bondad, toda la vida.
El llanto nos visita por la tarde;
y en la mañana, el júbilo. ℟.

Escúchame, Señor, y compadécete;
Señor, ven en mi ayuda.
Convertiste mi duelo en alegría,
te alabaré por eso eternamente. ℟.

SEGUNDA LECTURA

Dios quiso revelarme a su Hijo, para que yo lo anunciara entre los paganos.

De la carta del apóstol san Pablo a los gálatas
1, 11-19

Hermanos: Les hago saber que el Evangelio que he predicado, no proviene de los hombres, pues no lo recibí ni lo aprendí de hombre alguno, sino por revelación de Jesucristo.

Ciertamente ustedes han oído hablar de mi conducta anterior en el judaísmo, cuando yo perseguía encarnizadamente a la Iglesia de Dios, tratando de destruirla; deben saber que me distinguía en el judaísmo, entre los jóvenes de mi pueblo y de mi edad, porque los superaba en el celo por las tradiciones paternas.

Pero Dios me había elegido desde el seno de mi madre, y por su gracia me llamó. Un día quiso revelarme a su Hijo, para que yo lo anunciara entre los paganos. Inmediatamente, sin solicitar ningún consejo humano y sin ir siquiera a Jerusalén para ver a los apóstoles anteriores a mí, me trasladé a Arabia y después regresé a Damasco. Al cabo de tres años fui a Jerusalén, para ver a Pedro y estuve con él quince días. No vi a ningún otro de los apóstoles, excepto a Santiago, el pariente del Señor.

Palabra de Dios. ℟. **Te alabamos, Señor.**

ACLAMACIÓN ANTES DEL EVANGELIO

Lc 7, 16

B.P. 1032 - Sosa

℟. Aleluya, aleluya.
Un gran profeta ha surgido entre nosotros.
Dios ha visitado a su pueblo.
℟. Aleluya, aleluya.

EVANGELIO

Joven, yo te lo mando: Levántate.

Del santo Evangelio según san Lucas
7, 11-17

En aquel tiempo, se dirigía Jesús a una población llamada Naím, acompañado de sus discípulos y de mucha gente. Al llegar a la entrada de la población, se encontró con que sacaban a enterrar a un muerto, hijo único de una viuda, a la que acompañaba una gran muchedumbre.

Cuando el Señor la vio, se compadeció de ella y le dijo: "No llores". Acercándose al ataúd, lo tocó y los que lo llevaban se detuvieron. Entonces dijo Jesús: "Joven, yo te lo mando: Levántate". Inmediatamente el que había muerto se levantó y comenzó a hablar. Jesús se lo entregó a su madre.

Al ver esto, todos se llenaron de temor y comenzaron a glorificar a Dios, diciendo: "Un gran profeta ha surgido entre nosotros. Dios ha visitado a su pueblo".

La noticia de este hecho se divulgó por toda Judea y por las regiones circunvecinas.

Palabra del Señor. ℟. **Gloria a ti, Señor Jesús.**

ORACIÓN SOBRE LAS OFRENDAS

Mira, Señor, con bondad nuestro servicio para que esta ofrenda se convierta para ti en don aceptable y para nosotros, en aumento de nuestra caridad. Por Jesucristo, nuestro Señor.

ANTÍFONA DE LA COMUNIÓN 1 Jn 4, 16

Dios es amor, y el que permanece en el amor permanece en Dios y Dios en él.

ORACIÓN DESPUÉS DE LA COMUNIÓN

Señor, que la virtud medicinal de este sacramento nos cure por tu bondad de nuestras maldades y nos haga avanzar por el camino recto. Por Jesucristo, nuestro Señor.

CRISTO LES DICE TAMBIÉN A USTEDES: ¡LEVÁNTENSE!

- A ustedes, esposos, que han caído en la rutina del "¡Buenos días!", "¿Cómo te fue?", "¡Buenas noches!"... y se han olvidado de decirse "¡Te quiero!" en las mil y una formas en que puede decirse en la vida de todos los días.
- A ustedes, papás y mamás, que en la educación cristiana de sus hijos se han cansado de ir contra la corriente y han aterrizado en un "¡Hagan lo que quieran!".
- A ustedes, jefes de familia, que en la lucha diaria por conseguir el sustento –y todo lo demás– han caído en prácticas poco honradas y más "productivas".
- A ustedes, matrimonios, que han caído en los métodos no naturales de planeación familiar.
- A ustedes, muchachos y muchachas, que están cayendo en la trampa del alcohol y de las drogas, del sexo disfrazado de amor, de la irresponsabilidad disfrazada de libertad, de la irreligiosidad disfrazada de ciencia...
- A ustedes, privilegiados, que tienen trabajo y disfrutan de una posición más holgada, y han caído en la insolidaridad egoísta.
- A ustedes, a los que las penas y las enfermedades han arrojado al desaliento y a la desesperanza.

CRISTO LES DICE A TODOS: ¡LEVÁNTENSE!

Y ésta no es sólo una frase bonita.

En la Comunión, Cristo –que es el que nos invita hoy a levantarnos– nos ofrece la fuerza que necesitamos para ello, porque nos da a comer su cuerpo, que venció a la muerte en la resurrección, y con este alimento suyo podemos levantarnos de todas estas situaciones de muerte.

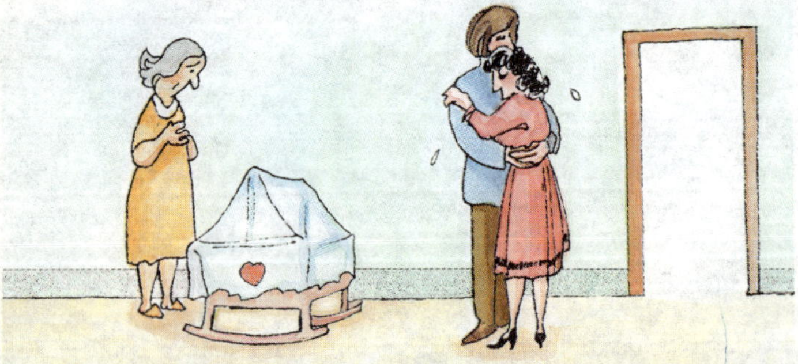

12 de junio 11º Domingo del T. Ordinario

(Verde)

ANTÍFONA DE ENTRADA Cfr. Sal 26, 7. 9

Oye, Señor, mi voz y mis clamores. Ven en mi ayuda, no me rechaces, ni me abandones, Dios, salvador mío.

ORACIÓN COLECTA

Señor Dios, fortaleza de los que en ti esperan, acude, bondadoso, a nuestro llamado y puesto que sin ti nada puede nuestra humana debilidad, danos siempre la ayuda de tu gracia, para que, en el cumplimiento de tu voluntad, te agrademos siempre con nuestros deseos y acciones. Por nuestro Señor Jesucristo…

San Lucas, el autor del que se llama "Evangelio de la Misericordia", nos presenta hoy la narración de la pecadora perdonada (EVANGELIO). Pero ya el Antiguo Testamento está lleno de la presencia de Dios misericordioso, y Samuel nos relata cómo el Señor perdonó a David su crimen, cuando el rey se arrepintió de haberlo cometido (PRIMERA LECTURA). San Pablo (SEGUNDA LECTURA) nos confiesa su ardiente amor por Cristo, diciéndonos: "Me amó y se entregó a sí mismo por mí… Vivo, pero ya no soy yo el que vive, es Cristo quien vive en mí".

PRIMERA LECTURA

El Señor te perdona tu pecado. No morirás.

Del segundo libro de Samuel
12, 7-10. 13

En aquellos días, dijo el profeta Natán al rey David: "Así dice el Dios de Israel: 'Yo te consagré rey de Israel y te libré de las manos de Saúl, te confié la casa de tu señor y puse sus mujeres en tus brazos; te di poder sobre Judá e Israel, y si todo esto te parece poco, estoy dispuesto a darte todavía más.

¿Por qué, pues, has despreciado el mandato del Señor, haciendo lo que es malo a sus ojos? Mataste a Urías, el hitita, y tomaste a su esposa por mujer. A él lo hiciste morir por la espada de los amonitas. Pues bien, la muerte por espada no se apartará nunca de tu casa, pues me has despreciado, al apoderarte de la esposa de Urías, el hitita, y hacerla tu mujer' ".

David le dijo a Natán: "¡He pecado contra el Señor!". Natán le respondió: "El Señor te perdona tu pecado. No morirás".

Palabra de Dios. ℟. **Te alabamos, Señor.**

SALMO RESPONSORIAL

Del salmo 31

L. Reyes, B.P. 1710

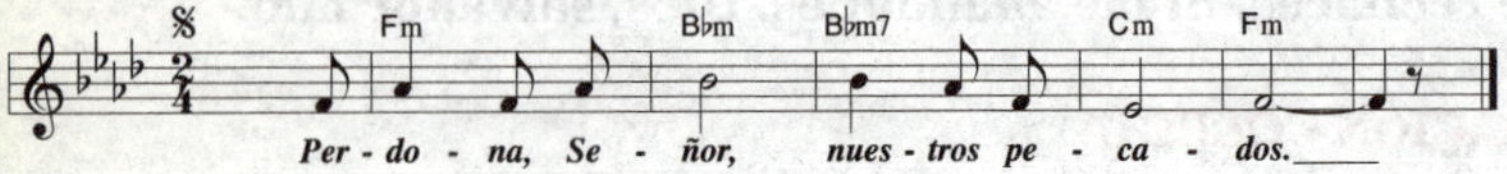

℟. Perdona, Señor, nuestros pecados.

Dichoso aquel que ha sido absuelto
de su culpa y su pecado.
Dichoso aquel en el que Dios no encuentra
ni delito ni engaño. ℟.

Ante el Señor reconocí mi culpa,
no oculté mi pecado.
Te confesé, Señor, mi gran delito
y tú me has perdonado. ℟.

Por eso, en el momento de la angustia,
que todo fiel te invoque,
y no lo alcanzarán las grandes aguas,
aunque éstas se desborden. ℟.

Alégrense con el Señor y regocíjense
los justos todos,
y todos los hombres de corazón sincero
canten de gozo. ℟.

SEGUNDA LECTURA

Vivo, pero ya no soy yo el que vive, es Cristo quien vive en mí.

De la carta del apóstol san Pablo a los gálatas
2, 16. 19-21

Hermanos: Sabemos que el hombre no llega a ser justo por cumplir la ley, sino por creer en Jesucristo. Por eso también nosotros hemos creído en Cristo Jesús, para ser justificados por la fe en Cristo y no por cumplir la ley. Porque nadie queda justificado por el cumplimiento de la ley.

Por la ley estoy muerto a la ley, a fin de vivir para Dios. Estoy crucificado con Cristo. Vivo, pero ya no soy yo el que vive, es Cristo quien vive en mí. Pues mi vida en este mundo la vivo en la fe que tengo en el Hijo de Dios, que me amó y se entregó a sí mismo por mí. Así no vuelvo inútil la gracia de Dios, pues si uno pudiera ser justificado por cumplir la ley, Cristo habría muerto en vano.

Palabra de Dios. ℟. **Te alabamos, Señor.**

ACLAMACIÓN ANTES DEL EVANGELIO

1 Jn 4, 10

B.P. 1032 - Sosa

℟. Aleluya, aleluya.
Dios nos amó y nos envió a su Hijo,
como víctima de expiación por nuestros pecados.
℟. Aleluya, aleluya.

EVANGELIO

Sus pecados le han quedado perdonados, porque ha amado mucho.

Del santo Evangelio según san Lucas
7, 36–8, 3

En aquel tiempo, un fariseo invitó a Jesús a comer con él. Jesús fue a la casa del fariseo y se sentó a la mesa. Una mujer de mala vida en aquella ciudad, cuando supo que Jesús iba a comer ese día en casa del fariseo, tomó consigo un frasco de alabastro con perfume, fue y se puso detrás de Jesús, y comenzó a llorar, y con sus lágrimas le bañaba los pies, los enjugó con su cabellera, los besó y los ungió con el perfume.

Viendo esto, el fariseo que lo había invitado comenzó a pensar: "Si este hombre fuera profeta, sabría qué clase de mujer es la que lo está tocando; sabría que es una pecadora".

Entonces Jesús le dijo: "Simón, tengo algo que decirte". El fariseo contestó: "Dímelo, Maestro". Él le dijo: "Dos hombres le debían dinero a un prestamista. Uno le debía quinientos denarios y el otro, cincuenta. Como no tenían con qué pagarle, les perdonó la deuda a los dos. ¿Cuál de ellos lo amará más?". Simón le respondió: "Supongo que aquel a quien le perdonó más".

Entonces Jesús le dijo: "Has juzgado bien". Luego, señalando a la mujer, dijo a Simón: "¿Ves a esta mujer? Entré en tu casa y tú no me ofreciste agua para los pies, mientras que ella me los ha bañado con sus lágrimas y me los ha enjugado con sus cabellos. Tú no me diste el beso de saludo; ella, en cambio, desde que entró, no ha dejado de besar mis pies. Tú no ungiste con aceite mi cabeza; ella, en cambio, me ha ungido los pies con perfume. Por lo cual, yo te digo: sus pecados, que son muchos, le han quedado perdonados, porque ha amado mucho. En cambio, al que poco se le perdona, poco ama". Luego le dijo a la mujer: "Tus pecados te han quedado perdonados".

Los invitados empezaron a preguntarse a sí mismos: "¿Quién es éste, que hasta los pecados perdona?". Jesús le dijo a la mujer: "Tu fe te ha salvado; vete en paz".

Después de esto, Jesús comenzó a recorrer ciudades y poblados predicando la buena nueva del Reino de Dios. Lo acompañaban los Doce y algunas mujeres que habían sido libradas de espíritus malignos y curadas de varias enfermedades. Entre ellas iban María, llamada Magdalena, de la que habían salido siete demonios; Juana, mujer de Cusa, el administrador de Herodes; Susana y otras muchas, que los ayudaban con sus propios bienes.

Palabra del Señor. ℟. **Gloria a ti, Señor Jesús.**

ORACIÓN SOBRE LAS OFRENDAS

Tú que con este pan y este vino que te presentamos das al género humano el alimento que lo sostiene y el sacramento que lo renueva, concédenos, Señor, que nunca nos falte esta ayuda para el cuerpo y el alma. Por Jesucristo, nuestro Señor.

ANTÍFONA DE LA COMUNIÓN Jn 17, 11

Padre santo, guarda en tu nombre a los que me has dado, para que, como nosotros, sean uno, dice el Señor.

ORACIÓN DESPUÉS DE LA COMUNIÓN

Señor, que esta santa comunión, que acabamos de recibir, así como significa la unión de los fieles en ti, así también lleve a efecto la unidad en tu Iglesia. Por Jesucristo, nuestro Señor.

¿VES A ESA MUJER?

- ☞ ¿Ves a esa mujer que, a pesar de los consejos de sus amigas y aun de sus propios padres, ha decidido dar a luz a su hijo?
- ☞ ¿Ves a esa ancianita que se priva hasta de lo más indispensable para sostener la beca de un seminarista?
- ☞ ¿Ves a aquella señora que dona parte de su tiempo solicitando alimentos y preparando despensas para las familias pobres del rumbo?
- ☞ ¿Ves a aquel hombre que paga las colegiaturas del hijo de uno de sus compañeros de oficina en mala situación económica?
- ☞ ¿Ves a ese muchacho que domingo a domingo visita a los enfermos en un hospital?
- ☞ ¿Ves a esa catequista que generosamente da a conocer a su Señor a los niños?
- ☞ ¿Ves a ese estudiante de leyes que da asesoría gratuita a personas asalariadas con problemas legales?
- ☞ ¿Ves a ese médico que presta sus servicios en un dispensario parroquial, sin cobrar nada?
- ☞ ¿Ves a aquel empleado que atiende al público con tanta servicialidad y respeto?
- ☞ ¿Ves a esa enfermera tan alegre y cuidadosa con sus pacientes?

"Yo te digo: sus pecados, que son muchos, le han quedado perdonados, porque ha amado mucho".

19 de junio **12º Domingo del T. Ordinario**

(Verde)

ANTÍFONA DE ENTRADA **Cfr. Sal 27, 8-9**

El Señor es la fuerza de su pueblo, defensa y salvación para su Ungido. Sálvanos, Señor, vela sobre nosotros y guíanos siempre.

ORACIÓN COLECTA

Señor, concédenos vivir siempre en el amor y respeto a tu santo nombre, ya que jamás dejas de proteger a quienes estableces en el sólido fundamento de tu amor. Por nuestro Señor Jesucristo…

Después de que san Pedro hizo su profesión de fe, Jesús anunció su pasión e invitó a sus discípulos a que cada uno tomara su propia cruz para seguirlo (EVANGELIO). En relación con el anuncio de la pasión, leemos en la profecía de Zacarías (PRIMERA LECTURA) que debemos dirigir nuestra mirada hacia el misterioso siervo doliente, que es una prefiguración de Cristo en la cruz. San Pablo nos recuerda que estamos unidos a Cristo por el bautismo y, por lo mismo, estamos unidos entre nosotros. Nada debe separar a quienes se reconocen, por la fe, como hijos de Dios (SEGUNDA LECTURA).

PRIMERA LECTURA

Mirarán al que traspasaron.

Del libro del profeta Zacarías

12, 10-11; 13, 1

Esto dice el Señor: "Derramaré sobre la descendencia de David y sobre los habitantes de Jerusalén, un espíritu de piedad y de compasión y ellos volverán sus ojos hacia mí, a quien traspasaron con la lanza. Harán duelo, como se hace duelo por el hijo único y llorarán por él amargamente, como se llora por la muerte del primogénito.

En ese día será grande el llanto en Jerusalén, como el llanto en la aldea de Hadad-Rimón, en el valle de Meguido".

En aquel día brotará una fuente para la casa de David y los habitantes de Jerusalén, que los purificará de sus pecados e inmundicias.

Palabra de Dios. ℟. **Te alabamos, Señor.**

SALMO RESPONSORIAL

Del salmo 62

M. Aguilar B.P. 1711

℟. Señor, mi alma tiene sed de ti.

Señor, tú eres mi Dios, a ti te busco;
de ti sedienta está mi alma.
Señor, todo mi ser te añora
como el suelo reseco añora el agua. ℟.

Para admirar tu gloria y tu poder,
con este afán te busco en tu santuario.
Pues mejor es tu amor que la existencia;
siempre, Scñor, te alabarán mis labios. ℟.

Podré así bendecirte mientras viva
y levantar en oración mis manos.
De lo mejor se saciará mi alma.
Te alabaré con jubilosos labios. ℟.

SEGUNDA LECTURA

Cuantos han sido bautizados en Cristo se han revestido de Cristo.

De la carta del apóstol san Pablo a los gálatas
3, 26-29

Hermanos: Todos ustedes son hijos de Dios por la fe en Cristo Jesús, pues, cuantos han sido incorporados a Cristo por medio del bautismo, se han revestido de Cristo. Ya no existe diferencia entre judíos y no judíos, entre esclavos y libres, entre varón y mujer, porque todos ustedes son uno en Cristo Jesús. Y si ustedes son de Cristo, son también descendientes de Abraham y la herencia que Dios le prometió les corresponde a ustedes.

Palabra de Dios. ℟. **Te alabamos, Señor.**

ACLAMACIÓN ANTES DEL EVANGELIO

Jn 10, 27

B.P. 1032 - Sosa

℟. Aleluya, aleluya.
Mis ovejas escuchan mi voz, dice el Señor;
yo las conozco y ellas me siguen.
℟. Aleluya, aleluya.

EVANGELIO

Tú eres el Mesías de Dios. - Es necesario que el Hijo del hombre sufra mucho.

Del santo Evangelio según san Lucas
9, 18-24

Un día en que Jesús, acompañado de sus discípulos, había ido a un lugar solitario para orar, les preguntó: "¿Quién dice la gente que soy yo?". Ellos contestaron: "Unos dicen que eres Juan el Bautista; otros, que Elías, y otros, que alguno de los antiguos profetas que ha resucitado".

Él les dijo: "Y ustedes, ¿quién dicen que soy yo?". Respondió Pedro: "El Mesías de Dios". Él les ordenó severamente que no lo dijeran a nadie.

Después les dijo: "Es necesario que el Hijo del hombre sufra mucho, que sea rechazado por los ancianos, los sumos sacerdotes y los escribas, que sea entregado a la muerte y que resucite al tercer día".

Luego, dirigiéndose a la multitud, les dijo: "Si alguno quiere acompañarme, que no se busque a sí mismo, que tome su cruz de cada día y me siga. Pues el que quiera conservar para sí mismo su vida, la perderá; pero el que la pierda por mi causa, ése la encontrará".

Palabra del Señor. ℟. **Gloria a ti, Señor Jesús.**

ORACIÓN SOBRE LAS OFRENDAS

Recibe, Señor, este sacrificio de reconciliación y alabanza y concédenos que, purificados por su eficacia, podamos ofrecerte el entrañable afecto de nuestro corazón. Por Jesucristo, nuestro Señor.

ANTÍFONA DE LA COMUNIÓN Jn 10, 11. 15

Yo soy el buen pastor, y doy la vida por mis ovejas, dice el Señor.

ORACIÓN DESPUÉS DE LA COMUNIÓN

Renovados, Señor, por el alimento del sagrado Cuerpo y la preciosa Sangre de tu Hijo, concédenos que lo que realizamos con asidua devoción, lo recibamos convertido en certeza de redención. Por Jesucristo, nuestro Señor.

"QUE TOME SU CRUZ DE CADA DÍA...

† Su **cruz-trabajo**: muchas veces cansado, en otras insoportable, con frecuencia aburrido, monótono...

† Su **cruz-quehacer doméstico**: arreglo que nadie nota, guiso que nadie agradece, servicios inadvertidos...

† Su **cruz-familiar enfermo**: en ocasiones absorbente, a veces impaciente, no rara vez impertinente...

† Su **cruz-enfermedad**: las piernas que se hinchan tanto, el no poder comer esto o lo otro por prescripción médica, esa migraña cotidiana, noches de no conciliar el sueño...

† Su **cruz-pobreza**: las quincenas que no alcanzan ni para una semana, el gasto imprevisto y "descobijador", el acreedor inconsiderado...

† Su **cruz-tercera edad**: ya no se oye bien ni se ve claro, ni lo toman en cuenta a uno...

... Y ME SIGA".

Nuestras cruces nos dan la oportunidad de contribuir con Cristo a la salvación de la humanidad.

24 de junio — Natividad de san Juan Bautista

Viernes

(Misa del día)

(Blanco)

ANTÍFONA DE ENTRADA Jn 1, 6-7; Lc 1, 17

Vino un hombre enviado por Dios, que se llamaba Juan. Él vino para dar testimonio de la luz y prepararle al Señor un pueblo dispuesto a recibirlo.

Se dice Gloria.

ORACIÓN COLECTA

Dios nuestro, que suscitaste a san Juan Bautista para prepararle a Cristo, el Señor, un pueblo dispuesto a recibirlo, concede ahora a tu Iglesia el don de la alegría espiritual, y guía a tus fieles por el camino de la salvación y de la paz. Por nuestro Señor Jesucristo…

Para comprender mejor la vocación del Bautista, en la PRIMERA LECTURA se nos recuerda la vocación de Isaías. En la SEGUNDA LECTURA san Pablo afirma claramente que la misión de Juan el Bautista es preparar la venida de Jesús, Salvador. El EVANGELIO relata su nacimiento, y nos deja entrever cómo fue sometido, por parte del Señor, a una austera formación en el desierto "hasta el día en que se dio a conocer al pueblo de Israel".

PRIMERA LECTURA

Te convertiré en luz de las naciones.

Del libro del profeta Isaías

49, 1-6

Escúchenme, islas;
pueblos lejanos, atiéndanme.
El Señor me llamó desde el vientre de mi madre;
cuando aún estaba yo en el seno materno,
él pronunció mi nombre.
Hizo de mi boca una espada filosa,
me escondió en la sombra de su mano,
me hizo flecha puntiaguda,
me guardó en su aljaba y me dijo:
"Tú eres mi siervo, Israel;
en ti manifestaré mi gloria".
Entonces yo pensé: "En vano me he cansado,
inútilmente he gastado mis fuerzas;
en realidad mi causa estaba en manos del Señor,
mi recompensa la tenía mi Dios".
Ahora habla el Señor,
el que me formó desde el seno materno,
para que fuera su servidor,
para hacer que Jacob volviera a él
y congregar a Israel en torno suyo
–tanto así me honró el Señor
y mi Dios fue mi fuerza–.
Ahora, pues, dice el Señor:
"Es poco que seas mi siervo
sólo para restablecer a las tribus de Jacob
y reunir a los sobrevivientes de Israel;
te voy a convertir en luz de las naciones,
para que mi salvación llegue
hasta los últimos rincones de la tierra".

Palabra de Dios. ℟. **Te alabamos, Señor.**

SALMO RESPONSORIAL
Del salmo 138

B.P. 1497 J. Martínez-Ramírez

℟. Te doy gracias, Señor, porque me has formado maravillosamente.

Tú me conoces, Señor, profundamente:
tú conoces cuándo me siento y me levanto,
desde lejos sabes mis pensamientos,
tú observas mi camino y mi descanso,
todas mis sendas te son familiares. ℟.

Tú formaste mis entrañas,
me tejiste en el seno materno.
Te doy gracias por tan grandes maravillas;
soy un prodigio y tus obras son prodigiosas. ℟.

Conocías plenamente mi alma;
no se te escondía mi organismo,
cuando en lo oculto me iba formando
y entretejiendo en lo profundo de la tierra. ℟.

SEGUNDA LECTURA

Antes de que Jesús llegara, Juan predicó a todo Israel un bautismo de penitencia.

Del libro de los Hechos de los Apóstoles
13, 22-26

En aquellos días, Pablo les dijo a los judíos: "Hermanos: Dios les dio a nuestros padres como rey a David, de quien hizo esta alabanza: *He hallado a David, hijo de Jesé, hombre según mi corazón, quien realizará todos mis designios.*

Del linaje de David, conforme a la promesa, Dios hizo nacer para Israel un Salvador, Jesús. Juan preparó su venida, predicando a todo el pueblo de Israel un bautismo de penitencia, y hacia el final de su vida, Juan decía: 'Yo no soy el que ustedes piensan. Después de mí viene uno a quien no merezco desatarle las sandalias'.

Hermanos míos, descendientes de Abraham, y cuantos temen a Dios: Este mensaje de salvación les ha sido enviado a ustedes".

Palabra de Dios. ℟. **Te alabamos, Señor.**

ACLAMACIÓN ANTES DEL EVANGELIO

Lc 1, 76

B.P. 1032 - Sosa

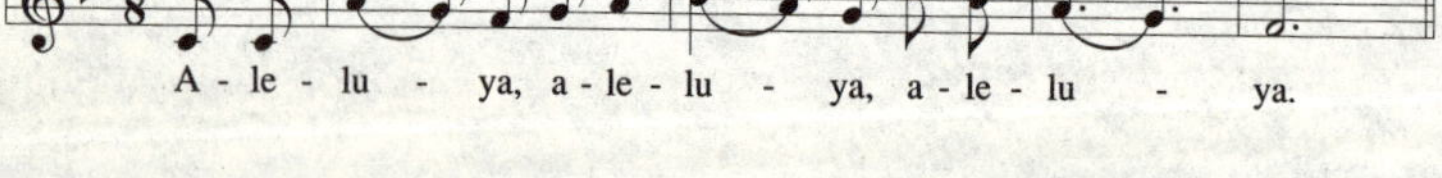

℟. Aleluya, aleluya.
Y a ti, niño, te llamarán profeta del Altísimo,
porque irás delante del Señor a preparar sus caminos.
℟. Aleluya, aleluya.

EVANGELIO

Juan es su nombre.

✠ Del santo Evangelio según san Lucas
1, 57-66. 80

Por aquellos días, le llegó a Isabel la hora de dar a luz y tuvo un hijo. Cuando sus vecinos y parientes se enteraron de que el Señor le había manifestado tan grande misericordia, se regocijaron con ella.

A los ocho días fueron a circuncidar al niño y le querían poner Zacarías, como su padre; pero la madre se opuso, diciéndoles: "No. Su nombre será Juan". Ellos le decían: "Pero si ninguno de tus parientes se llama así".

Entonces le preguntaron por señas al padre cómo quería que se llamara el niño. Él pidió una tablilla y escribió: "Juan es su nombre". Todos se quedaron extrañados. En ese momento a Zacarías se le soltó la lengua, recobró el habla y empezó a bendecir a Dios.

Un sentimiento de temor se apoderó de los vecinos, y en toda la región montañosa de Judea se comentaba este suceso. Cuantos se enteraban de ello se preguntaban impresionados: "¿Qué va a ser de este niño?". Esto lo decían, porque realmente la mano de Dios estaba con él.

El niño se iba desarrollando físicamente y su espíritu se iba fortaleciendo, y vivió en el desierto hasta el día en que se dio a conocer al pueblo de Israel.

Palabra del Señor. ℟. **Gloria a ti, Señor Jesús.**

Se dice Credo.

ORACIÓN SOBRE LAS OFRENDAS

Presentamos, Señor, en tu altar estos dones, al celebrar con el debido honor el nacimiento de aquel que no sólo anunció al Salvador que habría de venir, sino, además, lo mostró ya presente. Él, que vive y reina por los siglos de los siglos.

ANTÍFONA DE LA COMUNIÓN Cfr. Lc 1, 78

Por la entrañable misericordia de nuestro Dios, nos ha visitado el sol que nace de lo alto.

ORACIÓN DESPUÉS DE LA COMUNIÓN

Renovados por el banquete celestial del Cordero, te rogamos, Señor, que tu Iglesia, llena de alegría por el nacimiento de Juan el Bautista, reconozca en aquel que Juan anunció que habría de venir al autor de la salvación. Por Jesucristo, nuestro Señor.

"SE REGOCIJARON CON ELLA"

- Por aquellos días, Isabel tuvo un hijo, y cuando sus vecinos y parientes se enteraron, se regocijaron con ella. Pero, ¡claro!, eso era en los tiempos bíblicos.
- En esos tiempos en que el nacimiento de un niño era visto como una muestra de la misericordia de Dios y no como un grave peligro para la salud psíquica de la madre, para la economía familiar, para el progreso nacional o para el porvenir del mundo.
- En esos mismos tiempos en que, consecuentemente, los vecinos y parientes se regocijaban con la madre y el padre del niño, en vez de mirar con lástima a la primera y de recriminar al segundo en nombre de la escasez de alimentos, de la falta de oportunidades educativas y de la carencia de fuentes de trabajo.
- En esos tiempos en que, al nacer un niño, se preguntaban: "¿Qué va a ser de este niño?", en lugar de preguntarse: "¿Qué diablos iremos a hacer con este niño?".
- Tiempos felices aquellos en que a los padres, en vez de maldecir su suerte, les daba, como a Zacarías, por bendecir a Dios.
- ¿Sería que en aquellos tiempos los medios de comunicación de Dios (es decir, los ángeles) decían de un niño: "Será para ti gozo y alegría", y ahora los medios de comunicación de los hombres nos sugieren todo lo contrario?
- Y que conste que no se trata de traer al mundo todos los niños que se pueda o de no tomar en cuenta, antes de "encargar" otro niño, las circunstancias económicas o de salud de cada matrimonio.

Una cosa es la paternidad responsable y otra muy distinta es el egoísmo, la comodidad y la manipulación de la que somos objeto por medio de la propaganda.

26 de junio **13er Domingo del T. Ordinario**

(Verde)

ANTÍFONA DE ENTRADA Sal 46, 2

Pueblos todos, aplaudan y aclamen a Dios con gritos de júbilo.

ORACIÓN COLECTA

Señor Dios, que mediante la gracia de la adopción filial quisiste que fuéramos hijos de la luz, concédenos que no nos dejemos envolver en las tinieblas del error, sino que permanezcamos siempre vigilantes en el esplendor de la verdad. Por nuestro Señor Jesucristo…

San Lucas nos habla hoy (EVANGELIO) del viaje de Jesús a Jerusalén para sufrir su pasión y su muerte. En esas circunstancias, el Señor se refiere a las exigencias de la vocación apostólica: cuando él llama, quiere que se le siga inmediatamente y sin mirar hacia atrás. Así fue como el profeta Eliseo abandonó el campo en que trabajaba, para seguir al profeta Elías (PRIMERA LECTURA), y también san Pablo recuerda a los gálatas que su vocación es la libertad, pero no una libertad de egoísmo, sino la de ser servidores de los demás para cumplir con el precepto de amar al prójimo como a sí mismo (SEGUNDA LECTURA).

PRIMERA LECTURA

Eliseo se levantó y siguió a Elías.

Del primer libro de los Reyes
19, 16. 19-21

En aquellos tiempos, el Señor le dijo a Elías: "Unge a Eliseo, el hijo de Safat, originario de Abel-Mejolá, para que sea profeta en lugar tuyo".

Elías partió luego y encontró a Eliseo, hijo de Safat, que estaba arando. Delante de él trabajaban doce yuntas de bueyes y él trabajaba con la última. Elías pasó junto a él y le echó encima su manto. Entonces Eliseo abandonó sus bueyes, corrió detrás de Elías y le dijo: "Déjame dar a mis padres el beso de despedida y te seguiré". Elías le contestó: "Ve y vuelve, porque bien sabes lo que ha hecho el Señor contigo".

Se fue Eliseo, se llevó los dos bueyes de la yunta, los sacrificó, asó la carne en la hoguera que hizo con la madera del arado y la repartió a su gente para que se la comieran. Luego se levantó, siguió a Elías y se puso a su servicio.

Palabra de Dios. ℟. **Te alabamos, Señor.**

SALMO RESPONSORIAL

Del salmo 15

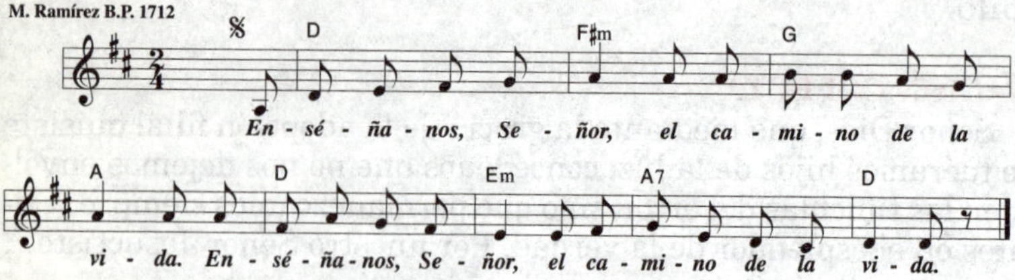

℟. Enséñanos, Señor, el camino de la vida.

Protégeme, Dios mío, pues eres mi refugio.
Yo siempre he dicho que tú eres mi Señor.
El Señor es la parte que me ha tocado en herencia:
mi vida está en sus manos. ℟.

Bendeciré al Señor, que me aconseja,
hasta de noche me instruye internamente.
Tengo siempre presente al Señor
y con él a mi lado, jamás tropezaré. ℟.

Por eso se me alegran el corazón y el alma
y mi cuerpo vivirá tranquilo,
porque tú no me abandonarás a la muerte
ni dejarás que sufra yo la corrupción. ℟.

Enséñame el camino de la vida,
sáciame de gozo en tu presencia
y de alegría perpetua junto a ti. ℟.

SEGUNDA LECTURA

La vocación de ustedes es la libertad.

De la carta del apóstol san Pablo a los gálatas
5, 1. 13-18

Hermanos: Cristo nos ha liberado para que seamos libres. Conserven, pues, la libertad y no se sometan de nuevo al yugo de la esclavitud. Su vocación, hermanos, es la libertad. Pero cuiden de no tomarla como pretexto para satisfacer su egoísmo; antes bien, háganse servidores los unos de los otros por amor. Porque toda la ley se resume en un solo precepto: *Amarás a tu prójimo como a ti mismo.* Pues si ustedes se muerden y devoran mutuamente, acabarán por destruirse.

Los exhorto, pues, a que vivan de acuerdo con las exigencias del Espíritu; así no se dejarán arrastrar por el desorden egoísta del hombre. Este desorden está en contra del Espíritu de Dios, y el Espíritu está en contra de ese desorden. Y esta oposición es tan radical, que les impide a ustedes hacer lo que querrían hacer. Pero si los guía el Espíritu, ya no están ustedes bajo el dominio de la ley.

Palabra de Dios. ℟. **Te alabamos, Señor.**

ACLAMACIÓN ANTES DEL EVANGELIO

1 Sam 3, 9; Jn 6, 68

B.P. 1032 - Sosa

℟. Aleluya, aleluya.
Habla, Señor, que tu siervo te escucha.
Tú tienes palabras de vida eterna.
℟. Aleluya, aleluya.

EVANGELIO

Jesús tomó la firme determinación de ir a Jerusalén. - Te seguiré a dondequiera que vayas.

Del santo Evangelio según san Lucas
9, 51-62

Cuando ya se acercaba el tiempo en que tenía que salir de este mundo, Jesús tomó la firme determinación de emprender el viaje a Jerusalén. Envió mensajeros por delante y ellos fueron a una aldea de Samaria para conseguirle alojamiento; pero los samaritanos no quisieron recibirlo, porque supieron que iba a Jerusalén. Ante esta negativa, sus discípulos Santiago y Juan le dijeron: "Señor, ¿quieres que hagamos bajar fuego del cielo para que acabe con ellos?". Pero Jesús se volvió hacia ellos y los reprendió. Después se fueron a otra aldea.

Mientras iban de camino, alguien le dijo a Jesús: "Te seguiré a dondequiera que vayas". Jesús le respondió: "Las zorras tienen madrigueras y los pájaros, nidos; pero el Hijo del hombre no tiene en dónde reclinar la cabeza".

A otro, Jesús le dijo: "Sígueme". Pero él le respondió: "Señor, déjame ir primero a enterrar a mi padre". Jesús le replicó: "Deja que los muertos entierren a sus muertos. Tú ve y anuncia el Reino de Dios".

Otro le dijo: "Te seguiré, Señor; pero déjame primero despedirme de mi familia". Jesús le contestó: "El que empuña el arado y mira hacia atrás, no sirve para el Reino de Dios".

Palabra del Señor. ℟. **Gloria a ti, Señor Jesús.**

ORACIÓN SOBRE LAS OFRENDAS

Señor Dios, que bondadosamente realizas el fruto de tus sacramentos, concédenos que seamos capaces de servirte como corresponde a tan santos misterios. Por Jesucristo, nuestro Señor.

ANTÍFONA DE LA COMUNIÓN Jn 17, 20-21

Padre, te ruego por ellos, para que sean uno en nosotros y el mundo pueda creer que tú me has enviado, dice el Señor.

ORACIÓN DESPUÉS DE LA COMUNIÓN

Que la víctima divina que te hemos ofrecido y que acabamos de recibir, nos vivifique, Señor, para que, unidos a ti con perpetuo amor, demos frutos que permanezcan para siempre. Por Jesucristo, nuestro Señor.

NOSOTROS, LOS CRISTIANOS DEL "PERO"

Todos estamos dispuestos a seguir la doctrina y el ejemplo de Cristo, ¡no faltaba más!

- **Pero** primero tenemos que ir a enterrar a nuestros muertos…
- **Pero** primero tenemos que despedirnos de la familia…
- **Pero** primero tenemos que consolidar nuestra situación económica, lo cual, siguiendo la doctrina de Cristo, no es muy fácil, como comprenderás…
- **Pero** primero tenemos que afianzar nuestra carrera política, asunto para el cual no ayuda mucho el cristianismo práctico…
- **Pero** ¿qué prisa corre? Ya habrá tiempo después…
- **Pero** sin exagerar; Dios mejor que nadie sabe lo limitados que somos…
- **Pero** siempre y cuando no implique renunciar a tal o cual situación…
- **Pero** en la medida en que no afecte los negocios. Ya sabes que hay que dar "al César lo que es del César y a Dios lo que es de Dios"…
- **Pero** primero tenemos que tomar muchos cursos y retiros…
- **Pero** con criterio amplio y moderno…

Ojalá el Señor, a la mera hora, no nos vaya a poner a nosotros tantos "peros".

29 de junio — **Santos Pedro y Pablo, apóstoles**

Miércoles

(Misa del día)

(Rojo)

ANTÍFONA DE ENTRADA

Éstos son los que, viviendo en nuestra carne, con su sangre fecundaron a la Iglesia, bebieron del cáliz del Señor, y fueron hechos amigos suyos.

Se dice Gloria.

ORACIÓN COLECTA

Dios nuestro, tú que nos llenas de una venerable y santa alegría en la solemnidad de tus santos apóstoles Pedro y Pablo, concede a tu Iglesia que se mantenga siempre fiel a todas las enseñanzas de aquellos por quienes comenzó la propagación de la fe. Por nuestro Señor Jesucristo…

Los Hechos de los Apóstoles cuentan la liberación milagrosa de Pedro, como respuesta a la oración de toda la Iglesia, cuando el apóstol se hallaba preso en Jerusalén (PRIMERA LECTURA). San Mateo, por su parte, nos muestra cómo la fe inquebrantable en Cristo, convierte a Simón Pedro en la "piedra" fundamental de la Iglesia (EVANGELIO). Se reproduce también (SEGUNDA LECTURA) el último mensaje de san Pablo a su discípulo Timoteo, cuando estaba prisionero en Roma, dispuesto a recibir el martirio.

PRIMERA LECTURA

Ahora sí estoy seguro de que el Señor envió a su ángel, para librarme de las manos de Herodes.

Del libro de los Hechos de los Apóstoles
12, 1-11

En aquellos días, el rey Herodes mandó apresar a algunos miembros de la Iglesia para maltratarlos. Mandó pasar a cuchillo a Santiago, hermano de Juan, y viendo que eso agradaba a los judíos, también hizo apresar a Pedro. Esto sucedió durante los días de la fiesta de los panes Ázimos. Después de apresarlo, lo hizo encarcelar y lo puso bajo la vigilancia de cuatro turnos de guardia, de cuatro soldados cada turno. Su intención era hacerlo comparecer ante el pueblo después de la Pascua. Mientras Pedro estaba en la cárcel, la comunidad no cesaba de orar a Dios por él.

La noche anterior al día en que Herodes iba a hacerlo comparecer ante el pueblo, Pedro estaba durmiendo entre dos soldados, atado con dos cadenas y los centinelas cuidaban la puerta de la prisión. De pronto apareció el ángel del Señor y el calabozo se llenó de luz. El ángel tocó a Pedro en el costado, lo despertó y le dijo: "Levántate pronto". Entonces las cadenas que le sujetaban las manos se le cayeron. El ángel le dijo: "Cíñete la túnica y ponte las sandalias", y Pedro obedeció. Después le dijo: "Ponte el manto y sígueme". Pedro salió detrás de él, sin saber si era verdad o no lo que el ángel hacía, y le parecía más bien que estaba soñando. Pasaron el primero y el segundo puesto de guardia y llegaron a la puerta de hierro que daba a la calle. La puerta se abrió sola delante de ellos. Salieron y caminaron hasta la esquina de la calle y de pronto el ángel desapareció.

Entonces, Pedro se dio cuenta de lo que pasaba y dijo: "Ahora sí estoy seguro de que el Señor envió a su ángel para librarme de las manos de Herodes y de todo cuanto el pueblo judío esperaba que me hicieran".

Palabra de Dios. ℟. **Te alabamos, Señor.**

SALMO RESPONSORIAL
Del salmo 33

J. Venegas B.P. 1741

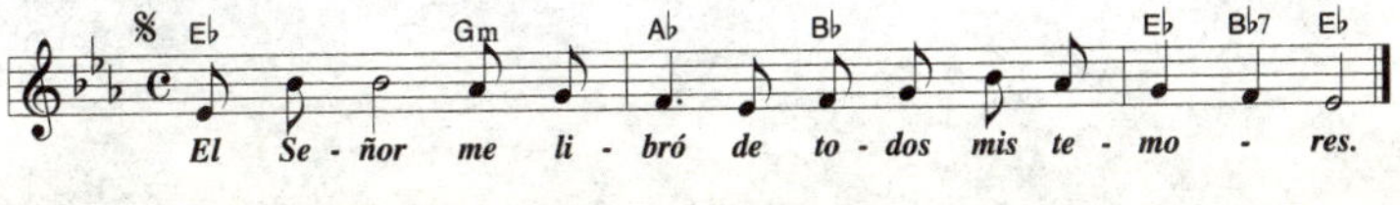

℟. El Señor me libró de todos mis temores.

Bendeciré al Señor a todas horas,
no cesará mi boca de alabarlo.
Yo me siento orgulloso del Señor,
que se alegre su pueblo al escucharlo. ℟.
Proclamemos la grandeza del Señor
y alabemos todos juntos su poder.
Cuando acudí al Señor, me hizo caso
y me libró de todos mis temores. ℟.
Confía en el Señor y saltarás de gusto,
jamás te sentirás decepcionado,
porque el Señor escucha el clamor de los pobres
y los libra de todas sus angustias. ℟.
Junto a aquellos que temen al Señor
el ángel del Señor acampa y los protege.
Haz la prueba y verás qué bueno es el Señor.
Dichoso el hombre que se refugia en él. ℟.

SEGUNDA LECTURA

Ahora sólo espero la corona merecida.

De la segunda carta del apóstol san Pablo a Timoteo
4, 6-8. 17-18

Querido hermano: Ha llegado para mí la hora del sacrificio y se acerca el momento de mi partida. He luchado bien en el combate, he corrido hasta la meta, he perseverado en la fe. Ahora sólo espero la corona merecida, con la que el Señor, justo juez, me premiará en aquel día, y no solamente a mí, sino a todos aquellos que esperan con amor su glorioso advenimiento.

Cuando todos me abandonaron, el Señor estuvo a mi lado y me dio fuerzas para que, por mi medio, se proclamara claramente el mensaje de salvación y lo oyeran todos los paganos. Y fui librado de las fauces del león. El Señor me seguirá librando de todos los peligros y me llevará sano y salvo a su Reino celestial.

Palabra de Dios. ℟. **Te alabamos, Señor.**

ACLAMACIÓN ANTES DEL EVANGELIO

Mt 16, 18

B.P. 1033 - Palazón

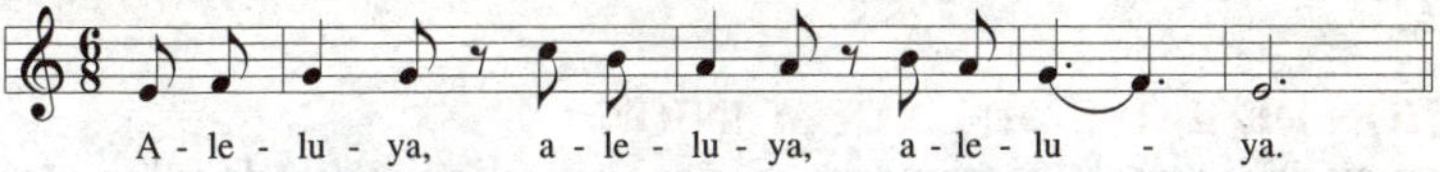

℟. Aleluya, aleluya.
Tú eres Pedro y sobre esta piedra edificaré mi Iglesia,
y los poderes del infierno
no prevalecerán sobre ella, dice el Señor.
℟. Aleluya, aleluya.

EVANGELIO

Tú eres Pedro y yo te daré las llaves del Reino de los cielos.

✠ Del santo Evangelio según san Mateo
16, 13-19

En aquel tiempo, cuando llegó Jesús a la región de Cesarea de Filipo, hizo esta pregunta a sus discípulos: "¿Quién dice la gente que es el Hijo del hombre?". Ellos le respondieron: "Unos dicen que eres Juan el Bautista; otros, que Elías; otros, que Jeremías o alguno de los profetas".

Luego les preguntó: "Y ustedes, ¿quién dicen que soy yo?". Simón Pedro tomó la palabra y le dijo: "Tú eres el Mesías, el Hijo de Dios vivo".

Jesús le dijo entonces: "¡Dichoso tú, Simón, hijo de Juan, porque esto no te lo ha revelado ningún hombre, sino mi Padre, que está en los cielos! Y yo te digo a ti que tú eres Pedro y sobre esta piedra edificaré mi Iglesia. Los poderes del infierno no prevalecerán sobre ella. Yo te daré las llaves del Reino de los cielos; todo lo que ates en la tierra quedará atado en el cielo, y todo lo que desates en la tierra quedará desatado en el cielo".

Palabra del Señor. ℟. **Gloria a ti, Señor Jesús.**

Se dice Credo.

ORACIÓN SOBRE LAS OFRENDAS

Haz, Señor, que la oración de tus santos Apóstoles acompañe la ofrenda que te presentamos, y nos permita celebrar con devoción este santo sacrificio. Por Jesucristo, nuestro Señor.

ANTÍFONA DE LA COMUNIÓN Cfr. Mt 16, 16. 18

Dijo Pedro a Jesús: Tú eres el Mesías, el Hijo de Dios vivo. Jesús le respondió: Tú eres Pedro, y sobre esta piedra edificaré mi Iglesia.

ORACIÓN DESPUÉS DE LA COMUNIÓN

Renovados por este sacramento, Señor, concédenos vivir de tal manera en tu Iglesia que, perseverando en la fracción del pan y en la enseñanza de los Apóstoles, tengamos un solo corazón y un mismo espíritu, fortalecidos por tu amor. Por Jesucristo, nuestro Señor.

EPÍSTOLA APÓCRIFA DE SAN PABLO A LOS OCCIDENTALES

Pablo, apóstol de Jesucristo, a los pueblos de occidente:

❖ Ustedes poseen uno de los pasados más gloriosos en la historia: han predicado el Evangelio por el mundo, han edificado iglesias, han extendido la Iglesia.

❖ Con mezcla de gozo y de temor, he observado el alto grado de civilización y progreso al que han llegado.

❖ Oigo decir, con asombro, que muchos de ustedes van suplantando el cristianismo por otras formas de ver la vida.

❖ Ya son ricos, ya tienen oro, petróleo, cohetes, bombas atómicas, televisión y automóviles, computadoras, tabletas electrónicas, teléfonos inteligentes, satélites y sistemas de posicionamiento global, internet y redes sociales, además de sofisticadas formas de entretenimiento. Ya son los amos del mundo.

❖ Ahora les va pareciendo ridícula la doctrina de Cristo y de sus apóstoles. Ustedes son los modernos; nosotros, los anticuados; ustedes son los "listos" que saben compaginar el cristianismo con el materialismo; nosotros, los apóstoles: unos pobrecillos inexpertos e ignorantes que creemos que el Evangelio sólo se puede practicar negándonos a nosotros mismos, tomando nuestra cruz de cada día, perdonando y padeciendo persecución.

❖ No les escribo estas cosas para insultarlos, sino para avisarles como a hijos queridísimos míos. Porque yo, Pablo de Tarso, los he engendrado en el auténtico Evangelio de Jesucristo y estoy cierto de que tengo el verdadero Espíritu de Dios.

Como yo, corran hasta la meta, perseveren en la fe. Busquen la corona merecida, con la que el Señor, justo juez, premiará a quienes de veras confían en él.

3 de julio 14º Domingo del T. Ordinario

(Verde)

ANTÍFONA DE ENTRADA **Cfr. Sal 47, 10-11**

Meditamos, Señor, los dones de tu amor, en medio de tu templo. Tu alabanza llega hasta los confines de la tierra como tu fama. Tu diestra está llena de justicia.

ORACIÓN COLECTA

Señor Dios, que por medio de la humillación de tu Hijo reconstruiste el mundo derrumbado, concede a tus fieles una santa alegría para que, a quienes rescataste de la esclavitud del pecado, nos hagas disfrutar del gozo que no tiene fin. Por nuestro Señor Jesucristo…

Después de recordarles las exigencias de su apostolado, Jesús envió a setenta y dos discípulos a predicar el Evangelio a los samaritanos, como un adelanto de la evangelización de los pueblos paganos. San Lucas refiere que volvieron muy contentos (EVANGELIO). La alegría empapa la vida del que se consagra a Cristo. Ya habian dicho los profetas que la alegría era algo así como una señal de los tiempos en que viviera el Mesías (PRIMERA LECTURA). Pero a esta alegría total no se llega sino por medio de la cruz, porque entre el cristiano y el mundo, como proclama san Pablo (SEGUNDA LECTURA), está la cruz de Cristo.

PRIMERA LECTURA

Yo haré correr la paz sobre ella como un río.

Del libro del profeta Isaías
66, 10-14

Alégrense con Jerusalén, gocen con ella todos los que la aman, alégrense de su alegría todos los que por ella llevaron luto, para que se alimenten de sus pechos, se llenen de sus consuelos y se deleiten con la abundancia de su gloria.

Porque dice el Señor: "Yo haré correr la paz sobre ella como un río y la gloria de las naciones como un torrente desbordado. Como niños serán llevados en el regazo y acariciados sobre sus rodillas; como un hijo a quien su madre consuela, así los consolaré yo. En Jerusalén serán ustedes consolados.

Al ver esto se alegrará su corazón y sus huesos florecerán como un prado. Y los siervos del Señor conocerán su poder".

Palabra de Dios. ℟. **Te alabamos, Señor.**

SALMO RESPONSORIAL

Del salmo 65

A. Zermeño B.P. 1713

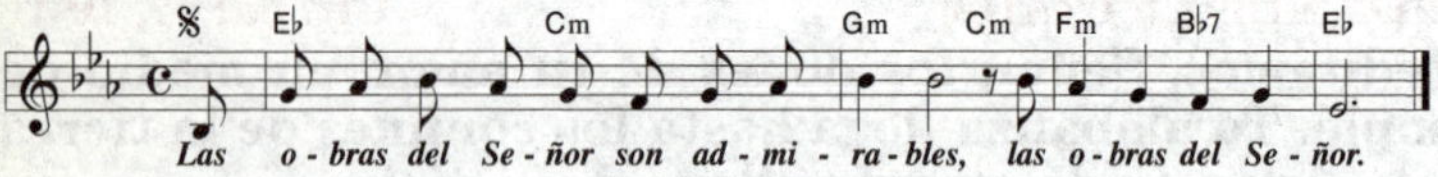

℟. Las obras del Señor son admirables.

Que aclame al Señor toda la tierra;
celebremos su gloria y su poder,
cantemos un himno de alabanza,
digamos al Señor: "Tu obra es admirable". ℟.

Que se postre ante ti la tierra entera
y celebre con cánticos tu nombre.
Admiremos las obras del Señor,
los prodigios que ha hecho por los hombres. ℟.

Él transformó el Mar Rojo en tierra firme
y los hizo cruzar el Jordán a pie enjuto.
Llenémonos por eso de gozo y gratitud:
El Señor es eterno y poderoso. ℟.

Cuantos temen a Dios vengan y escuchen,
y les diré lo que ha hecho por mí.
Bendito sea Dios que no rechazó mi súplica,
ni me retiró su gracia. ℟.

SEGUNDA LECTURA

Llevo en mi cuerpo la marca de los sufrimientos que he pasado por Cristo.

De la carta del apóstol san Pablo a los gálatas
6, 14-18

Hermanos: No permita Dios que yo me gloríe en algo que no sea la cruz de nuestro Señor Jesucristo, por el cual el mundo está crucificado para mí y yo para el mundo. Porque en Cristo Jesús de nada vale el estar circuncidado o no, sino el ser una nueva creatura.

Para todos los que vivan conforme a esta norma y también para el verdadero Israel, la paz y la misericordia de Dios. De ahora en adelante, que nadie me ponga más obstáculos, porque llevo en mi cuerpo la marca de los sufrimientos que he pasado por Cristo.

Hermanos, que la gracia de nuestro Señor Jesucristo esté con ustedes. Amén.

Palabra de Dios. ℟. **Te alabamos, Señor.**

ACLAMACIÓN ANTES DEL EVANGELIO

Col 3, 15. 16

B.P. 1033 - Palazón

℟. Aleluya, aleluya.
Que en sus corazones reine la paz de Cristo;
que la palabra de Cristo habite en ustedes con toda su riqueza.
℟. Aleluya, aleluya.

EVANGELIO

El deseo de paz de ustedes se cumplirá.

Del santo Evangelio según san Lucas
10, 1-12. 17-20

En aquel tiempo, Jesús designó a otros setenta y dos discípulos y los mandó por delante, de dos en dos, a todos los pueblos y lugares a donde pensaba ir, y les dijo: “La cosecha es mucha y los trabajadores pocos. Rueguen, por lo tanto, al dueño de la mies que envíe trabajadores a sus campos. Pónganse en camino; yo los envío como corderos en medio de lobos. No lleven ni dinero, ni morral, ni sandalias y no se detengan a saludar a nadie por el camino. Cuando entren en una casa digan: 'Que la paz reine en esta casa'. Y si allí hay gente amante de la paz, el deseo de paz de ustedes se cumplirá; si no, no se cumplirá. Quédense en esa casa. Coman y beban de lo que tengan, porque el trabajador tiene derecho a su salario. No anden de casa en casa. En cualquier ciudad donde entren y los reciban, coman lo que les den. Curen a los enfermos que haya y díganles: 'Ya se acerca a ustedes el Reino de Dios'.

Pero si entran en una ciudad y no los reciben, salgan por las calles y digan: 'Hasta el polvo de esta ciudad que se nos ha pegado a los pies nos lo sacudimos, en señal de protesta contra ustedes. De todos modos, sepan que el Reino de Dios está cerca'. Yo les digo que en el día del juicio, Sodoma será tratada con menos rigor que esa ciudad".

Los setenta y dos discípulos regresaron llenos de alegría y le dijeron a Jesús: "Señor, hasta los demonios se nos someten en tu nombre".

Él les contestó: "Vi a Satanás caer del cielo como el rayo. A ustedes les he dado poder para aplastar serpientes y escorpiones y para vencer toda la fuerza del enemigo, y nada les podrá hacer daño. Pero no se alegren de que los demonios se les someten. Alégrense más bien de que sus nombres están escritos en el cielo".

Palabra del Señor. ℟. **Gloria a ti, Señor Jesús.**

ORACIÓN SOBRE LAS OFRENDAS

La oblación que te ofrecemos, Señor, nos purifique, y nos haga participar, de día en día, de la vida del reino glorioso. Por Jesucristo, nuestro Señor.

ANTÍFONA DE LA COMUNIÓN Mt 11, 28

Vengan a mí, todos los que están fatigados y agobiados por la carga, y yo les daré alivio, dice el Señor.

ORACIÓN DESPUÉS DE LA COMUNIÓN

Señor, que nos has colmado con tantas gracias, concédenos alcanzar los dones de la salvación y que nunca dejemos de alabarte. Por Jesucristo, nuestro Señor.

APÓSTOLES DE LOS "DE DOS EN DOS"

✻ En aquel tiempo, el Señor designó a otros setenta y dos discípulos y los mandó por delante, "de dos en dos", a todos los pueblos y lugares a donde pensaba ir.

También ahora:

✻ A todos los hogares a donde Cristo quiere ir, envía a sus discípulos "de dos en dos".

✻ Es decir, un "él" y una "ella", un papá y una mamá.

✻ A nosotros –papás y mamás y futuros papás y mamás– es a quienes Cristo nos ha encomendado la misión de prepararle el camino para que él llegue a nuestros hijos.

✻ Con nuestras palabras, ellos comenzarán (o no comenzarán) a conocer a Cristo, y por lo tanto empezarán (o no) a amarlo, porque no se puede amar a quien no se conoce.

✻ Con nuestro ejemplo, ellos van a aprender (o no lo harán) a darle gracias a Dios por los beneficios recibidos, a acudir a él en todas las dificultades que se les presenten, a confiar en su Providencia, a pedirle perdón por las faltas cometidas.

✻ Con nuestro ejemplo también aprenderán a ser serviciales con los demás, a perdonarse mutuamente, a ver a Cristo en todos, especialmente en los más necesitados que nosotros; es decir, aprenderán a poner en práctica el mandamiento de "que se amen los unos a los otros, como yo los he amado".

En aquel tiempo... y también ahora.

10 de julio **15º Domingo del T. Ordinario**

(Verde)

ANTÍFONA DE ENTRADA **Cfr. Sal 16, 15**

Por serte fiel, yo contemplaré tu rostro, Señor, y al despertar, espero saciarme de gloria.

ORACIÓN COLECTA

Señor Dios, que muestras la luz de tu verdad a los que andan extraviados para que puedan volver al buen camino, concede a cuantos se profesan como cristianos rechazar lo que sea contrario al nombre que llevan y cumplir lo que ese nombre significa. Por nuestro Señor Jesucristo...

La parábola del buen samaritano es ejemplo de cómo debemos vivir la ley del amor a Dios y a nuestros hermanos (EVANGELIO). En el libro del Deuteronomio (PRIMERA LECTURA) se nos recuerda que la ley de Dios no es algo exterior a nosotros, sino que se encuentra dentro de cada uno y debemos ponerla en práctica. San Pablo (SEGUNDA LECTURA), nos muestra la imagen de Cristo en toda su grandeza: Hijo de Dios, "primogénito de toda la creación", principio de la nueva humanidad por su resurrección.

PRIMERA LECTURA

Los mandamientos están muy a tu alcance para que puedas cumplirlos.

Del libro del Deuteronomio
30, 10-14

En aquellos días, habló Moisés al pueblo y le dijo: "Escucha la voz del Señor, tu Dios, que te manda guardar sus mandamientos y disposiciones escritos en el libro de esta ley. Y conviértete al Señor tu Dios, con todo tu corazón y con toda tu alma.

Estos mandamientos que te doy, no son superiores a tus fuerzas ni están fuera de tu alcance. No están en el cielo, de modo que pudieras decir: '¿Quién subirá por nosotros al cielo para que nos los traiga, los escuchemos y podamos cumplirlos?'. Ni tampoco están al otro lado del mar, de modo que pudieras objetar: '¿Quién cruzará el mar por nosotros para que nos los traiga, los escuchemos y podamos cumplirlos?'. Por el contrario, todos mis mandamientos están muy a tu alcance, en tu boca y en tu corazón, para que puedas cumplirlos".

Palabra de Dios. ℟. **Te alabamos, Señor.**

SALMO RESPONSORIAL

Del salmo 68

W. Íñiguez B.P. 1714

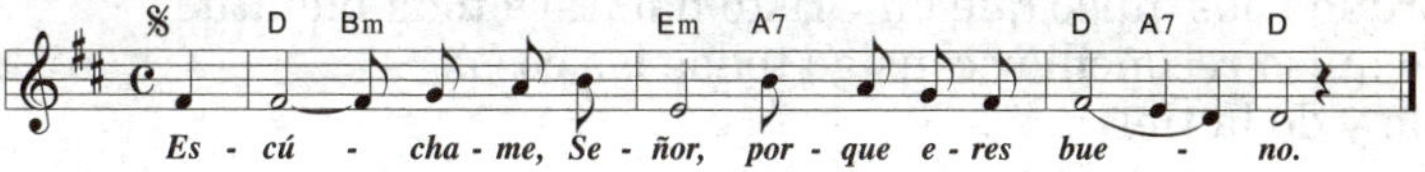

℟. Escúchame, Señor, porque eres bueno.

A ti, Señor, elevo mi plegaria,
ven en mi ayuda pronto;
escúchame conforme a tu clemencia,
Dios fiel en el socorro.
Escúchame, Señor, pues eres bueno
y en tu ternura vuelve a mí tus ojos. ℟.

Mírame enfermo y afligido;
defiéndeme y ayúdame, Dios mío.
En mi cantar exaltaré tu nombre,
proclamaré tu gloria, agradecido. ℟.

Se alegrarán al verlo los que sufren;
quienes buscan a Dios tendrán más ánimo,
porque el Señor jamás desoye al pobre
ni olvida al que se encuentra encadenado. ℟.

Ciertamente el Señor salvará a Sión,
reconstruirá a Judá;
la heredarán los hijos de sus siervos,
quienes aman a Dios la habitarán. ℟.

SEGUNDA LECTURA
Todo fue creado por medio de él y para él.

De la carta del apóstol san Pablo a los colosenses
1, 15-20

Cristo es la imagen de Dios invisible,
el primogénito de toda la creación,
porque en él tienen su fundamento todas las cosas creadas,
del cielo y de la tierra, las visibles y las invisibles,
sin excluir a los tronos y dominaciones,
a los principados y potestades.
Todo fue creado por medio de él y para él.
Él existe antes que todas las cosas,
y todas tienen su consistencia en él.
Él es también la cabeza del cuerpo, que es la Iglesia.
Él es el principio, el primogénito de entre los muertos,
para que sea el primero en todo.
Porque Dios quiso que en Cristo habitara toda plenitud
y por él quiso reconciliar consigo todas las cosas,
del cielo y de la tierra,
y darles la paz por medio de su sangre,
derramada en la cruz.

Palabra de Dios. ℟. **Te alabamos, Señor.**

ACLAMACIÓN ANTES DEL EVANGELIO
Cfr. Jn 6, 63. 68

B.P. 1033 - Palazón

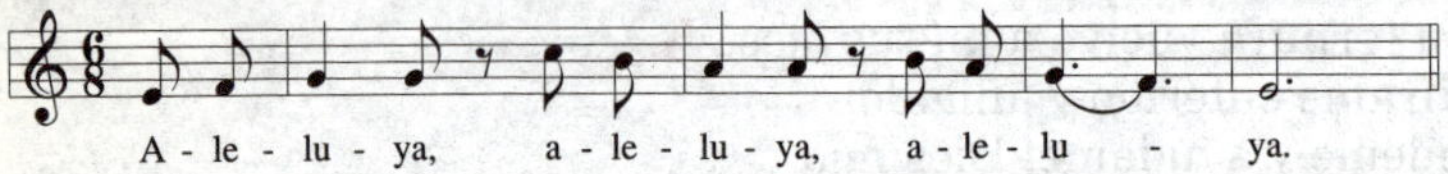

℟. Aleluya, aleluya.
Tus palabras, Señor, son espíritu y vida.
Tú tienes palabras de vida eterna.
℟. Aleluya, aleluya.

EVANGELIO
¿Quién es mi prójimo?

Del santo Evangelio según san Lucas
10, 25-37

En aquel tiempo, se presentó ante Jesús un doctor de la ley para ponerlo a prueba y le preguntó: "Maestro, ¿qué debo hacer para conseguir la vida eterna?". Jesús le dijo: "¿Qué es lo que está escrito en la ley? ¿Qué lees en ella?". El doctor de la ley contestó: *"Amarás al Señor tu Dios, con todo tu corazón, con toda tu alma, con todas tus fuerzas* y con todo tu ser, *y a tu prójimo como a ti mismo"*. Jesús le dijo: "Has contestado bien; si haces eso, vivirás".

El doctor de la ley, para justificarse, le preguntó a Jesús: "¿Y quién es mi prójimo?". Jesús le dijo: "Un hombre que bajaba por el camino de Jerusalén a Jericó, cayó en manos de unos ladrones, los cuales lo robaron, lo hirieron y lo dejaron medio muerto. Sucedió que por el mismo camino bajaba un sacerdote, el cual lo vio y pasó de largo. De igual modo, un levita que pasó por ahí, lo vio y siguió adelante. Pero un samaritano que iba de viaje, al verlo, se compadeció de él, se le acercó, ungió sus heridas con aceite y vino y se las vendó; luego lo puso sobre su cabalgadura, lo llevó a un mesón y cuidó de él. Al día siguiente sacó dos denarios, se los dio al dueño del mesón y le dijo: 'Cuida de él y lo que gastes de más, te lo pagaré a mi regreso'.

¿Cuál de estos tres te parece que se portó como prójimo del hombre que fue asaltado por los ladrones?". El doctor de la ley le respondió: "El que tuvo compasión de él". Entonces Jesús le dijo: "Anda y haz tú lo mismo".

Palabra del Señor. ℟. **Gloria a ti, Señor Jesús.**

ORACIÓN SOBRE LAS OFRENDAS

Mira, Señor, los dones de tu Iglesia suplicante, y concede que, al recibirlos, sirvan a tus fieles para crecer en santidad. Por Jesucristo, nuestro Señor.

ANTÍFONA DE LA COMUNIÓN Jn 6, 56

El que come mi carne y bebe mi sangre, permanece en mí y yo en él, dice el Señor.

ORACIÓN DESPUÉS DE LA COMUNIÓN

Alimentados con los dones que hemos recibido, te suplicamos, Señor, que, participando frecuentemente de este sacramento, crezcan los efectos de nuestra salvación. Por Jesucristo, nuestro Señor.

¿CUÁL DE ÉSTOS SE PORTÓ COMO PRÓJIMO?

- ¿El que se compadeció del herido, vendó sus heridas y lo tomó a su cuidado, o los que pasaron junto a él, hicieron como que no lo veían y siguieron su camino?

- ¿Quien trata con cortesía, amabilidad e incluso cariño a las personas que esperan en las salas de las clínicas de los hospitales públicos, o las que los tratan como si fueran "bultos"?

- ¿Quienes, en el mercado o en las tiendas, dan el peso exacto, o quienes tienen arregladas sus básculas para engañar al cliente?

- ¿La mujer que decide –cuéstele lo que le cueste– tener a su bebé, o la que decide –por la razón que sea– deshacerse de él antes de que nazca?

- ¿El que paga un salario justo, aunque se reduzcan sus utilidades, o el que se aprovecha de la escasez de empleos para pagar lo que se le antoja?

- ¿El que le da a su trabajo todo el tiempo y el cuidado que éste requiere, o el que flojea y lo ejecuta "al aventón"?

- ¿El que ayuda a los demás en todo lo que puede, o el que se contenta con lamentar la situación en la que ellos se hallan?

Por lo tanto, "anda y haz tú lo mismo".

17 de julio 16º Domingo del T. Ordinario

(Verde)

ANTÍFONA DE ENTRADA **Sal 53, 6. 8**

El Señor es mi auxilio y el único apoyo en mi vida. Te ofreceré de corazón un sacrificio y daré gracias a tu nombre, Señor, porque eres bueno.

ORACIÓN COLECTA

Sé propicio, Señor, con tus siervos y multiplica, bondadoso, sobre ellos los dones de tu gracia, para que, fervorosos en la fe, la esperanza y la caridad, perseveren siempre fieles en el cumplimiento de tus mandatos. Por nuestro Señor Jesucristo…

El libro del Génesis nos muestra a Abraham, que le ofrece hospitalidad a Dios, quien se le aparece como un extranjero peregrino (PRIMERA LECTURA). San Lucas nos muestra también a Jesús gozando de la hospitalidad de Marta y María en su casa de Betania (EVANGELIO). En los dos casos, la visita del Señor es una fuente de bendiciones para quienes lo reciben. San Pablo (SEGUNDA LECTURA) se refiere a su identificación con Cristo, cuya pasión sigue viviendo en su propia carne.

PRIMERA LECTURA

Señor, no pases junto a mí sin detenerte.

Del libro del Génesis
18, 1-10

Un día, el Señor se le apareció a Abraham en el encinar de Mambré. Abraham estaba sentado en la entrada de su tienda, a la hora del calor más fuerte. Levantando la vista, vio de pronto a tres hombres que estaban de pie ante él. Al verlos, se dirigió a ellos rápidamente desde la puerta de la tienda, y postrado en tierra, dijo: "Señor mío, si he hallado gracia a tus ojos, te ruego que no pases junto a mí sin detenerte. Haré que traigan un poco de agua para que se laven los pies y descansen a la sombra de estos árboles; traeré pan para que recobren las fuerzas y después continuarán su camino, pues sin duda para eso han pasado junto a su siervo".

Ellos le contestaron: "Está bien. Haz lo que dices". Abraham entró rápidamente en la tienda donde estaba Sara y le dijo: "Date prisa, toma tres medidas de harina, amásalas y cuece unos panes".

Luego Abraham fue corriendo al establo, escogió un ternero y se lo dio a un criado para que lo matara y lo preparara. Cuando el ternero estuvo asado, tomó requesón y leche y lo sirvió todo a los forasteros. Él permaneció de pie junto a ellos, bajo el árbol, mientras comían. Ellos le preguntaron: "¿Donde está Sara, tu mujer?". Él respondió: "Allá, en la tienda". Uno de ellos le dijo: "Dentro de un año volveré sin falta a visitarte por estas fechas; para entonces, Sara, tu mujer, habrá tenido un hijo".

Palabra de Dios. ℟. **Te alabamos, Señor.**

SALMO RESPONSORIAL

Del salmo 14

J. de J. Hurtado B.P. 1715

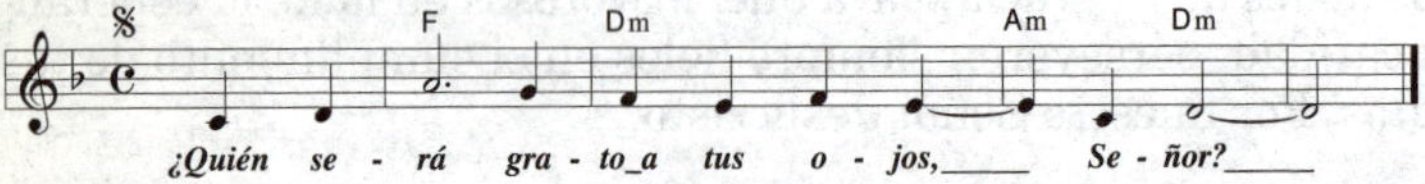

℟. ¿Quién será grato a tus ojos, Señor?

El hombre que procede honradamente
y obra con justicia;
el que es sincero en sus palabras
y con su lengua a nadie desprestigia. ℟.

Quien no hace mal al prójimo
ni difama al vecino;
quien no ve con aprecio a los malvados,
pero honra a quienes temen al Altísimo. ℟.

Quien presta sin usura
y quien no acepta soborno en perjuicio de inocentes.
Quienes vivan así
serán gratos a Dios eternamente. ℟.

SEGUNDA LECTURA

Un designio secreto que Dios ha mantenido oculto y que ahora ha revelado a su pueblo santo.

De la carta del apóstol san Pablo a los colosenses
1, 24-28

Hermanos: Ahora me alegro de sufrir por ustedes, porque así completo lo que falta a la pasión de Cristo en mí, por el bien de su cuerpo, que es la Iglesia.

Por disposición de Dios, yo he sido constituido ministro de esta Iglesia para predicarles por entero su mensaje, o sea el designio secreto que Dios ha mantenido oculto desde siglos y generaciones y que ahora ha revelado a su pueblo santo.

Dios ha querido dar a conocer a los suyos la gloria y riqueza que este designio encierra para los paganos, es decir, que Cristo vive en ustedes y es la esperanza de la gloria; ese mismo Cristo es el que nosotros predicamos cuando corregimos a los hombres y los instruimos con todos los recursos de la sabiduría, a fin de que todos sean cristianos perfectos.

Palabra de Dios. ℟. **Te alabamos, Señor.**

ACLAMACIÓN ANTES DEL EVANGELIO

Cfr. Lc 8, 15

B.P. 1033 - Palazón

℟. Aleluya, aleluya.
Dichosos los que cumplen la palabra del Señor
con un corazón bueno y sincero,
y perseveran hasta dar fruto.
℟. Aleluya, aleluya.

EVANGELIO

Marta lo recibió en su casa. - María escogió la mejor parte.

✠ Del santo Evangelio según san Lucas
10, 38-42

En aquel tiempo, entró Jesús en un poblado, y una mujer, llamada Marta, lo recibió en su casa. Ella tenía una hermana, llamada María, la cual se sentó a los pies de Jesús y se puso a escuchar su palabra. Marta, entre tanto, se afanaba en diversos quehaceres, hasta que, acercándose a Jesús, le dijo: "Señor, ¿no te has dado cuenta de que mi hermana me ha dejado sola con todo el quehacer? Dile que me ayude".

El Señor le respondió: "Marta, Marta, muchas cosas te preocupan y te inquietan, siendo así que una sola es necesaria. María escogió la mejor parte y nadie se la quitará".

Palabra del Señor. ℟. **Gloria a ti, Señor Jesús.**

ORACIÓN SOBRE LAS OFRENDAS

Dios nuestro, que con la perfección de un único sacrificio pusiste fin a la diversidad de sacrificios de la antigua ley, recibe las ofrendas de tus fieles, y santifícalas como bendijiste la ofrenda de Abel, para que aquello que cada uno te ofrece en honor de tu gloria, sea de provecho para la salvación de todos. Por Jesucristo, nuestro Señor.

ANTÍFONA DE LA COMUNIÓN Apoc 3, 20

Miren que estoy a la puerta y llamo, dice el Señor: Si alguien oye mi voz y me abre, entraré en su casa y cenaremos juntos.

ORACIÓN DESPUÉS DE LA COMUNIÓN

Señor, muéstrate benigno con tu pueblo, y ya que te dignaste alimentarlo con los misterios celestiales, hazlo pasar de su antigua condición de pecado a una vida nueva. Por Jesucristo, nuestro Señor.

SEÑOR, SEÑORA: UNA SOLA COSA ES NECESARIA

❊ Y esa **cosa,** señora, no es ciertamente el atarearse de tal manera en el arreglo de la casa, que al llegar los invitados –o el esposo y los hijos– a usted de lo que menos le queden ganas sea de recibirlos y departir con ellos.

❊ Y esa **cosa** no es tampoco, señora de todos mis respetos, el no sentarse a la mesa por estar al pendiente de todo.

❊ Y esa **cosa**, señor mío, no es ciertamente el trabajar con tal intensidad –mañana, tarde y noche, para que no falte nada en casa–, que precisamente falte tiempo para comer o cenar en ella.

❊ La verdadera felicidad, señores, no es que en el hogar no falten cosas, sino que no falte tiempo ni disposición para el encuentro con los demás.

❊ Lo malo con Marta no fue que se atareara tanto en los quehaceres domésticos, sino en que éstos no le dejaran tiempo para el encuentro con Cristo Jesús, con Cristo-familia, con Cristo-amigos.

24 de julio **17º Domingo del T. Ordinario**

(Verde)

ANTÍFONA DE ENTRADA **Cfr. Sal 67, 6-7. 36**

Dios habita en su santuario; él nos hace habitar juntos en su casa; es la fuerza y el poder de su pueblo.

ORACIÓN COLECTA

Señor Dios, protector de los que en ti confían, sin ti, nada es fuerte, ni santo; multiplica sobre nosotros tu misericordia para que, bajo tu dirección, de tal modo nos sirvamos ahora de los bienes pasajeros, que nuestro corazón esté puesto en los bienes eternos. Por nuestro Señor Jesucristo…

El diálogo de Abraham con Dios para conseguir el perdón para Sodoma, la ciudad impura (PRIMERA LECTURA), es un ejemplo de la fuerza de la oración. También la parábola del amigo inoportuno (EVANGELIO) nos habla de esa fuerza y nos muestra cómo Dios se deja siempre conmover por una oración perseverante. San Pablo nos recuerda que por el bautismo hemos muerto y resucitado con Cristo (SEGUNDA LECTURA); la cruz de Cristo nos permite aspirar al perdón de los pecados y nos hace compartir la vida del Señor.

PRIMERA LECTURA

No se enfade mi Señor, si sigo hablando.

Del libro del Génesis
18, 20-32

En aquellos días, el Señor dijo a Abraham: "El clamor contra Sodoma y Gomorra es grande y su pecado es demasiado grave. Bajaré, pues, a ver si sus hechos corresponden a ese clamor; y si no, lo sabré".

Los hombres que estaban con Abraham se despidieron de él y se encaminaron hacia Sodoma. Abraham se quedó ante el Señor y le preguntó: "¿Será posible que tú destruyas al inocente junto con el culpable? Supongamos que hay cincuenta justos en la ciudad, ¿acabarás con todos ellos y no perdonarás al lugar en atención a esos cincuenta justos? Lejos de ti tal cosa: matar al inocente junto con el culpable, de manera que la suerte del justo sea como la del malvado; eso no puede ser. El juez de todo el mundo ¿no hará justicia?". El Señor le contestó: "Si encuentro en Sodoma cincuenta justos, perdonaré a toda la ciudad en atención a ellos".

Abraham insistió: "Me he atrevido a hablar a mi Señor, yo que soy polvo y ceniza. Supongamos que faltan cinco para los cincuenta justos, ¿por esos cinco que faltan, destruirás toda la ciudad?". Y le respondió el Señor: "No la destruiré, si encuentro allí cuarenta y cinco justos".

Abraham volvió a insistir: "Quizá no se encuentren allí más que cuarenta". El Señor le respondió: "En atención a los cuarenta, no lo haré".

Abraham siguió insistiendo: "Que no se enoje mi Señor, si sigo hablando, ¿y si hubiera treinta?". El Señor le dijo: "No lo haré, si hay treinta".

Abraham insistió otra vez: "Ya que me he atrevido a hablar a mi Señor, ¿y si se encuentran sólo veinte?". El Señor le respondió: "En atención a los veinte, no la destruiré".

Abraham continuó: "No se enoje mi Señor, hablaré sólo una vez más, ¿y si se encuentran sólo diez?". Contestó el Señor: "Por esos diez, no destruiré la ciudad".

Palabra de Dios. ℟. **Te alabamos, Señor.**

SALMO RESPONSORIAL
Del salmo 137

J. de J. Hurtado B.P. 1716

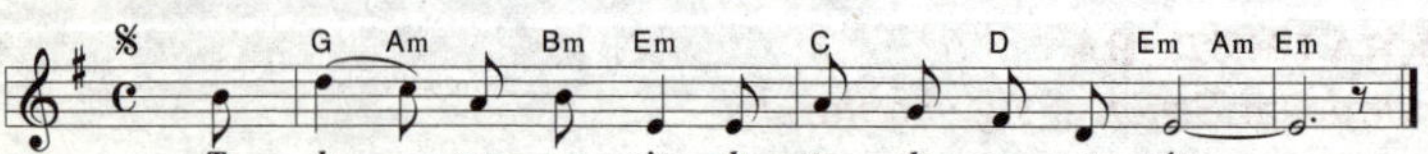

℟. Te damos gracias de todo corazón.

De todo corazón te damos gracias,
Señor, porque escuchaste nuestros ruegos.
Te cantaremos delante de tus ángeles,
te adoraremos en tu templo. ℟.
Señor, te damos gracias
por tu lealtad y por tu amor:
siempre que te invocamos, nos oíste
y nos llenaste de valor. ℟.
Se complace el Señor en los humildes
y rechaza al engreído.
En las penas, Señor, me infundes ánimo,
me salvas del furor del enemigo. ℟.
Tu mano, Señor, nos pondrá a salvo
y así concluirás en nosotros tu obra.
Señor, tu amor perdura eternamente;
obra tuya soy, no me abandones. ℟.

SEGUNDA LECTURA

Les dio a ustedes una vida nueva con Cristo, perdonándoles todos sus pecados.

De la carta del apóstol san Pablo a los colosenses
2, 12-14

Hermanos: Por el bautismo fueron ustedes sepultados con Cristo y también resucitaron con él, mediante la fe en el poder de Dios, que lo resucitó de entre los muertos.

Ustedes estaban muertos por sus pecados y no pertenecían al pueblo de la alianza. Pero él les dio una vida nueva con Cristo, perdonándoles todos los pecados. Él anuló el documento que nos era contrario, cuyas cláusulas nos condenaban, y lo eliminó clavándolo en la cruz de Cristo.

Palabra de Dios. ℟. **Te alabamos, Señor.**

ACLAMACIÓN ANTES DEL EVANGELIO

Rom 8, 15

B.P. 1033 - Palazón

℟. Aleluya, aleluya.
Hemos recibido un espíritu de hijos,
que nos hace exclamar: ¡Padre!
℟. Aleluya, aleluya.

EVANGELIO

Pidan y se les dará.

✠ Del santo Evangelio según san Lucas
11, 1-13

Un día, Jesús estaba orando y cuando terminó, uno de sus discípulos le dijo: "Señor, enséñanos a orar, como Juan enseñó a sus discípulos".

Entonces Jesús les dijo: "Cuando oren, digan:
'Padre, santificado sea tu nombre,
venga tu Reino,
danos hoy nuestro pan de cada día
y perdona nuestras ofensas,
puesto que también nosotros perdonamos
a todo aquel que nos ofende,
y no nos dejes caer en tentación' ".

También les dijo: "Supongan que alguno de ustedes tiene un amigo que viene a medianoche a decirle: 'Préstame, por favor, tres panes, pues un amigo mío ha venido de viaje y no tengo nada que ofrecerle'. Pero él le responde desde dentro: 'No me molestes. No puedo levantarme a dártelos, porque la puerta ya está cerrada y mis hijos y yo estamos acostados'. Si el otro sigue tocando, yo les aseguro que, aunque no se levante a dárselos por ser su amigo, sin embargo, por su molesta insistencia, sí se levantará y le dará cuanto necesite.

Así también les digo a ustedes: Pidan y se les dará, busquen y encontrarán, toquen y se les abrirá. Porque quien pide, recibe; quien busca, encuentra, y al que toca, se le abre. ¿Habrá entre ustedes algún padre que, cuando su hijo le pida pescado, le dé una víbora? ¿O cuando le pida huevo, le dé un alacrán? Pues, si ustedes, que son malos, saben dar cosas buenas a sus hijos, ¿cuánto más el Padre celestial dará el Espíritu Santo a quienes se lo pidan?".

Palabra del Señor. ℟. **Gloria a ti, Señor Jesús.**

ORACIÓN SOBRE LAS OFRENDAS

Recibe, Señor, los dones que por tu generosidad te presentamos, para que, por el poder de tu gracia, estos sagrados misterios santifiquen toda nuestra vida y nos conduzcan a la felicidad eterna. Por Jesucristo, nuestro Señor.

ANTÍFONA DE LA COMUNIÓN Mt 5, 7-8

Dichosos los misericordiosos, porque alcanzarán misericordia. Dichosos los limpios de corazón, porque verán a Dios.

ORACIÓN DESPUÉS DE LA COMUNIÓN

Habiendo recibido, Señor, el sacramento celestial, memorial perpetuo de la pasión de tu Hijo, concédenos que este don, que él mismo nos dio con tan inefable amor, nos aproveche para nuestra salvación eterna. Él, que vive y reina por los siglos de los siglos.

INVITACIÓN A "MOLESTAR" A DIOS

Esto nos puede sonar increíble, pero es cierto…

❊ El mismo Cristo es el que nos invita –y con una insistencia inusitada– a que "molestemos" con nuestra oración a su Padre, que también es nuestro.

❊ Y que lo hagamos tanto, que él se vea obligado a concedernos lo que le pedimos, con tal de que dejemos de "molestarlo".

❊ Ahí está, para no dejarnos mentir, el evangelio de hoy:

"Yo les aseguro que, aunque no se levante a dárselos por ser su amigo, sin embargo, **por su molesta insistencia**, sí se levantará y le dará cuanto necesite".

31 de julio **18º Domingo del T. Ordinario**

(Verde)

ANTÍFONA DE ENTRADA **Sal 69, 2. 6**

Dios mío, ven en mi ayuda; Señor, date prisa en socorrerme. Tú eres mi auxilio y mi salvación; Señor, no tardes.

ORACIÓN COLECTA

Ayuda, Señor, a tus siervos, que imploran tu continua benevolencia, y ya que se glorían de tenerte como su creador y su guía, renueva en ellos tu obra creadora y consérvales los dones de tu redención. Por nuestro Señor Jesucristo…

"Todas las cosas, absolutamente todas, son vana ilusión" (PRIMERA LECTURA), nos dice el libro del Eclesiastés, para que tengamos con qué reflexionar. Luego san Lucas nos dice que Jesús habló con un lenguaje igual (EVANGELIO), aunque lo que Jesús condena en realidad es que se almacenen riquezas para uno mismo, sin ser "rico de lo que vale ante Dios". Para san Pablo (SEGUNDA LECTURA), el bautizado que ha muerto y resucitado con Cristo, debe vivir como un hombre nuevo, porque ya no está en la tierra el motivo de su vida, sino que camina hacia el encuentro con el Señor.

PRIMERA LECTURA

¿Qué provecho saca el hombre de todos sus trabajos?

Del libro del Eclesiastés (Cohélet)
1, 2; 2, 21-23

Todas las cosas, absolutamente todas, son vana ilusión. Hay quien se agota trabajando y pone en ello todo su talento, su ciencia y su habilidad, y tiene que dejárselo todo a otro que no lo trabajó. Esto es vana ilusión y gran desventura. En efecto, ¿qué provecho saca el hombre de todos sus trabajos y afanes bajo el sol? De día dolores, penas y fatigas; de noche no descansa. ¿No es también eso vana ilusión?

Palabra de Dios. ℟. **Te alabamos, Señor.**

SALMO RESPONSORIAL
Del salmo 89

B.P. 1717

℟. Señor, ten compasión de nosotros.

Tú haces volver al polvo a los humanos,
diciendo a los mortales que retornen.
Mil años son para ti como un día,
que ya pasó; como una breve noche. ℟.
Nuestra vida es tan breve como un sueño;
semejante a la hierba,
que despunta y florece en la mañana
y por la tarde se marchita y se seca. ℟.
Enséñanos a ver lo que es la vida
y seremos sensatos.
¿Hasta cuándo, Señor, vas a tener
compasión de tus siervos? ¿Hasta cuándo? ℟.
Llénanos de tu amor por la mañana
y júbilo será la vida toda.
Que el Señor bondadoso nos ayude
y dé prosperidad a nuestras obras. ℟.

SEGUNDA LECTURA
Busquen los bienes de arriba, donde está Cristo.

De la carta del apóstol san Pablo a los colosenses
3, 1-5. 9-11

Hermanos: Puesto que han resucitado con Cristo, busquen los bienes de arriba, donde está Cristo, sentado a la derecha de Dios. Pongan todo el corazón en los bienes del cielo, no en los de la tierra, porque han muerto y su vida está escondida con Cristo en Dios. Cuando se manifieste Cristo, vida de ustedes, entonces también ustedes se manifestarán gloriosos juntamente con él.

Den muerte, pues, a todo lo malo que hay en ustedes: la fornicación, la impureza, las pasiones desordenadas, los malos deseos y la avaricia, que es una forma de idolatría. No sigan engañándose unos a otros; despójense del modo de actuar del viejo yo y revístanse del nuevo yo, el que se va renovando conforme va adquiriendo el conocimiento de Dios, que lo creó a su propia imagen.

En este orden nuevo ya no hay distinción entre judíos y no judíos, israelitas y paganos, bárbaros y extranjeros, esclavos y libres, sino que Cristo es todo en todos.

Palabra de Dios. ℟. **Te alabamos, Señor.**

ACLAMACIÓN ANTES DEL EVANGELIO

Mt 5, 3

℟. Aleluya, aleluya.
Dichosos los pobres de espíritu,
porque de ellos es el Reino de los cielos.
℟. Aleluya, aleluya.

EVANGELIO

¿Para quién serán todos tus bienes?

✠ Del santo Evangelio según san Lucas
12, 13-21

En aquel tiempo, hallándose Jesús en medio de una multitud, un hombre le dijo: "Maestro, dile a mi hermano que comparta conmigo la herencia". Pero Jesús le contestó: "Amigo, ¿quién me ha puesto como juez en la distribución de herencias?".

Y dirigiéndose a la multitud, dijo: "Eviten toda clase de avaricia, porque la vida del hombre no depende de la abundancia de los bienes que posea".

Después les propuso esta parábola: "Un hombre rico obtuvo una gran cosecha y se puso a pensar: '¿Qué haré, porque no tengo ya en dónde almacenar la cosecha? Ya sé lo que voy a hacer: derribaré mis graneros y construiré otros más grandes para guardar ahí mi cosecha y todo lo que tengo. Entonces podré decirme: Ya tienes bienes acumulados para muchos años; descansa, come, bebe y date a la buena vida'. Pero Dios le dijo: '¡Insensato! Esta misma noche vas a morir. ¿Para quién serán todos tus bienes?'. Lo mismo le pasa al que amontona riquezas para sí mismo y no se hace rico de lo que vale ante Dios".

Palabra del Señor. ℟. **Gloria a ti, Señor Jesús.**

ORACIÓN SOBRE LAS OFRENDAS

Santifica, Señor, por tu piedad, estos dones y al recibir en oblación este sacrificio espiritual, conviértenos para ti en una perenne ofrenda. Por Jesucristo, nuestro Señor.

ANTÍFONA DE LA COMUNIÓN — Jn 6, 35

Yo soy el pan de vida, dice el Señor. Quien venga a mí no tendrá hambre, y quien crea en mí no tendrá sed.

ORACIÓN DESPUÉS DE LA COMUNIÓN

Acompaña, Señor, con tu permanente auxilio, a quienes renuevas con el don celestial, y a quienes no dejas de proteger, concédeles ser cada vez más dignos de la eterna redención. Por Jesucristo, nuestro Señor.

RICOS, SÍ; PERO DE LO QUE VALE A LOS OJOS DE DIOS

* Trabajar con honradez, aunque nunca lleguemos a acumular grandes bienes en este mundo…
* Tenderle la mano a quien nos necesita, aun a riesgo de que alguno "nos agarre el pie" o "nos vea la cara"…
* Perdonar las ofensas, aunque nos digan que "no tenemos dignidad" o que "somos unos cobardes"…

Todo lo demás, a los ojos de Dios, es lo de menos.

7 de agosto — 19º Domingo del T. Ordinario

(Verde)

ANTÍFONA DE ENTRADA — **Cfr. Sal 73, 20. 19. 22. 23**

Acuérdate, Señor, de tu alianza, no olvides por más tiempo la suerte de tus pobres. Levántate, Señor, a defender tu causa, no olvides las voces de los que te buscan.

ORACIÓN COLECTA

Dios todopoderoso y eterno, a quien, enseñados por el Espíritu Santo, invocamos con el nombre de Padre, intensifica en nuestros corazones el espíritu de hijos adoptivos tuyos, para que merezcamos entrar en posesión de la herencia que nos tienes prometida. Por nuestro Señor Jesucristo…

Jesús nos recomienda que permanezcamos siempre atentos, como los criados que aguardan en vela el regreso de su amo (EVANGELIO). Fue también durante la noche cuando tuvo lugar la primera Pascua y el Señor pasó para librar a su pueblo (PRIMERA LECTURA), y asimismo fue de noche cuando Cristo salió del sepulcro. La carta a los hebreos (SEGUNDA LECTURA) nos describe la epopeya de los primeros creyentes en camino hacia la tierra prometida, guiados por la fe de Abraham, "el amigo de Dios".

PRIMERA LECTURA

Castigaste a nuestros adversarios y a tus elegidos nos cubriste de gloria.

Del libro de la Sabiduría
18, 6-9

La noche de la liberación pascual fue anunciada con anterioridad a nuestros padres, para que se confortaran al reconocer la firmeza de las promesas en que habían creído.

Tu pueblo esperaba a la vez la salvación de los justos y el exterminio de sus enemigos. En efecto, con aquello mismo con que castigaste a nuestros adversarios nos cubriste de gloria a tus elegidos.

Por eso, los piadosos hijos de un pueblo justo celebraron la Pascua en sus casas, y de común acuerdo se impusieron esta ley sagrada, de que todos los santos participaran por igual de los bienes y de los peligros. Y ya desde entonces cantaron los himnos de nuestros padres.

Palabra de Dios. ℟. **Te alabamos, Señor.**

SALMO RESPONSORIAL

Del salmo 32

B.P. 1718

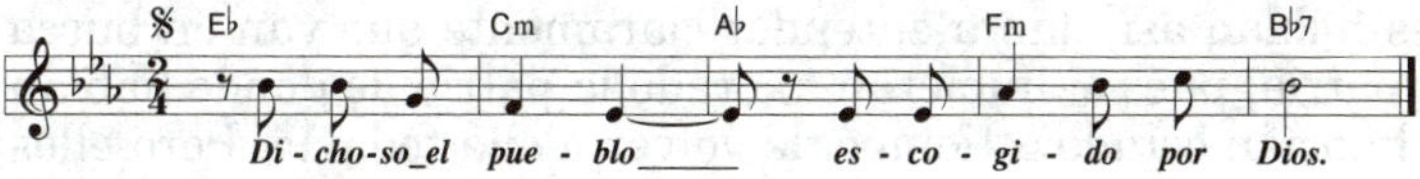

℟. Dichoso el pueblo escogido por Dios.

Que los justos aclamen al Señor;
es propio de los justos alabarlo.
Feliz la nación cuyo Dios es el Señor,
dichoso el pueblo que eligió por suyo. ℟.

Cuida el Señor de aquellos que lo temen
y en su bondad confían;
los salva de la muerte
y en épocas de hambre les da vida. ℟.

En el Señor está nuestra esperanza,
pues él es nuestra ayuda y nuestro amparo.
Muéstrate bondadoso con nosotros,
puesto que en ti, Señor, hemos confiado. ℟.

SEGUNDA LECTURA

Esperaban la ciudad de sólidos cimientos, cuyo arquitecto y constructor es Dios.

De la carta a los hebreos
11, 1-2. 8-19

Hermanos: La fe es la forma de poseer, ya desde ahora, lo que se espera, y de conocer las realidades que no se ven. Por ella fueron alabados nuestros mayores.

Por su fe, Abraham, obediente al llamado de Dios, y sin saber a dónde iba, partió hacia la tierra que habría de recibir como herencia. Por la fe, vivió como extranjero en la tierra prometida, en tiendas de campaña, como Isaac y Jacob, coherederos de la misma promesa después de él. Porque ellos esperaban la ciudad de sólidos cimientos, cuyo arquitecto y constructor es Dios.

Por su fe, Sara, aun siendo estéril y a pesar de su avanzada edad, pudo concebir un hijo, porque creyó que Dios habría de ser fiel a la promesa; y así, de un solo hombre, ya anciano, nació una descendencia numerosa como las estrellas del cielo e incontable como las arenas del mar.

Todos ellos murieron firmes en la fe. No alcanzaron los bienes prometidos, pero los vieron y los saludaron con gozo desde lejos. Ellos reconocieron que eran extraños y peregrinos en la tierra. Quienes hablan así, dan a entender claramente que van en busca de una patria; pues si hubieran añorado la patria de donde habían salido, habrían estado a tiempo de volver a ella todavía. Pero ellos ansiaban una patria mejor: la del cielo. Por eso Dios no se avergüenza de ser llamado su Dios, pues les tenía preparada una ciudad.

Por su fe, Abraham, cuando Dios le puso una prueba, se dispuso a sacrificar a Isaac, su hijo único, garantía de la promesa, porque Dios le había dicho: *De Isaac nacerá la descendencia que ha de llevar tu nombre.* Abraham pensaba, en efecto, que Dios tiene poder hasta para resucitar a los muertos; por eso le fue devuelto Isaac, que se convirtió así en un símbolo profético.

Palabra de Dios. ℟. **Te alabamos, Señor.**

ACLAMACIÓN ANTES DEL EVANGELIO

Mt 24, 42. 44

B.P. 1034 - Palazón

℟. Aleluya, aleluya.
Estén preparados, porque no saben
a qué hora va a venir el Hijo del hombre.
℟. Aleluya, aleluya.

EVANGELIO

También ustedes estén preparados.

✠ Del santo Evangelio según san Lucas 12, 32-48

En aquel tiempo, Jesús dijo a sus discípulos: "No temas, rebañito mío, porque tu Padre ha tenido a bien darte el Reino. Vendan sus bienes y den limosnas. Consíganse unas bolsas que no se destruyan y acumulen en el cielo un tesoro que no se acaba, allá donde no llega el ladrón, ni carcome la polilla. Porque donde está su tesoro, ahí estará su corazón.

Estén listos, con la túnica puesta y las lámparas encendidas. Sean semejantes a los criados que están esperando a que su señor regrese de la boda, para abrirle en cuanto llegue y toque. Dichosos aquellos a quienes su señor, al llegar, encuentre en vela. Yo les aseguro que se recogerá la túnica, los hará sentar a la mesa y él mismo les servirá. Y si llega a medianoche o a la madrugada y los encuentra en vela, dichosos ellos.

Fíjense en esto: Si un padre de familia supiera a qué hora va a venir el ladrón, estaría vigilando y no dejaría que se le metiera por un boquete en su casa. Pues también ustedes estén preparados, porque a la hora en que menos lo piensen vendrá el Hijo del hombre".

Entonces Pedro le preguntó a Jesús: "¿Dices esta parábola sólo por nosotros o por todos?". El Señor le respondió: "Supongan que un administrador, puesto por su amo al frente de la servidumbre, con el encargo de repartirles a su tiempo los alimentos, se porta con fidelidad y prudencia. Dichoso este siervo, si el amo, a su llegada, lo encuentra cumpliendo con su deber. Yo les aseguro que lo pondrá al frente de todo lo que tiene. Pero si este siervo piensa: 'Mi amo tardará en llegar' y empieza a maltratar a los criados y a las criadas, a comer, a beber y a embriagarse, el día menos pensado y a la hora más inesperada, llegará su amo y lo castigará severamente y le hará correr la misma suerte que a los hombres desleales.

El siervo que, conociendo la voluntad de su amo, no haya preparado ni hecho lo que debía, recibirá muchos azotes; pero el que, sin conocerla, haya hecho algo digno de castigo, recibirá pocos.

Al que mucho se le da, se le exigirá mucho, y al que mucho se le confía, se le exigirá mucho más".

Palabra del Señor. ℟. **Gloria a ti, Señor Jesús.**

ORACIÓN SOBRE LAS OFRENDAS

Recibe benignamente, Señor, los dones de tu Iglesia, y, al concederle en tu misericordia que te los pueda ofrecer, haces al mismo tiempo que se conviertan en sacramento de nuestra salvación. Por Jesucristo, nuestro Señor.

ANTÍFONA DE LA COMUNIÓN Cfr. Jn 6, 51

El pan que yo les daré, es mi carne para la vida del mundo, dice el Señor.

ORACIÓN DESPUÉS DE LA COMUNIÓN

La comunión de tus sacramentos que hemos recibido, Señor, nos salven y nos confirmen en la luz de tu verdad. Por Jesucristo, nuestro Señor.

ESTEMOS PREPARADOS, PORQUE NO SABEMOS NI EL DÍA NI LA HORA...

- En que va a venir el "ladrón", como dice Cristo...
- En que nos pueda dar en el pecho ese dolorcito que llaman infarto...
- En que el conductor atrabancado de un autobús o un automovilista ebrio pueda echársenos encima...
- En que se nos acabe el tiempo de vivir en la tierra...

Nota 1: El evangelio de hoy no es para que nos asustemos, sino precisamente para evitarnos, algún día, un susto mayúsculo.

Nota 2: Cristo no se refiere al día de la muerte, sino al día en que el Hijo del hombre (o sea él) vendrá a juzgar a los vivos y a los muertos. Pero para efectos prácticos da lo mismo, ya que después de la muerte no hay tiempo para prepararnos.

Nota 3: La mejor forma de prepararnos nos la da Cristo al decir: "Dichoso este siervo, si el amo, a su llegada, lo encuentra cumpliendo con su deber (de hijo, de casado, de padre, de empleado, de ciudadano, de prójimo...)".

14 de agosto 20º Domingo del T. Ordinario

(Verde)

ANTÍFONA DE ENTRADA Sal 83, 10-11

Dios, protector nuestro, mira el rostro de tu Ungido. Un solo día en tu casa es más valioso, que mil días en cualquier otra parte.

ORACIÓN COLECTA

Señor Dios, que has preparado bienes invisibles para los que te aman, infunde en nuestros corazones el anhelo de amarte, para que, amándote en todo y sobre todo, consigamos tus promesas, que superan todo deseo. Por nuestro Señor Jesucristo…

Jesús se nos muestra como un signo de contradicción entre los hombres (EVANGELIO) y, aun dentro de una misma familia, hay divisiones por causa suya. Lo mismo sucedía ya con los profetas, como dice Jeremías (PRIMERA LECTURA), quien nos describe las persecuciones y violencias que tuvo que padecer. También la carta a los hebreos (SEGUNDA LECTURA) se refiere a la multitud de hombres y mujeres que han soportado los combates por la fe y recomienda que permanezcamos fieles en la lucha contra el pecado, "fija la mirada en Jesús".

PRIMERA LECTURA

Tomaron a Jeremías y lo echaron en un pozo.

Del libro del profeta Jeremías
38, 4-6. 8-10

Durante el sitio de Jerusalén, los jefes que tenían prisionero a Jeremías dijeron al rey: "Hay que matar a este hombre, porque las cosas que dice desmoralizan a los guerreros que quedan en esta ciudad y a todo el pueblo. Es evidente que no busca el bienestar del pueblo, sino su perdición".

Respondió el rey Sedecías: "Lo tienen ya en sus manos y el rey no puede nada contra ustedes". Entonces ellos tomaron a Jeremías y, descolgándolo con cuerdas, lo echaron en el pozo del príncipe Melquías, situado en el patio de la prisión. En el pozo no había agua, sino lodo, y Jeremías quedó hundido en el lodo.

Ebed-Mélek, el etíope, oficial de palacio, fue a ver al rey y le dijo: "Señor, está mal hecho lo que estos hombres hicieron con Jeremías, arrojándolo al pozo, donde va a morir de hambre".

Entonces el rey ordenó a Ebed-Mélek: "Toma treinta hombres contigo y saca del pozo a Jeremías, antes de que muera".

Palabra de Dios. ℟. **Te alabamos, Señor.**

SALMO RESPONSORIAL

Del salmo 39

B.P. 1719

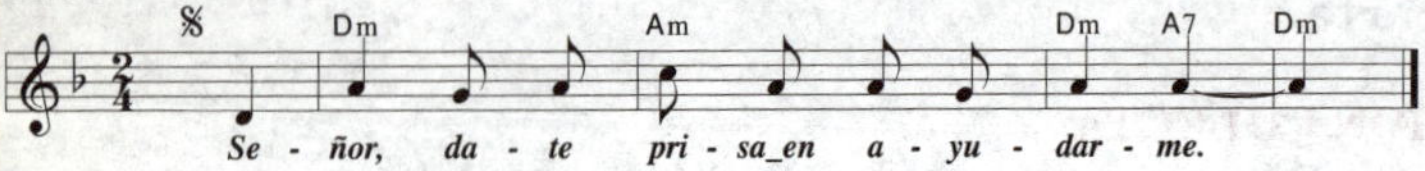

℟. Señor, date prisa en ayudarme.

Esperé en el Señor con gran confianza;
él se inclinó hacia mí
y escuchó mis plegarias. ℟.

Del charco cenagoso
y la fosa mortal me puso a salvo;
puso firmes mis pies sobre la roca
y aseguró mis pasos. ℟.

Él me puso en la boca un canto nuevo,
un himno a nuestro Dios.
Muchos se conmovieron al ver esto
y confiaron también en el Señor. ℟.

A mí, tu siervo, pobre y desdichado,
no me dejes, Señor, en el olvido.
Tú eres quien me ayuda y quien me salva;
no te tardes, Dios mío. ℟.

SEGUNDA LECTURA

Corramos con perseverancia la carrera que tenemos por delante.

De la carta a los hebreos
12, 1-4

Hermanos: Rodeados, como estamos, por la multitud de antepasados nuestros, que dieron prueba de su fe, dejemos todo lo que nos estorba; librémonos del pecado que nos ata, para correr con perseverancia la carrera que tenemos por delante, fija la mirada en Jesús, autor y consumador de nuestra fe. Él, en vista del gozo que se le proponía, aceptó la cruz, sin temer su ignominia, y por eso está sentado a la derecha del trono de Dios.

Mediten, pues, en el ejemplo de aquel que quiso sufrir tanta oposición de parte de los pecadores, y no se cansen ni pierdan el ánimo. Porque todavía no han llegado ustedes a derramar su sangre en la lucha contra el pecado.

Palabra de Dios. ℟. **Te alabamos, Señor.**

ACLAMACIÓN ANTES DEL EVANGELIO

Jn 10, 27

B.P. 1034 - Palazón

℟. Aleluya, aleluya.
Mis ovejas escuchan mi voz, dice el Señor;
yo las conozco y ellas me siguen.
℟. Aleluya, aleluya.

EVANGELIO

No he venido a traer la paz, sino la división.

✠ Del santo Evangelio según san Lucas
12, 49-53

En aquel tiempo, Jesús dijo a sus discípulos: "He venido a traer fuego a la tierra ¡y cuánto desearía que ya estuviera ardiendo! Tengo que recibir un bautismo ¡y cómo me angustio mientras llega!

¿Piensan acaso que he venido a traer paz a la tierra? De ningún modo. No he venido a traer la paz, sino la división. De aquí en adelante, de cinco que haya en una familia, estarán divididos tres contra dos y dos contra tres. Estará dividido el padre contra el hijo, el hijo contra el padre, la madre contra la hija y la hija contra la madre, la suegra contra la nuera y la nuera contra la suegra".

Palabra del Señor. ℟. **Gloria a ti, Señor Jesús.**

ORACIÓN SOBRE LAS OFRENDAS

Recibe, Señor, nuestros dones, con los que se realiza tan glorioso intercambio, para que, al ofrecerte lo que tú nos diste, merezcamos recibirte a ti mismo. Por Jesucristo, nuestro Señor.

ANTÍFONA DE LA COMUNIÓN Jn 6, 51-52

Yo soy el pan vivo, que ha bajado del cielo, dice el Señor: quien coma de este pan, vivirá eternamente.

ORACIÓN DESPUÉS DE LA COMUNIÓN

Unidos a Cristo por este sacramento, suplicamos humildemente, Señor, tu misericordia, para que, hechos semejantes a él aquí en la tierra, merezcamos gozar de su compañía en el cielo. Él, que vive y reina por los siglos de los siglos.

¿EN QUÉ QUEDAMOS?

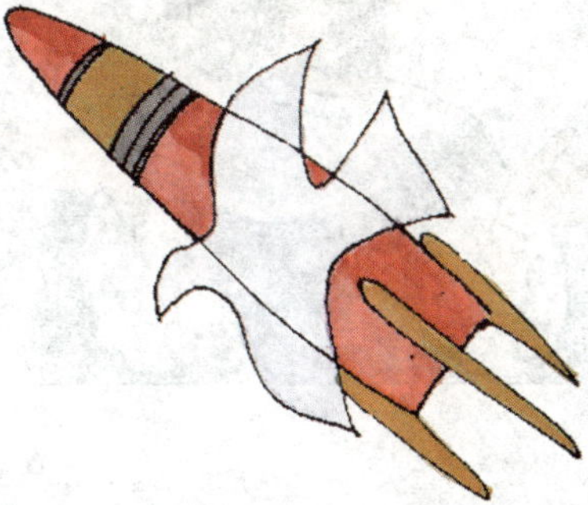

¿Cristo vino a traernos la paz o la guerra?

✏ En la noche de la Navidad los ángeles anunciaron la paz a los hombres de buena voluntad.
✏ Después de resucitar, Cristo les dijo a sus discípulos en más de una ocasión: "La paz esté con ustedes"; "La paz les dejo, mi paz les doy".
✏ Y en el evangelio de hoy él nos dice con todas sus letras que no ha venido a traer la paz sino la guerra.

¿En qué quedamos, pues?

✏ Pues en que Cristo vino a traernos la paz, pero fundamentalmente con su Padre celestial.
✏ Y la paz con su Padre (y nuestro Padre) muchas veces significa la guerra.
✏ Preguntémoselo a esa secretaria que se resigna a no subir de categoría o que tiene que renunciar a su trabajo por no ceder a ciertas insinuaciones de su jefe (por no ofender a Dios, claro).
✏ Preguntémoselo a los muchachos y muchachas que han decidido entrar al seminario o a una congregación religiosa contra el parecer de sus papás.
✏ Preguntémoselo al hombre de empresa que no se presta a negocitos chuecos, o al empleado público o privado que no quiere "jalar parejo" con los compañeros o jefes en algo que no está bien.
✏ Preguntémoselo a la mujer que ha decidido tener a su bebé contra lo que su marido opina, o a la estudiante que ha decidido lo mismo, pese a los consejos de sus amigas.
✏ Ellos nos podrán hablar de esas "guerritas" que vino a traer Cristo, para no mencionar las que tenemos contra nuestro egoísmo, nuestro orgullo, nuestra sensualidad…

15 de agosto
Lunes

Asunción de la santísima Virgen María

(Misa del día)
(Blanco)

ANTÍFONA DE ENTRADA

Alegrémonos en el Señor y alabemos al Hijo de Dios, junto con los ángeles, al celebrar hoy la Asunción al cielo de nuestra Madre, la Virgen María.

Se dice Gloria.

ORACIÓN COLECTA

Dios todopoderoso y eterno, que elevaste a la gloria celestial en cuerpo y alma a la inmaculada Virgen María, Madre de tu Hijo, concédenos tender siempre hacia los bienes eternos, para que merezcamos participar de su misma gloria. Por nuestro Señor Jesucristo…

El pasaje del Apocalipsis se refiere al combate de la Iglesia de Cristo contra las fuerzas del mal. Nos habla de la señal de la mujer, porque es en la Virgen María en donde la Iglesia ha triunfado sobre el pecado y la muerte (PRIMERA LECTURA). San Pablo nos recuerda la resurrección de Cristo y nuestra resurrección, y esto nos habla de que entre una y otra está María, nuestra medianera y la primogénita de los cristianos (SEGUNDA LECTURA). Luego oímos el cántico de María que, al saberse Madre de Dios, exclama: "Ha hecho en mí grandes cosas el que todo lo puede" (EVANGELIO).

PRIMERA LECTURA

Una mujer envuelta por el sol, con la luna bajo sus pies.

Del libro del Apocalipsis del apóstol san Juan
11, 19; 12, 1-6. 10

Se abrió el templo de Dios en el cielo y dentro de él se vio el arca de la alianza. Apareció entonces en el cielo una figura prodigiosa: una mujer envuelta por el sol, con la luna bajo sus pies y con una corona de doce estrellas en la cabeza. Estaba encinta y a punto de dar a luz y gemía con los dolores del parto.

Pero apareció también en el cielo otra figura: un enorme dragón, color de fuego, con siete cabezas y diez cuernos, y una corona en cada una de sus siete cabezas. Con su cola barrió la tercera parte de las estrellas del cielo y las arrojó sobre la tierra. Después se detuvo delante de la mujer que iba a dar a luz, para devorar a su hijo, en cuanto éste naciera. La mujer dio a luz un hijo varón, destinado a gobernar todas las naciones con cetro de hierro; y su hijo fue llevado hasta Dios y hasta su trono. Y la mujer huyó al desierto, a un lugar preparado por Dios.

Entonces oí en el cielo una voz poderosa, que decía: "Ha sonado la hora de la victoria de nuestro Dios, de su dominio y de su reinado, y del poder de su Mesías".

Palabra de Dios. ℟. **Te alabamos, Señor.**

SALMO RESPONSORIAL

Del salmo 44

Ma. G. Arroyo B.P. 1744

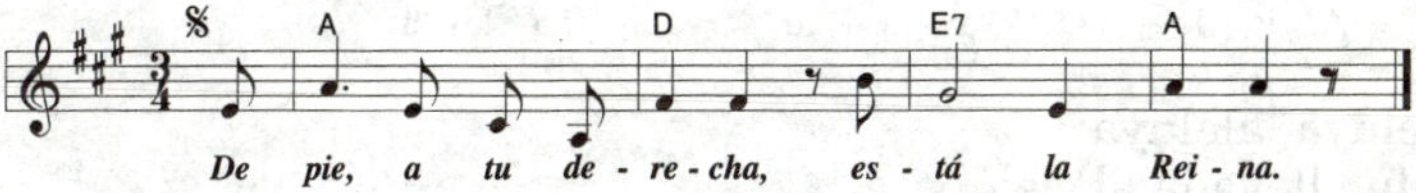

℟. De pie, a tu derecha, está la reina.

Hijas de reyes salen a tu encuentro.
De pie, a tu derecha, está la reina,
enjoyada con oro de Ofir. ℟.

Escucha, hija, mira y pon atención:
olvida a tu pueblo y la casa paterna;
el rey está prendado de tu belleza;
ríndele homenaje, porque él es tu señor. ℟.

Entre alegría y regocijo
van entrando en el palacio real.
A cambio de tus padres, tendrás hijos,
que nombrarás príncipes por toda la tierra. ℟.

SEGUNDA LECTURA

Resucitó primero Cristo, como primicia; después los que son de Cristo.

De la primera carta del apóstol san Pablo a los corintios
15, 20-27

Hermanos: Cristo resucitó, y resucitó como la primicia de todos los muertos. Porque si por un hombre vino la muerte, también por un hombre vendrá la resurrección de los muertos.

En efecto, así como en Adán todos mueren, así en Cristo todos volverán a la vida; pero cada uno en su orden: primero Cristo, como primicia; después, a la hora de su advenimiento, los que son de Cristo.

Enseguida será la consumación, cuando, después de haber aniquilado todos los poderes del mal, Cristo entregue el Reino a su Padre. Porque él tiene que reinar hasta que el Padre ponga bajo sus pies a todos sus enemigos. El último de los enemigos en ser aniquilado, será la muerte, porque todo lo ha sometido Dios bajo los pies de Cristo.

Palabra de Dios. ℟. **Te alabamos, Señor.**

ACLAMACIÓN ANTES DEL EVANGELIO

B.P. 1259

℟. Aleluya, aleluya.
María fue llevada al cielo,
y todos los ángeles se alegran.
℟. Aleluya, aleluya.

EVANGELIO

Ha hecho en mí grandes cosas el que todo lo puede. Exalta a los humildes.

✠ Del santo Evangelio según san Lucas
1, 39-56

En aquellos días, María se encaminó presurosa a un pueblo de las montañas de Judea, y entrando en la casa de Zacarías, saludó a Isabel. En cuanto ésta oyó el saludo de María, la criatura saltó en su seno.

Entonces Isabel quedó llena del Espíritu Santo, y levantando la voz, exclamó: "¡Bendita tú entre las mujeres y bendito el fruto de tu vientre! ¿Quién soy yo, para que la madre de mi Señor venga a verme? Apenas llegó tu saludo a mis oídos, el niño saltó de gozo en mi seno. Dichosa tú, que has creído, porque se cumplirá cuanto te fue anunciado de parte del Señor".

Entonces dijo María:
"Mi alma glorifica al Señor
y mi espíritu se llena de júbilo en Dios, mi salvador,
porque *puso sus ojos en la humildad de su esclava.*
Desde ahora me llamarán dichosa todas las generaciones,
porque ha hecho en mí grandes cosas el que todo lo puede.
Santo es su nombre,
y su misericordia llega de generación en generación
a los que lo temen.
Él hace sentir el poder de su brazo:
dispersa a los de corazón altanero,
destrona a los potentados
y exalta a los humildes.
A los hambrientos los colma de bienes
y a los ricos los despide sin nada.
Acordándose de su misericordia,
viene en ayuda de Israel, su siervo,
como lo había prometido a nuestros padres,
a Abraham y a su descendencia,
para siempre".

María permaneció con Isabel unos tres meses y luego regresó a su casa.

Palabra del Señor. ℟. **Gloria a ti, Señor Jesús.**

Se dice Credo.

ORACIÓN SOBRE LAS OFRENDAS

Suba hasta ti, Señor, nuestra ofrenda fervorosa y, por intercesión de la santísima Virgen María, elevada al cielo, haz que nuestros corazones tiendan hacia ti, inflamados en el fuego de tu amor. Por Jesucristo, nuestro Señor.

ANTÍFONA DE LA COMUNIÓN Lc 1, 48-49

Desde ahora me llamarán dichosa todas las generaciones, porque ha hecho en mí grandes cosas el que todo lo puede.

ORACIÓN DESPUÉS DE LA COMUNIÓN

Habiendo recibido el sacramento de la salvación, te pedimos, Señor, nos concedas que, por intercesión de santa María Virgen, elevada al cielo, seamos llevados a la gloria de la resurrección. Por Jesucristo, nuestro Señor.

AHORA SÍ, MARÍA

- Fue enseguida. ¿Cuándo? Nadie supo cuándo, pero fue enseguida de la muerte y sepultura de María.
- María resucitó. María fue llevada a los cielos en cuerpo y alma. Ahora sí.
- Ahora sí ha llegado el momento eterno del triunfo.
- Ahora podemos rodear a María de todos los mantos, de todas las joyas, de todas las nubecillas rosas, de todos los ángeles.
- Ahora podemos ponerle coronas, guirnaldas y flores, y entonar cantos en su honor.
- Ahora sí, María.
- Ahora eres exaltada, porque en tu vida terrenal fuiste pequeña.
- Ahora eres Reina, porque antes fuiste **la esclava del Señor**.
- Has llegado aquí, María, porque durante toda tu vida fuiste sencilla, sacrificada… o mejor dicho: porque Dios **puso sus ojos en la humildad de su esclava**.
- María, Virgen triunfante en la Asunción, que fuiste una mujer de nuestra misma carne, con la grandeza de tu sencillez, tu entrega y tu sacrificio, y que ahora eres prueba viviente de que las promesas del Señor se cumplen. Ahora sí, María.

21 de agosto — 21er Domingo del T. Ordinario

(Verde)

ANTÍFONA DE ENTRADA — **Cfr. Sal 85, 1-3**

Inclina tu oído, Señor, y escúchame. Salva a tu siervo, que confía en ti. Ten piedad de mí, Dios mío, pues sin cesar te invoco.

ORACIÓN COLECTA

Señor Dios, que unes en un mismo sentir los corazones de tus fieles, impulsa a tu pueblo a amar lo que mandas y a desear lo que prometes, para que, en medio de la inestabilidad del mundo, estén firmemente anclados nuestros corazones donde se halla la verdadera felicidad. Por nuestro Señor Jesucristo…

Jesús nos dice que todos los hombres han sido llamados a vivir con Dios, pero no hay puestos adquiridos por adelantado. Cada uno tiene que pasar por la puerta estrecha de la renuncia y la entrega de sí mismo (EVANGELIO). El profeta Isaías nos muestra el plan de Dios, que consiste en congregar a todos los hombres para mostrarles su gloria (PRIMERA LECTURA). La Iglesia es el signo de la unidad del género humano. La carta a los hebreos (SEGUNDA LECTURA) recomienda a los cristianos que soporten las pruebas como una purificación.

PRIMERA LECTURA

Traerán de todos los países a los hermanos de ustedes.

Del libro del profeta Isaías
66, 18-21

Esto dice el Señor:
"Yo vendré para reunir a las naciones de toda lengua.
Vendrán y verán mi gloria.
Pondré en medio de ellos un signo,
y enviaré como mensajeros a algunos de los supervivientes
hasta los países más lejanos y las islas más remotas,
que no han oído hablar de mí ni han visto mi gloria,
y ellos darán a conocer mi nombre a las naciones.
Así como los hijos de Israel
traen ofrendas al templo del Señor en vasijas limpias,
así también mis mensajeros traerán,
de todos los países, como ofrenda al Señor,
a los hermanos de ustedes
a caballo, en carro, en literas,
en mulos y camellos,
hasta mi monte santo de Jerusalén.
De entre ellos escogeré sacerdotes y levitas".

Palabra de Dios. ℟. **Te alabamos, Señor.**

SALMO RESPONSORIAL

Del salmo 116

B.P. 1720

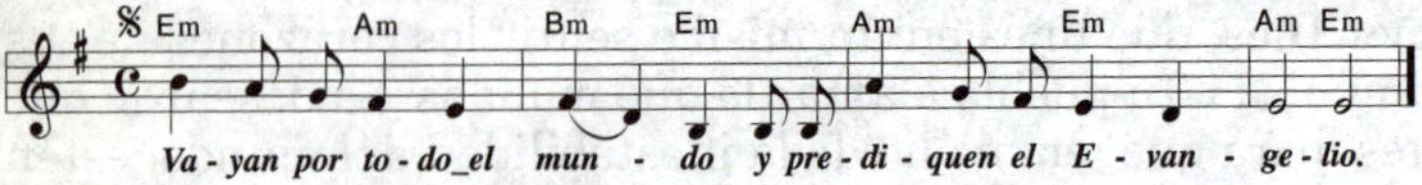

℟. Vayan por todo el mundo y prediquen el Evangelio.

Que alaben al Señor todas las naciones,
que lo aclamen todos los pueblos. ℟.
Porque grande es su amor hacia nosotros
y su fidelidad dura por siempre. ℟.

SEGUNDA LECTURA

El Señor corrige a los que ama.

De la carta a los hebreos
12, 5-7. 11-13

Hermanos: Ya se han olvidado ustedes de la exhortación que Dios les dirigió, como a hijos, diciendo: *Hijo mío, no desprecies la corrección del Señor, ni te desanimes cuando te reprenda. Porque el Señor corrige a los que ama y da azotes a sus hijos predilectos.*

Soporten, pues, la corrección, porque Dios los trata como a hijos; ¿y qué padre hay que no corrija a sus hijos?

Es cierto que de momento ninguna corrección nos causa alegría, sino más bien tristeza. Pero después produce, en los que la recibieron, frutos de paz y de santidad.

Por eso, robustezcan sus manos cansadas y sus rodillas vacilantes; caminen por un camino plano, para que el cojo ya no se tropiece, sino más bien se alivie.

Palabra de Dios. ℟. **Te alabamos, Señor.**

ACLAMACIÓN ANTES DEL EVANGELIO

Jn 14, 6

B.P. 1034 - Palazón

℟. Aleluya, aleluya.
Yo soy el camino, la verdad y la vida;
nadie va al Padre si no es por mí, dice el Señor.
℟. Aleluya, aleluya.

EVANGELIO

Vendrán del oriente y del poniente y participarán en el banquete del Reino de Dios.

Del santo Evangelio según san Lucas
13, 22-30

En aquel tiempo, Jesús iba enseñando por ciudades y pueblos, mientras se encaminaba a Jerusalén. Alguien le preguntó: "Señor, ¿es verdad que son pocos los que se salvan?".

Jesús le respondió: "Esfuércense en entrar por la puerta, que es angosta, pues yo les aseguro que muchos tratarán de entrar y no podrán. Cuando el dueño de la casa se levante de la mesa y cierre la puerta, ustedes se quedarán afuera y se pondrán a tocar la puerta, diciendo: '¡Señor, ábrenos!'. Pero él les responderá: 'No sé quiénes son ustedes'.

Entonces le dirán con insistencia: 'Hemos comido y bebido contigo y tú has enseñado en nuestras plazas'. Pero él replicará: 'Yo les aseguro que no sé quiénes son ustedes. Apártense de mí, todos ustedes los que hacen el mal'. Entonces llorarán ustedes y se desesperarán, cuando vean a Abraham, a Isaac, a Jacob y a todos los profetas en el Reino de Dios, y ustedes se vean echados fuera.

Vendrán muchos del oriente y del poniente, del norte y del sur, y participarán en el banquete del Reino de Dios. Pues los que ahora son los últimos, serán los primeros; y los que ahora son los primeros, serán los últimos".

Palabra del Señor. ℟. **Gloria a ti, Señor Jesús.**

ORACIÓN SOBRE LAS OFRENDAS

Señor, que con un mismo y único sacrificio adquiriste para ti un pueblo de adopción, concede, propicio, a tu Iglesia, los dones de la unidad y de la paz. Por Jesucristo, nuestro Señor.

ANTÍFONA DE LA COMUNIÓN — Jn 6, 54

El que come mi carne y bebe mi sangre, tiene vida eterna, dice el Señor; y yo lo resucitaré en el último día.

ORACIÓN DESPUÉS DE LA COMUNIÓN

Te pedimos, Señor, que la obra salvadora de tu misericordia fructifique plenamente en nosotros, y haz que, con la ayuda continua de tu gracia, de tal manera tendamos a la perfección, que podamos siempre agradarte en todo. Por Jesucristo, nuestro Señor.

"ESFUÉRCENSE EN ENTRAR POR LA PUERTA, QUE ES ANGOSTA...

- Del trabajo diario hecho con responsabilidad y honradez...
- Del sacrificio del gusto o de la comodidad personales en aras del gusto y de la comodidad del cónyuge y de los hijos...
- Del prescindir de alguna cosa necesaria, para ayudar a alguna persona o familia que la está pasando peor que nosotros...
- De los problemas aceptados y encarados sin amargura y con fe en la Providencia de Dios...
- Del perdón sincero y generoso al que nos ha ofendido, despreciado o hecho alguna injusticia...

- Del reconocimiento humilde de nuestros pecados ante el sacerdote, representante de Cristo...

... PUES YO LES ASEGURO QUE MUCHOS TRATARÁN DE ENTRAR Y NO PODRÁN".

28 de agosto **22º Domingo del T. Ordinario**

(Verde)

ANTÍFONA DE ENTRADA **Cfr. Sal 85, 3. 5**

Dios mío, ten piedad de mí, pues sin cesar te invoco: Tú eres bueno y clemente, y rico en misericordia con quien te invoca.

ORACIÓN COLECTA

Dios de toda virtud, de quien procede todo lo que es bueno, infunde en nuestros corazones el amor de tu nombre, y concede que, haciendo más religiosa nuestra vida, hagas crecer el bien que hay en nosotros y lo conserves con solicitud amorosa. Por nuestro Señor Jesucristo…

Jesús nos da una lección de humildad (EVANGELIO) al recomendarnos lo mismo que a los que lo escuchaban: que no busquemos los primeros puestos en los banquetes, sino que los dejemos para que los ocupen los más pobres y desposeídos. También el libro del Sirácide (PRIMERA LECTURA) nos recomienda la humildad al decirnos: "Hazte tanto más pequeño cuanto más grande seas y hallarás gracia ante el Señor". La carta a los hebreos (SEGUNDA LECTURA) nos recuerda que Dios nos ama tanto, que ha llegado a introducirnos en su ciudad santa junto a Cristo, con los ángeles y los santos.

PRIMERA LECTURA

Hazte pequeño y hallarás gracia ante el Señor.

Del libro del Sirácide (Eclesiástico)
3, 19-21. 30-31

Hijo mío, en tus asuntos procede con humildad
y te amarán más que al hombre dadivoso.
Hazte tanto más pequeño cuanto más grande seas
y hallarás gracia ante el Señor,
porque sólo él es poderoso
y sólo los humildes le dan gloria.
No hay remedio para el hombre orgulloso,
porque ya está arraigado en la maldad.
El hombre prudente medita en su corazón
las sentencias de los otros,
y su gran anhelo es saber escuchar.

Palabra de Dios. ℟. **Te alabamos, Señor.**

SALMO RESPONSORIAL
Del salmo 67

B.P. 1721

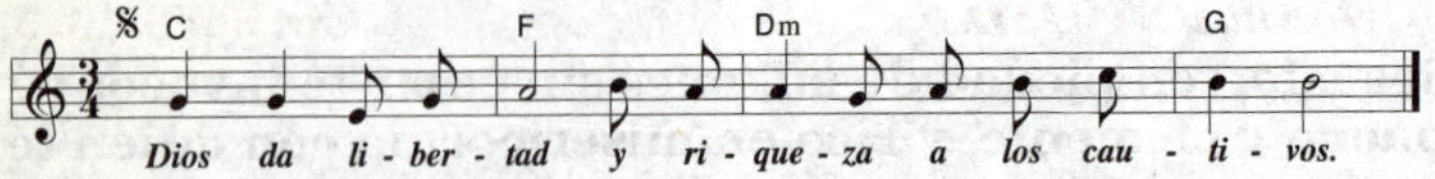

℟. Dios da libertad y riqueza a los cautivos.

Ante el Señor, su Dios,
gocen los justos, salten de alegría.
Entonen alabanzas a su nombre.
En honor del Señor toquen la cítara. ℟.
Porque el Señor, desde su templo santo,
a huérfanos y viudas da su auxilio;
él fue quien dio a los desvalidos casa,
libertad y riqueza a los cautivos. ℟.
A tu pueblo extenuado diste fuerzas,
nos colmaste, Señor, de tus favores
y habitó tu rebaño en esta tierra,
que tu amor preparó para los pobres. ℟.

SEGUNDA LECTURA
Se han acercado ustedes a Sión, el monte y la ciudad del Dios viviente.

De la carta a los hebreos
12, 18-19. 22-24

Hermanos: Cuando ustedes se acercaron a Dios, no encontraron nada material, como en el Sinaí: ni fuego ardiente, ni oscuridad, ni tinieblas, ni huracán, ni estruendo de trompetas, ni palabras pronunciadas por aquella voz que los israelitas no querían volver a oír nunca.

Ustedes, en cambio, se han acercado a Sión, el monte y la ciudad del Dios viviente, a la Jerusalén celestial, a la reunión festiva de miles y miles de ángeles, a la asamblea de los primogénitos, cuyos nombres están escritos en el cielo. Se han acercado a Dios, que es el juez de todos los hombres, y a los espíritus de los justos que alcanzaron la perfección. Se han acercado a Jesús, el mediador de la nueva alianza.

Palabra de Dios. ℟. **Te alabamos, Señor.**

ACLAMACIÓN ANTES DEL EVANGELIO

Mt 11, 29

B.P. 1034 - Palazón

℟. Aleluya, aleluya.
Tomen mi yugo sobre ustedes, dice el Señor,
y aprendan de mí, que soy manso y humilde de corazón.
℟. Aleluya, aleluya.

EVANGELIO

El que se engrandece a sí mismo, será humillado y el que se humilla, será engrandecido.

Del santo Evangelio según san Lucas
14, 1. 7-14

Un sábado, Jesús fue a comer en casa de uno de los jefes de los fariseos, y éstos estaban espiándolo. Mirando cómo los convidados escogían los primeros lugares, les dijo esta parábola:

"Cuando te inviten a un banquete de bodas, no te sientes en el lugar principal, no sea que haya algún otro invitado más importante que tú, y el que los invitó a los dos venga a decirte: 'Déjale el lugar a éste', y tengas que ir a ocupar, lleno de vergüenza, el último asiento. Por el contrario, cuando te inviten, ocupa el último lugar, para que, cuando venga el que te invitó, te diga: 'Amigo, acércate a la cabecera'. Entonces te verás honrado en presencia de todos los convidados. Porque el que se engrandece a sí mismo, será humillado; y el que se humilla, será engrandecido".

Luego dijo al que lo había invitado: "Cuando des una comida o una cena, no invites a tus amigos, ni a tus hermanos, ni a tus parientes, ni a los vecinos ricos; porque puede ser que ellos te inviten a su vez, y con eso quedarías recompensado. Al contrario, cuando des un banquete, invita a los pobres, a los lisiados, a los cojos y a los ciegos; y así serás dichoso, porque ellos no tienen con qué pagarte; pero ya se te pagará, cuando resuciten los justos".

Palabra del Señor. ℟. **Gloria a ti, Señor Jesús.**

ORACIÓN SOBRE LAS OFRENDAS

Que esta ofrenda sagrada, Señor, nos traiga siempre tu bendición salvadora, para que dé fruto en nosotros lo que realiza el misterio. Por Jesucristo, nuestro Señor.

ANTÍFONA DE LA COMUNIÓN Mt 5, 9-10

Dichosos los que trabajan por la paz, porque serán llamados hijos de Dios. Dichosos los perseguidos por causa de la justicia, porque de ellos es el reino de los cielos.

ORACIÓN DESPUÉS DE LA COMUNIÓN

Saciados con el pan de esta mesa celestial, te suplicamos, Señor, que este alimento de caridad fortalezca nuestros corazones, para que nos animemos a servirte en nuestros hermanos. Por Jesucristo, nuestro Señor.

DICHOSO TODO AQUEL O AQUELLA...

- ✓ Que se dé algún tiempecito para visitar al pariente, amigo, compañero o vecino, enfermo o en malas condiciones...
- ✓ Que al dar una propina piense más en la familia de aquella persona y no tanto en que si trae "suelto" o no...
- ✓ Que no regatee unos cuantos pesos cuando compra alguna artesanía a nuestros modestísimos indígenas (nada más piense en las horas de trabajo invertidas en su manufactura)...

Porque todos ellos no tienen con qué pagarlo, pero ya se les pagará a ustedes cuando venga la resurrección de los muertos. ¡Y con creces!

4 de septiembre 23er Domingo del T. Ordinario

(Verde)

ANTÍFONA DE ENTRADA **Sal 118, 137. 124**

Eres justo, Señor, y rectos son tus mandamientos; muéstrate bondadoso con tu siervo.

ORACIÓN COLECTA

Señor Dios, de quien nos viene la redención y a quien debemos la filiación adoptiva, protege con bondad a los hijos que tanto amas, para que todos los que creemos en Cristo obtengamos la verdadera libertad y la herencia eterna. Por nuestro Señor Jesucristo…

Todo hombre debe conocer a fondo los medios que ha de emplear y los sacrificios que tendrá que hacer para obtener el fin que persigue. Por eso, Jesús nos dice que aquel que quiera ser su discípulo, debe renunciar a todo lo demás (EVANGELIO). El libro de la Sabiduría nos invita a buscar los planes que tiene Dios sobre nosotros (PRIMERA LECTURA), para que así podamos organizar nuestra vida y responderle. San Pablo nos muestra hasta qué extremo llegó la revolución social ocasionada por la fe en Cristo (SEGUNDA LECTURA), al manifestarnos su profunda ternura hacia un esclavo que se había fugado.

PRIMERA LECTURA

¿Quién es el hombre que puede conocer los designios de Dios?

Del libro de la Sabiduría
9, 13-19

¿Quién es el hombre que puede conocer
los designios de Dios?
¿Quién es el que puede saber lo que el Señor tiene dispuesto?
Los pensamientos de los mortales son inseguros
y sus razonamientos pueden equivocarse,
porque un cuerpo corruptible hace pesada el alma
y el barro de que estamos hechos entorpece el entendimiento.
Con dificultad conocemos lo que hay sobre la tierra
y a duras penas encontramos lo que está a nuestro alcance.
¿Quién podrá descubrir lo que hay en el cielo?
¿Quién conocerá tus designios, si tú no le das la sabiduría,
enviando tu santo espíritu desde lo alto?
Sólo con esa sabiduría
lograron los hombres enderezar sus caminos
y conocer lo que te agrada.
Sólo con esa sabiduría se salvaron, Señor,
los que te agradaron desde el principio.

Palabra de Dios. ℟. **Te alabamos, Señor.**

SALMO RESPONSORIAL

Del salmo 89

B.P. 1722

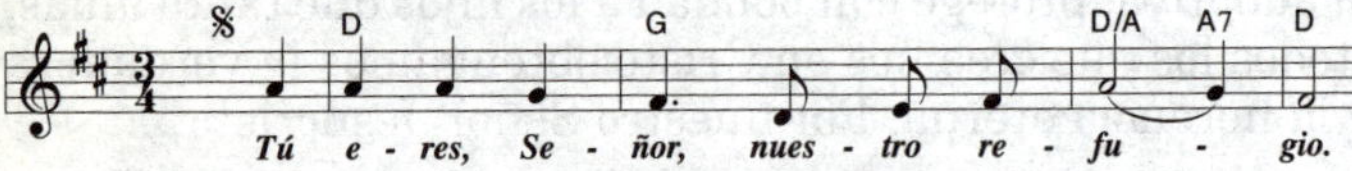

℟. Tú eres, Señor, nuestro refugio.

Tú haces volver al polvo a los humanos,
diciendo a los mortales que retornen.
Mil años para ti son como un día
que ya pasó; como una breve noche. ℟.
Nuestra vida es tan breve como un sueño;
semejante a la hierba,
que despunta y florece en la mañana
y por la tarde se marchita y se seca. ℟.
Enséñanos a ver lo que es la vida
y seremos sensatos.
¿Hasta cuándo, Señor, vas a tener
compasión de tus siervos? ¿Hasta cuándo? ℟.

Llénanos de tu amor por la mañana
y júbilo será la vida toda.
Haz, Señor, que tus siervos y sus hijos,
puedan mirar tus obras y tu gloria. ℟.

SEGUNDA LECTURA

Recíbelo, no como esclavo, sino como hermano amadísimo.

De la carta del apóstol san Pablo a Filemón
9-10. 12-17

Querido hermano: Yo, Pablo, ya anciano y ahora, además, prisionero por la causa de Cristo Jesús, quiero pedirte algo en favor de Onésimo, mi hijo, a quien he engendrado para Cristo aquí, en la cárcel.

Te lo envío. Recíbelo como a mí mismo. Yo hubiera querido retenerlo conmigo, para que en tu lugar me atendiera, mientras estoy preso por la causa del Evangelio. Pero no he querido hacer nada sin tu consentimiento, para que el favor que me haces no sea como por obligación, sino por tu propia voluntad.

Tal vez él fue apartado de ti por un breve tiempo, a fin de que lo recuperaras para siempre, pero ya no como esclavo, sino como algo mejor que un esclavo, como hermano amadísimo. Él ya lo es para mí. ¡Cuánto más habrá de serlo para ti, no sólo por su calidad de hombre, sino de hermano en Cristo! Por lo tanto, si me consideras como compañero tuyo, recíbelo como a mí mismo.

Palabra de Dios. ℟. **Te alabamos, Señor.**

ACLAMACIÓN ANTES DEL EVANGELIO

Sal 118, 135

B.P. 1035 Palazón

℟. Aleluya, aleluya.
Señor, mira benignamente a tus siervos
y enséñanos a cumplir tus mandamientos.
℟. Aleluya, aleluya.

EVANGELIO

El que no renuncie a todos sus bienes no puede ser mi discípulo.

✠ Del santo Evangelio según san Lucas
14, 25-33

En aquel tiempo, caminaba con Jesús una gran muchedumbre y él, volviéndose a sus discípulos, les dijo: "Si alguno quiere seguirme y no me prefiere a su padre y a su madre, a su esposa y a sus hijos, a sus hermanos y a sus hermanas, más aún, a sí mismo, no puede ser mi discípulo. Y el que no carga su cruz y me sigue, no puede ser mi discípulo.

Porque, ¿quién de ustedes, si quiere construir una torre, no se pone primero a calcular el costo, para ver si tiene con qué terminarla? No sea que, después de haber echado los cimientos, no pueda acabarla y todos los que se enteren comiencen a burlarse de él, diciendo: 'Este hombre comenzó a construir y no pudo terminar'.

¿O qué rey que va a combatir a otro rey, no se pone primero a considerar si será capaz de salir con diez mil soldados al encuentro del que viene contra él con veinte mil? Porque si no, cuando el otro esté aún lejos, le enviará una embajada para proponerle las condiciones de paz.

Así pues, cualquiera de ustedes que no renuncie a todos sus bienes, no puede ser mi discípulo".

Palabra del Señor. ℟. **Gloria a ti, Señor Jesús.**

ORACIÓN SOBRE LAS OFRENDAS

Señor Dios, fuente de toda devoción sincera y de la paz, concédenos honrar de tal manera, con estos dones, tu majestad, que, al participar en estos santos misterios, todos quedemos unidos en un mismo sentir. Por Jesucristo, nuestro Señor.

ANTÍFONA DE LA COMUNIÓN Jn 8, 12

Yo soy la luz del mundo, dice el Señor; el que me sigue, no camina en tinieblas, sino que tendrá la luz de la vida.

ORACIÓN DESPUÉS DE LA COMUNIÓN

Concede, Señor, a tus fieles, a quienes alimentas y vivificas con tu palabra y el sacramento del cielo, aprovechar de tal manera tan grandes dones de tu Hijo amado, que merezcamos ser siempre partícipes de su vida. Él, que vive y reina por los siglos de los siglos.

"SI ALGUNO QUIERE SEGUIRME Y NO ME PREFIERE...

- Al novio, al esposo o a la propia familia que la está presionando para deshacerse del niño que ya vive dentro de su vientre...
- Al dinero que le puede proporcionar ese negocio "chueco" que le proponen o en el que ha venido pensando...
- A la persona ésa con la que lleva una relación que no está bien o que no tardará en estar de plano mal...
- A ese empleo tan bueno que le ofrecen, claro que a condición de que...
- Al éxito político condicionado a aceptar todas esas cosas que nomás no se deben aceptar...
- Al bienestar económico que resulta de perjudicar injustamente a otras personas...
- A los propios gustos, cuando éstos implican "capotear" los mandamientos de Dios...
- A la chuchería ésa que se quiere uno comprar, pero cuyo importe sacaría de tantos apuros a una persona necesitada...
- Al padre o a la madre, a los que hay que dejar para seguir una vocación sacerdotal o religiosa...
- Al mezquino placer de satisfacer una venganza personal...

... NO PUEDE SER MI DISCÍPULO".

11 de septiembre 24º Domingo del T. Ordinario

(Verde)

ANTÍFONA DE ENTRADA **Cfr. Sir 36, 18**

Concede, Señor, la paz a los que esperan en ti, y cumple así las palabras de tus profetas; escucha las plegarias de tu siervo, y de tu pueblo Israel.

ORACIÓN COLECTA

Señor Dios, creador y soberano de todas las cosas, vuelve a nosotros tus ojos y concede que te sirvamos de todo corazón, para que experimentemos los efectos de tu misericordia. Por nuestro Señor Jesucristo…

El libro del Éxodo nos habla del pecado del pueblo hebreo, que se fabricó un ídolo de metal, y del perdón del Señor alcanzado por los ruegos de Moisés (PRIMERA LECTURA). También nos hablan del amor y la misericordia del Señor hacia los pecadores, las tres parábolas recogidas por san Lucas (EVANGELIO). Y se reitera el tema del perdón, puesto que san Pablo (SEGUNDA LECTURA) se presenta en su carta como el pecador perdonado, el perseguidor convertido en apóstol, que se muestra agradecido hacia Cristo.

PRIMERA LECTURA

El Señor renunció al castigo con que había amenazado a su pueblo.

Del libro del Éxodo
32, 7-11. 13-14

En aquellos días, dijo el Señor a Moisés: “Anda, baja del monte, porque tu pueblo, el que sacaste de Egipto, se ha pervertido. No tardaron en desviarse del camino que yo les había señalado. Se han hecho un becerro de metal, se han postrado ante él y le han ofrecido sacrificios y le han dicho: ‘Éste es tu dios, Israel; es el que te sacó de Egipto’ ”.

El Señor le dijo también a Moisés: “Veo que éste es un pueblo de cabeza dura. Deja que mi ira se encienda contra ellos hasta consumirlos. De ti, en cambio, haré un gran pueblo”.

Moisés trató de aplacar al Señor, su Dios, diciéndole: “¿Por qué ha de encenderse tu ira, Señor, contra este pueblo que tú sacaste de Egipto con gran poder y vigorosa mano? Acuérdate de Abraham, de Isaac y de Jacob, siervos tuyos, a quienes juraste por ti mismo, diciendo: ‘Multiplicaré su descendencia como las estrellas del cielo y les daré en posesión perpetua toda la tierra que les he prometido’ ”.

Y el Señor renunció al castigo con que había amenazado a su pueblo.

Palabra de Dios. ℟. **Te alabamos, Señor.**

SALMO RESPONSORIAL
Del salmo 50

J. Hernández B.P. 1723

℟. Me levantaré y volveré a mi padre.

Por tu inmensa compasión y misericordia,
Señor, apiádate de mí y olvida mis ofensas.
Lávame bien de todos mis delitos
y purifícame de mis pecados. ℟.

Crea en mí, Señor, un corazón puro,
un espíritu nuevo para cumplir tus mandamientos.
No me arrojes, Señor, lejos de ti,
ni retires de mí tu santo espíritu. ℟.

Señor, abre mis labios
y cantará mi boca tu alabanza.
Un corazón contrito te presento,
y a un corazón contrito, tú nunca lo desprecias. ℟.

SEGUNDA LECTURA

Cristo vino al mundo para salvar a los pecadores.

De la primera carta del apóstol san Pablo a Timoteo
1, 12-17

Querido hermano: Doy gracias a aquel que me ha fortalecido, a nuestro Señor Jesucristo, por haberme considerado digno de confianza al ponerme a su servicio, a mí, que antes fui blasfemo y perseguí a la Iglesia con violencia; pero Dios tuvo misericordia de mí, porque en mi incredulidad obré por ignorancia, y la gracia de nuestro Señor se desbordó sobre mí, al darme la fe y el amor que provienen de Cristo Jesús.

Puedes fiarte de lo que voy a decirte y aceptarlo sin reservas: que Cristo Jesús vino a este mundo a salvar a los pecadores, de los cuales yo soy el primero. Pero Cristo Jesús me perdonó, para que fuera yo el primero en quien él manifestara toda su generosidad y sirviera yo de ejemplo a los que habrían de creer en él, para obtener la vida eterna.

Al rey eterno, inmortal, invisible, único Dios, honor y gloria por los siglos de los siglos. Amén.

Palabra de Dios. ℟. **Te alabamos, Señor.**

ACLAMACIÓN ANTES DEL EVANGELIO

2 Cor 5, 19

B.P. 1035 Palazón

℟. Aleluya, aleluya.
Dios reconcilió al mundo consigo por medio de Cristo,
y a nosotros nos confió el mensaje de la reconciliación.
℟. Aleluya, aleluya.

EVANGELIO

Habrá alegría en el cielo por un solo pecador que se convierte.

✠ Del santo Evangelio según san Lucas
15, 1-32

En aquel tiempo, se acercaban a Jesús los publicanos y los pecadores para escucharlo; por lo cual los fariseos y los escribas murmuraban entre sí: "Éste recibe a los pecadores y come con ellos".

Jesús les dijo entonces esta parábola: "¿Quién de ustedes, si tiene cien ovejas y se le pierde una, no deja las noventa y nueve en el campo y va en busca de la que se le perdió hasta encontrarla? Y una vez que la encuentra, la carga sobre sus hombros, lleno de alegría, y al llegar a su casa, reúne a los amigos y vecinos y les dice: 'Alégrense conmigo, porque ya encontré la oveja que se me había perdido'. Yo les aseguro que también en el cielo habrá más alegría por un pecador que se convierte, que por noventa y nueve justos, que no necesitan convertirse.

¿Y qué mujer hay, que si tiene diez monedas de plata y pierde una, no enciende luego una lámpara y barre la casa y la busca con cuidado hasta encontrarla? Y cuando la encuentra, reúne a sus amigas y vecinas y les dice: 'Alégrense conmigo, porque ya encontré la moneda que se me había perdido'. Yo les aseguro que así también se alegran los ángeles de Dios por un solo pecador que se convierte".

También les dijo esta parábola: "Un hombre tenía dos hijos, y el menor de ellos le dijo a su padre: 'Padre, dame la parte de la herencia que me toca'. Y él les repartió los bienes.

No muchos días después, el hijo menor, juntando todo lo suyo, se fue a un país lejano y allá derrochó su fortuna, viviendo de una manera disoluta. Después de malgastarlo todo, sobrevino en aquella región una gran hambre y él empezó a pasar necesidad. Entonces fue a pedirle trabajo a un habitante de aquel país, el cual lo mandó a sus campos a cuidar cerdos. Tenía ganas de hartarse con las bellotas que comían los cerdos, pero no lo dejaban que se las comiera.

Se puso entonces a reflexionar y se dijo: '¡Cuántos trabajadores en casa de mi padre tienen pan de sobra, y yo, aquí, me estoy muriendo de hambre! Me levantaré, volveré a mi padre y le diré: Padre, he pecado contra el cielo y contra ti; ya no merezco llamarme hijo tuyo. Recíbeme como a uno de tus trabajadores'.

Enseguida se puso en camino hacia la casa de su padre. Estaba todavía lejos, cuando su padre lo vio y se enterneció profundamente. Corrió hacia él, y echándole los brazos al cuello, lo cubrió de besos. El muchacho le dijo: 'Padre, he pecado contra el cielo y contra ti; ya no merezco llamarme hijo tuyo'.

Pero el padre les dijo a sus criados: '¡Pronto!, traigan la túnica más rica y vístansela; pónganle un anillo en el dedo y sandalias en los pies; traigan el becerro gordo y mátenlo. Comamos y hagamos una fiesta, porque este hijo mío estaba muerto y ha vuelto a la vida, estaba perdido y lo hemos encontrado'. Y empezó el banquete.

El hijo mayor estaba en el campo y al volver, cuando se acercó a la casa, oyó la música y los cantos. Entonces llamó a uno de los criados y le preguntó qué pasaba. Éste le contestó: 'Tu hermano ha regresado y tu padre mandó matar el becerro gordo, por haberlo recobrado sano y salvo'. El hermano mayor se enojó y no quería entrar.

Salió entonces el padre y le rogó que entrara; pero él replicó: '¡Hace tanto tiempo que te sirvo, sin desobedecer jamás una orden tuya, y tú no me has dado nunca ni un cabrito para comérmelo con mis amigos! Pero eso sí, viene ese hijo tuyo, que despilfarró tus bienes con malas mujeres, y tú mandas matar el becerro gordo'.

El padre repuso: 'Hijo, tú siempre estás conmigo y todo lo mío es tuyo. Pero era necesario hacer fiesta y regocijarnos, porque este hermano tuyo estaba muerto y ha vuelto a la vida, estaba perdido y lo hemos encontrado' ".

Palabra del Señor. ℟. **Gloria a ti, Señor Jesús.**

ORACIÓN SOBRE LAS OFRENDAS

Sé propicio, Señor, a nuestras plegarias y acepta benignamente estas ofrendas de tus siervos, para que aquello que cada uno ofrece en honor de tu nombre aproveche a todos para su salvación. Por Jesucristo, nuestro Señor.

ANTÍFONA DE LA COMUNIÓN Cfr. 1 Cor 10, 16

El cáliz de bendición, por el que damos gracias, es la unión de todos en la Sangre de Cristo; y el pan que partimos es la participación de todos en el Cuerpo de Cristo.

ORACIÓN DESPUÉS DE LA COMUNIÓN

Que el efecto de este don celestial, Señor, transforme nuestro cuerpo y nuestro espíritu, para que sea su fuerza, y no nuestro sentir, lo que siempre inspire nuestras acciones. Por Jesucristo, nuestro Señor.

UN EVANGELIO QUE TENEMOS QUE LEER Y RELEER SIEMPRE

Los "malos" hijos:

- Los que nos hemos alejado de la casa del Padre.
- Los que hemos malgastado la herencia nuestra (salud, dinero, tiempo) en una vida disoluta.
- Los que pensamos que tal vez ya no tenemos perdón de Dios.

Para convencernos de que Dios siempre está esperando, como el padre de la parábola, con los brazos abiertos y con un plan mejor que el que le echamos a perder.

Los "buenos" padres:

- Los que nos negamos tajantemente a recibir en casa a los hijos que se han dado a la mala vida (libertinaje, vicios, negocios sucios).
- Los que cerramos las puertas del hogar a las hijas que han dado "un mal paso".
- Los que seguimos creyendo que hay cosas que no se les pueden perdonar a los hijos.

Para que aprendamos de nuestro Padre Dios a ser verdaderos padres.

Los hijos "buenos":

- Los que decimos que hemos servido y obedecido a Dios y, en el fondo, vivimos resentidos con él porque no nos ha dado ni siquiera un cabrito (un premiecito de la lotería, un "colchoncito" en el banco o, de perdida, menos penas y trabajos).
- Los que decimos o creemos que amamos al Padre, pero no nos preocupamos en lo absoluto por "esos hijos suyos" que pasan hambre y no tienen trabajo.

Para que comprendamos que no se puede, de veras, servir y amar a Dios sin amar de una manera eficaz a nuestros hermanos.

18 de septiembre 25º Domingo del T. Ordinario

(Verde)

ANTÍFONA DE ENTRADA

Yo soy la salvación de mi pueblo, dice el Señor. Los escucharé cuando me llamen en cualquier tribulación, y siempre seré su Dios.

ORACIÓN COLECTA

Señor Dios, que has hecho del amor a ti y a los hermanos la plenitud de todo lo mandado en tu santa ley, concédenos que, cumpliendo tus mandamientos, merezcamos llegar a la vida eterna. Por nuestro Señor Jesucristo…

El amor al dinero endurece el corazón del hombre, lo cierra al dolor de los demás y muchas veces lo lleva a cometer injusticias, como nos dice el profeta Amós (PRIMERA LECTURA) y nos repite el mismo Jesús, quien nos muestra cómo debe el cristiano hacer uso del dinero (EVANGELIO). San Pablo nos pide orar por todos los hombres (SEGUNDA LECTURA) y nosotros tratamos de responderle por medio de la oración universal o de los fieles, que decimos en la Misa.

PRIMERA LECTURA

Contra los que obligan a los pobres a venderse.

Del libro del profeta Amós
8, 4-7

Escuchen esto los que buscan al pobre
sólo para arruinarlo
y andan diciendo:
"¿Cuándo pasará el descanso del primer día del mes
para vender nuestro trigo,
y el descanso del sábado
para reabrir nuestros graneros?".
Disminuyen las medidas,
aumentan los precios,
alteran las balanzas,
obligan a los pobres a venderse;
por un par de sandalias los compran
y hasta venden el salvado como trigo.
El Señor, gloria de Israel, lo ha jurado:
"No olvidaré jamás ninguna de estas acciones".

Palabra de Dios. ℟. **Te alabamos, Señor.**

SALMO RESPONSORIAL
Del salmo 112

J. Hernández B.P. 1724

℟. Que alaben al Señor todos sus siervos.

Bendito sea el Señor,
alábenlo sus siervos.
Bendito sea el Señor,
desde ahora y para siempre. ℟.

Dios está sobre todas las naciones,
su gloria por encima de los cielos.
¿Quién hay como el Señor?
¿Quién iguala al Dios nuestro? ℟.

Él tiene en las alturas su morada
y sin embargo de esto,
bajar se digna su mirada
para ver tierra y cielo. ℟.

Él levanta del polvo al desvalido
y saca al indigente del estiércol
para hacerlo sentar entre los grandes,
los jefes de su pueblo. ℟.

SEGUNDA LECTURA

Pidan a Dios por todos los hombres, porque él quiere que todos se salven.

De la primera carta del apóstol san Pablo a Timoteo
2, 1-8

Te ruego, hermano, que ante todo se hagan oraciones, plegarias, súplicas y acciones de gracias por todos los hombres, y en particular, por los jefes de Estado y las demás autoridades, para que podamos llevar una vida tranquila y en paz, entregada a Dios y respetable en todo sentido.

Esto es bueno y agradable a Dios, nuestro Salvador, pues él quiere que todos los hombres se salven y todos lleguen al conocimiento de la verdad, porque no hay sino un solo Dios y un solo mediador entre Dios y los hombres, Cristo Jesús, hombre él también, que se entregó como rescate por todos.

Él dio testimonio de esto a su debido tiempo y de esto yo he sido constituido, digo la verdad y no miento, pregonero y apóstol para enseñar la fe y la verdad.

Quiero, pues, que los hombres, libres de odios y divisiones, hagan oración dondequiera que se encuentren, levantando al cielo sus manos puras.

Palabra de Dios. ℟. **Te alabamos, Señor.**

ACLAMACIÓN ANTES DEL EVANGELIO

2 Cor 8, 9

B.P. 1035 Palazón

℟. Aleluya, aleluya.
Jesucristo, siendo rico, se hizo pobre,
para enriquecernos con su pobreza.
℟. Aleluya, aleluya.

EVANGELIO

No pueden ustedes servir a Dios y al dinero.

Del santo Evangelio según san Lucas
16, 1-13

En aquel tiempo, Jesús dijo a sus discípulos: "Había una vez un hombre rico que tenía un administrador, el cual fue acusado ante él de haberle malgastado sus bienes. Lo llamó y le dijo: '¿Es cierto lo que me han dicho de ti? Dame cuenta de tu trabajo, porque en adelante ya no serás administrador'. Entonces el administrador se puso a pensar: '¿Qué voy a hacer ahora que me quitan el trabajo? No tengo fuerzas para trabajar la tierra y me da vergüenza pedir limosna. Ya sé lo que voy a hacer, para tener a alguien que me reciba en su casa, cuando me despidan'.

Entonces fue llamando uno por uno a los deudores de su amo. Al primero le preguntó: '¿Cuánto le debes a mi amo?'. El hombre respondió: 'Cien barriles de aceite'. El administrador le dijo: 'Toma tu recibo, date prisa y haz otro por cincuenta'. Luego preguntó al siguiente: 'Y tú, ¿cuánto debes?'. Éste respondió: 'Cien sacos de trigo'. El administrador le dijo: 'Toma tu recibo y haz otro por ochenta'.

El amo tuvo que reconocer que su mal administrador había procedido con habilidad. Pues los que pertenecen a este mundo son más hábiles en sus negocios que los que pertenecen a la luz.

Y yo les digo: Con el dinero, tan lleno de injusticias, gánense amigos que, cuando ustedes mueran, los reciban en el cielo.

El que es fiel en las cosas pequeñas, también es fiel en las grandes; y el que es infiel en las cosas pequeñas, también es infiel en las grandes. Si ustedes no son fieles administradores del dinero, tan lleno de injusticias, ¿quién les confiará los bienes verdaderos? Y si no han sido fieles en lo que no es de ustedes, ¿quién les confiará lo que sí es de ustedes?

No hay criado que pueda servir a dos amos, pues odiará a uno y amará al otro, o se apegará al primero y despreciará al segundo. En resumen, no pueden ustedes servir a Dios y al dinero".

Palabra del Señor. ℟. **Gloria a ti, Señor Jesús.**

ORACIÓN SOBRE LAS OFRENDAS

Acepta benignamente, Señor, los dones de tu pueblo, para que recibamos, por este sacramento celestial, aquello mismo que el fervor de nuestra fe nos mueve a proclamar. Por Jesucristo, nuestro Señor.

ANTÍFONA DE LA COMUNIÓN Jn 10, 14

Yo soy el buen pastor, dice el Señor; y conozco a mis ovejas, y ellas me conocen a mí.

ORACIÓN DESPUÉS DE LA COMUNIÓN

A quienes alimentas, Señor, con tus sacramentos, confórtanos con tu incesante ayuda, para que en estos misterios recibamos el fruto de la redención y la conversión de nuestra vida. Por Jesucristo, nuestro Señor.

"NO OLVIDARÉ JAMÁS NINGUNA DE ESTAS ACCIONES"

- **Disminuir las medidas:** reducir los litros… a menos de un litro; los metros… a 90 centímetros; los kilos… a 900 gramos; el contenido de los tanques de gas… a la mitad; los bolillos de 70 gramos… a 50; el reparto de utilidades… a una burla; las ocho horas de trabajo… a seis de trabajo efectivo y dos de actividades varias (charla, tejido, crucigramas); y vender la gasolina con máquinas despachadoras alteradas…
- **Aumentar los precios:** tanto de los productos que vendemos como de los servicios que prestamos; y de las casas, apartamentos o cuartos que ofrecemos en alquiler, cuando no hay razón alguna que lo justifique, y sin importarnos un comino los demás.
- **Alterar las balanzas:** la de la justicia y las otras, mediante cualquiera de las mil formas en que se puede hacer, para defraudar los derechos y los bienes ajenos.
- **Obligar a los pobres a venderse:** por salarios mínimos o menos que mínimos; y a las pobres, por un par de sandalias, por un ascenso laboral, un aumento de sueldo o una amenaza de despido.
- **Vender el salvado como trigo:** el garbanzo, como café; el auto en malas condiciones, como si estuviera "al centavo"; hacer "rendir" la leche con agua; las refacciones viejas, como si fueran nuevas; las tortillas, como si fueran de maíz y no de olote…

"El Señor, gloria de Israel, lo ha jurado", como nos lo recuerda la primera lectura de hoy.

25 de septiembre 26º Domingo del T. Ordinario

(Verde)

ANTÍFONA DE ENTRADA **Dn 3, 31. 29. 30. 43. 42**

Todo lo que hiciste con nosotros, Señor, es verdaderamente justo, porque hemos pecado contra ti y hemos desobedecido tus mandatos; pero haz honor a tu nombre y trátanos conforme a tu inmensa misericordia.

ORACIÓN COLECTA

Señor Dios, que manifiestas tu poder de una manera admirable sobre todo cuando perdonas y ejerces tu misericordia, multiplica tu gracia sobre nosotros, para que, apresurándonos hacia lo que nos prometes, nos hagas partícipes de los bienes celestiales. Por nuestro Señor Jesucristo…

Una vida de despreocupación por los demás separa de Dios para siempre. Jesús nos dice que la vida de aquí abajo prepara la del futuro (EVANGELIO). También por esa razón el profeta Amós (PRIMERA LECTURA) pone en guardia a los ricos contra su falsa seguridad. En el día del juicio, Dios sólo escuchará el llanto de los oprimidos (SALMO). Por ello, san Pablo le pide a su discípulo Timoteo (SEGUNDA LECTURA) que le sea fiel a Dios, que sea justo y bueno con los hombres y que viva con la esperanza puesta en la venida de Cristo.

PRIMERA LECTURA

Ustedes, los que lleven una vida disoluta, irán al destierro.

Del libro del profeta Amós
6, 1. 4-7

Esto dice el Señor todopoderoso:
"¡Ay de ustedes, los que se sienten seguros en Sión
y los que ponen su confianza
en el monte sagrado de Samaria!
Se reclinan sobre divanes adornados con marfil,
se recuestan sobre almohadones
para comer los corderos del rebaño y las terneras en engorda.
Canturrean al son del arpa,
creyendo cantar como David.
Se atiborran de vino,
se ponen los perfumes más costosos,
pero no se preocupan por las desgracias de sus hermanos.
Por eso irán al destierro a la cabeza de los cautivos
y se acabará la orgía de los disolutos".
Palabra de Dios. ℟. **Te alabamos, Señor.**

SALMO RESPONSORIAL
Del salmo 145

B.P. 1725

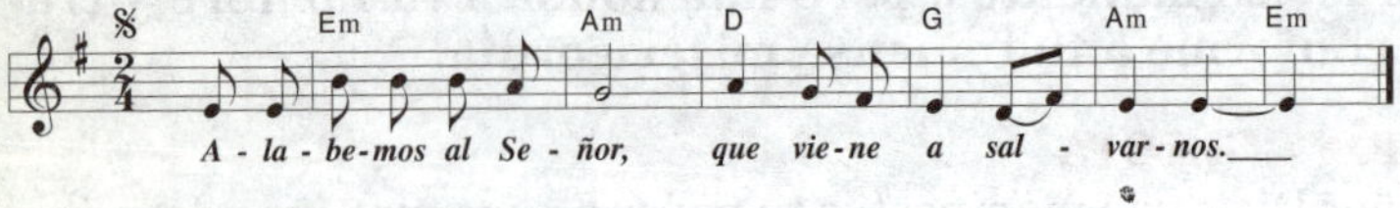

℟. Alabemos al Señor, que viene a salvarnos.

El Señor siempre es fiel a su palabra,
y es quien hace justicia al oprimido;
él proporciona pan a los hambrientos
y libera al cautivo. ℟.
Abre el Señor los ojos de los ciegos
y alivia al agobiado.
Ama el Señor al hombre justo
y toma al forastero a su cuidado. ℟.
A la viuda y al huérfano sustenta
y trastorna los planes del inicuo.
Reina el Señor eternamente,
reina tu Dios, oh Sión, reina por siglos. ℟.

SEGUNDA LECTURA
Cumple todo lo mandado, hasta la venida de nuestro Señor Jesucristo.

De la primera carta del apóstol san Pablo a Timoteo
6, 11-16

Hermano: Tú, como hombre de Dios, lleva una vida de rectitud, piedad, fe, amor, paciencia y mansedumbre. Lucha en el noble combate de la fe, conquista la vida eterna a la que has sido llamado y de la que hiciste tan admirable profesión ante numerosos testigos.

Ahora, en presencia de Dios, que da vida a todas las cosas, y de Cristo Jesús, que dio tan admirable testimonio ante Poncio Pilato, te ordeno que cumplas fiel e irreprochablemente todo lo mandado, hasta la venida de nuestro Señor Jesucristo, la cual dará a conocer a su debido tiempo Dios, el bienaventurado y único soberano, Rey de los reyes y Señor de los señores, el único que posee la inmortalidad, el que habita en una luz inaccesible y a quien ningún hombre ha visto ni puede ver. A él todo honor y poder para siempre.

Palabra de Dios. ℟. **Te alabamos, Señor.**

ACLAMACIÓN ANTES DEL EVANGELIO
2 Cor 8, 9

℟. Aleluya, aleluya.
Jesucristo, siendo rico, se hizo pobre,
para enriquecernos con su pobreza.
℟. Aleluya, aleluya.

EVANGELIO
Recibiste bienes en tu vida y Lázaro, males; ahora él goza de consuelo, mientras que tú sufres tormentos.

✠ Del santo Evangelio según san Lucas
16, 19-31

En aquel tiempo, Jesús dijo a los fariseos: "Había un hombre rico, que se vestía de púrpura y telas finas y banqueteaba espléndidamente cada día. Y un mendigo, llamado Lázaro, yacía a la entrada de su casa, cubierto de llagas y ansiando llenarse con las sobras que caían de la mesa del rico. Y hasta los perros se acercaban a lamerle las llagas.

Sucedió, pues, que murió el mendigo y los ángeles lo llevaron al seno de Abraham. Murió también el rico y lo enterraron. Estaba éste en el lugar de castigo, en medio de tormentos, cuando levantó los ojos y vio a lo lejos a Abraham y a Lázaro junto a él.

Entonces gritó: 'Padre Abraham, ten piedad de mí. Manda a Lázaro que moje en agua la punta de su dedo y me refresque la lengua, porque me torturan estas llamas'. Pero Abraham le contestó: 'Hijo, recuerda que en tu vida recibiste bienes y Lázaro, en cambio, males. Por eso él goza ahora de consuelo, mientras que tú sufres tormentos. Además, entre ustedes y nosotros se abre un abismo inmenso, que nadie puede cruzar, ni hacia allá ni hacia acá'.

El rico insistió: 'Te ruego, entonces, padre Abraham, que mandes a Lázaro a mi casa, pues me quedan allá cinco hermanos, para que les advierta y no acaben también ellos en este lugar de tormentos'. Abraham le dijo: 'Tienen a Moisés y a los profetas; que los escuchen'. Pero el rico replicó: 'No, padre Abraham. Si un muerto va a decírselo, entonces sí se arrepentirán'. Abraham repuso: 'Si no escuchan a Moisés y a los profetas, no harán caso, ni aunque resucite un muerto' ".

Palabra del Señor. ℟. **Gloria a ti, Señor Jesús.**

ORACIÓN SOBRE LAS OFRENDAS

Concédenos, Dios misericordioso, que nuestra ofrenda te sea aceptable y que por ella quede abierta para nosotros la fuente de toda bendición. Por Jesucristo, nuestro Señor.

ANTÍFONA DE LA COMUNIÓN 1 Jn 3, 16

En esto hemos conocido lo que es el amor de Dios: en que dio su vida por nosotros. Por eso también nosotros debemos dar la vida por los hermanos.

ORACIÓN DESPUÉS DE LA COMUNIÓN

Que este misterio celestial renueve, Señor, nuestro cuerpo y nuestro espíritu, para que seamos coherederos en la gloria de aquel cuya muerte, al anunciarla, la hemos compartido. Él, que vive y reina por los siglos de los siglos.

QUERÍA LAS SOBRAS... Y NADIE SE LAS DABA

- Algunos dicen que Lázaro no existió. Que es una parábola. Que es una enseñanza.
- ¡Hay que protestar por eso!
- Lázaro existió y sigue existiendo. Negar su existencia sería como negar la existencia del hijo pródigo… y los hay y los ha habido por montones.
- Y no sólo ha existido Lázaro, sino que él y el rico Epulón son los protagonistas de la historia del mundo hasta nuestros días.
- Para no ir más lejos, allí tienes que, en cada esquina donde se junta la basura, hay multitud de Lázaros "buceando" en el interior de los botes, para ver si encuentran algunas sobras todavía comestibles y aprovechables.
- Si preguntas por la señora Lázara que renta un cuartito cerca de tu casa, te encontrarás con una pobre mujer abandonada, llena de hijos, a la que le vendría de perlas la ropita usada que nada más hace bulto en tu ropero y ni siquiera utilizas.
- Y eso para no hablar de los Lázarines esos que corretean por nuestras calles y que serían felices de poder comer lo que nuestros Epuloncitos melindrosos dejan en los platos todos los días.
- Lázaro existió y sigue existiendo, no faltaba más.
- Asómate a la puerta de tu casa, al parque más cercano, a las calles más oscuras del lugar donde vives, y te asombrarás por la cantidad de Lázaros que existen.

2 de octubre — 27º Domingo del T. Ordinario

(Verde)

ANTÍFONA DE ENTRADA — Cfr. Est 4, 17

En tu voluntad, Señor, está puesto el universo, y no hay quien pueda resistirse a ella. Tú hiciste todo, el cielo y la tierra, y todo lo que está bajo el firmamento; tú eres Señor del universo.

ORACIÓN COLECTA

Dios todopoderoso y eterno, que en la superabundancia de tu amor sobrepasas los méritos y aun los deseos de los que te suplican, derrama sobre nosotros tu misericordia para que libres nuestra conciencia de toda inquietud y nos concedas aun aquello que no nos atrevemos a pedir. Por nuestro Señor Jesucristo…

Hoy nos da Jesús una dura lección de humildad al decirnos que, cuando hayamos hecho todo lo que se nos ha mandado, todavía debemos decir: "No somos más que siervos" (EVANGELIO). Para reforzar esa idea el profeta Habacuc (PRIMERA LECTURA) afirma que Dios es el Señor de todos los acontecimientos y que pondrá fin al mal cuando llegue la hora; mientras tanto, sólo nos pide que seamos fieles. San Pablo (SEGUNDA LECTURA) pide a todos los cristianos que sean valientes en su testimonio de Cristo.

PRIMERA LECTURA

El justo vivirá por su fe.

Del libro del profeta Habacuc
1, 2-3; 2, 2-4

¿Hasta cuándo, Señor, pediré auxilio,
sin que me escuches,
y denunciaré a gritos la violencia que reina,
sin que vengas a salvarme?
¿Por qué me dejas ver la injusticia
y te quedas mirando la opresión?
Ante mí no hay más que asaltos y violencias,
y surgen rebeliones y desórdenes.
El Señor me respondió y me dijo:
"Escribe la visión que te he manifestado,
ponla clara en tablillas
para que se pueda leer de corrido.
Es todavía una visión de algo lejano,
pero que viene corriendo y no fallará;
si se tarda, espéralo, pues llegará sin falta.
El malvado sucumbirá sin remedio;
el justo, en cambio, vivirá por su fe".

Palabra de Dios. ℟. **Te alabamos, Señor.**

SALMO RESPONSORIAL

Del salmo 94

J. Hernández B.P. 1726

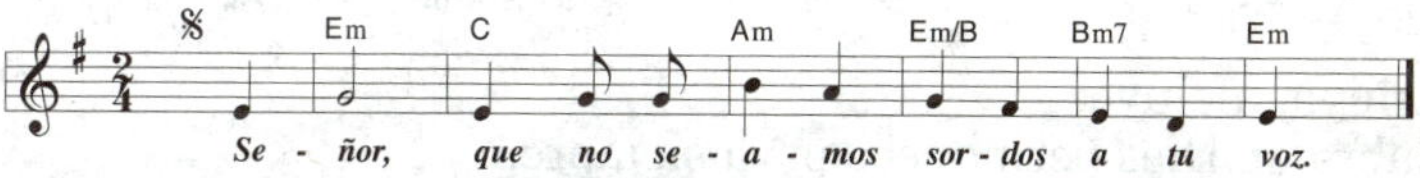

℟. Señor, que no seamos sordos a tu voz.

Vengan, lancemos vivas al Señor,
aclamemos al Dios que nos salva.
Acerquémonos a él, llenos de júbilo,
y démosle gracias. ℟.
Vengan, y puestos de rodillas,
adoremos y bendigamos al Señor, que nos hizo,
pues él es nuestro Dios y nosotros, su pueblo;
él es nuestro pastor y nosotros, sus ovejas. ℟.
Hagámosle caso al Señor, que nos dice:
"No endurezcan su corazón,
como el día de la rebelión en el desierto,
cuando sus padres dudaron de mí,
aunque habían visto mis obras". ℟.

SEGUNDA LECTURA

No te avergüences de dar testimonio de nuestro Señor.

De la segunda carta del apóstol san Pablo a Timoteo
1, 6-8. 13-14

Querido hermano: Te recomiendo que reavives el don de Dios que recibiste cuando te impuse las manos. Porque el Señor no nos ha dado un espíritu de temor, sino de fortaleza, de amor y de moderación.

No te avergüences, pues, de dar testimonio de nuestro Señor, ni te avergüences de mí, que estoy preso por su causa. Al contrario, comparte conmigo los sufrimientos por la predicación del Evangelio, sostenido por la fuerza de Dios. Conforma tu predicación a la sólida doctrina que recibiste de mí acerca de la fe y el amor que tienen su fundamento en Cristo Jesús. Guarda este tesoro con la ayuda del Espíritu Santo, que habita en nosotros.

Palabra de Dios. ℟. **Te alabamos, Señor.**

ACLAMACIÓN ANTES DEL EVANGELIO

1 Pedro 1, 25

℟. Aleluya, aleluya.
La palabra de Dios permanece para siempre.
Y ésa es la palabra que se les ha anunciado.
℟. Aleluya, aleluya.

EVANGELIO

¡Si ustedes tuvieran fe…!

Del santo Evangelio según san Lucas
17, 5-10

En aquel tiempo, los apóstoles dijeron al Señor: "Auméntanos la fe". El Señor les contestó: "Si tuvieran fe, aunque fuera tan pequeña como una semilla de mostaza, podrían decirle a ese árbol frondoso: 'Arráncate de raíz y plántate en el mar', y los obedecería.

¿Quién de ustedes, si tiene un siervo que labra la tierra o pastorea los rebaños, le dice cuando éste regresa del campo: 'Entra enseguida y ponte a comer'? ¿No le dirá más bien: 'Prepárame de comer y disponte a servirme, para que yo coma y beba; después comerás y beberás tú'? ¿Tendrá acaso que mostrarse agradecido con el siervo, porque éste cumplió con su obligación?

Así también ustedes, cuando hayan cumplido todo lo que se les mandó, digan: 'No somos más que siervos; sólo hemos hecho lo que teníamos que hacer' ".

Palabra del Señor. ℟. **Gloria a ti, Señor Jesús.**

ORACIÓN SOBRE LAS OFRENDAS

Acepta, Señor, el sacrificio que tú mismo nos mandaste ofrecer, y, por estos sagrados misterios, que celebramos en cumplimiento de nuestro servicio, dígnate llevar a cabo en nosotros la santificación que proviene de tu redención. Por Jesucristo, nuestro Señor.

ANTÍFONA DE LA COMUNIÓN Cfr. 1 Cor 10, 17

El pan es uno, y así nosotros, aunque somos muchos, formamos un solo cuerpo, porque todos participamos de un mismo pan y de un mismo cáliz.

ORACIÓN DESPUÉS DE LA COMUNIÓN

Dios omnipotente, saciados con este alimento y bebida celestiales, concédenos ser transformados en aquel a quien hemos recibido en este sacramento. Por Jesucristo, nuestro Señor.

SEÑOR, ¡AUMÉNTANOS LA FE!

- Porque en medio de tantas angustias económicas –tú sabes, los precios, los impuestos, la falta de trabajo– se nos está olvidando que tenemos un Padre en el cielo, que da de comer a los pajarillos…
- Porque a la hora de las enfermedades, de las humillaciones y las penas, como que se nos borra de la memoria todo lo que tú nos has dicho sobre la cruz…
- Porque ante los problemas de diversa índole que se nos presentan, a veces como que nos da la impresión de que ya te olvidaste de nosotros…

- Porque cada día nos cuesta más trabajo descubrir tu presencia en las personas que nos rodean…
- Porque cada día le creemos más a lo que nos dicen la radio, la prensa, la televisión y las redes sociales, que a lo que tú y tu Vicario, el Papa, nos dicen.

9 de octubre 28º Domingo del T. Ordinario

(Verde)

ANTÍFONA DE ENTRADA **Cfr. Sal 129, 3-4**

Si conservaras el recuerdo de nuestras faltas, Señor, ¿quién podría resistir? Pero tú, Dios de Israel, eres Dios de perdón.

ORACIÓN COLECTA

Te pedimos, Señor, que tu gracia continuamente nos disponga y nos acompañe, de manera que estemos siempre dispuestos a obrar el bien. Por nuestro Señor Jesucristo…

Hoy se nos presenta la grandeza del alma de dos hombres extranjeros que padecían de la lepra: un sirio (PRIMERA LECTURA) y un samaritano (EVANGELIO). Los relatos ponen de relieve la calidad de la fe de aquellos hombres extranjeros, para darnos a entender que el llamado de Dios sobrepasa las fronteras de Israel y está destinado a todos los hombres. Por su parte, san Pablo, prisionero (SEGUNDA LECTURA), dice que compartirá el triunfo de Cristo, pues ya ha compartido su pasión y está orgulloso de sufrir por causa del Evangelio.

PRIMERA LECTURA

Volvió Naamán a donde estaba el hombre de Dios y alabó al Señor.

Del segundo libro de los Reyes
5, 14-17

En aquellos días, Naamán, el general del ejército de Siria, que estaba leproso, se bañó siete veces en el Jordán, como le había dicho Eliseo, el hombre de Dios, y su carne quedó limpia como la de un niño.

Volvió con su comitiva a donde estaba el hombre de Dios y se le presentó diciendo: “Ahora sé que no hay más Dios que el de Israel. Te pido que aceptes estos regalos de parte de tu siervo”. Pero Eliseo contestó: “Juro por el Señor, en cuya presencia estoy, que no aceptaré nada”. Y por más que Naamán insistía, Eliseo no aceptó nada.

Entonces Naamán le dijo: “Ya que te niegas, concédeme al menos que me den unos sacos con tierra de este lugar, los que puedan llevar un par de mulas. La usaré para construir un altar al Señor, tu Dios, pues a ningún otro dios volveré a ofrecer más sacrificios”.

Palabra de Dios. ℟. **Te alabamos, Señor.**

SALMO RESPONSORIAL
Del salmo 97

J. Hernández B.P. 1727

℟. El Señor nos ha mostrado su amor y su lealtad.

Cantemos al Señor un canto nuevo,
pues ha hecho maravillas.
Su diestra y su santo brazo
le han dado la victoria. ℟.

El Señor ha dado a conocer su victoria
y ha revelado a las naciones su justicia.
Una vez más ha demostrado Dios
su amor y su lealtad hacia Israel. ℟.

La tierra entera ha contemplado
la victoria de nuestro Dios.
Que todos los pueblos y naciones
aclamen con júbilo al Señor. ℟.

SEGUNDA LECTURA
Si nos mantenemos firmes, reinaremos con Cristo.

De la segunda carta del apóstol san Pablo a Timoteo
2, 8-13

Querido hermano: Recuerda siempre que Jesucristo, descendiente de David, resucitó de entre los muertos, conforme al Evangelio que yo predico. Por este Evangelio sufro hasta llevar cadenas, como un malhechor; pero la palabra de Dios no está encadenada. Por eso lo sobrellevo todo por amor a los elegidos, para que ellos también alcancen en Cristo Jesús la salvación, y con ella, la gloria eterna.

Es verdad lo que decimos:
"Si morimos con él, viviremos con él;
si nos mantenemos firmes, reinaremos con él;
si lo negamos, él también nos negará;
si le somos infieles, él permanece fiel,
porque no puede contradecirse a sí mismo".

Palabra de Dios. ℟. **Te alabamos, Señor.**

ACLAMACIÓN ANTES DEL EVANGELIO

1 Tes 5, 18

B.P. 1031 Sosa

℟. Aleluya, aleluya.
Den gracias siempre, unidos a Cristo Jesús,
pues esto es lo que Dios quiere que ustedes hagan.
℟. Aleluya, aleluya.

EVANGELIO

¿No ha habido nadie, fuera de este extranjero, que volviera para dar gloria a Dios?

✠ Del santo Evangelio según san Lucas
17, 11-19

En aquel tiempo, cuando Jesús iba de camino a Jerusalén, pasó entre Samaria y Galilea. Estaba cerca de un pueblo, cuando le salieron al encuentro diez leprosos, los cuales se detuvieron a lo lejos y a gritos le decían: "¡Jesús, maestro, ten compasión de nosotros!".

Al verlos, Jesús les dijo: "Vayan a presentarse a los sacerdotes". Mientras iban de camino, quedaron limpios de la lepra.

Uno de ellos, al ver que estaba curado, regresó, alabando a Dios en voz alta, se postró a los pies de Jesús y le dio las gracias. Ése era un samaritano. Entonces dijo Jesús: "¿No eran diez los que quedaron limpios? ¿Dónde están los otros nueve? ¿No ha habido nadie, fuera de este extranjero, que volviera para dar gloria a Dios?". Después le dijo al samaritano: "Levántate y vete. Tu fe te ha salvado".

Palabra del Señor. ℟. **Gloria a ti, Señor Jesús.**

ORACIÓN SOBRE LAS OFRENDAS

Recibe, Señor, las súplicas de tus fieles junto con estas ofrendas que te presentamos, para que, lo que celebramos con devoción, nos lleve a alcanzar la gloria del cielo. Por Jesucristo, nuestro Señor.

ANTÍFONA DE LA COMUNIÓN 1 Jn 3, 2

Cuando el Señor se manifieste, seremos semejantes a él, porque lo veremos tal cual es.

ORACIÓN DESPUÉS DE LA COMUNIÓN

Señor, suplicamos a tu majestad que así como nos nutres con el sagrado alimento del Cuerpo y de la Sangre de tu Hijo, nos hagas participar de la naturaleza divina. Por Jesucristo, nuestro Señor.

TENEMOS MUCHO QUE AGRADECERLE A DIOS:

- Un empleo en una época en la que hay muchísimos compatriotas que no pueden conseguirlo.
- La alegría de tener todavía con nosotros a nuestros padres, o a alguno de ellos.
- Una esposa o un esposo que es una verdadera bendición de Dios.
- Unos hijos que van saliendo adelante.
- Un problema resuelto o en vías de solución.
- Una meta alcanzada.
- Una verdadera amistad.
- Una salud que se ha recuperado.
- La oportunidad de tomar unas vacaciones que millares de hermanos nuestros no pueden disfrutar.
- El estar hoy aquí participando de la Cena de Cristo.
- El que Dios nos siga amando a pesar de tantas cosas en las que le hemos fallado…

Agradezcámosle todos sus beneficios; no seamos desagradecidos, como aquellos nueve.

16 de octubre 29º Domingo del T. Ordinario

(Verde)

ANTÍFONA DE ENTRADA **Cfr. Sal 16, 6. 8**

Te invoco, Dios mío, porque tú me respondes; inclina tu oído y escucha mis palabras. Cuídame, Señor, como a la niña de tus ojos y cúbreme bajo la sombra de tus alas.

ORACIÓN COLECTA

Dios todopoderoso y eterno, haz que nuestra voluntad sea siempre dócil a la tuya y que te sirvamos con un corazón sincero. Por nuestro Señor Jesucristo…

En la PRIMERA LECTURA vemos cómo la oración perseverante de Moisés obtiene la victoria para su pueblo Israel. De modo semejante, Jesús nos recomienda en el EVANGELIO que oremos con insistencia y sin desanimarnos. Pero conviene que pongamos nuestra atención, sobre todo, en la pregunta que formula con una especie de angustia: "Cuando venga el Hijo del hombre, ¿creen ustedes que encontrará fe sobre la tierra?". San Pablo, en la SEGUNDA LECTURA, manda a Timoteo que alimente su fe con la lectura de la Sagrada Escritura y le ordena que no cese en la proclamación de la Palabra de Dios.

PRIMERA LECTURA

Mientras Moisés tenía las manos en alto, dominaba Israel.

Del libro del Éxodo
17, 8-13

Cuando el pueblo de Israel caminaba a través del desierto, llegaron los amalecitas y lo atacaron en Refidim. Moisés dijo entonces a Josué: “Elige algunos hombres y sal a combatir a los amalecitas. Mañana, yo me colocaré en lo alto del monte con la vara de Dios en mi mano”. Josué cumplió las órdenes de Moisés y salió a pelear contra los amalecitas. Moisés, Aarón y Jur subieron a la cumbre del monte, y sucedió que, cuando Moisés tenía las manos en alto, dominaba Israel, pero cuando las bajaba, Amalec dominaba.

Como Moisés se cansó, Aarón y Jur lo hicieron sentar sobre una piedra, y colocándose a su lado, le sostenían los brazos. Así, Moisés pudo mantener en alto las manos hasta la puesta del sol. Josué derrotó a los amalecitas y acabó con ellos.

Palabra de Dios. ℟. **Te alabamos, Señor.**

SALMO RESPONSORIAL

Del salmo 120

O. Martínez B.P. 1728

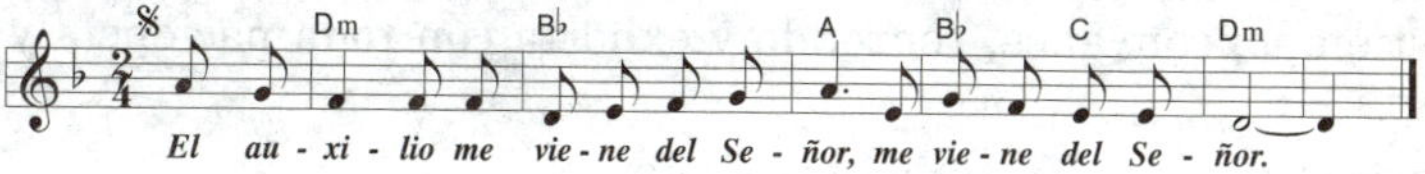

℟. El auxilio me viene del Señor.

La mirada dirijo hacia la altura
de donde ha de venirme todo auxilio.
El auxilio me viene del Señor,
que hizo el cielo y la tierra. ℟.

No dejará que des un paso en falso,
pues es tu guardián y nunca duerme.
No, jamás se dormirá o descuidará
el guardián de Israel. ℟.

El Señor te protege y te da sombra,
está siempre a tu lado.
No te hará daño el sol durante el día
ni la luna, de noche. ℟.

Te guardará el Señor en los peligros
y cuidará tu vida;
protegerá tus ires y venires,
ahora y para siempre. ℟.

SEGUNDA LECTURA

El hombre de Dios será perfecto y enteramente preparado para toda obra buena.

De la segunda carta del apóstol san Pablo a Timoteo
3, 14–4, 2

Querido hermano: Permanece firme en lo que has aprendido y se te ha confiado, pues bien sabes de quiénes lo aprendiste y desde tu infancia estás familiarizado con la Sagrada Escritura, la cual puede darte la sabiduría que, por la fe en Cristo Jesús, conduce a la salvación.

Toda la Sagrada Escritura está inspirada por Dios y es útil para enseñar, para reprender, para corregir y para educar en la virtud, a fin de que el hombre de Dios sea perfecto y esté enteramente preparado para toda obra buena.

En presencia de Dios y de Cristo Jesús, que ha de venir a juzgar a los vivos y a los muertos, te pido encarecidamente, por su advenimiento y por su Reino, que anuncies la palabra; insiste a tiempo y a destiempo; convence, reprende y exhorta con toda paciencia y sabiduría.

Palabra de Dios. ℟. **Te alabamos, Señor.**

ACLAMACIÓN ANTES DEL EVANGELIO

Heb 4, 12

B.P. 1031 Sosa

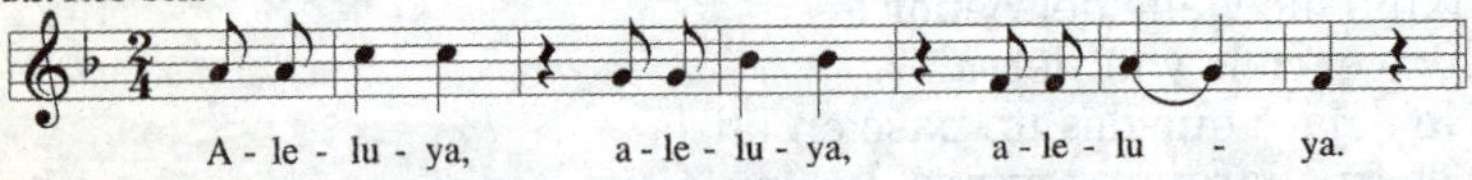

℟. Aleluya, aleluya.
La palabra de Dios es viva y eficaz
y descubre los pensamientos e intenciones del corazón.
℟. Aleluya, aleluya.

EVANGELIO

Dios hará justicia a sus elegidos, que claman a él.

✠ Del santo Evangelio según san Lucas
18, 1-8

En aquel tiempo, para enseñar a sus discípulos la necesidad de orar siempre y sin desfallecer, Jesús les propuso esta parábola:

"En cierta ciudad había un juez que no temía a Dios ni respetaba a los hombres. Vivía en aquella misma ciudad una viuda que acudía a él con frecuencia para decirle: 'Hazme justicia contra mi adversario'.

Por mucho tiempo, el juez no le hizo caso, pero después se dijo: 'Aunque no temo a Dios ni respeto a los hombres, sin embargo, por la insistencia de esta viuda, voy a hacerle justicia para que no me siga molestando' ".

Dicho esto, Jesús comentó: "Si así pensaba el juez injusto, ¿creen acaso que Dios no hará justicia a sus elegidos, que claman a él día y noche, y que los hará esperar? Yo les digo que les hará justicia sin tardar. Pero, cuando venga el Hijo del hombre, ¿creen que encontrará fe sobre la tierra?".

Palabra del Señor. ℟. **Gloria a ti, Señor Jesús.**

ORACIÓN SOBRE LAS OFRENDAS

Concédenos, Señor, el don de poderte servir con libertad de espíritu, para que, por la acción purificadora de tu gracia, los mismos misterios que celebramos nos limpien de toda culpa. Por Jesucristo, nuestro Señor.

ANTÍFONA DE LA COMUNIÓN — Mc 10, 45

El Hijo del hombre ha venido a dar su vida como rescate por la humanidad, dice el Señor.

ORACIÓN DESPUÉS DE LA COMUNIÓN

Te rogamos, Señor, que la frecuente recepción de estos dones celestiales, produzca fruto en nosotros y nos ayude a aprovechar los bienes temporales y alcanzar con sabiduría los eternos. Por Jesucristo, nuestro Señor.

ORA SIEMPRE Y SIN DESFALLECER

- Haz oración, aun cuando consideres que has sido una persona muy buena o muy pecadora.
- No te hagas ilusiones; no creas que sólo con tus propias fuerzas puedes alcanzar la salvación eterna, que nos ganó Cristo con su muerte y resurrección.
- Si eres varón, no digas que orar es "cosa de mujeres", porque entonces tendrías que aceptar también que la vida eterna es "cosa de mujeres".
- Habla con Dios, porque lo necesitamos y él siempre está dispuesto a escucharnos.
- Tienes que orar y mucho; porque si no, ¿cómo vas a tener fuerzas para vivir de acuerdo con las enseñanzas de Jesús, nuestro único Maestro?
- Tienes que orar fuerte, porque si no, ¿cómo nos concederá Dios vocaciones al sacerdocio y a la vida consagrada, buenos pastores, gobernantes honrados, autoridades auténticamente preocupadas por el bien de todos y patrones justos?
- Si no pides a Dios su gracia omnipotente, ¿cómo vas a perdonar a aquellas personas a quienes hace tanto tiempo les has negado el habla?
- Si no haces oración constantemente, ¿cómo vas a comprender y amar a los pobres, si eres rico, y cómo vas a comprender y amar a los ricos, si eres pobre?
- Si no oras con toda tu alma, ¿cómo vas a amar a Dios más que al dinero?

23 de octubre — 30º Domingo del T. Ordinario

(O bien: **Domingo Mundial de las Misiones**)

(Verde)

ANTÍFONA DE ENTRADA — **Cfr. Sal 104, 3-4**

Alégrese el corazón de los que buscan al Señor. Busquen al Señor y serán fuertes; busquen su rostro sin descanso.

ORACIÓN COLECTA

Dios todopoderoso y eterno, aumenta en nosotros la fe, la esperanza y la caridad, y para que merezcamos alcanzar lo que nos prometes, concédenos amar lo que nos mandas. Por nuestro Señor Jesucristo…

En la parábola del fariseo y el publicano (EVANGELIO) Jesús nos muestra que Dios escucha las oraciones cuando todos, justos y pecadores, nos mostramos ante él conscientes de nuestra pequeñez y de nuestra pobreza. Lo mismo nos indica el libro del Sirácide (PRIMERA LECTURA) al decirnos que "la oración del humilde atraviesa las nubes". En la SEGUNDA LECTURA san Pablo nos transmite su último mensaje antes de su martirio: todos lo han abandonado, pero el Señor lo sostiene con su fuerza. Lo cual es suficiente para un cristiano de temple.

PRIMERA LECTURA

La oración del humilde llega hasta el cielo.

Del libro del Sirácide (Eclesiástico)
35, 15-17. 20-22

El Señor es un juez
que no se deja impresionar por apariencias.

No menosprecia a nadie por ser pobre
y escucha las súplicas del oprimido.
No desoye los gritos angustiosos del huérfano
ni las quejas insistentes de la viuda.
Quien sirve a Dios con todo su corazón es oído
y su plegaria llega hasta el cielo.
La oración del humilde atraviesa las nubes,
y mientras él no obtiene lo que pide,
permanece sin descanso y no desiste,
hasta que el Altísimo lo atiende
y el justo juez le hace justicia.

Palabra de Dios. ℟. **Te alabamos, Señor.**

O bien, cuando se celebra el Domingo Mundial de las Misiones:

Vendrán numerosos pueblos a buscar al Señor en Jerusalén.

Del libro del profeta Zacarías
8, 20-23

Esto dice el Señor de los ejércitos: "Vendrán pueblos y habitantes de muchas ciudades. Y los habitantes de una ciudad irán a ver a los de la otra y les dirán: 'Vayamos a orar ante el Señor y a implorar la ayuda del Señor de los ejércitos'. 'Yo también voy'. Y vendrán numerosos pueblos y naciones poderosas a orar ante el Señor Dios en Jerusalén y a implorar su protección".

Esto dice el Señor de los ejércitos: "En aquellos días, diez hombres de cada lengua extranjera tomarán por el borde del manto a un judío y le dirán: 'Queremos ir contigo, pues hemos oído decir que Dios está con ustedes' ".

Palabra de Dios. ℟. **Te alabamos, Señor.**

SALMO RESPONSORIAL

Del salmo 33

O. Martínez B.P. 1729

℟. El Señor no está lejos de sus fieles.

Bendeciré al Señor a todas horas,
no cesará mi boca de alabarlo.
Yo me siento orgulloso del Señor,
que se alegre su pueblo al escucharlo. ℟.
En contra del malvado está el Señor,
para borrar de la tierra su recuerdo.
Escucha, en cambio, al hombre justo
y lo libra de todas sus congojas. ℟.
El Señor no está lejos de sus fieles
y levanta a las almas abatidas.
Salva el Señor la vida de sus siervos.
No morirán quienes en él esperan. ℟.

O bien, cuando se celebra el Domingo Mundial de las Misiones:

Del salmo 66

℟. Que todos los pueblos conozcan tu bondad.

Ten piedad de nosotros y bendícenos;
vuelve, Señor, tus ojos a nosotros.
Que conozca la tierra tu bondad
y los pueblos tu obra salvadora. ℟.
Las naciones con júbilo te canten,
porque juzgas al mundo con justicia;
con equidad tú juzgas a los pueblos
y riges en la tierra a las naciones ℟.
La tierra ha producido ya sus frutos,
Dios nos ha bendecido.
Que nos bendiga Dios
y que le rinda honor el mundo entero. ℟.

SEGUNDA LECTURA
Ahora sólo espero la corona merecida.

De la segunda carta del apóstol san Pablo a Timoteo
4, 6-8. 16-18

Querido hermano: Para mí ha llegado la hora del sacrificio y se acerca el momento de mi partida. He luchado bien en el combate, he corrido hasta la meta, he perseverado en la fe. Ahora sólo espero la corona merecida, con la que el Señor, justo juez, me premiará en aquel día, y no solamente a mí, sino a todos aquellos que esperan con amor su glorioso advenimiento.

La primera vez que me defendí ante el tribunal, nadie me ayudó. Todos me abandonaron. Que no se les tome en cuenta. Pero el Señor estuvo a mi lado y me dio fuerzas para que, por mi medio, se proclamara claramente el mensaje de salvación y lo oyeran todos los paganos. Y fui librado de las fauces del león. El Señor me seguirá librando de todos los peligros y me llevará salvo a su Reino celestial. A él la gloria por los siglos de los siglos. Amén.

Palabra de Dios. ℟. **Te alabamos, Señor.**

ACLAMACIÓN ANTES DEL EVANGELIO

2 Cor 5, 19

B.P. 1034 - Palazón

℟. Aleluya, aleluya.
Dios reconcilió al mundo consigo por medio de Cristo,
y a nosotros nos confió el mensaje de la reconciliación.
℟. Aleluya, aleluya.

EVANGELIO

El publicano regresó a su casa justificado y el fariseo no.

Del santo Evangelio según san Lucas
18, 9-14

En aquel tiempo, Jesús dijo esta parábola sobre algunos que se tenían por justos y despreciaban a los demás:

"Dos hombres subieron al templo para orar: uno era fariseo y el otro, publicano. El fariseo, erguido, oraba así en su interior: 'Dios mío, te doy gracias porque no soy como los demás hombres: ladrones, injustos y adúlteros; tampoco soy como ese publicano. Ayuno dos veces por semana y pago el diezmo de todas mis ganancias'.

El publicano, en cambio, se quedó lejos y no se atrevía a levantar los ojos al cielo. Lo único que hacía era golpearse el pecho, diciendo: 'Dios mío, apiádate de mí, que soy un pecador'.

Pues bien, yo les aseguro que éste bajó a su casa justificado y aquél no; porque todo el que se enaltece será humillado y el que se humilla será enaltecido".

Palabra del Señor. ℟. **Gloria a ti, Señor Jesús.**

ORACIÓN SOBRE LAS OFRENDAS

Mira, Señor, los dones que presentamos a tu majestad, para que lo que hacemos en tu servicio esté siempre ordenado a tu mayor gloria. Por Jesucristo, nuestro Señor.

ANTÍFONA DE LA COMUNIÓN Ef 5, 2

Cristo nos amó y se entregó a sí mismo por nosotros, como ofrenda agradable a Dios.

ORACIÓN DESPUÉS DE LA COMUNIÓN

Que tus sacramentos, Señor, produzcan en nosotros todo lo que significan, para que lo que ahora celebramos en figura lo alcancemos en su plena realidad. Por Jesucristo, nuestro Señor.

¿A QUIÉN NOS PARECEMOS MÁS, AL FARISEO O AL PUBLICANO?

- Somos "fariseos" (es decir, sentimos que somos tan "buenos", que **no necesitamos de Dios**) cuando criticamos al que se acerca a la Misa dominical y, para justificar nuestra falta de compromiso (porque todos los bautizados estamos invitados a participar en la Eucaristía cada domingo), decimos: "Yo no voy, porque ahí todos son unos hipócritas que sólo van a darse 'golpes de pecho'. En cambio yo, sin necesidad de eso, me porto mejor que ellos… ".
- Por su parte, también nos hacemos "fariseos" al criticar a los demás precisamente porque no se acercan a las actividades de nuestra comunidad parroquial.
- Jesús nos enseña que la mejor actitud que podemos asumir es la del publicano, porque él reconoció sus errores, pero le pidió a Dios su perdón y su ayuda.

A nosotros no nos toca ser los jueces de los demás. Eso le corresponde sólo a Dios. Pidámosle que nos enseñe a ser más "publicanos", es decir, humildes.

30 de octubre **31er Domingo del T. Ordinario**

(Verde)

ANTÍFONA DE ENTRADA **Cfr. Sal 37, 22-23**

No me abandones, Señor, Dios mío, no te alejes de mí. Ven de prisa a socorrerme, Señor mío, mi salvador.

ORACIÓN COLECTA

Dios omnipotente y misericordioso, a cuya gracia se debe el que tus fieles puedan servirte digna y laudablemente, concédenos caminar sin tropiezos hacia los bienes que nos tienes prometidos. Por nuestro Señor Jesucristo, tu Hijo…

Al relatarnos lo sucedido con Zaqueo (EVANGELIO), san Lucas nos recuerda una vez más el amor especial que Jesús tiene por los pecadores. Ya en el Antiguo Testamento (PRIMERA LECTURA) se indicaba que Dios cerraba los ojos para no ver los pecados de los hombres y hacerlos que se arrepintieran, porque muchas veces, los pecadores se encuentran mejor dispuestos que otros, para recibir su salvación. San Pablo (SEGUNDA LECTURA) nos pide que atendamos a lo que la fe nos enseña respecto al fin de los tiempos, sin hacer caso a profecías y vaticinios que se difunden.

PRIMERA LECTURA

Te compadeces de todos, porque tú amas todo cuanto existe.

Del libro de la Sabiduría
11, 22–12, 2

Señor, delante de ti,
el mundo entero es como un grano de arena en la balanza,

como gota de rocío mañanero,
que cae sobre la tierra.
Te compadeces de todos,
y aunque puedes destruirlo todo,
aparentas no ver los pecados de los hombres,
para darles ocasión de arrepentirse.
Porque tú amas todo cuanto existe
y no aborreces nada de lo que has hecho;
pues si hubieras aborrecido alguna cosa,
no la habrías creado.
¿Y cómo podrían seguir existiendo las cosas,
si tú no lo quisieras?
¿Cómo habría podido conservarse algo hasta ahora,
si tú no lo hubieras llamado a la existencia?
Tú perdonas a todos,
porque todos son tuyos, Señor, que amas la vida,
porque tu espíritu inmortal, está en todos los seres.
Por eso a los que caen,
los vas corrigiendo poco a poco,
los reprendes y les traes a la memoria sus pecados,
para que se arrepientan de sus maldades
y crean en ti, Señor.

Palabra de Dios. ℟. **Te alabamos, Señor.**

SALMO RESPONSORIAL
Del salmo 144

J. Venegas B.P. 1730

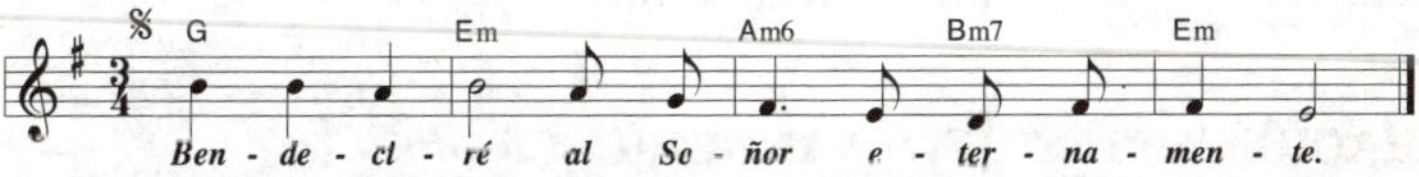

℟. Bendeciré al Señor eternamente.

Dios y rey mío, yo te alabaré,
bendeciré tu nombre siempre y para siempre.
Un día tras otro bendeciré tu nombre
y no cesará mi boca de alabarte. ℟.
El Señor es compasivo y misericordioso,
lento para enojarse y generoso para perdonar.
Bueno es el Señor para con todos
y su amor se extiende a todas sus creaturas. ℟.

[℟. Bendeciré al Señor eternamente.]

Que te alaben, Señor, todas tus obras
y que todos tus fieles te bendigan.
Que proclamen la gloria de tu reino
y narren tus proezas a los hombres. ℟.
El Señor es siempre fiel a sus palabras
y lleno de bondad en sus acciones.
Da su apoyo el Señor al que tropieza
y al agobiado alivia. ℟.

SEGUNDA LECTURA

Nuestro Señor Jesucristo será glorificado en ustedes y ustedes en él.

De la segunda carta del apóstol san Pablo a los tesalonicenses
1, 11–2, 2

Hermanos: Oramos siempre por ustedes, para que Dios los haga dignos de la vocación a la que los ha llamado, y con su poder, lleve a efecto tanto los buenos propósitos que ustedes han formado, como lo que ya han emprendido por la fe. Así glorificarán a nuestro Señor Jesús y él los glorificará a ustedes, en la medida en que actúe en ustedes la gracia de nuestro Dios y de Jesucristo, el Señor.

Por lo que toca a la venida de nuestro Señor Jesucristo y a nuestro encuentro con él, les rogamos que no se dejen perturbar tan fácilmente. No se alarmen ni por supuestas revelaciones, ni por palabras o cartas atribuidas a nosotros, que los induzcan a pensar que el día del Señor es inminente.

Palabra de Dios. ℟. **Te alabamos, Señor.**

ACLAMACIÓN ANTES DEL EVANGELIO

Jn 3, 16

B.P. 1034 - Palazón

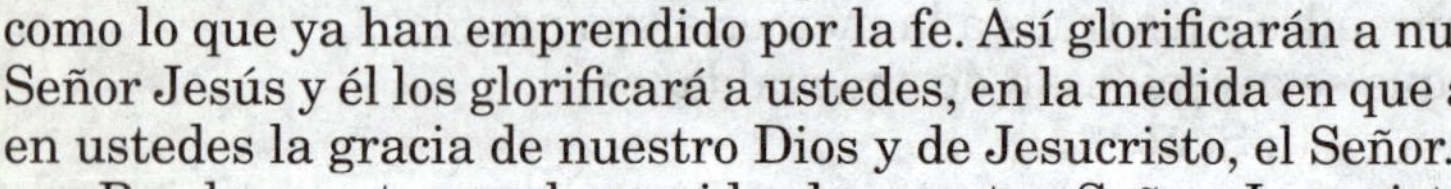

℟. Aleluya, aleluya.
Tanto amó Dios al mundo, que le entregó a su Hijo único,
para que todo el que crea en él, tenga vida eterna.
℟. Aleluya, aleluya.

EVANGELIO

El Hijo del hombre ha venido a buscar y a salvar lo que estaba perdido.

✠ Del santo Evangelio según san Lucas
19, 1-10

En aquel tiempo, Jesús entró en Jericó, y al ir atravesando la ciudad, sucedió que un hombre llamado Zaqueo, jefe de publicanos y rico, trataba de conocer a Jesús; pero la gente se lo impedía, porque Zaqueo era de baja estatura. Entonces corrió y se subió a un árbol para verlo cuando pasara por ahí. Al llegar a ese lugar, Jesús levantó los ojos y le dijo: "Zaqueo, bájate pronto, porque hoy tengo que hospedarme en tu casa".

Él bajó enseguida y lo recibió muy contento. Al ver esto, comenzaron todos a murmurar diciendo: "Ha entrado a hospedarse en casa de un pecador".

Zaqueo, poniéndose de pie, dijo a Jesús: "Mira, Señor, voy a dar a los pobres la mitad de mis bienes, y si he defraudado a alguien, le restituiré cuatro veces más". Jesús le dijo: "Hoy ha llegado la salvación a esta casa, porque también él es hijo de Abraham, y el Hijo del hombre ha venido a buscar y a salvar lo que se había perdido".

Palabra del Señor. ℟. **Gloria a ti, Señor Jesús.**

ORACIÓN SOBRE LAS OFRENDAS

Señor, que este sacrificio sea para ti una ofrenda pura, y nos obtenga la plenitud de tu misericordia. Por Jesucristo, nuestro Señor.

ANTÍFONA DE LA COMUNIÓN Jn 6, 57

Como el Padre, que me ha enviado, posee la vida y yo vivo por él, dice el Señor, así también el que me come vivirá por mí.

ORACIÓN DESPUÉS DE LA COMUNIÓN

Te rogamos, Señor, que aumente en nosotros la acción de tu poder y que, alimentados con estos sacramentos celestiales, tu favor nos disponga para alcanzar las promesas que contienen. Por Jesucristo, nuestro Señor.

SEÑOR, COMO ZAQUEO...

- Si en algo he defraudado a mi esposa o a mi esposo, escamoteándole el cariño, las delicadezas, la comprensión y el perdón al que tenía todo el derecho del mundo, estoy dispuesto a devolverle cuatro veces más.

- Si en algo he defraudado a mis hijos, no proporcionándoles el tiempo, el ejemplo y la dedicación que debía haberles dado, estoy dispuesto a devolverles cuatro veces más.

- Si en algo he defraudado a mis trabajadores o a mis clientes, estoy dispuesto, en la medida de mis posibilidades, a devolverles cuatro veces más.

- Si en algo he defraudado la confianza y la responsabilidad que mis patrones han depositado en mí, estoy dispuesto a devolverles cuatro veces más.

- Si en algo he defraudado a mis padres en el respeto, el cariño y la ayuda que merecían de mi parte, estoy dispuesto a respetarlos, quererlos y ayudarlos cuatro veces más.

- Si en algo te he defraudado a ti, Señor, utilizando mal lo que tú me has dado, descuidando a aquellos que tú me encomendaste, aprovechando para mí lo que era para otros, olvidando agradecerte todos tus beneficios, estoy dispuesto a...

Y Jesús le dijo a Zaqueo: "Hoy ha llegado la salvación a esta casa...".

1 de noviembre — Todos los Santos

Martes *(Blanco)*

ANTÍFONA DE ENTRADA

Alegrémonos en el Señor y alabemos al Hijo de Dios, junto con los ángeles, al celebrar hoy esta solemnidad de Todos los Santos.

Se dice Gloria.

ORACIÓN COLECTA

Dios todopoderoso y eterno, que nos concedes venerar los méritos de todos tus santos en una sola fiesta, te rogamos, por las súplicas de tan numerosos intercesores, que en tu generosidad nos concedas la deseada abundancia de tu gracia. Por nuestro Señor Jesucristo...

La visión del Apocalipsis y el Evangelio de las bienaventuranzas son dos pilares sobre los que descansa la liturgia de esta fiesta. La enorme muchedumbre de los redimidos, descrita en el Apocalipsis (PRIMERA LECTURA), es a la vez una realidad presente, aunque invisible, y un futuro en pos del cual caminamos. El EVANGELIO de las bienaventuranzas nos señala el camino que hay que seguir: "Dichosos los limpios de corazón, porque verán a Dios". San Juan hace, en la SEGUNDA LECTURA, de lazo de unión entre estas dos lecturas. Afirma nuestro presente: "Ahora somos hijos de Dios", y predice el futuro: "Lo veremos tal cual es".

PRIMERA LECTURA

Vi una muchedumbre tan grande, que nadie podía contarla. Eran individuos de todas las naciones y razas, de todos los pueblos y lenguas.

Del libro del Apocalipsis del apóstol san Juan
7, 2-4. 9-14

Yo, Juan, vi a un ángel que venía del oriente. Traía consigo el sello del Dios vivo y gritaba con voz poderosa a los cuatro ángeles encargados de hacer daño a la tierra y al mar. Les dijo: "¡No hagan daño a la tierra, ni al mar, ni a los árboles, hasta que terminemos de marcar con el sello la frente de los servidores de nuestro Dios!". Y pude oír el número de los que habían sido marcados: eran ciento cuarenta y cuatro mil, procedentes de todas las tribus de Israel.

Vi luego una muchedumbre tan grande, que nadie podía contarla. Eran individuos de todas las naciones y razas, de todos los pueblos y lenguas. Todos estaban de pie, delante del trono y del Cordero; iban vestidos con una túnica blanca; llevaban palmas en las manos y exclamaban con voz poderosa: "La salvación viene de nuestro Dios, que está sentado en el trono, y del Cordero".

Y todos los ángeles que estaban alrededor del trono, de los ancianos y de los cuatro seres vivientes, cayeron rostro en tierra delante del trono y adoraron a Dios, diciendo: "Amén. La alabanza, la gloria, la sabiduría, la acción de gracias, el honor, el poder y la fuerza, se le deben para siempre a nuestro Dios".

Entonces uno de los ancianos me preguntó: "¿Quiénes son y de dónde han venido los que llevan la túnica blanca?". Yo le respondí: "Señor mío, tú eres quien lo sabe". Entonces él me dijo: "Son los que han pasado por la gran tribulación y han lavado y blanqueado su túnica con la sangre del Cordero".

Palabra de Dios. ℟. **Te alabamos, Señor.**

SALMO RESPONSORIAL

Del salmo 23

B.P. 1745

℟. Ésta es la clase de hombres que te buscan, Señor.

Del Señor es la tierra y lo que ella tiene,
el orbe todo y los que en él habitan,
pues él lo edificó sobre los mares,
él fue quien lo asentó sobre los ríos. ℟.

¿Quién subirá hasta el monte del Señor?
¿Quién podrá entrar en su recinto santo?
El de corazón limpio y manos puras
y que no jura en falso. ℟.

Ése obtendrá la bendición de Dios,
y Dios, su salvador, le hará justicia.
Ésta es la clase de hombres que te buscan
y vienen ante ti, Dios de Jacob. ℟.

SEGUNDA LECTURA

Veremos a Dios tal cual es.

De la primera carta del apóstol san Juan
3, 1-3

Queridos hijos: Miren cuánto amor nos ha tenido el Padre, pues no sólo nos llamamos hijos de Dios, sino que lo somos. Si el mundo no nos reconoce, es porque tampoco lo ha reconocido a él.

Hermanos míos, ahora somos hijos de Dios, pero aún no se ha manifestado cómo seremos al fin. Y ya sabemos que, cuando él se manifieste, vamos a ser semejantes a él, porque lo veremos tal cual es.

Todo el que tenga puesta en Dios esta esperanza, se purifica a sí mismo para ser tan puro como él.

Palabra de Dios. ℟. **Te alabamos, Señor.**

ACLAMACIÓN ANTES DEL EVANGELIO

Mt 11, 28

B.P. 1244 Sosa

℟. Aleluya, aleluya.
Vengan a mí, todos los que están fatigados
y agobiados por la carga,
y yo les daré alivio, dice el Señor.
℟. Aleluya, aleluya.

EVANGELIO

Alégrense y salten de contento, porque su premio será grande en los cielos.

✠ Del santo Evangelio según san Mateo
5, 1-12

En aquel tiempo, cuando Jesús vio a la muchedumbre, subió al monte y se sentó. Entonces se le acercaron sus discípulos. Enseguida comenzó a enseñarles, y les dijo:

"Dichosos los pobres de espíritu,
porque de ellos es el Reino de los cielos.
Dichosos los que lloran,
porque serán consolados.
Dichosos los sufridos,
porque heredarán la tierra.
Dichosos los que tienen hambre y sed de justicia,
porque serán saciados.
Dichosos los misericordiosos,
porque obtendrán misericordia.
Dichosos los limpios de corazón,
porque verán a Dios.
Dichosos los que trabajan por la paz,
porque se les llamará hijos de Dios.
Dichosos los perseguidos por causa de la justicia,
porque de ellos es el Reino de los cielos.

Dichosos serán ustedes cuando los injurien, los persigan y digan cosas falsas de ustedes por causa mía. Alégrense y salten de contento, porque su premio será grande en los cielos".

Palabra del Señor. ℟. **Gloria a ti, Señor Jesús.**

Se dice Credo.

ORACIÓN SOBRE LAS OFRENDAS

Que te sean gratos, Señor, los dones que ofrecemos en honor de todos los santos, y concédenos experimentar la ayuda para obtener nuestra salvación, de aquellos que ya alcanzaron con certeza la felicidad eterna. Por Jesucristo, nuestro Señor.

ANTÍFONA DE LA COMUNIÓN Mt 5, 8-10

Dichosos los limpios de corazón, porque verán a Dios. Dichosos los que trabajan por la paz, porque se les llamará hijos de Dios. Dichosos los perseguidos por causa de la justicia, porque de ellos es el Reino de los cielos.

ORACIÓN DESPUÉS DE LA COMUNIÓN

Dios nuestro, a quien adoramos, admirable y único Santo entre todos tus santos, imploramos tu gracia para que, al consumar nuestra santificación en la plenitud de tu amor, podamos pasar de esta mesa de la Iglesia peregrina, al banquete de la patria celestial. Por Jesucristo, nuestro Señor.

¿QUÉ NOS HACE FALTA PARA SER SANTOS?

Algunas cosas que no se necesitan para ser santo:

- ✎ Que lo pongan a uno en los altares después de muerto o tener el nombre en el calendario.
- ✎ Abandonar la vida de oración.
- ✎ Que los amigos, los compañeros de trabajo, los vecinos y uno mismo se entere de que es santo.
- ✎ Asumir como propias aquellas formas de ver la vida que van en contra de las enseñanzas de Jesús y de la Iglesia.
- ✎ Creernos tan buenos que no necesitamos de la confesión.
- ✎ Empeñarnos en alcanzar a toda costa "logros" que están al margen de la voluntad de Dios.

Algunas cosillas que sí se necesitan para ser santo:

- ✐ Estar convencidos de que no hemos nacido para darnos la gran vida.
- ✐ Tener un corazón agradecido con Dios por los dones que nos hace.
- ✐ Pensar que los demás no están para aprovecharnos de ellos, sino para servirlos.
- ✐ Creer que por muy "apretado" económicamente que ande uno, siempre puede ayudar a otros todavía más "apretados".
- ✐ Alimentarnos de la Palabra de Dios y de la Eucaristía.
- ✐ Vivir coherentemente con nuestros compromisos bautismales.

2 de noviembre — Todos los fieles difuntos

Miércoles *(Blanco o morado)*

ANTÍFONA DE ENTRADA **Cfr. Rom 8, 11**

El Padre, que resucitó a Jesús de entre los muertos, también dará vida a nuestros cuerpos mortales, por obra de su Espíritu, que habita en nosotros.

ORACIÓN COLECTA

Dios nuestro, tú que quisiste que tu Hijo único venciera la muerte y entrara victorioso en el cielo, concede a tus fieles difuntos que, venciendo también la muerte, puedan contemplarte a ti, creador y redentor, por toda la eternidad. Por nuestro Señor Jesucristo, tu Hijo…

Ya en el Antiguo Testamento (PRIMERA LECTURA), Judas Macabeo ofrece a Dios un sacrificio de expiación por los pecados de los caídos en una batalla, y considera esto como una "acción santa y conveniente". Por su parte, san Pablo (SEGUNDA LECTURA) reafirma la confianza de que en Cristo resucitado "todos volverán a la vida", y que al final Dios será todo en todas las cosas. El EVANGELIO presenta el anuncio gozoso de la Resurrección.

PRIMERA LECTURA

Obró con gran rectitud y nobleza, pensando en la resurrección.

Del segundo libro de los Macabeos
12, 43-46

En aquellos días, Judas Macabeo, jefe de Israel, hizo una colecta y recogió dos mil dracmas de plata, que envió a Jerusalén para que ofrecieran un sacrificio de expiación por los pecados de los que habían muerto en la batalla.

Obró con gran rectitud y nobleza, pensando en la resurrección, pues si no hubiera esperado la resurrección de sus compañeros, habría sido completamente inútil orar por los muertos. Pero él consideraba que, a los que habían muerto piadosamente, les estaba reservada una magnífica recompensa.

En efecto, orar por los difuntos para que se vean libres de sus pecados es una acción santa y conveniente.

Palabra de Dios. ℟. **Te alabamos, Señor.**

SALMO RESPONSORIAL

Del salmo 102

J.J. García B.P. 1748

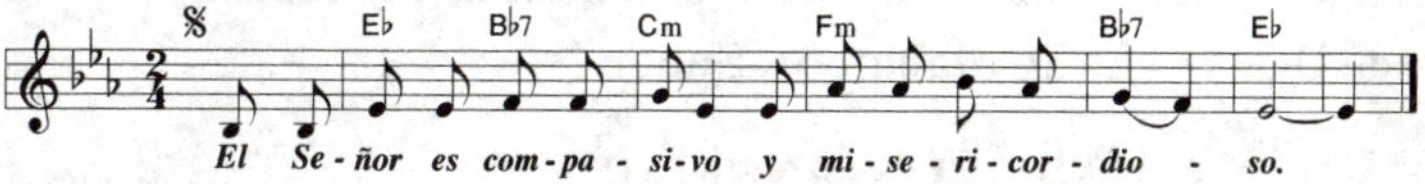

℟. El Señor es compasivo y misericordioso.

El Señor es compasivo y misericordioso,
lento para enojarse y generoso para perdonar.
No nos trata como merecen nuestras culpas,
ni nos paga según nuestros pecados. ℟.
    Como un padre es compasivo con sus hijos,
así es compasivo el Señor con quien lo ama,
pues bien sabe él de lo que estamos hechos
y de que somos barro, no se olvida. ℟.
    La vida del hombre es como la hierba,
brota como una flor silvestre:
tan pronto la azota el viento, deja de existir
y nadie vuelve a saber nada de ella. ℟.
    El amor del Señor a quien lo teme
es un amor eterno,
y entre aquellos que cumplen con su alianza,
pasa de hijos a nietos su justicia. ℟.

SEGUNDA LECTURA

En Cristo, todos volverán a la vida.

De la primera carta del apóstol san Pablo a los corintios
15, 20-24. 25-28

Hermanos: Cristo resucitó, y resucitó como la primicia de todos los muertos. Porque si por un hombre vino la muerte, también por un hombre vendrá la resurrección de los muertos.

En efecto, así como en Adán todos mueren, así en Cristo todos volverán a la vida; pero cada uno en su orden: primero Cristo, como primicia; después, a la hora de su advenimiento, los que son de Cristo.

Enseguida será la consumación, cuando Cristo entregue el Reino a su Padre. Porque él tiene que reinar hasta que el Padre ponga bajo sus pies a todos sus enemigos. El último de los enemigos en ser aniquilado, será la muerte. Es claro que cuando la Escritura dice: *Todo lo sometió el Padre a los pies de Cristo,* no incluye a Dios, que es quien le sometió a Cristo todas las cosas.

Al final, cuando todo se le haya sometido, Cristo mismo se someterá al Padre, y así Dios será todo en todas las cosas.

Palabra de Dios. ℟. **Te alabamos, Señor.**

ACLAMACIÓN ANTES DEL EVANGELIO

Jn 11, 25. 26

℟. Aleluya, aleluya.
Yo soy la resurrección y la vida, dice el Señor;
el que cree en mí, no morirá para siempre.
℟. Aleluya, aleluya.

EVANGELIO

Padre, en tus manos encomiendo mi espíritu.

✠ Del santo Evangelio según san Lucas
23, 44-46. 50. 52-53; 24, 1-6

Era casi el mediodía, cuando las tinieblas invadieron toda la región y se oscureció el sol hasta las tres de la tarde. El velo del templo se rasgó a la mitad. Jesús, clamando con voz potente, dijo: "¡Padre, en tus manos encomiendo mi espíritu!". Y dicho esto, expiró.

Un hombre llamado José, consejero del sanedrín, hombre bueno y justo, se presentó ante Pilato para pedirle el cuerpo de Jesús. Lo bajó de la cruz, lo envolvió en una sábana y lo colocó en un sepulcro excavado en la roca, donde no habían puesto a nadie todavía.

El primer día después del sábado, muy de mañana, llegaron las mujeres al sepulcro, llevando los perfumes que habían preparado. Encontraron que la piedra ya había sido retirada del sepulcro y entraron, pero no hallaron el cuerpo del Señor Jesús.

Estando ellas todas desconcertadas por esto, se les presentaron dos varones con vestidos resplandecientes. Como ellas se llenaron de miedo e inclinaron el rostro a tierra, los varones les dijeron: "¿Por qué buscan entre los muertos al que está vivo? No está aquí; ha resucitado".

Palabra del Señor. ℟. **Gloria a ti, Señor Jesús.**

ORACIÓN SOBRE LAS OFRENDAS

Recibe, Señor, con bondad la ofrenda que te presentamos por todos tus siervos que descansan en Cristo, para que, por este admirable sacrificio, libres de los lazos de la muerte, alcancen la vida eterna. Por Jesucristo, nuestro Señor.

ANTÍFONA DE LA COMUNIÓN Cfr. Flp 3, 20-21

Esperamos como Salvador a nuestro Señor Jesucristo, el cual transformará nuestro cuerpo frágil en cuerpo glorioso como el suyo.

ORACIÓN DESPUÉS DE LA COMUNIÓN

Habiendo recibido este santo sacrificio, te pedimos, Señor, que derrames con abundancia tu misericordia sobre tus siervos difuntos, y a quienes diste la gracia del bautismo, concédeles la plenitud de los gozos eternos. Por Jesucristo, nuestro Señor.

CONMEMORAMOS A LOS FIELES DIFUNTOS

- Esta celebración es una expresión de la conciencia que tiene la comunidad acerca de la comunicación existente entre los vivos y los muertos. No es una relación supersticiosa o mágica, sino una comunión espiritual profunda, con lazos muy estrechos surgidos de la participación en la misma fe, el mismo espíritu y la misma vida.
- Por la fe, los creyentes tenemos la confianza de que los difuntos ya se han encontrado con Dios o se están preparando para hacerlo, y por eso nos sentimos en comunión con ellos. La celebración de hoy expresa los vínculos existentes entre todos los miembros de la Iglesia. Se trata de la comunión del Cuerpo místico de Cristo.
- La memoria de los fallecidos se expresa también en forma de oración, intercesión o súplica. Toda la liturgia de difuntos está salpicada de esta preocupación: invocar la misericordia de Dios, interceder para que sean perdonados, rogar a fin de que estén en comunión plena con él en la bienaventuranza.
- Esta súplica tradicional en la Iglesia surge de la incertidumbre inherente a la esperanza cristiana. No estamos seguros de la salvación; de ahí que la comunidad pida lo mejor para sus miembros difuntos, aquello que espera para sí misma.
- En la Iglesia ninguna celebración se realiza en vano. La conmemoración de los difuntos repercute en la vida de todos, edifica a quienes la celebran.
- De esta celebración ha de salir reforzada la unión de los creyentes, la esperanza, el sentido de la vida y de la muerte, y la misma comunión de los santos.

6 de noviembre **32º Domingo del T. Ordinario**

(Verde)

ANTÍFONA DE ENTRADA Cfr. Sal 87, 3

Que llegue hasta ti mi súplica, Señor, inclina tu oído a mi clamor.

ORACIÓN COLECTA

Dios omnipotente y misericordioso, aparta de nosotros todos los males, para que, con el alma y el cuerpo bien dispuestos, podamos con libertad de espíritu cumplir lo que es de tu agrado. Por nuestro Señor Jesucristo…

Jesús afirma, con toda claridad y firmeza, que los muertos resucitarán (EVANGELIO). La misma fe en la resurrección mantuvo firmes en la tortura a los siete jóvenes Macabeos (PRIMERA LECTURA), que murieron martirizados. También san Pablo (SEGUNDA LECTURA) nos habla de los sufrimientos que le inflige la perversidad de sus enemigos; pero él confía en Cristo y permanece firme, aguardando la venida del Señor.

PRIMERA LECTURA

El rey del universo nos resucitará para una vida eterna.

Del segundo libro de los Macabeos
7, 1-2. 9-14

En aquellos días, arrestaron a siete hermanos junto con su madre. El rey Antíoco Epifanes los hizo azotar para obligarlos a comer carne de puerco, prohibida por la ley. Uno de ellos, hablando en nombre de todos, dijo: "¿Qué quieres saber de nosotros? Estamos dispuestos a morir antes que quebrantar la ley de nuestros padres".

El rey se enfureció y lo mandó matar. Cuando el segundo de ellos estaba para morir, le dijo al rey: “Asesino, tú nos arrancas la vida presente, pero el rey del universo nos resucitará a una vida eterna, puesto que morimos por fidelidad a sus leyes”.

Después comenzaron a burlarse del tercero. Presentó la lengua como se lo exigieron, extendió las manos con firmeza y declaró confiadamente: “De Dios recibí estos miembros y por amor a su ley los desprecio, y de él espero recobrarlos”. El rey y sus acompañantes quedaron impresionados por el valor con que aquel muchacho despreciaba los tormentos.

Una vez muerto éste, sometieron al cuarto a torturas semejantes. Estando ya para expirar, dijo: “Vale la pena morir a manos de los hombres, cuando se tiene la firme esperanza de que Dios nos resucitará. Tú, en cambio, no resucitarás para la vida”.

Palabra de Dios. ℟. **Te alabamos, Señor.**

SALMO RESPONSORIAL
Del salmo 16

B.P. 1731

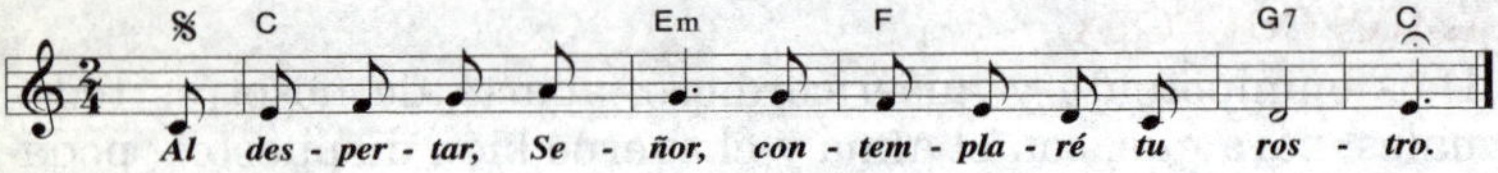

℟. Al despertar, Señor, contemplaré tu rostro.

Señor, hazme justicia
y a mi clamor atiende;
presta oído a mi súplica,
pues mis labios no mienten. ℟.

Mis pies en tus caminos se mantuvieron firmes,
no tembló mi pisada.
A ti mi voz elevo, pues sé que me respondes.
Atiéndeme, Dios mío, y escucha mis palabras. ℟.

Protégeme, Señor, como a las niñas de tus ojos,
bajo la sombra de tus alas escóndeme,
pues yo, por serte fiel, contemplaré tu rostro
y al despertarme, espero saciarme de tu vista. ℟.

SEGUNDA LECTURA
Que el Señor disponga los corazones de ustedes para toda clase de obras buenas y de buenas palabras.

De la segunda carta del apóstol san Pablo a los tesalonicenses
2, 16–3, 5

Hermanos: Que el mismo Señor nuestro, Jesucristo, y nuestro Padre Dios, que nos ha amado y nos ha dado gratuitamente un consuelo eterno y una feliz esperanza, conforten los corazones de ustedes y los dispongan a toda clase de obras buenas y de buenas palabras.

Por lo demás, hermanos, oren por nosotros para que la palabra del Señor se propague con rapidez y sea recibida con honor, como aconteció entre ustedes. Oren también para que Dios nos libre de los hombres perversos y malvados que nos acosan, porque no todos aceptan la fe.

Pero el Señor, que es fiel, les dará fuerza a ustedes y los librará del maligno. Tengo confianza en el Señor de que ya hacen ustedes y continuarán haciendo cuanto les he mandado. Que el Señor dirija su corazón para que amen a Dios y esperen pacientemente la venida de Cristo.

Palabra de Dios. ℟. **Te alabamos, Señor.**

ACLAMACIÓN ANTES DEL EVANGELIO
Apoc 1, 5. 6

B.P. 1032 - Sosa

℟. Aleluya, aleluya.
Jesucristo es el primogénito de entre los muertos;
a él sea dada la gloria y el poder por siempre.
℟. Aleluya, aleluya.

EVANGELIO
Dios no es Dios de muertos, sino de vivos.

✠ Del santo Evangelio según san Lucas
20, 27-38

En aquel tiempo, se acercaron a Jesús algunos saduceos. Como los saduceos niegan la resurrección de los muertos, le preguntaron: "Maestro, Moisés nos dejó escrito que si alguno tiene un hermano casado que muere sin haber tenido hijos, se case con la viuda para dar descendencia a su hermano. Hubo una vez siete hermanos, el mayor de los cuales se casó y murió sin dejar hijos. El segundo, el tercero y los demás, hasta el séptimo, tomaron por esposa a la viuda y todos murieron sin dejar sucesión. Por fin murió también la viuda. Ahora bien, cuando llegue la resurrección, ¿de cuál de ellos será esposa la mujer, pues los siete estuvieron casados con ella?".

Jesús les dijo: "En esta vida, hombres y mujeres se casan, pero en la vida futura, los que sean juzgados dignos de ella y de la resurrección de los muertos, no se casarán ni podrán ya morir, porque serán como los ángeles e hijos de Dios, pues él los habrá resucitado.

Y que los muertos resucitan, el mismo Moisés lo indica en el episodio de la zarza, cuando llama al Señor, *Dios de Abraham, Dios de Isaac, Dios de Jacob*. Porque Dios no es Dios de muertos, sino de vivos, pues para él todos viven".

Palabra del Señor. ℟. **Gloria a ti, Señor Jesús.**

ORACIÓN SOBRE LAS OFRENDAS

Señor, mira con bondad este sacrificio, y concédenos alcanzar los frutos de la pasión de tu Hijo, que ahora celebramos sacramentalmente. Él, que vive y reina por los siglos de los siglos.

ANTÍFONA DE LA COMUNIÓN Lc 24, 35

Los discípulos reconocieron al Señor Jesús, al partir el pan.

ORACIÓN DESPUÉS DE LA COMUNIÓN

Alimentados con estos sagrados dones, te damos gracias, Señor, e imploramos tu misericordia, para que, por la efusión de tu Espíritu, cuya eficacia celestial recibimos, nos concedas perseverar en la gracia de la verdad. Por Jesucristo, nuestro Señor.

CREEMOS QUE LOS MUERTOS RESUCITARÁN...

❄ Cristo lo afirma, sin lugar a dudas, en el evangelio de hoy. Y cada vez que decimos el Credo afirmamos nuestra adhesión a esta verdad.

❄ Esto es de vital importancia:

– Para los que lloramos a un ser querido cuya pérdida acabamos de sufrir, porque sabemos que si ese alguien murió en amistad con Dios, Cristo ha salido a su encuentro y le ha dado la vida eterna y la felicidad sin fin.

– Para los que creemos en la otra vida, pero vivimos como si no creyéramos en ella, poniendo nuestros cinco sentidos en pasarla bien, o lo mejor que se pueda, en esta vida.

– Para los que vivimos esforzándonos por serle fieles a Dios, siendo justos y honrados, pero que a ratos nos desanimamos y nos dan ganas de arrojar el arpa de la honradez y de la justicia; porque pensar en la resurrección nos da fuerzas para seguir luchando.

"Porque Dios no es Dios de muertos, sino de vivos, pues para él todos viven".

13 de noviembre 33er Domingo del T. Ordinario

(Verde)

ANTÍFONA DE ENTRADA **Jer 29, 11. 12. 14**

Yo tengo designios de paz, no de aflicción, dice el Señor. Ustedes me invocarán y yo los escucharé y los libraré de la esclavitud dondequiera que se encuentren.

ORACIÓN COLECTA

Concédenos, Señor, Dios nuestro, alegrarnos siempre en tu servicio, porque la profunda y verdadera alegría está en servirte siempre a ti, autor de todo bien. Por nuestro Señor Jesucristo…

El profeta Malaquías vaticina la venida del Señor (PRIMERA LECTURA), como una hoguera para los perversos y un sol de justicia para los buenos. Jesús anuncia la ruina de Jerusalén (EVANGELIO), advierte a sus discípulos que se cuiden de los falsos profetas y les previene que será mucho lo que tendrán que sufrir por causa de su nombre. San Pablo (SEGUNDA LECTURA) recomienda a los cristianos que no dejen sus tareas cotidianas ni su trabajo.

PRIMERA LECTURA

Brillará para ustedes el sol de justicia.

Del libro del profeta Malaquías
3, 19-20

“Ya viene el día del Señor, ardiente como un horno, y todos los soberbios y malvados serán como la paja. El día que viene los consumirá, dice el Señor de los ejércitos, hasta no dejarles ni raíz ni rama. Pero para ustedes, los que temen al Señor, brillará el sol de justicia, que les traerá la salvación en sus rayos".

Palabra de Dios. ℟. **Te alabamos, Señor.**

SALMO RESPONSORIAL

Del salmo 97

J.G. Negrete B.P. 1732

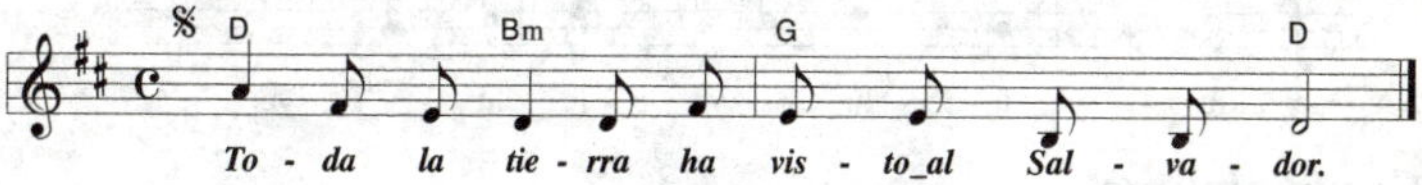

℟. Toda la tierra ha visto al Salvador.

Cantemos al Señor al son del arpa,
aclamemos al son de los clarines
al Señor, nuestro Rey. ℟.
Alégrese el mar y el mundo submarino,
el orbe y todos los que en él habitan.
Que los ríos estallen en aplausos
y las montañas salten de alegría. ℟.
Regocíjese todo ante el Señor,
porque ya viene a gobernar el orbe.
Justicia y rectitud serán las normas
con las que rija a todas las naciones. ℟.

SEGUNDA LECTURA

El que no quiera trabajar, que no coma.

De la segunda carta del apóstol san Pablo a los tesalonicenses
3, 7-12

Hermanos: Ya saben cómo deben vivir para imitar mi ejemplo, puesto que, cuando estuve entre ustedes, supe ganarme la vida y no dependí de nadie para comer; antes bien, de día y de noche trabajé hasta agotarme, para no serles gravoso. Y no porque no tuviera yo derecho a pedirles el sustento, sino para darles un ejemplo que imitar. Así, cuando estaba entre ustedes, les decía una y otra vez: "El que no quiera trabajar, que no coma".

Y ahora vengo a saber que algunos de ustedes viven como holgazanes, sin hacer nada, y además, entrometiéndose en todo. Les suplicamos a esos tales y les ordenamos, de parte del Señor

Jesús, que se pongan a trabajar en paz para ganarse con sus propias manos la comida.

Palabra de Dios. ℟. **Te alabamos, Señor.**

ACLAMACIÓN ANTES DEL EVANGELIO

Lc 21, 28

B.P. 1032 - Sosa

℟. Aleluya, aleluya.
Estén atentos y levanten la cabeza,
porque se acerca la hora de su liberación, dice el Señor.
℟. Aleluya, aleluya.

EVANGELIO

Si perseveran con paciencia, salvarán sus almas.

Del santo Evangelio según san Lucas
21, 5-19

En aquel tiempo, como algunos ponderaban la solidez de la construcción del templo y la belleza de las ofrendas votivas que lo adornaban, Jesús dijo: "Días vendrán en que no quedará piedra sobre piedra de todo esto que están admirando; todo será destruido".

Entonces le preguntaron: "Maestro, ¿cuándo va a ocurrir esto y cuál será la señal de que ya está a punto de suceder?".

Él les respondió: "Cuídense de que nadie los engañe, porque muchos vendrán usurpando mi nombre y dirán: 'Yo soy el Mesías. El tiempo ha llegado'. Pero no les hagan caso. Cuando oigan hablar de guerras y revoluciones, que no los domine el pánico, porque eso tiene que acontecer, pero todavía no es el fin".

Luego les dijo: "Se levantará una nación contra otra y un reino contra otro. En diferentes lugares habrá grandes terremotos, epidemias y hambre, y aparecerán en el cielo señales prodigiosas y terribles.

Pero antes de todo esto los perseguirán y los apresarán, los llevarán a los tribunales y a la cárcel, y los harán comparecer ante reyes y gobernadores, por causa mía. Con esto ustedes darán testimonio de mí.

Grábense bien que no tienen que preparar de antemano su defensa, porque yo les daré palabras sabias, a las que no podrá resistir ni contradecir ningún adversario de ustedes.

Los traicionarán hasta sus propios padres, hermanos, parientes y amigos. Matarán a algunos de ustedes, y todos los odiarán por causa mía. Sin embargo, ni un cabello de su cabeza perecerá. Si se mantienen firmes, conseguirán la vida".

Palabra del Señor. ℟. **Gloria a ti, Señor Jesús.**

ORACIÓN SOBRE LAS OFRENDAS

Concédenos, Señor, que estas ofrendas que ponemos bajo tu mirada, nos obtengan la gracia de vivir entregados a tu servicio y nos alcancen, en recompensa, la felicidad eterna. Por Jesucristo, nuestro Señor.

ANTÍFONA DE LA COMUNIÓN — Mc 11, 23-24

Cualquier cosa que pidan en la oración, crean ustedes que ya se la han concedido, y la obtendrán, dice el Señor.

ORACIÓN DESPUÉS DE LA COMUNIÓN

Al recibir, Señor, el don de estos sagrados misterios, te suplicamos humildemente que lo que tu Hijo nos mandó celebrar en memoria suya, nos aproveche para crecer en nuestra caridad fraterna. Por Jesucristo, nuestro Señor.

"MUCHOS VENDRÁN USURPANDO MI NOMBRE...

- ... y llamarán a la puerta de su casa –especialmente los domingos–, y dirán que van a enseñarles el verdadero cristianismo, y tratarán de venderles o regalarles algunas revistas...
- ... y les dirán que estudien la Biblia con ellos (la suya, claro está) porque tienen la fórmula infalible para salvarse...
- ... otros les contarán que estamos entrando en una Nueva Era de "amor" y de "paz", y que hay muchos "maestros" e instructores "reencarnados"...

... Y DIRÁN:
'YO SOY EL MESÍAS.
EL TIEMPO HA LLEGADO'.
PERO NO LES HAGAN CASO".

20 de noviembre — Nuestro Señor Jesucristo, Rey del universo

(Blanco)

ANTÍFONA DE ENTRADA — **Apoc 5, 12; 1, 6**

Digno es el Cordero que fue inmolado, de recibir el poder, la riqueza, la sabiduría, la fuerza y el honor. A él la gloria y el imperio por los siglos de los siglos.

ORACIÓN COLECTA

Dios todopoderoso y eterno, que quisiste fundamentar todas las cosas en tu Hijo muy amado, Rey del universo, concede, benigno, que toda la creación, liberada de la esclavitud del pecado, sirva a tu majestad y te alabe eternamente. Por nuestro Señor Jesucristo…

Hoy nos presenta san Lucas (EVANGELIO) la imagen de Cristo en la cruz, con una inscripción que lo presentaba como rey de los judíos. Había razones para que aspirara a ese título, porque era descendiente de David, rey de Israel, como nos dice Samuel (PRIMERA LECTURA). Pero Cristo era mucho más que el rey de los judíos, porque, como dice san Pablo (SEGUNDA LECTURA), es la imagen de Dios invisible, el primogénito de las creaturas, la cabeza de su cuerpo, que es la Iglesia, y el que estableció la paz por medio de su cruz.

PRIMERA LECTURA

Ungieron a David como rey de Israel.

Del segundo libro de Samuel
5, 1-3

En aquellos días, todas las tribus de Israel fueron a Hebrón a ver a David, de la tribu de Judá, y le dijeron: "Somos de tu misma sangre. Ya desde antes, aunque Saúl reinaba sobre nosotros, tú eras el que conducía a Israel, pues ya el Señor te había dicho: 'Tú serás el pastor de Israel, mi pueblo; tú serás su guía' ".

Así pues, los ancianos de Israel fueron a Hebrón a ver a David, rey de Judá. David hizo con ellos un pacto en presencia del Señor y ellos lo ungieron como rey de todas las tribus de Israel.

Palabra de Dios. ℟. **Te alabamos, Señor.**

SALMO RESPONSORIAL

Del salmo 121

J. Venegas B.P. 1733

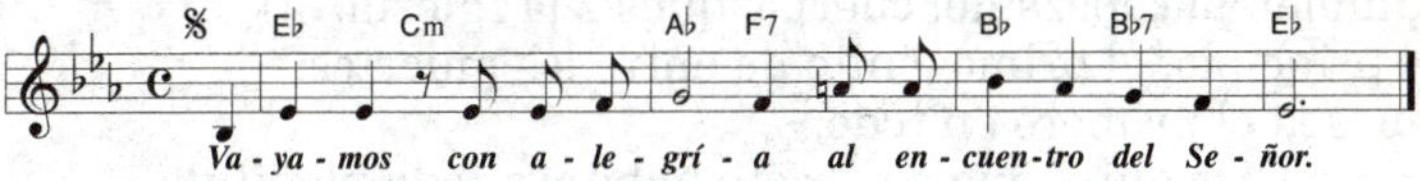

℟. Vayamos con alegría al encuentro del Señor.

¡Qué alegría sentí cuando me dijeron:
"Vayamos a la casa del Señor"!
Y hoy estamos aquí, Jerusalén,
jubilosos, delante de tus puertas. ℟.

A ti, Jerusalén, suben las tribus,
las tribus del Señor,
según lo que a Israel se le ha ordenado,
para alabar el nombre del Señor. ℟.

Por el amor que tengo a mis hermanos,
voy a decir: "La paz sea contigo".
Y por la casa del Señor, mi Dios,
pediré para ti todos los bienes. ℟.

SEGUNDA LECTURA

Dios nos ha trasladado al Reino de su Hijo amado.

De la carta del apóstol san Pablo a los colosenses
1, 12-20

Hermanos:
Demos gracias a Dios Padre,
el cual nos ha hecho capaces de participar
en la herencia de su pueblo santo,
en el reino de la luz.

Él nos ha liberado del poder de las tinieblas
y nos ha trasladado al Reino de su Hijo amado,
por cuya sangre recibimos la redención,
esto es, el perdón de los pecados.
Cristo es la imagen de Dios invisible,
el primogénito de toda la creación,
porque en él tienen su fundamento todas las cosas creadas,
del cielo y de la tierra, las visibles y las invisibles,
sin excluir a los tronos y dominaciones,
a los principados y potestades.
Todo fue creado por medio de él y para él.
Él existe antes que todas las cosas,
y todas tienen su consistencia en él.
Él es también la cabeza del cuerpo, que es la Iglesia.
Él es el principio, el primogénito de entre los muertos,
para que sea el primero en todo.
Porque Dios quiso que en Cristo habitara toda plenitud
y por él quiso reconciliar consigo todas las cosas,
del cielo y de la tierra,
y darles la paz por medio de su sangre,
derramada en la cruz.

Palabra de Dios. ℟. **Te alabamos, Señor.**

ACLAMACIÓN ANTES DEL EVANGELIO

Mc 11, 9. 10

B.P. 1032 - Sosa

℟. Aleluya, aleluya.
¡Bendito el que viene en el nombre del Señor!
¡Bendito el reino que llega, el reino de nuestro padre David!
℟. Aleluya, aleluya.

EVANGELIO

Señor, cuando llegues a tu Reino, acuérdate de mí.

Del santo Evangelio según san Lucas
23, 35-43

Cuando Jesús estaba ya crucificado, las autoridades le hacían muecas, diciendo: "A otros ha salvado; que se salve a sí mismo, si él es el Mesías de Dios, el elegido".

También los soldados se burlaban de Jesús, y acercándose a él, le ofrecían vinagre y le decían: "Si tú eres el rey de los judíos, sálvate a ti mismo". Había, en efecto, sobre la cruz, un letrero en griego, latín y hebreo, que decía: "Éste es el rey de los judíos".

Uno de los malhechores crucificados insultaba a Jesús, diciéndole: "Si tú eres el Mesías, sálvate a ti mismo y a nosotros". Pero el otro le reclamaba, indignado: "¿Ni siquiera temes tú a Dios, estando en el mismo suplicio? Nosotros justamente recibimos el pago de lo que hicimos. Pero éste ningún mal ha hecho". Y le decía a Jesús: "Señor, cuando llegues a tu Reino, acuérdate de mí". Jesús le respondió: "Yo te aseguro que hoy estarás conmigo en el paraíso".

Palabra del Señor. ℟. **Gloria a ti, Señor Jesús.**

ORACIÓN SOBRE LAS OFRENDAS

Al ofrecerte, Señor, el sacrificio de la reconciliación humana, te suplicamos humildemente que tu Hijo conceda a todos los pueblos los dones de la unidad y de la paz. Él, que vive y reina por los siglos de los siglos.

ANTÍFONA DE LA COMUNIÓN — Sal 28, 10-11

En su trono reinará el Señor para siempre y le dará a su pueblo la bendición de la paz.

ORACIÓN DESPUÉS DE LA COMUNIÓN

Habiendo recibido, Señor, el alimento de vida eterna, te rogamos que quienes nos gloriamos de obedecer los mandamientos de Jesucristo, Rey del universo, podamos vivir eternamente con él en el reino de los cielos. Él, que vive y reina por los siglos de los siglos.

¿DE CUÁL CLASE DE LADRONES SOMOS?

- El evangelio de este domingo nos narra que cuando Cristo estaba crucificado, a su lado se hallaba también un par de malhechores: dos ladrones que padecían el mismo suplicio.
- La única diferencia estuvo en la forma en que cada uno enfrentó la dolorosa situación:
  - Uno reaccionó como muchos de nosotros lo hacemos ante Dios, cuando se nos presenta algún problema que rebasa nuestras fuerzas: "Si tú eres el Mesías, sálvate a ti mismo y a nosotros".
  - El otro, a quien tradicionalmente se le ha conocido como "el buen ladrón", dándose cuenta de que llegaba al final de su existencia, luego de recriminarle al otro su falta de conciencia, ya que en verdad eran culpables y merecían el castigo que estaban padeciendo, reconoció la inocencia del que estaba con ellos, y en un impresionante acto de fe se dirigió a Jesús y le dijo: "Señor, cuando llegues a tu Reino, acuérdate de mí".
- Para el ladrón arrepentido ésa fue la puerta que lo llevó de la desgracia total a una suerte envidiable. El Señor del universo, el Salvador del género humano, en un acto de misericordia le dijo: "Yo te aseguro que hoy estarás conmigo en el paraíso".
- Ambos eran ladrones, ambos estaban sufriendo, pero sólo uno supo reconocer que el Rey del cielo y de la tierra estaba junto a ellos… y no desaprovechó la oportunidad. De él se dice que Jesús lo "canonizó" en vida.

¿Con cuál de las dos actitudes queremos enfrentar la vida?

Adviento

Inicia nuevo año litúrgico
Ciclo A

Adviento (del latín *adventus*, venida, llegada) es el tiempo de preparación de la Navidad. Junto con la Navidad y la Epifanía forman una unidad que celebra la manifestación del Señor en nuestra historia. Es el Tiempo con que se inaugura cada nuevo año litúrgico. Cuando todos están hablando de las últimas semanas del año, nosotros hablamos de las primeras.

Con el Adviento iniciamos un nuevo ciclo litúrgico. Los orígenes históricos del Tiempo de Adviento no son muy claros. Se sabe que se fue formando entre los siglos IV y VI. Este Tiempo litúrgico "comienza con las primeras Vísperas del domingo que coincide con el 30 de noviembre o que es el más próximo a este día y finaliza antes de las primeras Vísperas de Navidad" (*Normas universales sobre el Calendario* [1969], n. 40). Sus personajes son el profeta Isaías, el precursor Juan Bautista y la Madre, María de Nazaret.

La liturgia del Adviento tiene un claro carácter escatológico en su primera parte, hasta el 16 de diciembre, mirando hacia la última venida del Señor al final de los tiempos. A partir del día 17, la atención se dirige más concretamente a preparar la fiesta: nos centramos en la gran noticia de que nuestro Dios ha querido ser Dios-con-nosotros.

27 de noviembre 1er Domingo de Adviento

(Inicia nuevo año litúrgico, Ciclo A)

(Morado)

ANTÍFONA DE ENTRADA **Cfr. Sal 24, 1-3**

A ti, Señor, levanto mi alma; Dios mío, en ti confío, no quede yo defraudado, que no triunfen de mí mis enemigos; pues los que esperan en ti no quedan defraudados.

No se dice Gloria.

ORACIÓN COLECTA

Concede a tus fieles, Dios todopoderoso, el deseo de salir al encuentro de Cristo, que viene a nosotros, para que, mediante la práctica de las buenas obras, colocados un día a su derecha, merezcamos poseer el reino celestial. Por nuestro Señor Jesucristo…

Para este primer domingo del año litúrgico, san Mateo (EVANGELIO) nos habla del Señor, quien nos pide que esperemos velando a fin de estar preparados cuando él vuelva. También san Pablo nos invita a preparar la llegada del día de Cristo (SEGUNDA LECTURA). El profeta Isaías contempla también, a lo lejos, el día del Señor (PRIMERA LECTURA), cuando todos los pueblos se congreguen para llegar a la ciudad de Dios.

PRIMERA LECTURA

El Señor reúne a todos los pueblos en la paz eterna de su Reino.

Del libro del profeta Isaías
2, 1-5

Visión de Isaías, hijo de Amós, acerca de Judá y Jerusalén:
En días futuros, el monte de la casa del Señor
será elevado en la cima de los montes,
encumbrado sobre las montañas,
y hacia él confluirán todas las naciones.
Acudirán pueblos numerosos, que dirán:
"Vengan, subamos al monte del Señor,
a la casa del Dios de Jacob,
para que él nos instruya en sus caminos
y podamos marchar por sus sendas.
Porque de Sión saldrá la ley,
de Jerusalén, la palabra del Señor".
Él será el árbitro de las naciones
y el juez de pueblos numerosos.
De las espadas forjarán arados
y de las lanzas, podaderas;
ya no alzará la espada pueblo contra pueblo,
ya no se adiestrarán para la guerra.
¡Casa de Jacob, en marcha!
Caminemos a la luz del Señor.

Palabra de Dios. ℟. **Te alabamos, Señor.**

SALMO RESPONSORIAL
Del salmo 121

W. Íñiguez B.P. 1502

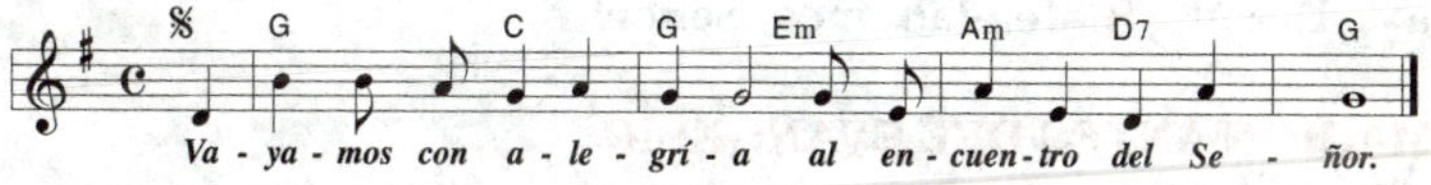

℟. Vayamos con alegría al encuentro del Señor.

¡Qué alegría sentí, cuando me dijeron:
"Vayamos a la casa del Señor"!
Y hoy estamos aquí, Jerusalén,
jubilosos, delante de tus puertas. ℟.
A ti, Jerusalén, suben las tribus,
las tribus del Señor,
según lo que a Israel se le ha ordenado,
para alabar el nombre del Señor.
En ella están los tribunales de justicia,
en el palacio de David. ℟.

[℟. Vayamos con alegría al encuentro del Señor.]

Digan de todo corazón: "Jerusalén,
que haya paz entre aquellos que te aman,
que haya paz dentro de tus murallas
y que reine la paz en cada casa". ℟.

Por el amor que tengo a mis hermanos,
voy a decir: "La paz esté contigo".
Y por la casa del Señor, mi Dios,
pediré para ti todos los bienes. ℟.

SEGUNDA LECTURA

Ya está cerca nuestra salvación.

De la carta del apóstol san Pablo a los romanos
13, 11-14

Hermanos: Tomen en cuenta el momento en que vivimos. Ya es hora de que se despierten del sueño, porque ahora nuestra salvación está más cerca que cuando empezamos a creer. La noche está avanzada y se acerca el día. Desechemos, pues, las obras de las tinieblas y revistámonos con las armas de la luz.

Comportémonos honestamente, como se hace en pleno día. Nada de comilonas ni borracheras, nada de lujurias ni desenfrenos, nada de pleitos ni envidias. Revístanse, más bien, de nuestro Señor Jesucristo y que el cuidado de su cuerpo no dé ocasión a los malos deseos.

Palabra de Dios. ℟. **Te alabamos, Señor.**

ACLAMACIÓN ANTES DEL EVANGELIO

Sal 84, 8

B.P. 1034 - Palazón

℟. Aleluya, aleluya.
Muéstranos, Señor, tu misericordia
y danos tu salvación.
℟. Aleluya, aleluya.

EVANGELIO

Velen y estén preparados.

✠ Del santo Evangelio según san Mateo 24, 37-44

En aquel tiempo, Jesús dijo a sus discípulos: "Así como sucedió en tiempos de Noé, así también sucederá cuando venga el Hijo del hombre. Antes del diluvio, la gente comía, bebía y se casaba, hasta el día en que Noé entró en el arca. Y cuando menos lo esperaban, sobrevino el diluvio y se llevó a todos. Lo mismo sucederá cuando venga el Hijo del hombre. Entonces, de dos hombres que estén en el campo, uno será llevado y el otro será dejado; de dos mujeres que estén juntas moliendo trigo, una será tomada y la otra dejada.

Velen, pues, y estén preparados, porque no saben qué día va a venir su Señor. Tengan por cierto que si un padre de familia supiera a qué hora va a venir el ladrón, estaría vigilando y no dejaría que se le metiera por un boquete en su casa. También ustedes estén preparados, porque a la hora que menos lo piensen, vendrá el Hijo del hombre".

Palabra del Señor. ℟. **Gloria a ti, Señor Jesús.**

ORACIÓN SOBRE LAS OFRENDAS

Recibe, Señor, estos dones que te ofrecemos, tomados de los mismos bienes que nos has dado, y haz que lo que nos das en el tiempo presente para aumento de nuestra devoción, se convierta para nosotros en prenda de tu redención eterna. Por Jesucristo, nuestro Señor.

ANTÍFONA DE LA COMUNIÓN Sal 84, 13

El Señor nos mostrará su misericordia y nuestra tierra producirá su fruto.

ORACIÓN DESPUÉS DE LA COMUNIÓN

Te pedimos, Señor, que nos aprovechen los misterios en que hemos participado, mediante los cuales, mientras caminamos en medio de las cosas pasajeras, nos inclinas ya desde ahora a anhelar las realidades celestiales y a poner nuestro apoyo en las que han de durar para siempre. Por Jesucristo, nuestro Señor.

ADVIENTO ES...

- ... salvar diferencias y distancias para prepararnos a recibir a ese Niño que salvó la diferencia que hay entre Dios y el hombre y también la distancia entre el cielo y la tierra.
- ... salvar unas diferencias mucho más ridículas y unas distancias mucho más insignificantes: aprender a perdonar y pedir perdón, aprender a ser más sencillos que importantes, aprender a ser más asequibles y menos complicados.
- ... empezar a sacar todo eso de bueno y noble que tenemos guardado por miedo a ser generosos. Es dejar de calcular lo que nos va a costar una sonrisa, una palabra de afecto o una condescendencia.
- ... empezar a sentirnos felices y crear en torno nuestro un clima de alegría y gozo. Es saber que ese Niño nos va a traer motivos de alegría muy superiores a todos nuestros personales motivos de tristeza.
- ... tratar sinceramente de ser un poco mejores. Es como ensayar lo que podría ser nuestra humanidad con menos malicia y más bondad.
- ... colaborar con el plan que Dios tiene para nuestro mundo: "ya no alzará la espada pueblo contra pueblo, ya no se adiestrarán para la guerra".
- ... decir con amor, esperanza y total sinceridad: **"¡Ven, Señor Jesús!".**

4 de diciembre — 2º Domingo de Adviento

(Morado)

ANTÍFONA DE ENTRADA — **Cfr. Is 30, 19. 30**

Pueblo de Sión, mira que el Señor va a venir para salvar a todas las naciones y dejará oír la majestad de su voz para alegría de tu corazón.

No se dice Gloria.

ORACIÓN COLECTA

Dios omnipotente y misericordioso, haz que ninguna ocupación terrena sirva de obstáculo a quienes van presurosos al encuentro de tu Hijo, antes bien, que el aprendizaje de la sabiduría celestial, nos lleve a gozar de su presencia. Él, que vive y reina contigo…

El profeta Isaías (PRIMERA LECTURA) quiere encender en el pueblo de Israel la llama de la esperanza por la llegada del Mesías, y para eso describe un mundo lleno de justicia y de concordia. También san Pablo (SEGUNDA LECTURA) nos habla de la esperanza y nos dice que toda ella se funda en la bondad y la fidelidad de Dios. De igual manera, san Mateo (EVANGELIO) nos muestra la gran figura de Juan el Bautista, quien invita a sus contemporáneos a preparar "el camino del Señor" y a purificar su conducta, porque ya es inminente la venida del Mesías.

PRIMERA LECTURA

Les hará justicia a los pobres.

Del libro del profeta Isaías
11, 1-10

En aquel día, brotará un renuevo del tronco de Jesé,
un vástago florecerá de su raíz.
Sobre él se posará el espíritu del Señor,
espíritu de sabiduría e inteligencia,
espíritu de consejo y fortaleza,
espíritu de piedad y temor de Dios.
No juzgará por apariencias,
ni sentenciará de oídas;
defenderá con justicia al desamparado
y con equidad dará sentencia al pobre;
herirá al violento con el látigo de su boca,
con el soplo de sus labios matará al impío.
Será la justicia su ceñidor,
la fidelidad apretará su cintura.
Habitará el lobo con el cordero,
la pantera se echará con el cabrito,
el novillo y el león pacerán juntos
y un muchachito los apacentará.
La vaca pastará con la osa
y sus crías vivirán juntas.
El león comerá paja con el buey.
El niño jugará sobre el agujero de la víbora;
la criatura meterá la mano en el escondrijo de la serpiente.
No harán daño ni estrago por todo mi monte santo,
porque así como las aguas colman el mar,
así está lleno el país de la ciencia del Señor.
Aquel día la raíz de Jesé se alzará
como bandera de los pueblos,
la buscarán todas las naciones
y será gloriosa su morada.

Palabra de Dios. ℟. **Te alabamos, Señor.**

SALMO RESPONSORIAL
Del salmo 71

W Iñiguez B.P. 1503

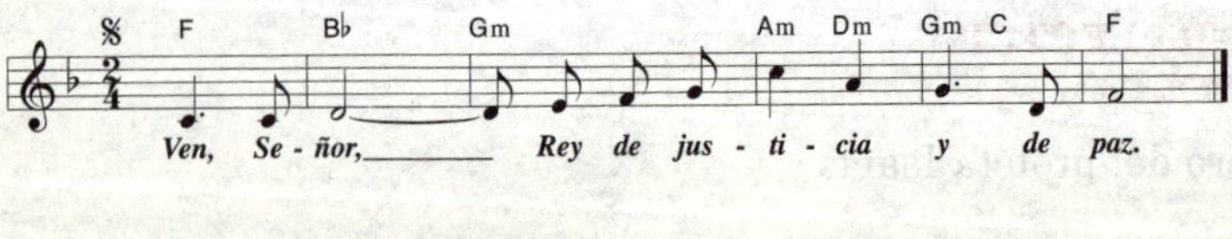

℟. Ven, Señor, rey de justicia y de paz.

Comunica, Señor, al rey tu juicio,
y tu justicia al que es hijo de reyes;
así tu siervo saldrá en defensa de tus pobres
y regirá a tu pueblo justamente. ℟.
Florecerá en sus días la justicia
y reinará la paz, era tras era.
De mar a mar se extenderá su reino
y de un extremo al otro de la tierra. ℟.
Al débil librará del poderoso
y ayudará al que se encuentra sin amparo;
se apiadará del desvalido y pobre
y salvará la vida al desdichado. ℟.
Que bendigan al Señor eternamente,
y tanto como el sol, viva su nombre.
Que él sea la bendición del mundo entero
y lo aclamen dichoso las naciones. ℟.

SEGUNDA LECTURA
Cristo salvó a todos los hombres.

De la carta del apóstol san Pablo a los romanos
15, 4-9

Hermanos: Todo lo que en el pasado ha sido escrito en los libros santos, se escribió para instrucción nuestra, a fin de que, por la paciencia y el consuelo que dan las Escrituras, mantengamos la esperanza.

Que Dios, fuente de toda paciencia y consuelo, les conceda a ustedes vivir en perfecta armonía unos con otros, conforme al espíritu de Cristo Jesús, para que, con un solo corazón y una sola voz alaben a Dios, Padre de nuestro Señor Jesucristo.

Por lo tanto, acójanse los unos a los otros como Cristo los acogió a ustedes, para gloria de Dios. Quiero decir con esto, que Cristo se puso al servicio del pueblo judío, para demostrar la fidelidad de Dios, cumpliendo las promesas hechas a los patriarcas y que por su misericordia los paganos alaban a Dios, según aquello que dice la Escritura: *Por eso te alabaré y cantaré himnos a tu nombre.*

Palabra de Dios. ℟. **Te alabamos, Señor.**

ACLAMACIÓN ANTES DEL EVANGELIO
Lc 3, 4. 6

B.P. 1034 - Palazón

℟. Aleluya, aleluya.
Preparen el camino del Señor, hagan rectos sus senderos,
y todos los hombres verán la salvación de Dios.
℟. Aleluya, aleluya.

EVANGELIO
Conviértanse, porque ya está cerca el Reino de los cielos.

✠ Del santo Evangelio según san Mateo
3, 1-12

En aquel tiempo, comenzó Juan el Bautista a predicar en el desierto de Judea, diciendo: "Conviértanse, porque ya está cerca el Reino de los cielos". Juan es aquel de quien el profeta Isaías hablaba, cuando dijo: *Una voz clama en el desierto: Preparen el camino del Señor, enderecen sus senderos.*

Juan usaba una túnica de pelo de camello, ceñida con un cinturón de cuero, y se alimentaba de saltamontes y de miel silvestre. Acudían a oírlo los habitantes de Jerusalén, de toda Judea y de toda la región cercana al Jordán; confesaban sus pecados y él los bautizaba en el río.

Al ver que muchos fariseos y saduceos iban a que los bautizara, les dijo: "Raza de víboras, ¿quién les ha dicho que podrán escapar al castigo que les aguarda? Hagan ver con obras su conversión y no se hagan ilusiones pensando que tienen por padre a Abraham, porque yo les aseguro que hasta de estas piedras puede Dios sacar hijos de Abraham. Ya el hacha está puesta a la raíz de los árboles, y todo árbol que no dé fruto, será cortado y arrojado al fuego.

Yo los bautizo con agua, en señal de que ustedes se han convertido; pero el que viene después de mí, es más fuerte que yo, y yo ni siquiera soy digno de quitarle las sandalias. Él los bautizará en el Espíritu Santo y su fuego. Él tiene el bieldo en su mano para separar el trigo de la paja. Guardará el trigo en su granero y quemará la paja en un fuego que no se extingue".

Palabra del Señor. ℟. **Gloria a ti, Señor Jesús.**

ORACIÓN SOBRE LAS OFRENDAS

Que te sean agradables, Señor, nuestras humildes súplicas y ofrendas, y puesto que no tenemos merecimientos en qué apoyarnos, socórranos el poderoso auxilio de tu benevolencia. Por Jesucristo, nuestro Señor.

ANTÍFONA DE LA COMUNIÓN Bar 5, 5; 4, 36

Levántate, Jerusalén, sube a lo alto, para que contemples la alegría que te viene de Dios.

ORACIÓN DESPUÉS DE LA COMUNIÓN

Saciados por el alimento que nutre nuestro espíritu, te rogamos, Señor, que, por nuestra participación en estos misterios, nos enseñes a valorar sabiamente las cosas de la tierra y a poner nuestro corazón en las del cielo. Por Jesucristo, nuestro Señor.

“HAGAN VER CON OBRAS SU CONVERSIÓN”

- Cuando Juan el Bautista comenzó su predicación, lo primero que dijo fue: “Conviértanse, porque ya está cerca el Reino de los cielos”. Con el mismo llamado, Jesús empezó más adelante su anuncio.
- Ciertamente que a Juan nadie podría echarle en cara que no viviera lo que estaba proclamando, ya que él vivía de una forma muy austera, como un signo de penitencia. Por su testimonio, mucha gente acudía a escucharlo y recibía de él el “bautismo de conversión”.
- Incluso a quienes no se acercaban con recta intención, él los exhortaba a cambiar sinceramente su vida.
- El Adviento es una nueva oportunidad que nos da el Señor para revisar nuestras acciones y nuestros pensamientos.
- Preparar el camino del Señor y enderezar nuestros senderos implica adecuarnos a lo que él quiere de nosotros, para bien nuestro.
- Cambiar de vida requiere valentía, pero Dios está dispuesto a ayudar con su gracia a quien lo busca con un corazón sincero.

El llamado de Juan el Bautista sigue vigente para nosotros.

8 de diciembre

Jueves

Inmaculada Concepción de la santísima Virgen María

(Blanco o azul)

ANTÍFONA DE ENTRADA **Is 61, 10**

Me alegro en el Señor con toda el alma y me lleno de júbilo en mi Dios, porque me revistió con vestiduras de salvación y me cubrió con un manto de justicia, como la novia que se adorna con sus joyas.

Se dice Gloria.

ORACIÓN COLECTA

Dios nuestro, que por la Inmaculada Concepción de la Virgen María preparaste una digna morada para tu Hijo y, en previsión de la muerte redentora de Cristo, la preservaste de toda mancha de pecado, concédenos que, por su intercesión, nosotros también, purificados de todas nuestras culpas, lleguemos hasta ti. Por nuestro Señor Jesucristo…

El ángel saludó a María, diciéndole: "Alégrate, llena de gracia, el Señor está contigo" (EVANGELIO). María recibió plenamente la bendición con que Dios nos ha colmado en Cristo, "para que fuéramos –dice san Pablo– santos e irreprochables ante sus ojos, por el amor" (SEGUNDA LECTURA). El libro del Génesis (PRIMERA LECTURA) anuncia la victoria de la descendencia de la Virgen, es decir, de Cristo sobre Satanás.

PRIMERA LECTURA

Pondré enemistad entre ti y la mujer, entre tu descendencia y la suya.

Del libro del Génesis
3, 9-15. 20

Después de que el hombre y la mujer comieron del fruto del árbol prohibido, el Señor Dios llamó al hombre y le preguntó: "¿Dónde estás?". Éste le respondió: "Oí tus pasos en el jardín y tuve miedo, porque estoy desnudo, y me escondí". Entonces le dijo Dios: "¿Y quién te ha dicho que estabas desnudo? ¿Has comido acaso del árbol del que te prohibí comer?".

Respondió Adán: "La mujer que me diste por compañera me ofreció del fruto del árbol y comí". El Señor Dios dijo a la mujer: "¿Por qué has hecho esto?". Repuso la mujer: "La serpiente me engañó y comí".

Entonces dijo el Señor Dios a la serpiente:
"Porque has hecho esto,
serás maldita entre todos los animales
y entre todas las bestias salvajes.
Te arrastrarás sobre tu vientre y comerás polvo
todos los días de tu vida.
Pondré enemistad entre ti y la mujer,
entre tu descendencia y la suya;
y su descendencia te aplastará la cabeza,
mientras tú tratarás de morder su talón".

El hombre le puso a su mujer el nombre de "Eva", porque ella fue la madre de todos los vivientes.

Palabra de Dios. ℟. **Te alabamos, Señor.**

SALMO RESPONSORIAL
Del salmo 97

E. Estrella B.P. 1577

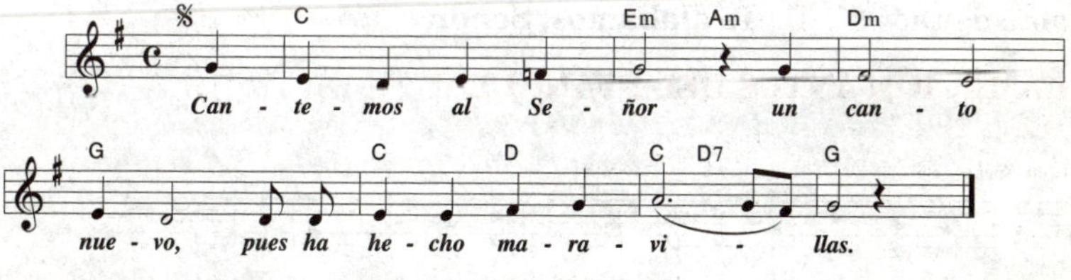

℟. Cantemos al Señor un canto nuevo, pues ha hecho maravillas.

Cantemos al Señor un canto nuevo,
pues ha hecho maravillas.
Su diestra y su santo brazo
le han dado la victoria. ℟.

[℟. Cantemos al Señor un canto nuevo, pues ha hecho maravillas.]

El Señor ha dado a conocer su victoria
y ha revelado a las naciones su justicia.
Una vez más ha demostrado Dios
su amor y su lealtad hacia Israel. ℟.

La tierra entera ha contemplado
la victoria de nuestro Dios.
Que todos los pueblos y naciones
aclamen con júbilo al Señor. ℟.

SEGUNDA LECTURA

Dios nos eligió en Cristo, antes de crear el mundo.

De la carta del apóstol san Pablo a los efesios
1, 3-6. 11-12

Bendito sea Dios, Padre de nuestro Señor Jesucristo,
que nos ha bendecido en él
con toda clase de bienes espirituales y celestiales.
Él nos eligió en Cristo, antes de crear el mundo,
para que fuéramos santos e irreprochables
a sus ojos, por el amor,
y determinó, porque así lo quiso,
que, por medio de Jesucristo, fuéramos sus hijos,
para que alabemos y glorifiquemos la gracia
con que nos ha favorecido por medio de su Hijo amado.

Con Cristo somos herederos también nosotros. Para esto estábamos destinados, por decisión del que lo hace todo según su voluntad: para que fuéramos una alabanza continua de su gloria, nosotros, los que ya antes esperábamos en Cristo.

Palabra de Dios. ℟. **Te alabamos, Señor.**

ACLAMACIÓN ANTES DEL EVANGELIO

Cfr. Lc 1, 28

B.P. 1244 Sosa

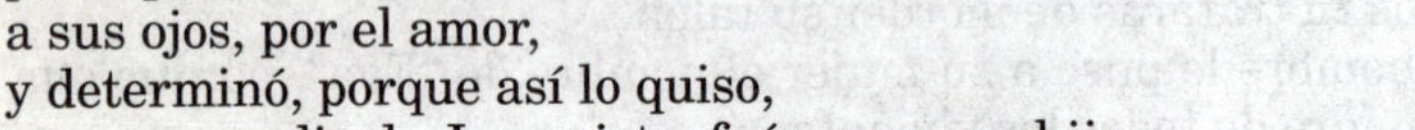

℟. Aleluya, aleluya.
Dios te salve, María, llena de gracia,
el Señor está contigo,
bendita tú entre las mujeres.
℟. Aleluya, aleluya.

EVANGELIO

Alégrate, llena de gracia, el Señor está contigo.

✠ Del santo Evangelio según san Lucas
1, 26-38

En aquel tiempo, el ángel Gabriel fue enviado por Dios a una ciudad de Galilea, llamada Nazaret, a una virgen desposada con un varón de la estirpe de David, llamado José. La virgen se llamaba María.

Entró el ángel a donde ella estaba y le dijo: "Alégrate, llena de gracia, el Señor está contigo". Al oír estas palabras, ella se preocupó mucho y se preguntaba qué querría decir semejante saludo.

El ángel le dijo: "No temas, María, porque has hallado gracia ante Dios. Vas a concebir y a dar a luz un hijo y le pondrás por nombre Jesús. Él será grande y será llamado Hijo del Altísimo; el Señor Dios le dará el trono de David, su padre, y él reinará sobre la casa de Jacob por los siglos y su reinado no tendrá fin".

María le dijo entonces al ángel: "¿Cómo podrá ser esto, puesto que yo permanezco virgen?". El ángel le contestó: "El Espíritu Santo descenderá sobre ti y el poder del Altísimo te cubrirá con su sombra. Por eso, el Santo, que va a nacer de ti, será llamado Hijo de Dios. Ahí tienes a tu parienta Isabel, que a pesar de su vejez, ha concebido un hijo y ya va en el sexto mes la que llamaban estéril, porque no hay nada imposible para Dios". María contestó: "Yo soy la esclava del Señor; cúmplase en mí lo que me has dicho". Y el ángel se retiró de su presencia.

Palabra del Señor. ℟. **Gloria a ti, Señor Jesús.**

Se dice Credo.

ORACIÓN SOBRE LAS OFRENDAS

Recibe favorablemente, Señor, la ofrenda que te presentamos en la solemnidad de la Inmaculada Concepción de la santísima Virgen María, y concédenos que, así como profesamos que tu gracia la preservó de toda mancha de pecado, así también nosotros, por su intercesión, quedemos libres de toda culpa. Por Jesucristo, nuestro Señor.

ANTÍFONA DE LA COMUNIÓN

Grandes cosas se cantan de ti, María, porque de ti ha nacido el sol de justicia, Cristo nuestro Dios.

ORACIÓN DESPUÉS DE LA COMUNIÓN

Que el sacramento que acabamos de recibir, Señor Dios nuestro, repare en nosotros las consecuencias de aquella culpa de la cual preservaste singularmente a la Virgen María en su Inmaculada Concepción. Por Jesucristo, nuestro Señor.

ORACIÓN DEL PAPA FRANCISCO A LA INMACULADA

❀ Virgen Santa e Inmaculada, a ti, que eres el orgullo de nuestro pueblo… nos acogemos con confianza y amor. Eres toda belleza, María. En ti no hay mancha de pecado.

❀ Renueva en nosotros el deseo de ser santos: que en nuestras palabras resplandezca la verdad, que nuestras obras sean un canto a la caridad, que en nuestro cuerpo y en nuestro corazón brillen la pureza y la castidad, que en nuestra vida se refleje el esplendor del Evangelio. Eres toda belleza, María. En ti se hizo carne la Palabra de Dios.

❀ Ayúdanos a estar siempre atentos a la voz del Señor: que no seamos sordos al grito de los pobres, que el sufrimiento de los enfermos y de los oprimidos no nos encuentre distraídos, que la soledad de los ancianos y la indefensión de los niños no nos dejen indiferentes, que amemos y respetemos siempre la vida humana.

❀ Eres toda belleza, María. En ti vemos la alegría completa de la vida dichosa con Dios.

❀ Haz que nunca perdamos el rumbo en este mundo: que la luz de la fe ilumine nuestra vida, que la fuerza consoladora de la esperanza dirija nuestros pasos, que el ardor entusiasta del amor inflame nuestro corazón, que nuestros ojos estén fijos en el Señor, fuente de la verdadera alegría.

❀ Eres toda belleza, María. Escucha nuestra oración, atiende a nuestra súplica: que el amor misericordioso de Dios en Jesús nos seduzca, que la belleza divina nos salve, a nosotros, a nuestra ciudad y al mundo entero. Amén.

11 de diciembre 3er Domingo de Adviento

(Morado o rosa)

ANTÍFONA DE ENTRADA **Cfr. Flp 4, 4. 5**

Estén siempre alegres en el Señor, les repito, estén alegres. El Señor está cerca.

No se dice Gloria.

ORACIÓN COLECTA

Dios nuestro, que contemplas a tu pueblo esperando fervorosamente la fiesta del nacimiento de tu Hijo, concédenos poder alcanzar la dicha que nos trae la salvación y celebrarla siempre, con la solemnidad de nuestras ofrendas y con vivísima alegría. Por nuestro Señor Jesucristo…

Los deportados de Israel soñaban con su liberación e imaginaban el día maravilloso en que ya no habría penas ni enfermedades, como se lo anunciaba el profeta Isaías (PRIMERA LECTURA). El sueño se hizo realidad con Jesús, que pasó curando todas las enfermedades y anunciando la buena nueva del Reino (EVANGELIO). Pero tendrán que transcurrir miles de años antes de que los tiempos mesiánicos lleguen a su plenitud. Por eso nos recomienda Santiago (SEGUNDA LECTURA) esperar con paciencia la venida del Señor.

PRIMERA LECTURA

Dios mismo viene a salvarnos.

Del libro del profeta Isaías
35, 1-6. 10

Esto dice el Señor:
"Regocíjate, yermo sediento.
Que se alegre el desierto y se cubra de flores,
que florezca como un campo de lirios,
que se alegre y dé gritos de júbilo,
porque le será dada la gloria del Líbano,
el esplendor del Carmelo y del Sarón.
Ellos verán la gloria del Señor,
el esplendor de nuestro Dios.
Fortalezcan las manos cansadas,
afiancen las rodillas vacilantes.
Digan a los de corazón apocado:
'¡Ánimo! No teman.
He aquí que su Dios,
vengador y justiciero,
viene ya para salvarlos'.
Se iluminarán entonces los ojos de los ciegos
y los oídos de los sordos se abrirán.
Saltará como un venado el cojo
y la lengua del mudo cantará.
Volverán a casa los rescatados por el Señor,
vendrán a Sión con cánticos de júbilo,
coronados de perpetua alegría;
serán su escolta el gozo y la dicha,
porque la pena y la aflicción habrán terminado".

Palabra de Dios. ℟. **Te alabamos, Señor.**

SALMO RESPONSORIAL

Del salmo 145

C. Gálvez B.P. 1504

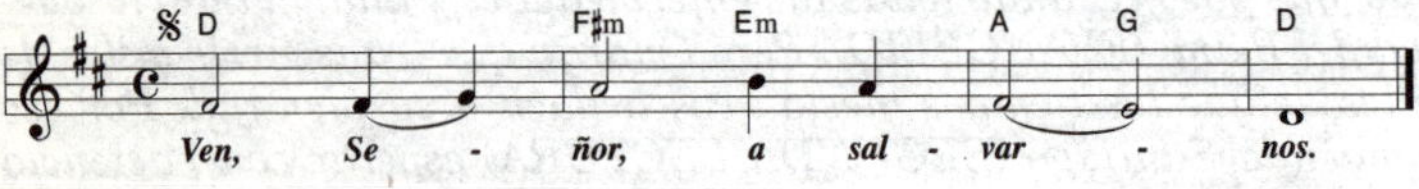

℟. Ven, Señor, a salvarnos.

El Señor siempre es fiel a su palabra,
y es quien hace justicia al oprimido;
él proporciona pan a los hambrientos
y libera al cautivo. ℟.

Abre el Señor los ojos de los ciegos
y alivia al agobiado.
Ama el Señor al hombre justo
y toma al forastero a su cuidado. ℟.
A la viuda y al huérfano sustenta
y trastorna los planes del inicuo.
Reina el Señor eternamente,
reina tu Dios, oh Sión, reina por siglos. ℟.

SEGUNDA LECTURA

Manténganse firmes, porque el Señor está cerca.

De la carta del apóstol Santiago
5, 7-10

Hermanos: Sean pacientes hasta la venida del Señor. Vean cómo el labrador, con la esperanza de los frutos preciosos de la tierra, aguarda pacientemente las lluvias tempraneras y las tardías. Aguarden también ustedes con paciencia y mantengan firme el ánimo, porque la venida del Señor está cerca.

No murmuren, hermanos, los unos de los otros, para que el día del juicio no sean condenados. Miren que el juez ya está a la puerta. Tomen como ejemplo de paciencia en el sufrimiento a los profetas, los cuales hablaron en nombre del Señor.

Palabra de Dios. ℟. **Te alabamos, Señor.**

ACLAMACIÓN ANTES DEL EVANGELIO

Is 61, 1 (cit. en Lc 4, 18)

B.P. 1034 - Palazón

℟. Aleluya, aleluya.
El Espíritu del Señor está sobre mí.
Me ha enviado para anunciar la buena nueva a los pobres.
℟. Aleluya, aleluya.

EVANGELIO

¿Eres tú el que ha de venir o tenemos que esperar a otro?

Del santo Evangelio según san Mateo
11, 2-11

En aquel tiempo, Juan se encontraba en la cárcel, y habiendo oído hablar de las obras de Cristo, le mandó preguntar por medio de dos discípulos: "¿Eres tú el que ha de venir o tenemos que esperar a otro?".

Jesús les respondió: "Vayan a contar a Juan lo que están viendo y oyendo: los ciegos ven, los cojos andan, los leprosos quedan limpios de la lepra, los sordos oyen, los muertos resucitan y a los pobres se les anuncia el Evangelio. Dichoso aquel que no se sienta defraudado por mí".

Cuando se fueron los discípulos, Jesús se puso a hablar a la gente acerca de Juan: "¿Qué fueron ustedes a ver en el desierto? ¿Una caña sacudida por el viento? No. Pues entonces, ¿qué fueron a ver? ¿A un hombre lujosamente vestido? No, ya que los que visten con lujo habitan en los palacios. ¿A qué fueron, pues? ¿A ver a un profeta? Sí, yo se lo aseguro; y a uno que es todavía más que profeta. Porque de él está escrito: *He aquí que yo envío a mi mensajero para que vaya delante de ti y te prepare el camino.* Yo les aseguro que no ha surgido entre los hijos de una mujer ninguno más grande que Juan el Bautista. Sin embargo, el más pequeño en el Reino de los cielos, es todavía más grande que él".

Palabra del Señor. ℟. **Gloria a ti, Señor Jesús.**

ORACIÓN SOBRE LAS OFRENDAS

Que este sacrificio, Señor, que te ofrecemos con devoción, nunca deje de realizarse, para que cumpla el designio que encierra tan santo misterio y obre eficazmente en nosotros tu salvación. Por Jesucristo, nuestro Señor.

ANTÍFONA DE LA COMUNIÓN Cfr. Is 35, 4

Digan a los cobardes: "¡Ánimo, no teman!; miren a su Dios: viene en persona a salvarlos".

ORACIÓN DESPUÉS DE LA COMUNIÓN

Imploramos, Señor, tu misericordia, para que estos divinos auxilios nos preparen, purificados de nuestros pecados, para celebrar las fiestas venideras. Por Jesucristo, nuestro Señor.

"DICHOSO AQUEL QUE NO SE SIENTA DEFRAUDADO POR MÍ"

Porque:

✱ En primer lugar, Cristo no vino a hacernos ricos a los pobres (en el aspecto económico y como si fuera algo mágico). A los enviados de san Juan Bautista les dijo muy clarito: **"a los pobres se les anuncia el Evangelio"**.

✱ Tampoco vino, ni él ni su Vicario –por si esta aclaración puede servirle a alguno–, a liberar a los pueblos de los imperialismos terrenales, sino del imperio del demonio y del pecado.

✱ Asimismo, no vino a librarnos de la cruz –cualquiera que ella sea– sino a darnos fuerza para tomarla y caminar tras de él con nuestra pequeña o gran cruz a cuestas...

✱ Ni vino para que absolutamente todos los cojos, ciegos, sordos, leprosos y muertos físicamente, anduvieran, vieran, oyeran, quedaran limpios y resucitarán respectivamente, sino para que:

- todos los que no movemos un pie para ayudar a los demás, anduviéramos,
- los que tenemos los ojos cerrados a las necesidades ajenas, viéramos,
- los que estamos sordos a los problemas que no son nuestros, oyéramos,
- y todos los que estamos cubiertos con la lepra del pecado quedáramos limpios y resucitáramos a una vida de verdaderos cristianos.

Siempre nos dará ánimo recordar que será muy feliz quien no se sienta defraudado por Cristo.

12 de diciembre
Lunes

Nuestra Señora de Guadalupe

(Blanco)

ANTÍFONA DE ENTRADA **Cfr. Apoc 12, 1**

Una gran señal apareció en el cielo: una mujer vestida de sol, con la luna bajo sus pies y una corona de doce estrellas sobre su cabeza.

Se dice Gloria.

ORACIÓN COLECTA

Dios, Padre de misericordia, que has puesto a este pueblo tuyo bajo la especial protección de la siempre Virgen María de Guadalupe, Madre de tu Hijo, concédenos, por su intercesión, profundizar en nuestra fe y buscar el progreso de nuestra patria por caminos de justicia y de paz. Por nuestro Señor Jesucristo…

Toda la Misa de hoy exalta a la Virgen María. La Iglesia acomoda un pasaje del libro del Sirácide a la santísima Virgen, o bien, utiliza el mensaje profético de Isaías sobre la maternidad virginal de María (PRIMERA LECTURA). San Lucas nos señala a la Virgen María, escogida por Dios para ser la madre de su Hijo hecho hombre, como la mujer que tiene la misión de entregarnos al Redentor. Ya lo lleva en su seno y la presencia salvadora de su Hijo se manifiesta en Isabel y en Juan. Todo eso fue posible porque María creyó y respondió sin condiciones al llamado de Dios (EVANGELIO). San Pablo aclara la misión salvadora de Cristo (SEGUNDA LECTURA), como Hijo de Dios nacido de María, así como el papel del Espíritu Santo en la obra redentora.

PRIMERA LECTURA

He aquí que la virgen concebirá y dará a luz un hijo.

Del libro del profeta Isaías
7, 10-14

En aquellos tiempos, el Señor le habló a Ajaz diciendo: "Pide al Señor, tu Dios, una señal de abajo, en lo profundo, o de arriba, en lo alto". Contestó Ajaz: "No la pediré. No tentaré al Señor".

Entonces dijo Isaías: "Oye, pues, casa de David: ¿No satisfechos con cansar a los hombres, quieren cansar también a mi Dios? Pues bien, el Señor mismo les dará por eso una señal: He aquí que la virgen concebirá y dará a luz un hijo y le pondrán el nombre de Emmanuel, que quiere decir Dios-con-nosotros".

Palabra de Dios. ℟. **Te alabamos, Señor.**

O bien:

Yo soy la madre del amor. Vengan a mí, los que me aman.

Del libro del Sirácide (Eclesiástico)
24, 23-31

Yo soy como una vid de fragantes hojas
y mis flores son producto de gloria y de riqueza.
Yo soy la madre del amor, del temor,
del conocimiento y de la santa esperanza.
En mí está toda la gracia del camino y de la verdad,
toda esperanza de vida y de virtud.
Vengan a mí, ustedes, los que me aman
y aliméntense de mis frutos.
Porque mis palabras son más dulces que la miel
y mi heredad, mejor que los panales.
Los que me coman seguirán teniendo hambre de mí,
los que me beban seguirán teniendo sed de mí;
los que me escuchan no tendrán de qué avergonzarse
y los que se dejan guiar por mí no pecarán.
Los que me honran tendrán una vida eterna.

Palabra de Dios. ℟. **Te alabamos, Señor.**

SALMO RESPONSORIAL

Del salmo 66

J. Sosa B.P. 1578

℟. Que te alaben, Señor, todos los pueblos.

Ten piedad de nosotros y bendícenos;
vuelve, Señor, tus ojos a nosotros.
Que conozca la tierra tu bondad
y los pueblos tu obra salvadora. ℟.

Las naciones con júbilo te canten,
porque juzgas al mundo con justicia;
con equidad tú juzgas a los pueblos
y riges en la tierra a las naciones. ℟.

Que te alaben, Señor, todos los pueblos,
que los pueblos te aclamen todos juntos.
Que nos bendiga Dios
y que le rinda honor el mundo entero. ℟.

SEGUNDA LECTURA

Dios envió a su Hijo, nacido de una mujer.

De la carta del apóstol san Pablo a los gálatas
4, 4-7

Hermanos: Al llegar la plenitud de los tiempos, envió Dios a su Hijo, nacido de una mujer, nacido bajo la ley, para rescatar a los que estábamos bajo la ley, a fin de hacernos hijos suyos.

Puesto que ya son ustedes hijos, Dios envió a sus corazones el Espíritu de su Hijo, que clama: "¡Abbá!", es decir, ¡Padre! Así que ya no eres siervo, sino hijo; y siendo hijo, eres también heredero por voluntad de Dios.

Palabra de Dios. ℟. **Te alabamos, Señor.**

ACLAMACIÓN ANTES DEL EVANGELIO

Lc 1, 47

B.P. 1032 - Sosa

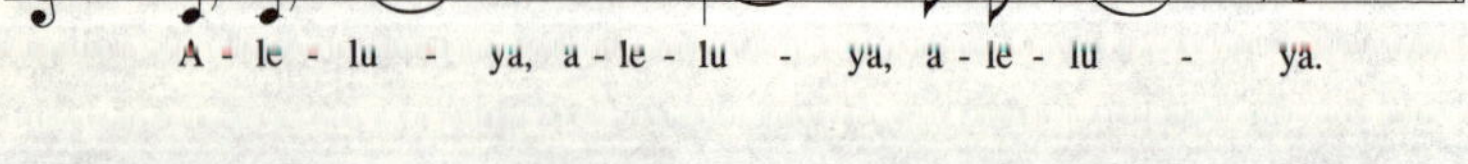

℟. Aleluya, aleluya.
Mi alma glorifica al Señor
y mi espíritu se llena de júbilo en Dios, mi salvador.
℟. Aleluya, aleluya.

EVANGELIO

Bendita tú entre las mujeres y bendito el fruto de tu vientre.

✠ Del santo Evangelio según san Lucas
1, 39-48

En aquellos días, María se encaminó presurosa a un pueblo de las montañas de Judea, y entrando en la casa de Zacarías, saludó a Isabel. En cuanto ésta oyó el saludo de María, la criatura saltó en su seno.

Entonces Isabel quedó llena del Espíritu Santo, y levantando la voz, exclamó: "¡Bendita tú entre las mujeres y bendito el fruto de tu vientre! ¿Quién soy yo, para que la madre de mi Señor venga a verme? Apenas llegó tu saludo a mis oídos, el niño saltó de gozo en mi seno. Dichosa tú, que has creído, porque se cumplirá cuanto te fue anunciado de parte del Señor".

Entonces dijo María: "Mi alma glorifica al Señor *y mi espíritu se llena de júbilo en Dios, mi salvador,* porque *puso sus ojos en la humildad de su esclava"*.

Palabra del Señor. ℟. **Gloria a ti, Señor Jesús.**

Se dice Credo.

ORACIÓN SOBRE LAS OFRENDAS

Acepta, Señor, los dones que te presentamos en esta solemnidad de nuestra Señora de Guadalupe, y haz que este sacrificio nos dé fuerza para cumplir tus mandamientos, como verdaderos hijos de la Virgen María. Por Jesucristo, nuestro Señor.

ANTÍFONA DE LA COMUNIÓN Cfr. Sal 147, 20

No ha hecho nada semejante con ningún otro pueblo; a ninguno le ha manifestado tan claramente su amor.

ORACIÓN DESPUÉS DE LA COMUNIÓN

Que el Cuerpo y la Sangre de tu Hijo, que acabamos de recibir en este sacramento, nos ayuden, Señor, por intercesión de santa María de Guadalupe, a reconocernos y amarnos todos como verdaderos hermanos. Por Jesucristo, nuestro Señor.

LETANÍA GUADALUPANA

✤ Siempre Virgen santa María, ruega por nosotros.

✤ Madre del verdadero Dios por quien se vive…

✤ Madre del Creador cabe quien está todo…

✤ Madre del Señor del cielo y de la tierra…

✤ Preciosa Madre de Dios…

✤ Oído incansable para nuestros lamentos…

✤ Nuestra piadosa Madre…

✤ Remedio para todas nuestras miserias, penas y dolores…

✤ Amor, compasión, auxilio y defensa de quienes te invocan y en ti confían…

✤ Sombra protectora bajo la que estamos…

✤ Regazo maternal…

✤ Salud nuestra…

✤ Señora y Niña nuestra…

✤ La más pequeña de nuestras hijas…

✤ Señora y Dueña nuestra…

✤ Garantía de rosas imposibles…

✤ Virgen ineludible…

✤ Señora de la palabra dulce y el diminutivo cariñoso…

✤ Nuestra ama…

✤ Siempre Virgen santa María de Guadalupe…

Acuérdate, Señora y Niña nuestra, que un día nos dijiste que era nada lo que nos asustaba y afligía, que no se turbara nuestro corazón y que no temiéramos esa enfermedad ni alguna otra enfermedad y angustia, porque tú, que eres nuestra Madre, estás aquí y nosotros estamos en tu regazo y bajo tu sombra.

Tomada de las palabras del *Nican Mopohua*, la narración más antigua de las apariciones guadalupanas.

18 de diciembre — 4º Domingo de Adviento

(Morado)

ANTÍFONA DE ENTRADA — **Cfr. Is 45, 8**

Cielos, destilen el rocío; nubes, lluevan la salvación; que la tierra se abra, y germine el Salvador.

No se dice Gloria.

ORACIÓN COLECTA

Te pedimos, Señor, que infundas tu gracia en nuestros corazones, para que, habiendo conocido, por el anuncio del ángel, la encarnación de tu Hijo, lleguemos, por medio de su pasión y de su cruz, a la gloria de la resurrección. Por nuestro Señor Jesucristo…

Ya viene la Navidad, y en la Misa de hoy se nos recomienda que descubramos en Jesús a aquel que habría de responder a la expectativa de los siglos. San Mateo (EVANGELIO) nos relata el anuncio del ángel a José y hace notar que el nacimiento de Jesús es el cumplimiento de la profecía de Isaías sobre el Emmanuel (PRIMERA LECTURA), porque el Hijo de María es el "Dios-con-nosotros". San Pablo (SEGUNDA LECTURA) subraya que Cristo resucitado es Dios hecho hombre; es el Hijo de Dios que nació como hombre de la estirpe de David.

PRIMERA LECTURA

He aquí que la virgen concebirá.

Del libro del profeta Isaías
7, 10-14

En aquellos tiempos, el Señor le habló a Ajaz diciendo: "Pide al Señor, tu Dios, una señal de abajo, en lo profundo, o de arriba, en lo alto". Contestó Ajaz: "No la pediré. No tentaré al Señor".

Entonces dijo Isaías: "Oye, pues, casa de David: ¿No satisfechos con cansar a los hombres, quieren cansar también a mi Dios? Pues bien, el Señor mismo les dará por eso una señal: He aquí que la virgen concebirá y dará a luz un hijo y le pondrán el nombre de Emmanuel, que quiere decir Dios-con-nosotros".

Palabra de Dios. ℟. **Te alabamos, Señor.**

SALMO RESPONSORIAL

Del salmo 23

U. Ochoa B.P. 1505

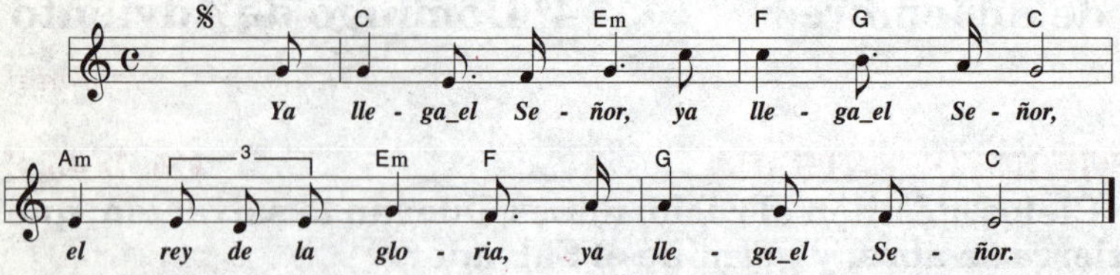

℟. Ya llega el Señor, el rey de la gloria.

Del Señor es la tierra y lo que ella tiene,
el orbe todo y los que en él habitan,
pues él lo edificó sobre los mares,
él fue quien lo asentó sobre los ríos. ℟.
¿Quién subirá hasta el monte del Señor?
¿Quién podrá entrar en su recinto santo?
El de corazón limpio y manos puras
y que no jura en falso. ℟.
Ése obtendrá la bendición de Dios,
y Dios, su salvador, le hará justicia.
Ésta es la clase de hombres que te buscan
y vienen ante ti, Dios de Jacob. ℟.

SEGUNDA LECTURA

Jesucristo, nuestro Señor, Hijo de Dios, nació del linaje de David.

De la carta del apóstol san Pablo a los romanos
1, 1-7

Yo, Pablo, siervo de Cristo Jesús, he sido llamado por Dios para ser apóstol y elegido por él para proclamar su Evangelio. Ese Evangelio, que, anunciado de antemano por los profetas en las Sagradas Escrituras, se refiere a su Hijo, Jesucristo, nuestro Señor, que nació, en cuanto a su condición de hombre, del linaje de David, y en cuanto a su condición de espíritu santificador, se manifestó con todo su poder como Hijo de Dios, a partir de su resurrección de entre los muertos.

Por medio de Jesucristo, Dios me concedió la gracia del apostolado, a fin de llevar a los pueblos paganos a la aceptación de la fe, para gloria de su nombre. Entre ellos, también se cuentan ustedes, llamados a pertenecer a Cristo Jesús.

A todos ustedes, los que viven en Roma, a quienes Dios ama y ha llamado a formar parte de su pueblo santo, les deseo la gracia y la paz de Dios, nuestro Padre, y de Jesucristo, el Señor.

Palabra de Dios. ℟. **Te alabamos, Señor.**

ACLAMACIÓN ANTES DEL EVANGELIO
Mt 1, 23

B.P. 1034 - Palazón

℟. Aleluya, aleluya.
He aquí que la virgen concebirá y dará a luz un hijo,
a quien pondrán el nombre de Emmanuel,
que quiere decir Dios-con-nosotros.
℟. Aleluya, aleluya.

EVANGELIO
Jesús nació de María, desposada con José, hijo de David.

✠ Del santo Evangelio según san Mateo
1, 18-24

Cristo vino al mundo de la siguiente manera: Estando María, su madre, desposada con José, y antes de que vivieran juntos, sucedió que ella, por obra del Espíritu Santo, estaba esperando un hijo. José, su esposo, que era hombre justo, no queriendo ponerla en evidencia, pensó dejarla en secreto.

Mientras pensaba en estas cosas, un ángel del Señor le dijo en sueños: "José, hijo de David, no dudes en recibir en tu casa a María, tu esposa, porque ella ha concebido por obra del Espíritu Santo. Dará a luz un hijo y tú le pondrás el nombre de Jesús, porque él salvará a su pueblo de sus pecados".

Todo esto sucedió para que se cumpliera lo que había dicho el Señor por boca del profeta Isaías: *He aquí que la virgen concebirá y dará a luz un hijo, a quien pondrán el nombre de Emmanuel,* que quiere decir *Dios-con-nosotros.*

Cuando José despertó de aquel sueño, hizo lo que le había mandado el ángel del Señor y recibió a su esposa.

Palabra del Señor. ℟. **Gloria a ti, Señor Jesús.**

ORACIÓN SOBRE LAS OFRENDAS

Que santifique, Señor, estos dones, colocados en tu altar, el mismo Espíritu Santo que fecundó con su poder el seno de la bienaventurada Virgen María. Por Jesucristo, nuestro Señor.

ANTÍFONA DE LA COMUNIÓN — Is 7, 14

Miren: la Virgen concebirá y dará a luz un hijo, a quien le pondrá el nombre de Emmanuel.

ORACIÓN DESPUÉS DE LA COMUNIÓN

Habiendo recibido esta prenda de redención eterna, te rogamos, Dios todopoderoso, que, cuanto más se acerca el día de la festividad que nos trae la salvación, con tanto mayor fervor nos apresuremos a celebrar dignamente el misterio del nacimiento de tu Hijo. Él, que vive y reina por los siglos de los siglos.

ALGUNAS PALABRAS EN TORNO AL QUE ES LA PALABRA

- **Hijo**. Hasta ahora sólo podía decir esta palabra el Padre, que está en los cielos. Desde ahora puede decirla y la dice, sólo una persona más: ella.
- **Cielo**. Todo mundo la dice mirando hacia arriba, a las estrellas, al sol. Ella la dice mirándolo a él. Tiene razón. Él la ha dicho desde siempre mirando al Padre y al Espíritu.
- **Sí**. Es la que dicen los hombres cuando están de acuerdo, cuando se quieren, cuando se estiman, cuando viven en paz unos con otros. Es la que hay que decir ante el deber, la lealtad, el sacrificio. Es la que hay que decir a los necesitados, al prójimo. Es una respuesta que hay que dársela siempre al Padre que ésta en los cielos. Es la que respondió ella el día que vino el ángel. Es la que hoy, al entrar en el mundo, él ha respondido al Padre: "He aquí que vengo para hacer tu voluntad".
- **Noche**. Se usa cuando todo está oscuro, como ahora. Cuando los hombres no ven las cosas, no saben por dónde van. Cuando se angustian porque no ven ni el presente ni el futuro. Cuando los enfermos se ponen más tristes; cuando los que están solos sienten más la soledad. Cuando a los hombres les vienen tantas preocupaciones que no los dejan dormir. Cuando más se llora en el mundo. Tantas noches tristes; tantas noches malas. Por eso él ha querido venir en una noche, en una Noche Buena. Para decirnos que él estará a nuestro lado en nuestras noches.
- **Jesús**. Es el nombre sobre todo nombre. El nombre ante el que se dobla toda rodilla en el cielo, en la tierra y en los infiernos. El nombre que ha de estar en nuestros labios en los momentos supremos. "Jesús", que fue ella la primera que se lo dijo, y quería decir: "¡Hijo mío!"; "Jesús", que será lo último que nosotros exhalemos y querrá decir: "¡Salvador mío!".

Navidad y Epifanía

A principios del siglo IV, en Roma, aparece la fiesta de la Natividad del Señor el 25 de diciembre. Hasta entonces, en el calendario cristiano, sólo se celebraba la Pascua semanal (todos los domingos) y la anual. En Oriente, en este mismo siglo IV, hay testimonios de que se había organizado una celebración cristológica el 6 de enero, la Epifanía. En el mismo siglo se inició un intercambio de estas dos fiestas: en Occidente se aceptó la Epifanía y en Oriente la Navidad.

El Tiempo de Navidad constituye un periodo festivo prolongado, y debe guardar su debido equilibrio celebrativo en relación con las fiestas pascuales. Esta faceta tiene especial importancia ante la realidad innegable de que, para muchos, Navidad continúa siendo la fiesta más importante del año.

La Epifanía es una de las fiestas más importantes de nuestro año cristiano, y celebra las manifestaciones de Cristo Jesús. Es una palabra griega que viene de *epi* y *faino,* brillar, manifestarse.

Terminamos la Navidad con la escena que da inicio a la misión pública de Jesús: su Bautismo en el Jordán, donde recibe la confirmación oficial de su mesianismo. Del Niño recién nacido pasamos al Profeta y Maestro que nos ha enviado Dios y que va a comenzar su misión.

25 de diciembre
Domingo

La Natividad del Señor
(Misa de la noche)

(Blanco)

ANTÍFONA DE ENTRADA

Alegrémonos todos en el Señor, porque nuestro Salvador ha nacido en el mundo. Del cielo ha descendido hoy para nosotros la paz verdadera.

Se dice Gloria.

ORACIÓN COLECTA

Señor Dios, que hiciste resplandecer esta noche santísima con la claridad de Cristo, luz verdadera, concede a quienes hemos conocido los misterios de esa luz en la tierra, que podamos disfrutar también de su gloria en el cielo. Por nuestro Señor Jesucristo…

El nacimiento que hacía gritar de alegría a Isaías: "Un niño nos ha nacido, un hijo se nos ha dado", tiene lugar esta noche (PRIMERA LECTURA). Aquello no era más que un lejano vaticinio del nacimiento que, al producirse, es gloria para Dios y paz para los hombres (EVANGELIO). Si la venida de Jesús es una prenda de paz para la tierra es porque en él, como dice san Pablo (SEGUNDA LECTURA), apareció la gracia de Dios, que trae la salvación para todos los hombres.

PRIMERA LECTURA

Un hijo se nos ha dado.

Del libro del profeta Isaías
9, 1-3. 5-6

El pueblo que caminaba en tinieblas
vio una gran luz;
sobre los que vivían en tierra de sombras,
una luz resplandeció.
Engrandeciste a tu pueblo
e hiciste grande su alegría.
Se gozan en tu presencia como gozan al cosechar,
como se alegran al repartirse el botín.
Porque tú quebrantaste su pesado yugo,
la barra que oprimía sus hombros y el cetro de su tirano,
como en el día de Madián.
Porque un niño nos ha nacido, un hijo se nos ha dado;
lleva sobre sus hombros el signo del imperio y su nombre será:
"Consejero admirable", "Dios poderoso",
"Padre sempiterno", "Príncipe de la paz";
para extender el principado con una paz sin límites
sobre el trono de David y sobre su reino;
para establecerlo y consolidarlo
con la justicia y el derecho, desde ahora y para siempre.
El celo del Señor lo realizará.

Palabra de Dios. ℟. **Te alabamos, Señor.**

SALMO RESPONSORIAL
Del salmo 95

U. Ochoa B.P. 1508

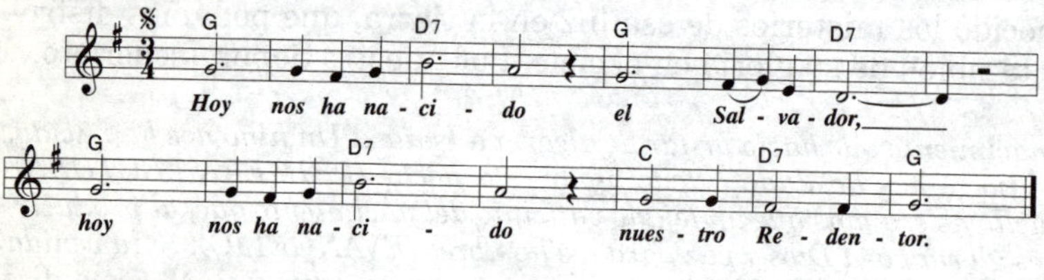

℟. Hoy nos ha nacido el Salvador.

Cantemos al Señor un canto nuevo,
que le cante al Señor toda la tierra;
cantemos al Señor y bendigámoslo. ℟.
Proclamemos su amor día tras día,
su grandeza anunciemos a los pueblos;
de nación en nación, sus maravillas. ℟.

Alégrense los cielos y la tierra,
retumbe el mar y el mundo submarino.
Salten de gozo el campo y cuanto encierra,
manifiesten los bosques regocijo. ℟.

Regocíjese todo ante el Señor,
porque ya viene a gobernar el orbe.
Justicia y rectitud serán las normas
con las que rija a todas las naciones. ℟.

SEGUNDA LECTURA

La gracia de Dios se ha manifestado a todos los hombres.

De la carta del apóstol san Pablo a Tito
2, 11-14

Querido hermano: La gracia de Dios se ha manifestado para salvar a todos los hombres y nos ha enseñado a renunciar a la vida sin religión y a los deseos mundanos, para que vivamos, ya desde ahora, de una manera sobria, justa y fiel a Dios, en espera de la gloriosa venida del gran Dios y Salvador, Cristo Jesús, nuestra esperanza. Él se entregó por nosotros para redimirnos de todo pecado y purificarnos, a fin de convertirnos en pueblo suyo, fervorosamente entregado a practicar el bien.

Palabra de Dios. ℟. **Te alabamos, Señor.**

ACLAMACIÓN ANTES DEL EVANGELIO

Cfr. Lc 2, 10-11

B.P. 1034 - Palazón

℟. Aleluya, aleluya.
Les anuncio una gran alegría:
Hoy nos ha nacido el Salvador,
que es Cristo, el Señor.
℟. Aleluya, aleluya.

EVANGELIO

Hoy nos ha nacido el Salvador.

Del santo Evangelio según san Lucas
2, 1-14

Por aquellos días, se promulgó un edicto de César Augusto, que ordenaba un censo de todo el imperio. Este primer censo se hizo cuando Quirino era gobernador de Siria. Todos iban a empadronarse, cada uno en su propia ciudad; así es que también José, perteneciente a la casa y familia de David, se dirigió desde la ciudad de Nazaret, en Galilea, a la ciudad de David, llamada Belén, para empadronarse, juntamente con María, su esposa, que estaba encinta.

Mientras estaban ahí, le llegó a María el tiempo de dar a luz y tuvo a su hijo primogénito; lo envolvió en pañales y lo recostó en un pesebre, porque no hubo lugar para ellos en la posada.

En aquella región había unos pastores que pasaban la noche en el campo, vigilando por turno sus rebaños. Un ángel del Señor se les apareció y la gloria de Dios los envolvió con su luz y se llenaron de temor. El ángel les dijo: "No teman. Les traigo una buena noticia, que causará gran alegría a todo el pueblo: hoy les ha nacido, en la ciudad de David, un Salvador, que es el Mesías, el Señor. Esto les servirá de señal: encontrarán al niño envuelto en pañales y recostado en un pesebre".

De pronto se le unió al ángel una multitud del ejército celestial, que alababa a Dios, diciendo: "¡Gloria a Dios en el cielo, y en la tierra paz a los hombres de buena voluntad!".

Palabra del Señor. ℟. **Gloria a ti, Señor Jesús.**

Se dice Credo. *A las palabras:* Y por obra..., *todos se arrodillan.*

ORACIÓN SOBRE LAS OFRENDAS

Te rogamos, Señor, que la ofrenda de esta festividad sea de tu agrado, para que, mediante este sagrado intercambio, lleguemos a ser semejantes a aquel por quien nuestra naturaleza quedó unida a la tuya. Él, que vive y reina por los siglos de los siglos.

ANTÍFONA DE LA COMUNIÓN

Jn 1, 14

El Verbo se hizo hombre y hemos visto su gloria.

ORACIÓN DESPUÉS DE LA COMUNIÓN

Señor, Dios nuestro, que nos has concedido el gozo de celebrar el nacimiento de nuestro Redentor, haz que después de una vida santa, merezcamos alcanzar la perfecta comunión con él. Que vive y reina por los siglos de los siglos.

NO HUBO LUGAR PARA ELLOS

✣ En esta noche, Señor, en que tuviste que nacer en un establo, porque no hubo lugar en las casas de los hombres para ustedes, queremos pedirte por tantos seres para los que no hay lugar ahora en el mundo:

– por esos niños ya concebidos que no llegarán a nacer nunca, porque alguien decidió que no hay lugar para ellos...

– por esos gobiernos que han decidido que en su país ya no hay lugar para muchos habitantes más y están haciendo todo lo posible –a través de su propaganda, de sus leyes y de sus centros hospitalarios– para reducir el índice de la natalidad...

– por esos miles y millones de padres de familia y de jóvenes para quienes en estos momentos, en el país y en el mundo, no hay lugar para ellos ni en las fábricas, ni en las oficinas...

– por todos esos ancianos para los que casi no hay lugar en las familias, si acaso algún rincón...

– por aquellos hermanos nuestros cristianos, que por mantenerse fieles a ti han sido marginados, maltratados, desterrados...

– por tantos hombres que han tenido que salir por diversas razones de su patria y parece que en nuestro ancho mundo no hay lugar para ellos.

25 de diciembre
Domingo

La Natividad del Señor

(Misa del día)

(Blanco)

ANTÍFONA DE ENTRADA

Cfr. Is 9, 5

Un niño nos ha nacido, un hijo se nos ha dado; lleva sobre sus hombros el imperio y su nombre será Ángel del gran consejo.

Se dice Gloria.

ORACIÓN COLECTA

Señor Dios, que de manera admirable creaste la naturaleza humana y, de modo aún más admirable, la restauraste, concédenos compartir la divinidad de aquel que se dignó compartir nuestra humanidad. Él, que vive y reina…

La Misa de hoy nos lleva a ver en el pesebre de Jesús lo que está más allá de lo humano. Aquel niño recién nacido es la Palabra de Dios que "se hizo hombre" (EVANGELIO); es el Hijo, por medio del cual Dios hizo y conserva el mundo, y es el reflejo de la gloria de Dios (SEGUNDA LECTURA). Su venida a la tierra trae consigo la salvación de Dios, que habrá de llegar a todos los rincones del mundo (PRIMERA LECTURA).

PRIMERA LECTURA

La tierra entera verá la salvación que viene de nuestro Dios.

Del libro del profeta Isaías
52, 7-10

¡Qué hermoso es ver correr sobre los montes
al mensajero que anuncia la paz,
al mensajero que trae la buena nueva,
que pregona la salvación,
que dice a Sión: "Tu Dios es rey"!

Escucha: Tus centinelas alzan la voz
y todos a una gritan alborozados,
porque ven con sus propios ojos al Señor,
que retorna a Sión.

Prorrumpan en gritos de alegría, ruinas de Jerusalén,
porque el Señor rescata a su pueblo, consuela a Jerusalén.
Descubre el Señor su santo brazo
a la vista de todas las naciones.
Verá la tierra entera
la salvación que viene de nuestro Dios.

Palabra de Dios. ℟. **Te alabamos, Señor.**

SALMO RESPONSORIAL

Del salmo 97

B. Carrillo B.P. 1510

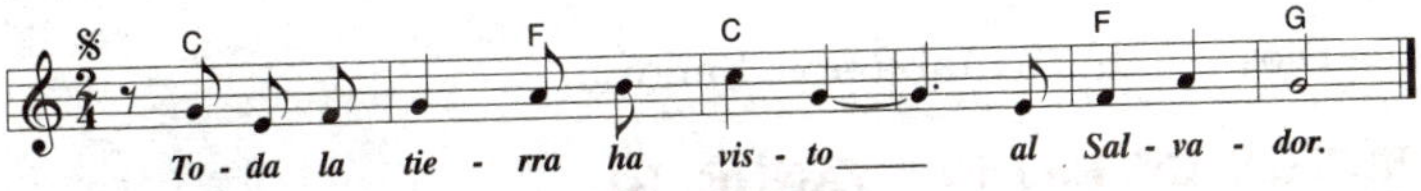

℟. Toda la tierra ha visto al Salvador.

Cantemos al Señor un canto nuevo,
pues ha hecho maravillas.
Su diestra y su santo brazo
le han dado la victoria. ℟.

El Señor ha dado a conocer su victoria
y ha revelado a las naciones su justicia.
Una vez más ha demostrado Dios
su amor y su lealtad hacia Israel. ℟.

La tierra entera ha contemplado
la victoria de nuestro Dios.
Que todos los pueblos y naciones
aclamen con júbilo al Señor. ℟.

Cantemos al Señor al son del arpa,
suenen los instrumentos.
Aclamemos al son de los clarines
al Señor, nuestro rey. ℟.

SEGUNDA LECTURA

Dios nos ha hablado por medio de su Hijo.

De la carta a los hebreos
1, 1-6

En distintas ocasiones y de muchas maneras habló Dios en el pasado a nuestros padres, por boca de los profetas. Ahora, en estos tiempos, que son los últimos, nos ha hablado por medio de su Hijo, a quien constituyó heredero de todas las cosas y por medio del cual hizo el universo.

El Hijo es el resplandor de la gloria de Dios, la imagen fiel de su ser y el sostén de todas las cosas con su palabra poderosa. Él mismo, después de efectuar la purificación de los pecados, se sentó a la diestra de la majestad de Dios, en las alturas, tanto más encumbrado sobre los ángeles, cuanto más excelso es el nombre que, como herencia, le corresponde.

Porque, ¿a cuál de los ángeles le dijo Dios: *Tú eres mi Hijo; yo te he engendrado hoy*? ¿O de qué ángel dijo Dios: *Yo seré para él un padre y él será para mí un hijo*? Además, en otro pasaje, cuando introduce en el mundo a su primogénito, dice: *Adórenlo todos los ángeles de Dios.*

Palabra de Dios. ℟. **Te alabamos, Señor.**

ACLAMACIÓN ANTES DEL EVANGELIO

B.P. 1034 - Palazón

℟. Aleluya, aleluya.
Un día sagrado ha brillado para nosotros.
Vengan, naciones, y adoren al Señor,
porque hoy ha descendido una gran luz sobre la tierra.
℟. Aleluya, aleluya.

EVANGELIO

Aquel que es la Palabra se hizo hombre y habitó entre nosotros.

Del santo Evangelio según san Juan
1, 1-18

En el principio ya existía aquel que es la Palabra,
y aquel que es la Palabra estaba con Dios y era Dios.

Ya en el principio él estaba con Dios.
Todas las cosas vinieron a la existencia por él
y sin él nada empezó de cuanto existe.
Él era la vida, y la vida era la luz de los hombres.
La luz brilla en las tinieblas
y las tinieblas no la recibieron.
Hubo un hombre enviado por Dios, que se llamaba Juan.
Éste vino como testigo, para dar testimonio de la luz,
para que todos creyeran por medio de él.
Él no era la luz, sino testigo de la luz.
Aquel que es la Palabra era la luz verdadera,
que ilumina a todo hombre que viene a este mundo.
En el mundo estaba;
el mundo había sido hecho por él
y, sin embargo, el mundo no lo conoció.
Vino a los suyos y los suyos no lo recibieron;
pero a todos los que lo recibieron
les concedió poder llegar a ser hijos de Dios,
a los que creen en su nombre,
los cuales no nacieron de la sangre,
ni del deseo de la carne, ni por voluntad del hombre,
sino que nacieron de Dios.
Y aquel que es la Palabra se hizo hombre
y habitó entre nosotros.
Hemos visto su gloria,
gloria que le corresponde como a Unigénito del Padre,
lleno de gracia y de verdad.
Juan el Bautista dio testimonio de él, clamando:
"A éste me refería cuando dije:
'El que viene después de mí, tiene precedencia sobre mí,
porque ya existía antes que yo' ".
De su plenitud hemos recibido todos gracia sobre gracia.
Porque la ley fue dada por medio de Moisés,
mientras que la gracia y la verdad vinieron por Jesucristo.
A Dios nadie lo ha visto jamás.
El Hijo unigénito, que está en el seno del Padre,
es quien lo ha revelado.

Palabra del Señor. ℟. **Gloria a ti, Señor Jesús.**

Se dice Credo. A las palabras: Y por obra..., *todos se arrodillan.*

ORACIÓN SOBRE LAS OFRENDAS

Que sea aceptable ante ti, Señor, la oblación de la presente solemnidad, por la que llegó a nosotros tu benevolencia para nuestra perfecta reconciliación y nos fue concedido participar en plenitud del culto divino. Por Jesucristo, nuestro Señor.

ANTÍFONA DE LA COMUNIÓN

Cfr. Sal 97, 3

Los confines de la tierra han contemplado la salvación que nos viene de Dios.

ORACIÓN DESPUÉS DE LA COMUNIÓN

Concédenos, Dios misericordioso, que el Salvador del mundo, que hoy nos ha nacido, puesto que es el autor de nuestro nacimiento a la vida, también nos haga partícipes de su inmortalidad. Él, que vive y reina por los siglos de los siglos.

A TODOS LOS QUE LO RECIBIERON...

- ... y no consideraron que creer en Jesús como el Hijo de Dios encarnado, muerto y resucitado, era cosa de personas con poca instrucción, que no comprenden la ciencia, sino que más bien se abrieron a la acción del Espíritu Santo y descubrieron que era totalmente posible conciliar la fe con la razón...
- ... y que, a pesar de las burlas y del rechazo de otros, jamás renegaron de su fe ni se adhirieron a las enseñanzas de otros "maestros"...
- ... y, aun viviendo en un ambiente que favorece la corrupción y la mentira, prefirieron vivir en la verdad y ser honrados, para agradar al Señor...
- ... en su casa, no sólo poniendo imágenes religiosas, sino enseñando a los niños a santiguarse, a orar y a conocer al Padre, al Hijo y al Espíritu Santo...
- ... y le dieron la espalda a los ídolos del dinero, del poder y del placer, y buscaron respetar a los demás...
- ... y le abrieron su corazón y le sirvieron en los débiles, en los despreciados del mundo...

... LES CONCEDIÓ PODER LLEGAR A SER HIJOS DE DIOS.

SANTO ROSARIO

El que guía: Por la señal... Señor mío Jesucristo... *(Acto de contrición)*
El que guía: ¡Abre, Señor, mis labios y publicaré tu alabanza!
Todos: **¡Atiende a mí sin tardanza, dame tu auxilio y favor!**

(Un Padrenuestro, diez Avemarías y Gloria. Así en todos los misterios).

Misterios Gozosos:

(Lunes y sábados)

1º La Anunciación.

2º La Visitación.

3º El Nacimiento del Niño Dios.

4º La Presentación.

5º El hallazgo del Niño Jesús.

Misterios Luminosos:

(Jueves)

1º El Bautismo de Jesús en el Jordán.

2º La autorrevelación del Señor en las bodas de Caná.

3º El anuncio del Reino de Dios y la invitación a la conversión.

4º La Transfiguración del Señor.

5º La institución de la Eucaristía.

Misterios Dolorosos:

(Martes y viernes)

1º La Oración en el huerto.

2º La Flagelación.

3º La Coronación de espinas.

4º Jesús con la cruz a cuestas.

5º Crucifixión y muerte de Jesús.

Misterios Gloriosos:

(Miércoles y domingos)

1º La Resurrección.

2º La Ascensión.

3º La venida del Espíritu Santo.

4º La Asunción de María.

5º La Coronación de María.

Letanía:

Señor, ten piedad de nosotros.
Cristo, ten piedad de nosotros.
Señor, ten piedad de nosotros.
Jesucristo, óyenos.
Jesucristo, escúchanos.

Señor, ten piedad de nosotros.
Cristo, ten piedad de nosotros.
Señor, ten piedad de nosotros.
Jesucristo, óyenos.
Jesucristo, escúchanos.

Dios, Padre celestial, **ten piedad de nosotros.**
Dios Hijo, Redentor del mundo, **ten piedad de nosotros.**
Dios Espíritu Santo, **ten piedad de nosotros.**
Santísima Trinidad, que eres un solo Dios, **ten piedad de nosotros.**

Santa María,
Santa Madre de Dios,
Santa Virgen de las vírgenes,
Madre de Jesucristo,
Madre de la Iglesia,
Madre de la divina gracia,
Madre purísima,
Madre castísima,
Madre virgen,
Madre sin mancha,
Madre inmaculada,
Madre amable,
Madre admirable,
Madre del buen consejo,
Madre del Creador,
Madre del Salvador,
Virgen prudentísima,
Virgen digna de veneración,
Virgen digna de alabanza,
Virgen poderosa,
Virgen clemente,
Virgen fiel,
Espejo de justicia,
Trono de la eterna Sabiduría,
Causa de nuestra alegría,
Vaso espiritual de elección,
ruega por nosotros.

Vaso precioso de la gracia,
Vaso de verdadera devoción,
Rosa mística,
Torre de David,
Torre de marfil,
Casa de oro,
Arca de la alianza,
Puerta del cielo,
Estrella de la mañana,
Salud de los enfermos,
Refugio de los pecadores,
Consoladora de los afligidos,
Auxilio de los cristianos,
Reina de los ángeles,
Reina de los patriarcas,
Reina de los profetas,
Reina de los apóstoles,
Reina de los mártires,
Reina de los confesores,
Reina de las vírgenes,
Reina de todos los santos,
Reina concebida sin pecado original,
Reina llevada al cielo,
Reina del santísimo Rosario,
Reina de las familias,
Reina de la paz,
ruega por nosotros.

Cordero de Dios, que quitas el pecado del mundo, **perdónanos, Señor.**
Cordero de Dios, que quitas el pecado del mundo, **óyenos, Señor.**
Cordero de Dios, que quitas el pecado del mundo, **ten piedad de nosotros.**

Bajo tu amparo nos acogemos, Santa Madre de Dios; no desprecies las súplicas que te hacemos en nuestras necesidades, antes bien líbranos de todos los peligros, ¡oh Virgen gloriosa y bendita! Ruega por nosotros, Santa Madre de Dios, **para que seamos dignos de alcanzar las divinas gracias y promesas de nuestro Señor Jesucristo.**

Señor, que por el anuncio del ángel nos has hecho conocer la encarnación de tu Hijo, infunde tu gracia en nosotros y concédenos, por la intercesión de la Santísima Virgen María, que podamos alcanzar, por la virtud de la pasión y de la cruz de tu Hijo Jesucristo, la gloria de su resurrección. Por el mismo Jesucristo, nuestro Señor. **Amén.**

En el nombre del Padre, y del Hijo, y del Espíritu Santo. Amén.

VIACRUCIS

Introducción

- En el nombre del Padre y del Hijo y del Espíritu Santo.

R. Amén.

- Señor, que esta breve meditación de tu pasión nos anime y ayude a tomar la cruz de nuestra vida y a seguirte.

R. Amén.

1 ESTACION

Jesús es condenado a muerte.

- Por la envidia de los fariseos y la debilidad de Pilato, Jesús fue juzgado injustamente y condenado a muerte. Porque yo también te he juzgado y condenado en mis hermanos o he dejado, con mi silencio, que otros lo hagan...

R. Perdón, Señor, perdón.

2 ESTACION

Jesús carga con la cruz.

- Simplemente se la echaron encima sin ninguna consideración, y él no la rechazó. Por las veces que yo he dejado caer la cruz de mis obligaciones diarias y he renegado de la de mis penas y enfermedades...

R. Perdón, Señor, perdón.

3 ESTACION

Jesús cae por primera vez.

- No es fácil llevar la cruz. Muchas veces cae uno vencido bajo su peso. Por las ocasiones en que he tardado tanto en levantarme y por todos mis hermanos que ya no se han levantado...

R. Perdón, Señor, perdón.

4 ESTACION

Jesús se encuentra con su Madre.

- Hay muchas ocasiones en que lo único que se puede hacer por otro es acompañarlo en su viacrucis. Por las veces en que he dejado a tantos enfermos y ancianos solos en ese penoso camino...

R. Perdón, Señor, perdón.

5 ESTACION

Simón de Cirene ayuda a Jesús.

• No quería, claro que no; era como muchos de nosotros que no queremos ayudar. Por haber dejado solos con sus cruces de hambre, de desnudez, de abandono a tantos hermanos, cuando podía haberlos ayudado a llevarla...

R. Perdón, Señor, perdón.

6 ESTACION

La Verónica limpia el rostro de Jesús.

• Aquella mujer supo descubrir el rostro de Cristo bajo aquella capa de sudor, polvo y salivazos. Por no haberte descubierto en tantos rostros sudorosos de obreros y campesinos y no haberte enjugado tantas lágrimas...

R. Perdón, Señor, perdón.

7 ESTACION

Jesús cae por segunda vez.

• ¿Fue un tropezón con una piedra esta vez o un empujón? No lo sabemos. Por las veces que con nuestro ejemplo hemos hecho que los demás tropiecen y por las veces, quizás, que deliberadamente los hemos empujado...

R. Perdón, Señor, perdón.

8 ESTACION

Jesús habla a las hijas de Jerusaleń.

• En medio de su propio dolor, Cristo no deja de preocuparse por la pena de aquellas mujeres. Por las veces en que mis problemas me han hecho olvidarme de los sufrimientos de los que me rodean.

R. Perdón, Señor, perdón.

9 ESTACION

Jesús cae por tercera vez.

• Y por tercra vez hace un esfuerzo supremo y se levanta. Por esas ocasiones en las que, ante las dificultades, no he perseverado en la obra emprendida en favor de los demás.

R. Perdón, Señor, perdón.

10 ESTACION

Jesús es despojado de sus vestiduras.

• Antes de ponerlo en la cruz lo despojaron de sus vestiduras. Por las veces en que yo he despojado a los otros de su fama, de sus bienes, de sus derechos, de su inocencia, de sus ilusiones...

R. Perdón, Señor, perdón.

11 ESTACION

Jesús es clavado en la cruz.

• Y desde la cruz pidió a su Padre que nos perdonara. Por tantos perdones que yo he negado, por tantas represalias y venganzas que he tomado...

R. Perdón, Señor, perdón.

12 ESTACION

Jesús muere en la cruz.

No hay amor mayor que dar la vida por los amigos. Por la facilidad con que me olvido de lo que me quisiste y de lo que me quieres y de lo que te costaron mis pecados...

R. Perdón, Señor, perdón.

13 ESTACION

Jesús es bajado de la cruz.

• Y su cuerpo es puesto en brazos de su madre. Por ese tierno Niño que tú nos diste una Nochebuena y que una mala tarde te devolvimos muerto por nuestros pecados

R. Perdón, Señora, perdón.

14
ESTACION

• *Jesús es sepultado.*
Aquel que los judíos esperaban que fuera el libertador de Israel ha sido sepultado. Por las veces en que he olvidado, como los discípulos de Emaús, que es necesario pasar por todas estas cosas para entrar en la gloria...

R. Perdón, Señor, perdón.

15
ESTACION

• *Y al tercer día resucitó.*
Esta estación no está en el viacrucis tradicional, pero es la esencial. Si Cristo no resucitó, vana es nuestra fe. Por las veces en que olvido que si no muero con Cristo, no podré resucitar con él...

R. Perdón, Señor, perdón.

ORACION FINAL

Señor mío Jesucristo, que con tu pasión y muerte diste vida al mundo, líbranos de todas nuestras culpas y de todo mal, concédenos vivir apegados a tus mandamientos y jamás permitas que nos separemos de ti, que vives y reinas por los siglos de los siglos.
R. Amén.

ORACIONES

Acto de contrición. Señor mío Jesucristo, Dios y Hombre verdadero, me pesa de todo corazón de haber pecado, porque he merecido el infierno y perdido el cielo, y sobre todo, porque te ofendí a ti, que eres tan bueno, y que tanto me amas y a quien yo quiero amar sobre todas las cosas. Propongo firmemente, con tu gracia, enmendarme y alejarme de las ocasiones de pecar, confesarme y cumplir la penitencia. Confío me perdonarás por tu infinita misericordia. Amén.

Alma de Cristo, santifícame. Cuerpo de Cristo, sálvame. Sangre de Cristo, embriágame. Agua del costado de Cristo, lávame. Pasión de Cristo, confórtame. Oh buen Jesús, óyeme. Dentro de tus llagas, escóndeme. No permitas que me aparte de ti. Del maligno enemigo, defiéndeme. En la hora de mi muerte, llámame. Y mándame ir a ti, para que con tus santos te alabe, por los siglos de los siglos. Amén.

Oración de san Ignacio de Loyola. Toma, Señor, y recibe toda mi libertad, mi memoria, mi entendimiento y toda mi voluntad; todo mi haber y mi poseer. Tú me lo diste; a ti, Señor, lo torno; todo es tuyo, dispón a toda tu voluntad. Dame tu amor y tu gracia, que esto me basta.

Oración a Jesús crucificado. Mírame, oh mi amado y buen Jesús, postrado ante tu santísima presencia; te ruego con el mayor fervor, que imprimas en mi corazón vivos sentimientos de fe, esperanza y caridad, dolor de mis pecados y firmísimo propósito de jamás ofenderte. Mientras que yo, con todo el amor y con toda la compasión de que soy capaz, voy considerando tus cinco llagas, comenzando por aquello que dijo de ti, oh Dios mío, el santo profeta David: *Han taladrado mis manos y mis pies y se pueden contar todos mis huesos*.

Comunión espiritual. Jesús y Señor mío, creo con firmísima fe que estás realmente presente en el augusto Sacramento del altar. Dios mío, qué feliz sería yo si pudiera recibirte en mi corazón. Espero, Señor, que vengas a él y lo llenes de tu gracia. Te amo, dulcísimo Jesús mío. Siento no haberte amado siempre. Ojalá nunca te hubiera agraviado ni ofendido, dulcísimo Jesús de mi corazón. Deseo recibirte en mi pobre morada.

Ofrecimiento del Apostolado de la Oración. Divino Corazón de Jesús, por medio del Corazón Inmaculado de María santísima, te ofrezco todas mi oraciones, obras y padecimientos de este día en reparación de nuestros pecados y por todas las intenciones por las cuales te ofreces continuamente en el santísimo Sacrificio del altar. Te ofrezco todo esto en especial por las intenciones del Apostolado de la Oración y por las señaladas por el Papa para este mes. Todo por ti, Corazón Sacratísimo de Jesús.

La Misericordia en la Palabra de Dios

Alejandro Reza Heredia

"En estos tiempos tan calamitosos" (como decía la abuela.
Y eso que a ella no le tocaron los secuestros y todo lo demás)
nos da mucha tranquilidad acordarnos de que,
por encima de nuestras desgracias,
el Señor es todo misericordia para con nosotros.
Que más allá de cuanto hayamos hecho o dejado de hacer
para que las cosas anden tan mal como están,
él nos comprende, nos perdona, nos acoge y, sobre todo, nos
señala el camino para salir de tanto mal:
tenernos también misericordia unos con otros,
como él nos la tiene.
Si lo malo es que ni nos fijamos en lo que nos dice.

1. Dios Padre de misericordia

Con tanto dolor como hay en el mundo, en nuestra ciudad y, a veces, hasta en nuestra misma familia, nos viene una gran necesidad de que Dios nos hable también a nosotros de su misericordia, como lo hacía con sus hijos, los hebreos del Antiguo Testamento. Sólo hay que leer la Palabra de Dios.

Llama la atención que ese pueblo inculto, todavía semisalvaje, en guerra continua con sus vecinos, tenga en su literatura frases tan profundas sobre el amor de Yahve-Dios hacia ellos, como ninguna otra nación de entonces las haya tenido. Al fin y al cabo era la Palabra de Dios, el Espíritu Santo que había escogido a ese pueblo con tantos defectos, pero que creía en un sólo Dios; para darnos a conocer su misericordia hacia nosotros. Era "el Espíritu Santo… que habló por los profetas".

De la misericordia que el Padre nos tiene, la Biblia nos habla a cada paso, sobre todo en los profetas y en los salmos, como por ejemplo en el salmo 78, que luego de quejarse de lo mal que se habían portado los israelitas con Yahveh pues, "no tenían fe en Dios ni confiaban en su salvación", de todos modos añade: "Pero él se compadecía, perdonaba sus culpas y no los destruía".

Otras veces los trata como a un niño al que su madre consuela; o pasa por alto la falta de agradecimiento del hijo, con tal de que cambie de actitud: "Yo fui quien enseñó a andar a Efraín, yo quien lo llevaba en brazos; pero no comprendieron que yo cuidaba de ellos… Mi corazón se conmueve dentro de mí y se inflama toda mi compasión" (Os 11, 3. 8).

Y a todos nos dice lo que al profeta Isaías: "te he llamado por tu nombre y eres mío… tú vales mucho para mí, eres valioso y yo te amo" (Is 43, 1. 4); y que es lo mismo que aquel cántico: "Me has mirado a los ojos, sonriendo has dicho mi nombre". ¡Pura misericordia de un padre con su hijo! O más bien, de un padre que al mismo tiempo es madre, como lo es Dios, en el que está todo lo que existe, como en su origen. "Te llevé en mis entrañas –dice Yahveh–, te formé en mi vientre. Pues así seguiré llevándote y así te salvaré". Y más adelante: "¿Puede acaso una madre olvidarse de su criatura hasta dejar de enternecerse por el hijo de sus entrañas? Aunque hubiera una madre que se olvidara, yo nunca me olvidaré de ti" (Is 49, 14-16).

2. Jesús, la misericordia en persona

Pero el Padre eterno no sólo nos habló por sus profetas de ese gran amor que tiene por nosotros, sino que nos lo demostró, enviándonos a su Hijo, la misericordia en persona. Varias veces la Palabra de Dios ya nos había anunciado su venida, que iba a ser, más que en poder y en gloria, un ponerse en el mismo nivel de aquellos a los que vendrá a salvar. Isaías nos presenta al Salvador como en realidad lo fue, lleno de amor por los necesitados, buscando recuperar al caído que aún tiene vida, como un pabilo aún humeante: "Miren a mi siervo… No gritará, no clamará, no hará oír su voz por las calles; no romperá la caña resquebrajada, ni apagará la mecha que aún humea" (Is 42, 1-3).

En cualquier página que abramos del Evangelio brillará esplendorosa la bondad de Jesús. Sobre todo en aquellas parábolas en que se pinta a sí mismo: Él es el padre del hijo pródigo, el sembrador, el buen pastor dispuesto a dar la vida por sus ovejas; como en realidad la dio. Él es el buen samaritano que "soportó nuestros sufrimientos y aguantó nuestros dolores" (Is 53, 4); el que hizo suya la desgracia de ese pobre viajero que cayó en manos de malhechores, iguales a los sicarios de hoy. Nos puede ser de gran ayuda meditar este pasaje, buscando cuál es la enseñanza de Jesús (Lc 10, 25-38). Un escriba (que se ve de buena voluntad) le pregunta cuál es el mandamiento más importante. El Maestro, como contestación le narra la historia de un hombre compasivo y dispuesto a ayudar al que lo necesita, se pone en el lugar del que sufre y por eso busca cómo remediar su desgracia.

Eso es tener misericordia. La misma palabra lo dice: misericordia; sentimos su *miseria* en el *corazón*. Así pinta el Señor al buen samaritano, un buen hombre de Samaria que en su camino se topa con otro viajero al que han robado, golpeado y dejado medio muerto. Nuestro hombre se llena de compasión, a diferencia de otros caminantes que deciden mejor desviarse y no verse involucrados. El samaritano, por el contrario, lo ve como si fuera su hermano, que en realidad lo es, y se detiene a atenderlo, curarlo y llevarlo a la posada. Y como tiene que continuar su camino, se lo deja encargado al posadero, con la idea de regresar a saber de él, pagando incluso por adelantado.

Y aquí, para empezar, hay algo que quizá tengamos que aprender, porque a veces, aunque sentimos lástima del que sufre, a la hora de gastar, las cosas cambian: "Que Dios te ayude –le decimos–, porque yo por ahora no puedo". Cuando uno lee este evangelio y cómo el samaritano comparte su tiempo, dinero y esfuerzo con un desconocido, a lo mejor nos parece exagerado, o un proceder como para santos, como para san Francisco de Asís, quien hizo algo parecido; o como para la madre Teresa de Calcuta, pero no para gente común y corriente, como usted o como yo. Y sin embargo, Cristo le dijo al escriba: "Anda y haz tú lo mismo". Es cierto que lo que le estaba pidiendo es que hiciera lo que los santos, pero en realidad, lo estaba invitando a que intentara serlo. Que viene a ser lo mismo que pide a los que quieran seguirlo: "Ten misericordia del que sufre, como el buen samaritano".

Jesús hablaba bellamente de la misericordia y narraba parábolas sobre ella. Pero más que todo, la enseñaba con el ejemplo, dando su tiempo con generosidad al que lo necesitaba. Como en aquella ocasión en que tuvo que sacrificar el descanso que había planeado con sus apóstoles, para atender a unos enfermos. Los evangelistas nos narran que ya tenían escogido el sitio para su día de campo cuando… ¡Adiós planes! Una multitud de gente que lo andaba buscando, incluso en ayunas, trayéndole sus enfermos y endemoniados, ¡lo habían descubierto! El bueno del Señor dejó plantados a sus amigos (les explicaría, suponemos) y se puso a ir de uno en uno de aquellos ciegos, cojos y tullidos, dándoles ánimo, paz, salud… amor: "Confía, hijo", "Vete en paz", "Tu fe te ha salvado", "Tus pecados te son perdonados".

Así también le mostró gran misericordia a la mujer sorprendida en adulterio; a la que defiende y luego da la absolución. Los fariseos, lejos de sentir piedad hacia ella (al adúltero lo dejan, sin más, en libertad), la arrastran a donde está Jesús, felices con su presa de caza: "¿Qué hacemos? ¿La apedreamos aquí mismo?". Jesús, callado, dibuja en el suelo, o quizá escribe los nombres de los esposas seducidas por aquellos que ahora claman justicia: "Ruth, Sara, Isabel…". Y cuando él los reta a que comience el que no tenga pecado, sólo quedan en escena él y la mujer. El Maestro le pregunta: "'¿Nadie te ha condenado?'. Ella contestó: 'Nadie, Señor'". Y el que "no tenía pecado", al que nadie podría acusarlo de nada, no sólo no la condena, sino que la perdona. ¿Cuáles habrán sido, en esos momentos, los sentimientos de aquella mujer? Sin duda de tranquilidad, paz y, sobre todo, de gran confianza en la misericordia del Señor Jesús.

Otro ejemplo resplandeciente de su misericordia hacia el pecador: la parábola del hijo pródigo. Es la historia de un hijo despilfarrador, que no se mide al dejarse llevar por su egoísmo y sus malas inclinaciones; y de un padre que tampoco se mide en dejarse llevar por su amor y misericordia hacia el que ha pecado. San Lucas se dio vuelo en esta parábola, describiendo con gran colorido a los personajes, en especial al bondadoso padre. Pero no se podría comparar, ni de lejos, con la viveza que Jesús le habrá dado, cuando salió de sus labios. Igual pasa con las demás parábolas, que apenas si sugieren a un Jesús espléndido "cuenta-cuentos", del que dijeron una vez, llenos de entusiasmo: "Nadie ha hablado nunca como ese hombre".

Lo que resplandece en la parábola es la bondad del padre –según eso, el Padre celestial– quien se llena de gozo, y con él todo el cielo, por ese hijo pecador al que acaba de recuperar. Y esto "más que por noventa y nueve santos que no necesitan penitencia". Sugerimos a usted leer despacio esta Palabra de Dios (Lc 15, 11-32), y regresar a ella, porque a veces ponemos en duda la misericordia divina, fijándonos sólo en su justicia; olvidando lo que dijo el Señor: "Vengan a mí, todos los que están fatigados y agobiados por la carga, y yo les daré alivio" (Mt 11, 28).

3. La misericordia de aquellos que la han aprendido de Jesús

(Empezando por María Santísima)

Jesús frecuentemente le urgía a sus discípulos: "aprendan de mí". Y en realidad, si quiso hacerse uno de nosotros, fue para que pudiéramos conocerlo y aprendiéramos de él. Entre las enseñanzas que se ve que más deseaba inculcarnos con su ejemplo, estaba el que fuéramos compasivos y misericordiosos como él. Que nos interesáramos por el hermano que está en una situación difícil. Y la Virgen fue la primera de sus discípulos que aprendió mucho de él, al tiempo de que ella fue la que le enseñó todo lo que una buena mamá le enseña a su hijo pequeño. Y algo que seguramente aprendió de Jesús, ¡en treinta años de convivir con el Hijo de Dios!, fue su bondad con los demás. Que si así fue de bondadoso en su vida pública –como lo describen los evangelistas–, sin duda que igual habrá sido de joven y de niño.

Esa misericordia de María se descubre de inmediato en la bodas de Caná. Recordemos la historia de aquellos novios, que absortos en su felicidad, se han olvidado de todo, especialmente de que para un festejo que dura ocho días, hay que prevenirse con una buena dotación de vino… y se está ya acabando. Nadie se da cuenta, excepto María, ella, quien está en todo. Jesús también, pero su hora no ha llegado, y como muchas veces lo hace con nosotros, está dejando que las cosas sigan su proceso normal.

Pero a ella el corazón le da un vuelco, por la suerte de aquella parejita que la había invitado al día más feliz de su vida, que ahora estaba por convertirse en el más infeliz y desdichado. María no puede quedarse con los brazos cruzados. Estaba con ellos, temiendo su desgracia, y entonces acude a Jesús. Cuánta es la fe en su hijo que aquí se descubre: nunca le había visto hacer un milagro, y sin embargo, estaba cierta de que lo haría; igual que aquel leproso que más adelante le dirá: "Si tú quieres, puedes curarme"; así le habría dicho ella con la mirada: "Si tú quieres, puedes hacer que el agua se vuelva vino, o que les llegue del cielo, o lo que sea, ¡tú puedes, hazlo por ellos! No tienen vino…".

La respuesta de Jesús es muy profunda: "Todavía no llega mi hora". Y muy profunda también la reacción de su madre, que no se encoge de hombros ("yo le hice la lucha, ni modo"). Sino que va con los meseros –era una boda elegante– y les previene: "Algo les va a decir. Lo que sea, háganlo". ¿Por qué a los servidores y no al maestre-sala o a los novios? "Hagan lo que él les diga", como si supiera lo que les iba a ordenar, ¿intuición femenina?, ¿corazonada de madre? El caso es que Jesús no pudo nada ante tanta fe, y se dejó llevar, sin más, por su misericordia. Y además a lo grande, a lo Dios.

Lo que el encargado le reclamó al novio es muy descriptivo: "¡Cómo serás! Dejaste hasta ahora el mejor vino!". ¡Qué boca habrá abierto; y más cuando los dos se enteraron de que el vino era un milagro de Jesús. Fue el primero de muchos milagros. Pero fue por los ruegos de María, quien vio con misericordia a dos hijos suyos, necesitando su intercesión.

Y otra cosa: ¿Qué habrá querido decir Jesús con aquello de que no había llegado aún la hora señalada por su Padre? ¿La de empezar ya con los milagros? Pero en uno o dos días más, llenaría a todos de admiración con sus prodigios. Podemos pensar lo que señalan algunos expertos: que no le había llegado aún a Jesús la hora de subir al Padre, para que ella quedara ya como la encargada de presentarle las peticiones de sus hijos. Su hora de rogar y volver a rogar, una y otra vez "por nosotros los pecadores".

¿Y la materia del milagro? Es muy sugestivo que no se trata de ninguna viuda, como la de Naím; de ninguna pecadora arrepentida; de nadie que llevara años en su camilla, como aquel de la piscina. No. De lo que se trataba era... de vino. Del que dice la Escritura que alegra el corazón (salmo 104, 15). Del que puede acabar en borrachera, pero también en alabanza y en fe: "Sus discípulos creyeron en él", dice Juan.

También es de considerar que la Virgen no se fija –y menos aun Jesús– en que se trata de un novio o de un papá descuidado, o de un maestresala omiso; a los que hay que ayudar. Esto, porque muchas veces nuestro mal desempeño nos merma la confianza: "Si merecido me lo tengo, ya ni qué pedir...". Es más, ni siquiera habrían pedido ayuda, pero la Virgen se adelanta porque lo necesitan. Así actúa la Providencia.

Pues aquí tenemos mucho que aprender de María, que no hizo nada... más que acudir al que lo hace todo. Y cuánto bien será el que podamos hacer orando, pidiendo: "no tienen vino... no tienen trabajo... no tienen temor de Dios..."

En un antiguo tango (ahora se ha vuelto a hablar de ellos con el Papa argentino), dice el compositor con cierta sorna, después de narrar los males que le han venido "nomás me falta para terminar, meterme a la iglesia y ponerme a rezar". Pero se le podrá decir que es al revés, que acudir a Dios hubiera sido lo primero y que quizá por eso, le fue tan mal.

Pues hay que aprender a pedir por los demás, como María. Capaz que "ya llegó la hora" de que lo hagamos. Y para terminar, les sugerimos la *Oración de los 5 dedos*, que propone el Papa Francisco para orar por todos:

Oración de los 5 dedos

1. El pulgar es el más cercano a ti. Así que empieza orando por quienes están más cerca de ti. Son las personas más faciles de recordar. Orar por nuestros seres queridos es "una dulce obligación".

2. El siguiente dedo es el índice. Ora por quienes enseñan, instruyen y sanan. Esto incluye a los maestros, profesores, médicos y sacerdotes. Ellos necesitan apoyo y sabiduría para indicar la dirección correcta a los demás. Tenlos siempre presentes en tus oraciones.

3. El siguiente dedo es el más alto. Nos recuerda a nuestros líderes. Ora por el presidente, los congresistas, los empresarios y los gerentes. Estas personas dirigen los destinos de nuestra patria y guían a la opinión pública. Necesitan la guía de Dios.

4. El cuarto dedo es nuestro dedo anular. Aunque a muchos les sorprenda, es nuestro dedo más débil, como te lo puede decir cualquier profesor de piano. Debe recordarnos orar por los más débiles, con muchos problemas o postrados por las enfermedades. Necesitan tus oraciones de día y de noche. Nunca será demasiado lo que ores por ellos. También debe invitarnos a orar por los matrimonios.

5. Y por último está nuestro dedo meñique, el más pequeño de todos los dedos, que es como debemos vernos ante Dios y los demás. Como dice la Biblia "los últimos serán los primeros". Tu meñique debe recordarte orar por ti. Cuando ya hayas orado por los otros cuatro grupos, verás tus propias necesidades en la perspectiva correcta, y podrás orar mejor por las tuyas.